江西省教育科学规划重点课题"城乡义务教育一体化视域下乡村教师专业核心素养测评与提升路径研究"（19ZD017）和中国教育学会教育科研重点课题"城乡教育一体化视域下乡村教师专业核心素养研究"（201900012201A）的成果。

中小学教师专业核心素养研究

何齐宗　等著

中国社会科学出版社

图书在版编目(CIP)数据

中小学教师专业核心素养研究/何齐宗等著. —北京：中国社会科学出版社，2023.2
ISBN 978-7-5227-1165-2

Ⅰ.①中… Ⅱ.①何… Ⅲ.①中小学—师资培养—研究 Ⅳ.①G635.12

中国版本图书馆 CIP 数据核字(2022)第 242967 号

出 版 人	赵剑英
责任编辑	许 琳 郭如玥
责任校对	李 硕
责任印制	郝美娜

出　　版	中国社会科学出版社
社　　址	北京鼓楼西大街甲 158 号
邮　　编	100720
网　　址	http://www.csspw.cn
发 行 部	010-84083685
门 市 部	010-84029450
经　　销	新华书店及其他书店
印　　刷	北京君升印刷有限公司
装　　订	廊坊市广阳区广增装订厂
版　　次	2023 年 2 月第 1 版
印　　次	2023 年 2 月第 1 次印刷
开　　本	710×1000　1/16
印　　张	23.25
插　　页	2
字　　数	345 千字
定　　价	138.00 元

凡购买中国社会科学出版社图书，如有质量问题请与本社营销中心联系调换
电话：010-84083683
版权所有　侵权必究

目 录

第一章 中小学教师专业核心素养测评工具研究 (1)
  第一节 中小学教师专业核心素养模型的构建 (1)
    一 中小学教师专业核心素养指标的初步筛选与分析 (1)
    二 中小学教师专业核心素养指标体系的选择与解释 (8)
    三 中小学教师专业核心素养指标体系的专家函询过程与结果 (13)
  第二节 中小学教师专业核心素养调查问卷的设计 (26)
    一 初始调查问卷 (26)
    二 试测问卷 (26)
    三 正式调查问卷 (30)

第二章 小学教师专业核心素养研究 (31)
  第一节 小学教师专业核心素养的调查与分析 (31)
    一 调查设计 (31)
    二 调查对象 (31)
    三 调查实施 (34)
    四 调查结果 (34)
  第二节 小学教师专业核心素养的影响因素 (59)
    一 教研活动 (60)
    二 教师培训 (65)
    三 文献阅读 (71)

四　教学借鉴 …………………………………………… (87)
　　　五　科学研究 …………………………………………… (91)
　　　六　教学压力 …………………………………………… (95)
　第三节　结论与建议 ……………………………………………… (97)
　　　一　基本结论 …………………………………………… (97)
　　　二　主要建议 …………………………………………… (103)

第三章　初中教师专业核心素养研究 …………………………… (106)
　第一节　初中教师专业核心素养的调查与分析 ………………… (106)
　　　一　调查设计 …………………………………………… (106)
　　　二　调查对象 …………………………………………… (106)
　　　三　调查实施 …………………………………………… (109)
　　　四　调查结果 …………………………………………… (110)
　第二节　初中教师专业核心素养的影响因素 …………………… (129)
　　　一　教研活动 …………………………………………… (129)
　　　二　教师培训 …………………………………………… (134)
　　　三　文献阅读 …………………………………………… (139)
　　　四　教学借鉴 …………………………………………… (152)
　　　五　科学研究 …………………………………………… (155)
　　　六　教学压力 …………………………………………… (159)
　第三节　结论与建议 ……………………………………………… (161)
　　　一　基本结论 …………………………………………… (162)
　　　二　主要建议 …………………………………………… (165)

第四章　高中教师专业核心素养研究 …………………………… (169)
　第一节　高中教师专业核心素养的调查与分析 ………………… (169)
　　　一　调查设计 …………………………………………… (169)
　　　二　调查对象 …………………………………………… (169)
　　　三　调查实施 …………………………………………… (172)
　　　四　调查结果 …………………………………………… (173)

第二节　高中教师专业核心素养的影响因素 (199)
　　一　教研活动 (199)
　　二　教师培训 (206)
　　三　文献阅读 (213)
　　四　教学借鉴 (232)
　　五　科学研究 (235)
　　六　教学压力 (240)
第三节　结论与建议 (242)
　　一　基本结论 (242)
　　二　主要建议 (248)

第五章　乡村教师专业核心素养研究 (251)
第一节　乡村教师专业核心素养的调查与分析 (251)
　　一　调查设计 (251)
　　二　调查对象 (251)
　　三　调查实施 (254)
　　四　调查结果 (255)
第二节　乡村教师专业核心素养的影响因素 (304)
　　一　教研活动 (304)
　　二　教师培训 (315)
　　三　文献阅读 (325)
　　四　教学借鉴 (339)
　　五　科学研究 (344)
　　六　教学压力 (350)
第三节　结论与建议 (353)
　　一　基本结论 (354)
　　二　主要建议 (357)

附录 (360)
后记 (366)

第一章 中小学教师专业核心素养测评工具研究

教师专业核心素养是教师素质的核心部分，在教师整体素质中占有非常重要的地位。中小学教师专业核心素养有其自身的独特结构，构建中小学教师专业核心素养的模型旨在揭示其内在的结构特点。为了对中小学教师的专业核心素养进行科学的测评，需要以中小学教师专业核心素养模型为基础设计相应的调查问卷。

第一节 中小学教师专业核心素养模型的构建

构建中小学教师专业核心素养的模型主要分三个阶段进行：首先，通过文献法收集和整理中小学教师素养的代表性研究成果及进行词频统计，筛选出重要的关键词，再结合核心素养的特征编制出中小学教师专业核心素养的初始模型。其次，将初始模型以邮件的方式发送给专家征求意见和建议，共经过三轮的咨询和指标体系的修改，使专家对指标体系的构建基本上达成一致意见。最后，通过适当的微调获得中小学教师专业核心素养的最终模型。

一 中小学教师专业核心素养指标的初步筛选与分析

（一）指标参考文献的筛选

要构建中小学教师专业核心素养模型，首要任务便是选择恰当的指标。在查阅文献时，为了确保指标的合理性和代表性，所选择的均是发表在核心期刊的相关成果。有关中小学教师专业核心素养的文献较少，而教师素养、教师核心素养、教师专业素养以及教师胜任力等文献均与中小学教师专业核心素养有密切的联系，因此也纳入了指标文献筛选的范围。此次指标文献的筛选，共得到18篇关于中小学教师素养和中小学教师核心素养的代表性文献，具体情况见表1-1。

表1-1　　　　　中小学教师素养指标的代表性成果

序号	作者及发表时间	研究对象	教师素养指标
1	张义红[1], 2008	教师	包括师德素养、知识素养、信息素养、法律素养、创新与科研素养5个维度；职业理想、职业责任、职业作风、职业技能、专业知识、科学文化基础知识、教育学和心理学知识、信息意识、信息知识与能力、信息道德、法律意识、法制观念、法律素养、创新素养、教育科研素养15个二级指标
2	王沛等[2], 2008	中小学教师	包括业务知识、认知能力、教学监控能力、职业动机、职业发展、沟通合作、学生观、个人修养、个人特质9个维度
3	王立,[3] 2010	教师	包括课程资源开发和利用的素养，引起、维持和促进学生学习的素养，创新精神和创新能力的素养，健康的心理和进行心理辅导的素养，幽默素养，搜集和处理信息的信息素养6个维度
4	马红宇等[4], 2012	中小学教师	包括教学技能、个人修养、个性特质、职业态度、学生观念、专业知识6个维度
5	胡颂[5], 2013	中小学教师	包括成就动机、个人特质、关注学生、情绪智力、认知能力、管理能力6个维度
6	廖艳辉等[6], 2016	中小学教师	包括基础素养、专业素养、综合型素养3个维度；身体健康、善良有爱心、言语清朗、态度和易、忍耐力强、责任心强、自我学习能力强、尊重学生、普通文化知识、教育学科知识、学科专业知识、教学设计能力、学业检查与评价能力、科研能力、掌握新兴教学方法的能力、对教学工作的热爱程度、教学实施能力、教学反思能力、理论联系实践能力、教育创造能力20个二级指标

---

[1] 张义红：《论和谐社会中的教师素养》，《河北师范大学学报》（教育科学版）2008年第2期。

[2] 王沛、陈淑娟：《中小学教师工作胜任特征模型的初步建构》，《心理科学》2008年第4期。

[3] 王立：《谈新课程语境下的教师素养》，《教学与管理》2010年第27期。

[4] 马红宇、唐汉瑛、汪熹、周亮：《中小学教师胜任特征模型构建及其绩效预测力研究》，《教育研究与实验》2012年第3期。

[5] 胡颂：《农村中小学教师胜任特征模型构建研究》，《教学与管理》2013年第36期。

[6] 廖艳辉、王强：《基础教育阶段教师素养自我评价指标体系研究》，《教学与管理》2016年第9期。

续表

序号	作者及发表时间	研究对象	教师素养指标
7	赵垣可①，2017	教师	包括教师科学的教育理念、教育情怀、教育能力、教师人格素养4个维度；教师内在的教学观、学生观、教师角色观、爱心、责任心、奉献心、文化底蕴、教育智慧、教育研究素养、教学交往素养、信息技术素养、教师的品格、教师的性格、教师的体格14个二级指标
8	朱远平②，2017	教师	包括文化底蕴、教学能力、学习能力3个维度；人文素养、专业知识、专业技能、施教能力、自主学习能力、教育创新能力6个二级指标
9	桑国元等③，2018	教师	包括师德与理念素养、知识与能力素养、综合素养3个维度；师德素养、教育理念素养、知识素养、教育教学能力素养、人文素养、信息素养、研究素养、自主发展素养8个二级指标
10	李木洲等④，2018	教师	包括现代的教育理念、专业化的知识技能、健全的人格修养3个维度；全面育人的教师观、主体生成的学生观、与时俱进的发展观、丰富的知识贮备、先进的教学技能、有效的课程执行、良好的职业形象、高尚的道德精神、强烈的使命意识9个二级指标
11	王俊贤等⑤，2018	教师	包括系统的知识体系、综合的新型能力、卓越的人格品质3个维度；教育知识、学科知识、学科教学知识、通识知识、学习能力、教学能力、创新能力、倾听与沟通能力、崇高的道德品质、先进的教育理念、强烈的成就动机11个二级指标
12	王光明等⑥，2019	教师	包括教师核心素养、教师核心能力2个维度；政治素养、道德素养、文化素养、教育精神、教育教学能力、教研和创新能力、沟通和合作能力、学习和反思能力8个二级指标；政治方向、政治意识、政治信仰等24个三级指标
13	刘丽强等⑦，2019	教师	包括教育知识、教育情怀、反思学习能力3个维度；学科知识、教育学心理学知识、课堂情境知识与学科教学法知识、文化知识、职业操守、热爱教学、乐于教研、关爱学生、教育记录、社会学习、信息技术、反思创新12个二级指标

---

① 赵垣可：《以育人为旨归的教师核心素养的内涵及发展策略》，《教育探索》2017年第5期。

② 朱远平：《教师专业发展核心素养：内涵特征与内容框架》，《教育科学论坛》2017年第31期。

③ 桑国元、邓立平：《21世纪教师的核心素养》，北京师范大学出版社2017年版，第6—9页。

④ 李木洲、李晴雯：《新时代教师核心素养的转变与重塑》，《决策与信息》2018年第10期。

⑤ 王俊贤、吴长敏：《基于核心素养的教师胜任力内涵及内容探析》，《基础教育研究》2018年第5期。

⑥ 王光明、黄蔚、吴立宝、卫倩平：《教师核心素养和能力双螺旋结构模型》，《课程·教材·教法》2019年第9期。

⑦ 刘丽强、谢泽源：《教师核心素养的模型及培育路径研究》，《教育学术月刊》2019年第6期。

续表

序号	作者及发表时间	研究对象	教师素养指标
14	孙兴华等①,2019	教师	包括专业知识、专业技能、信息和通信技术素养、跨学科素养、积极情感态度5个维度
15	黄友初②,2019	教师	包括教师品格、教师能力、教师知识、教师信念4个维度；教育情怀、道德修养、人格品质、课堂教学能力、教学反思能力、沟通合作能力、教育研究能力、学科知识、教育知识、通识知识、教育教学信念、学科知识信念12个二级指标
16	朱立明等③,2019	教师	包括教师知识、教师能力、教师情感、教师信念4个维度；学生信念、教学信念、自我认知信念等18个二级指标
17	石亚兵等④,2019	中小学教师	包括教育理念、教师个人品性、课程能力、实践与反思力、创新力与创造力6个维度；教育观、职业观、学生观、人才观、性格与个性、心理素质、合作与协作、发展意愿、课程理解、课程实施、课程开发、课程评价、实践经历、实践能力、自我反思、实践改进、创新意识、知识创新、教学创新、创新人才20个二级指标
18	王潇晨等⑤,2020	教师	包括知识素养、能力素养、伦理素养、实践智慧4个维度

（二）指标引用频次的统计

为构建合理的中小学教师核心素养指标体系，我们对选择的18篇代表性文献中使用的中小学教师素养和中小学教师核心素养的指标进行定量频次统计。统计结果见表1-2。

表1-2　　　　　　　　中小学教师素养指标的统计频次

教师素养指标	统计频次	教师素养指标	统计频次	教师素养指标	统计频次
专业知识	16	学生观	3	发展观	1
教学能力	13	心理素质	3	教学观	1

---

① 孙兴华、薛玥、武丽莎：《未来教师专业发展图像：欧盟与美国教师核心素养的启示》，《教育科学研究》2019年第11期。

② 黄友初：《教师专业素养：内涵、构成要素与提升路径》，《教育科学》2019年第3期。

③ 朱立明、马振、冯用军：《我国教师专业素养测评指标体系的构建》，《教育科学研究》2019年第12期。

④ 石亚兵、刘君玲：《我国中小学教师专业素质结构发展的特征和演变逻辑》，《全球教育展望》2019年第3期。

⑤ 王潇晨、张善超：《教师核心素养的框架、内涵与特征》，《教学与管理》2020年第3期。

续表

教师素养指标	统计频次	教师素养指标	统计频次	教师素养指标	统计频次
教学实施能力	10	课程实施能力	2	人才观	1
教学创新能力	10	责任感	2	职业责任	1
教育知识	10	成就动机	2	职业作风	1
交流合作能力	8	认知能力	2	职业动机	1
信息素养	8	自我认知能力	2	职业发展	1
教育情感	7	教师观	2	发展意愿	1
教育理念	7	身体素质	2	自主发展素养	1
教学反思能力	7	教育理想	2	持续学习能力	1
教学研究能力	7	教育情境知识	2	社会学习	1
职业道德	7	科学素养	2	教育精神	1
通识知识	5	职业观	1	强烈的使命意识	1
个人特质	5	爱心	1	幽默感	1
道德修养	4	奉献心	1	教育记录	1
教育信念	4	情绪智力	1	心理辅导素养	1
关爱学生	4	管理能力	1	法律素养	1
教学评价能力	4	实践智慧	1	法律意识	1
课程开发能力	4	善良有爱	1	法制观念	1
学科知识	3	言语清朗	1	政治方向	1
学科教学知识	3	忍耐力强	1	政治意识	1
人文素养	3	态度和易	1	政治信仰	1
教学设计能力	3	信息道德	1		

（三）指标统计结果的分析

根据指标出现频次的统计，反映出指标出现频率不低于3次的有专业知识、教育知识、通识知识、学科知识、学科教学知识、教学能力、教学实施能力、教学创新能力、交流合作能力、教学反思能力、教学研究能力、教学评价能力、课程开发能力、教学设计能力、教育情感、教育理念、教育信念、职业道德、道德修养、关爱学生、人文素养、学生观、个人特质、心理素质、信息素养等25项，说明这25项素养构成了中小学教师专业核心素养的体系。然而，仅仅依靠指标统计的结果就确定中小学教师专业核心素养的指标还不够科学，并且部分指标虽出现频率较低甚至未出现在指标频次统计表内,却同样有可能是构成中小学教师专业核心素养的重要指标,为此根据指标构建的客观性原则和可操作性原则,本研究在构建初始模型的过程中综合考虑了以下几个问题。

第一,可供借鉴和参考的中小学教师专业核心素养的研究成果非常有限。目前还没有较为成形的教师专业核心素养指标体系,因此一方面教师专业核心素养的指标可以从教师素养中进行严谨的分析和谨慎的挑选,另一方面对于中小学教师而言其天职和使命就是教书育人,而教学就是教师进行教育活动的最基本也是最重要的方式,因此教师的教学胜任力是教师专业核心素养的重要组成部分,我们此前建构的教师教学胜任力的指标体系(见表1-3)也为这次研究教师专业核心素养的指标体系的构建奠定了可靠的基础。

表1-3　　　　　　　　　教师教学胜任力指标体系

一级指标	二级指标	三级指标
知识素养	教育知识	教育理论知识、教育实践知识
	学科知识	学科基本知识、学科前沿知识
	通识知识	自然科学知识、人文社科知识
教学能力	教学设计	教学目标设定、教学对象分析、信息获取与处理、教学内容安排、教学方法选择
	教学实施	课堂组织、语言表达、教学演示、教育技术运用、教学评价、启发技巧、激励艺术、师生互动
	教学研究与改革	教学反思、教学研究、教学改革
职业品格	职业态度	责任心、进取心、严谨性
	职业情感	关爱学生、热爱教学、专业认同
	职业追求	职业理想、职业信念、职业境界
人格特质	自我特性	适应性、坚持性、自信心、幽默感、批判思维、自我调控
	人际特征	公正性、宽容性、沟通能力、合作精神

第二,高频关键词的纳入。词频统计结果反映出了关键词出现的频率,词频不低于3的关键词共有25项,且大多都已纳入教学胜任力的指标体系之中,但也有小部分高频关键词却并未提及,主要有教学创新能力(10)、信息素养(8)、职业道德(7)、道德修养(4)、课程开发能力(4)、学科教学知识(3)、学生观(3)、心理素质(3)等8项。在

所选的可供参考的指标文献中，关键词的高频出现反映了众多学者对该指标的高度认可，为此在综合考虑之下纳入了教学创新能力、信息素养、职业道德、课程开发能力、学科教学知识5项指标。

第三，低频关键词的选择性纳入及零频关键词的补充。在低频关键词中，有些指标提及的频率不高，甚至并未提及，这些看似并不重要的指标实则可能是中小学教师专业核心素养的重要指标，如教学监控、职业责任、职业动机、职业规划、使命感、奉献精神、法律意识、民主性、平等性、主动性、计划性、亲和力、创新精神、精神状态14项。因此，即使有些指标并未提及或是低频提及也应当根据需要加以考虑和予以补充。

第四，部分关键词的交叉重叠处理。有些指标意思接近但表述不同，可以进行归纳概括。比如职业道德、道德修养、信息道德等可以概括为职业品质中的职业道德；职业责任、责任感等可以概括为职业责任；有些指标虽为同一范畴内容，却需要根据二级指标的属性进行合理的筛选。比如法律素养、法律意识、法制观念同属法律修养范畴，但根据二级指标职业品质的限定只选取了法律意识。有些指标虽为同一范畴内容，却不宜一概而论。比如教学创新、创新精神同属创新修养范畴，但教学创新属于一种能力，而创新精神属于一种品质，因而需要分门别类各入其组。

本研究运用文献法构建了中小学教师专业核心素养的初始模型，但最终模型的确定仍需采用德尔菲法，在经过专家的几轮评估后，结合专家权威的意见对初始模型进行多次修改，最后方能确定中小学教师专业核心素养的最终模型。关于如何运用德尔菲法来确定指标体系，将在后续专家咨询的结果分析中再做进一步的说明。

《中小学教师专业标准》的基本内容分为三个维度：专业理念与师德、专业知识和专业能力。因此本研究将借鉴《中小学教师专业标准》，将中小学教师专业核心素养的一级指标同样分为三个维度，即专业知识、教学能力和品格修养。然后根据每一个维度下的类别属性进行二级指标的划分，最后建构的中小学教师专业核心素养的初始模型见表1-4。

表 1-4　　　　　　　　中小学教师专业核心素养初始模型

一级指标	二级指标	三级指标
专业知识	教育知识	教育理论知识、教育实践知识、学科教学知识
	学科知识	学科基本知识、学科前沿知识
	通识知识	自然科学知识、人文社科知识、信息技术知识
教学能力	教学设计	教学目标设定、教学对象分析、信息获取与处理、课程资源开发、教学内容安排、教学方法选择
	教学实施	课堂组织、语言表达、教学演示、教育技术运用、教学监控、教学评价、启发技巧、激励艺术、师生互动
	教学探索	教学反思、教学研究、教学创新
品格修养	职业品质	职业道德、职业责任、职业理想、职业动机、职业信念、职业规划、职业情感、关爱学生、责任心、进取心、使命感、奉献精神、法律意识
	人际特征	民主性、平等性、公正性、宽容性、交流合作
	自我特征	主动性、适应性、计划性、严谨性、坚持性、自信心、幽默感、亲和力、创新精神、自我调控、精神状态

一　中小学教师专业核心素养指标体系的选择与解释

（一）关于一级指标

核心素养在全球掀起了研究的热潮，我国亦不例外。专家学者们致力于研究学生应具备的核心素养的同时，教师应具备的核心素养亦成为人们关注的焦点。目前全球关于教师核心素养的框架类型主要有二维度说、三维度说、四维度说以及融合说。其中三维度说以教师专业标准为基础，按照"德—知—能"的基本框架，分为专业理念与师德、专业知识和专业能力，这在我国《小学教师专业标准（试行）》《中学教师专业标准（试行）》和英国《教师标准》以及苏格兰《完全注册教师标准》中均有体现。教师专业标准强调的是教师必须具备的基础素养，教师专业核心素养则更强调在这种基础上生长和发展的关键素养。基于此，我们初步将中小学教师专业核心素养划分为专业知识、教学能力和品格修养三个维度。

（二）关于二级指标

1. 专业知识的二级指标

教师作为从事教育教学工作的专业人员，有其自身独特的知识结构，教师知识是教师从事教育教学工作的前提条件。在 20 世纪 80 年代以前，对于教师知识的研究零散和缺乏系统性,直到 1987 年美国学者舒尔曼才提出了教师的知识结构框架①。在舒尔曼提出"学科教学知识"这一概念之后,教师知识的问题引起了学者们的广泛关注,教师知识结构的研究成为当代教师教育研究的热点领域之一。有学者认为,教师知识结构就是指"教师为了胜任教育教学工作所具备的知识类型、成分及其比例关系"。②叶澜也指出,在知识结构上,"未来教师的知识结构也不再局限于'学科知识+教育学知识'的传统模式,而是强调多层复合的结构特征"③。就教学而言,教师需要掌握厚实且扎实的学科知识;就教育而言,教师需要掌握丰富且充裕的教育知识。除此之外,教师作为一个独立的个体,还需要掌握一些自然科学知识、人文科学知识和社会科学知识等综合性知识,这些知识统称为通识知识。所以专业知识下的二级指标我们初步确定为:教育知识、学科知识和通识知识。

2. 教学能力的二级指标

教师究竟需要具备哪些能力是由教师的专业实践活动所决定的,教师的专业实践活动主要是教学活动,这就决定了教师的专业核心能力为教学能力。申继亮等人认为教学能力是在教学活动中体现出来的一种能力,包含教学监控能力、教学认知能力和教学操作能力三个方面。④ 其中教学监控能力是指对整个教学活动进行积极的控制和调节的能力,以促进教学活动的顺利完成,它贯穿整个教学活动。教学认知能力是指教师对教学目标、教学任务、学习者特点、教学方法与策略以及教学情境的分析判断能力。教学操作能力则主要表现为呈现教材的能力、课堂组织管理能力和教学评价能力。有的学者则依据教学活动的整个实施环节对教学能力进行了划分,如宋明江等人将教学能力分为三个阶段五种能力。课前阶段,教师需要具备教学设计能力;课中阶段,教师需要具备教学

---

① 舒尔曼认为教师知识包括学科知识、学科教学知识、课程知识、教学法知识、教育环境知识、关于学习者的知识和关于教育目的与价值的知识七个方面。

② 罗润生、杨云苏:《教师知识种类和结构研究综述》,《井冈山师范学院学报》2001 年第 4 期。

③ 叶澜:《新世纪教师专业素养初探》,《教育研究与实验》1998 年第 1 期。

④ 申继亮、王凯荣:《论教师的教学能力》,《北京师范大学学报》(人文社会科学版) 2000 年第 1 期。

表达能力与教学监控能力;课后阶段,教师需要具备教学反馈能力与教学研究能力。① 朱嘉耀认为教学能力本身自成一个相对独立的操作系统。按这一系统在实际教学活动中的操作顺序,将它分为三个相互关联的领域:教学设计能力、教学实施能力和教学评价能力。② 综上所述,可依据教师教学活动开展的环节顺序,对教师能力进行合理的划分。教学前,教师需要对教学目标、教学对象、教学内容、教学方法等做好准备,即教师需要具备教学设计的能力;教学时,教师需要拥有课堂组织和语言表达素养,讲究教学策略,即教师需要具备教学实施的能力;教学后,并不意味着教育活动的结束,而是需要对此前的教育活动进行反思和研究,即教师需要具备教学探索的能力。因此,教学能力下二级指标初步确定为:教学设计能力、教学实施能力和教学探索能力。

3. 品格修养的二级指标

教师的职业劳动是一种示范性的劳动,是一种以人格培育人格、以灵魂来影响灵魂的劳动。正如捷克教育家夸美纽斯所说:"因为孩子们和猿猴一样,爱去模仿他们所见的一切,不管是好是坏,甚至没有吩咐他们去做,也是一样,由于这个缘故,所以他们学会运用他们的心灵以前,先就学会了模仿。假如导师具有优异的德行,这对青年人道德的正确的训练,便是一大进展。"③ 教师具备什么样的品格修养,不仅是教师个人修养的问题,更关系到潜在地造成什么样的教育后果的问题。教师职业的示范性特点直接决定了教师必须具备良好的职业品质。教师在教学活动中表现出来的思想、文化、心理及群体特征比教学内容更容易被关注和模仿学习,其个性、人格影响力往往比知识和能力更让人印象深刻,教学活动若脱离教师的个性影响便没有生命力。教师的人格特质,不仅体现在自我上,还体现在与他人交往上。千百年来,尽管社会的制度和教育的内容不断改变,但对教师应当具有高尚品格的观念却代代相传经久不息。教师的一言一行、一举一动,对学生品格的塑造起着重要的表

---

① 宋明江、胡守敏、杨正强:《论教师教学能力发展的特征、支点与趋势》,《教育研究与实验》2015年第2期。
② 朱嘉耀:《教师职业能力浅析》,《教育研究》1997年第6期。
③ [捷]夸美纽斯:《大教学论》,傅任敢译,人民教育出版社1984年版,第183页。

率作用。教师必须"既美其道，又慎其行"，方能为师为范。因此，品格修养下二级指标初步确定为：职业品质、人际特征和自我特性。

（三）关于三级指标

1. 教育知识的三级指标

教育知识是教师作为教育人员所必须具备的知识基础。每一个教师在参与教育活动前，都需要掌握教育学、心理学等通用教育理论知识，同时在特定的学科背景下还需掌握学科教学知识。在参与教育活动后，个体通过反思总结从教育实践中所获得的独特的教学经验即为教育实践知识，这些知识共同组成了教师的教育知识。因此，教育知识的三级指标初步定为：教育理论知识、学科教学知识和教育实践知识。

2. 学科知识的三级指标

学科知识是教师从事某一学科教学工作的基础，在教师知识结构中居于核心地位。教师不仅要熟悉学科知识的过去和现在，还要了解学科知识的未来，即掌握学科基本知识的同时，也要实时关注最新的学科知识。因此，学科知识的三级指标初步定为：学科基本知识和学科前沿知识。

3. 通识知识的三级指标

通识知识同样是教师知识结构中不可缺少的一部分，它涵盖的领域较宽泛，体现了教师知识的广度。通识知识有利于教师更好地开展教育教学活动，除了要了解人与自然、人与社会，还需跟上信息时代的脚步，了解信息技术知识。因此，通识知识的三级指标初步定为：自然科学知识、人文社科知识和信息技术知识。

4. 教学设计的三级指标

教学设计有利于课堂教学活动的有序开展。一般情况下，教学设计包含对教学目标的确定、对教学对象的分析、对课程资源的开发、对教学方法的选择以及对教学内容的安排。对教学设计所需信息的获取，要求教师具备信息获取和处理的必要能力。因此，教学设计的三级指标初步定为：教学目标设定、教学对象分析、课程资源开发、教学方法选择、教学内容安排和信息获取与处理。

5. 教学实施的三级指标

教学实施是将教学设计付诸实践，主要体现为课堂组织、语言表达、教学演示、教育技术的运用及教学评价。同时在教育活动的实施过程中，为了激发学生的学习兴趣，良好的启发激励和师生互动都是必不可少的。此外，为了保证教学活动的有效完成，对整个教学活动的计划和调整，是教师教学艺术与教师机智的综合体现。因此，教学实施的三级指标初步定为：课堂组织、语言表达、教学演示、教育技术运用、教学评价、启发技巧、激励艺术、师生互动和教学监控。

6. 教学探索的三级指标

教学探索是对教学活动的探究。教学活动结束后，对教学活动的过程进行回顾总结，发现和解决教学问题，在此基础上对教学做进一步的研究和改革，是教师专业成长的必备能力。因此，教学探索的三级指标初步定为：教学反思、教学研究和教学创新。

7. 职业品质的三级指标

职业品质是劳动者在从事某一社会职业所表现出来的优良品质。职业品质主要表现在职业态度、职业能力、职业道德、职业行为等方面。因此，职业品质的三级指标初步确定为：职业道德、职业理想、职业信念、职业情感、职业动机、职业规划、职业责任、关爱学生、责任心、进取心、使命感、奉献精神和法律意识。

8. 人际特征的三级指标

人际特征是在与其他人交往中所表现出来的特征。教师的人际交往受角色的限制，决定了教师接触最密切的两大群体，分别是学生和同事。新型师生关系的特点是民主平等，而公正对于教师具有特殊的意义，公正是学生信任教师的基础，它要求教师一视同仁，不偏不倚。学生是发展中的人，难免会犯错，作为教育者，教师要多宽容。苏霍姆林斯基说，有时宽容引起的道德震动比惩罚更强烈。除了与学生之间的和谐相处，还有与同事之间的真诚交往，交流合作，共同促进专业进步。因此，人际特征的三级指标初步定为：民主性、平等性、公正性、宽容性和交流合作。

9. 自我特性的三级指标

自我特性是自身所体现出来的特征。对于教师自我特性三级指标的确立，主要是归纳文献资料中的相关内容。因此，初步确定了主动性、适应性、计划性、严谨性、坚持性、自信心、幽默感、亲和力、创新精神、自我调控、精神状态等内容。

三 中小学教师专业核心素养指标体系的专家函询过程与结果

（一）咨询专家的确定

本研究选取了31位专家和教师作为函询对象。其中男性23位、女性8位；年龄分布在36—45岁的11位，46—55岁的17位，56岁及以上的3位；教龄分布在11—20年的3位，21—30年的15位，31年及以上的5位；职称为教授或副教授的有17位，中小学高级的有10位，其他有4位；学历水平为大学专科的1位，本科学历的12位，硕士学历的3位，博士学历的15位；其中任职于高校的有15位（均从事教育学教学与研究），中小学的有12位，教育行政部门的有4位。函询对象中还包含了5位特级教师。

（二）咨询问卷的构成

咨询问卷分为两个部分：第一部分为中小学教师专业核心素养指标体系咨询问卷，主要包括背景介绍、指标体系维度设计、指标重要程度赋分以及修改建议等内容；第二部分为评估专家的基本信息，包括专家的基本情况、对咨询内容的熟悉程度及专家进行判断的主要依据。

（三）咨询过程与结果

1. 第一轮咨询过程与结果

本研究第一轮共向33位专家发放"中小学教师专业核心素养指标体系咨询问卷"，收回有效问卷31份，问卷有效率为93.9%。根据专家对问卷各指标维度的评分和提出的意见，做出如下整理。

（1）指标项目得分

第一轮专家咨询的各指标项目得分情况见表1-5。

表1-5　　　　　第一轮专家咨询的结果

一级指标	二级指标	三级指标	指标平均得分
专业知识	教育知识	教育理论知识	4.16
		教育实践知识	4.71
		学科教学知识	4.84

续表

一级指标	二级指标	三级指标	指标平均得分
专业知识	学科知识	学科基本知识	4.87
		学科前沿知识	4.00
	通识知识	自然科学知识	3.74
		人文社科知识	4.10
		信息技术知识	3.94
教学能力	教学设计	教学目标设定	4.77
		教学对象分析	4.81
		信息获取与处理	4.03
		课程资源开发	4.13
		教学内容安排	4.61
		教学方法选择	4.71
	教学实施	课堂组织	4.58
		语言表达	4.55
		教学演示	4.10
		教育技术运用	3.90
		教学监控	3.87
		教学评价	4.48
		启发技巧	4.55
		激励艺术	4.48
		师生互动	4.84
	教学探索	教学反思	4.71
		教学研究	4.42
		教学创新	4.23
品格修养	职业品质	职业道德	4.94
		职业责任	4.71
		职业理想	4.32
		职业动机	4.03
		职业信念	4.35
		职业规划	4.23
		职业情感	4.35
		关爱学生	4.77

续表

一级指标	二级指标	三级指标	指标平均得分
品格修养	职业品质	责任心	4.68
		进取心	4.26
		使命感	4.29
		奉献精神	4.19
		法律意识	4.29
	人际特征	民主性	4.45
		平等性	4.32
		公正性	4.48
		宽容性	4.39
		交流合作	4.55
	自我特性	主动性	4.55
		适应性	4.16
		计划性	4.29
		严谨性	4.13
		坚持性	4.29
		自信心	4.32
		幽默感	3.97
		亲和力	4.45
		创新精神	4.10
		自我调控	4.52
		精神状态	4.45

（2）指标维度设计及调整意见

①关于一级指标的修改意见

专家们一致同意一级指标是知识、能力和品格三个维度，并针对一级指标的排序和一级指标的表述提出了修改意见。

首先，一级指标的排序需要调整。一些专家认为知识、能力和品格三者中，品格应排在首位，因为是品格体现了教师的教育理念，决定了教师的教育行为。因而品格居于教师核心素养的首位，其次才是知识和能力。

其次，一级指标的表述需要完善。有些专家建议将"品德修养"改为"职业品格""师德修养""职业修养""专业品格"等,将"专业知识"改为"知识基础""知识体系"等,将"教学能力"改为"专业能力""教学素养""教育能力"等。

②关于二级指标的修改意见

第一,专业知识的二级指标。专业知识有"教育知识""学科知识"和"通识知识"3个二级指标。有的专家认为二级指标"通识知识"与"专业知识"处于同一逻辑层面,而不是包含关系,教师既需要教学所需的专业知识,也需要海纳百川各有涉猎。有的专家认为专业知识下需增加"心理学知识"这个领域的相关知识,心理知识和学科知识、教育知识是教师必须掌握的三大类知识,可以将"教育知识""心理知识"和"学科知识"纳入"专业知识"之中。所以一级指标"专业知识"可以调整为"知识涵养",二级指标修改为"专业知识"和"通识知识"两类。

第二,教学能力的二级指标。教学能力有"教学设计""教学实施"和"教学探索"3个二级指标。有专家指出"教学设计""教学实施"与"教学探索"不处于同一层面,"教学探索"的含义更宽泛些,并提出质疑:难道"教学设计"和"教学实施"不是教学探索吗?教师的教学能力体现在顺利完成教学活动时表现出来的行为特征,主要体现在教学的设计与实施上,对于一级指标"教学能力"下设置的二级指标"教学设计"和"教学实施",专家们并无异议。

第三,品格修养的二级指标。品格修养下有"职业品质""人际特征"和"自我特性"3个二级指标。有专家建议"职业品质"可以表述为"职业道德""职业素质"等。至于"人际特征",有专家认为教师的人际特征主要体现为教师对待学生及同事的态度,它包含在"职业态度"之中,而不必单独列项。"自我特性"的表述,多数专家存在争议,有专家认为可以改为"自我修养""自我品质"或"个人品格"。

③关于三级指标的修改意见

第一,专业知识的三级指标。如上所述,一级指标"专业知识"调整为"知识涵养",二级指标改为"专业知识"和"通识知识"两类。"教育知识""心理知识"和"学科知识"纳入二级指标"专业知识"之中，因此二级指标"专业知识"的三级指标为"教育理论""心理知识"和"学科底蕴"。另外，有专家建议在"通识知识"中增加三级指标"艺术欣赏知识"，因此二级指标"通识知识"的三级指标为"科学素养""人文积淀"和"艺术学养"。

第二，教学能力的三级指标。如上所述，一级指标"教学能力"下的二级指标删减为"教学设计"和"教学实施"。"教学设计"下的三级指标有"教学目标设定""教学对象分析""信息获取与处理""课程资源开发""教学内容安排"和"教学方法选择"6个三级指标。有专家提出："信息获取与处理"与其他的不在一个层面，每一个指标都涉及信息获取与处理，建议删除。此外，在实际的教学过程中，真正的一线教师自主开发课程资源的不多，基本上是选择课程资源，也即课程资源的开发不是教学设计中的必备环节，同样建议删除。"教学实施"下的三级指标偏多，共有9项内容。多数专家认为教学实施的各指标之间存在重叠交叉，建议将各环节之间的逻辑关系予以重新梳理，精简处理。在综合考虑专家意见后，"教学实施"的三级指标只保留了"语言表达""启发艺术""师生互动""学习评价"和"教学反思"5项内容。

第三，品格修养的三级指标。如上所述，一级指标"品格修养"的二级指标更改为"职业道德"和"个人品格"。品格修养的三级指标偏多，共有29项。专家一致建议精简指标，高度概括合并同类项。职业责任、职业理想、职业动机、职业信念、职业规划、使命感、奉献精神等都可纳入"专业认同"，"进取心"属于个人品格，法律意识和其他指标格格不入，建议删除。为此，"职业道德"中的三级指标有"职业情感""专业认同""教育信念"和"关爱学生"4个三级指标。"个人品格"三级指标的选取主要参照指标的得分，得分高的意味着专家的认可度较高，首先是"交流合作"，其次是"自我调控"，再次是"民主性"和"亲和力"，最后是"平等性"。为此，"个人品格"中的三级指标只选取了"作风民主""平等待人""积极进取""亲切和善""合作精神"和"自我调控"6个三级指标。

2. 第二轮咨询过程与结果

本研究第二轮共向31位专家发放"中小学教师专业核心素养指标体

系咨询问卷",收回有效问卷31份。根据专家对问卷各指标维度的评分和提出的意见,做出如下整理。

(1) 指标项目得分

第二轮专家咨询的各指标项目得分情况见表1-6。

表1-6　　　　　　　　第二轮专家咨询的结果

一级指标	二级指标	三级指标	指标平均得分
品德修为	职业道德	职业情感	4.73
		专业认同	4.61
		教育信念	4.39
		关爱学生	4.85
	个人品格	作风民主	4.18
		平等待人	4.52
		积极进取	4.58
		亲切和善	3.88
		合作精神	4.24
		自我调控	4.33
知识涵养	专业学识	教育理论	4.64
		心理知识	4.58
		学科底蕴	4.82
	通识基础	科学素养	4.30
		人文积淀	4.58
		艺术学养	3.85
教学能力	教学设计	目标设定	4.79
		学情分析	4.76
		问题预设	4.18
		内容安排	4.58
		方法选择	4.76
	教学实施	语言表达	4.67
		启发艺术	4.52
		师生互动	4.45
		学习评价	4.48
		教学反思	4.55

（2）指标维度设计及调整意见

经过第一轮咨询，在听取了专家的意见后对指标的维度体系做出了适当的调整，一级指标依然是 3 个，二级指标由 9 个减为 6 个，三级指标由 55 个精简为 26 个。多数专家认为，第二轮的咨询问卷较第一轮大有改进，内容体系更为精练，用词更为准确。这一轮专家反馈的意见也更为集中。

①关于品德修为指标的修改意见

"品德修为"共有 2 个二级指标，分别是"职业道德"和"个人品格"。有专家指出"职业道德"用词太狭隘，目前《中小学教师职业道德规范》明确规定教师职业道德包含的是爱国守法、爱岗敬业、关爱学生、教书育人、为人师表和终身学习 6 项内容，仅对应三级指标"关爱学生"，建议修改为"职业情怀"。教师的职业情怀包括 3 个方面，即教师对待教育事业或教师职业的情感、教师对待所教学科专业的情感和教师对待学生的情感，为此教师的"职业情怀"下的三级指标分别对应"职业情感""专业认同"和"关爱学生"。有专家表示教育信念的含义仍然不太明确，建议删除。多位专家认为"个人品格"下的三级指标"作风民主"和"平等待人"有重复。"亲切和善"是指待人态度亲近友好，包含于"自我调控"之中，建议删除。综上，"职业道德"下的三级指标定为"教育情感""学科认同"和"关爱学生"；"个人品格"下的三级指标定为"进取精神""自我调控"和"协同合作"。

②关于知识涵养指标的修改意见

"知识涵养"共有 2 个二级指标，分别是"专业学识"和"通识基础"。专家对"专业学识" 3 个三级指标的意见一致，未做改动。但有专家提出"艺术学养"包含在"人文积淀"之中，没有必要单独列项。相比之下，在信息时代，每个教师都需要具备"信息素养"，需要学会操作和运用多媒体技术。综上，"专业学识"下的三级指标定为"教育理论""心理知识"和"学科底蕴"；"通识基础"下的三级指标定为"科学素养""人文积淀"和"信息素养"。

③关于教学能力指标的修改意见

"教学能力"共有 2 个二级指标，分别是"教学设计"和"教学实施"。"教学设计"下的三级指标"学情分析"和"问题预设"鉴于重要性不如其他三项,选择删除。在教学过程中,既需要师生互动、启发激励,同时又需要课堂管理,对教学活动的良好的组织有利于教学活动的顺利进行,因此有专家建议"教学组织"比"师生互动"和"启发艺术"更适合做教学实施下的三级指标。另外,多数专家对"教学反思"列于"教学实施"之下表示质疑,教学实施是教学活动的进行时,而教学反思是教学活动结束后才有的行为,尽管重要但归置不当,建议重新考虑如何归置。综上,"教学能力"下的三级指标定为"目标设定""内容安排"和"方法选择";"教学实施"下的三级指标定为"语言艺术""教学组织"和"学习评价"。

3. 第三轮咨询过程与结果

本研究第三轮共向31位专家发放"中小学教师专业核心素养指标体系咨询问卷",收回有效问卷31份。根据专家对问卷各指标维度的评分和提出的意见,做出如下整理。

(1) 指标项目得分

第三轮专家咨询的各指标项目得分情况见表1-7。

表1-7　　　　　　　　第三轮专家咨询的结果

一级指标	二级指标	三级指标	指标平均得分
品格修为	职业情怀	教育情感	4.81
		学科认同	4.38
		关爱学生	4.88
	人格特质	进取精神	4.78
		自我调控	4.69
		协同合作	4.44
知识涵养	专业学识	教育理论	4.59
		心理知识	4.50
		学科底蕴	4.88
	通识基础	科学知识	4.38
		人文积淀	4.69
		信息素养	4.25

续表

一级指标	二级指标	三级指标	指标平均得分
能力素质	教学设计	目标设定	4.75
		内容安排	4.78
		方法选择	4.84
	教学实施	语言艺术	4.69
		教学组织	4.84
		学习评价	4.63

（2）指标维度设计及调整意见

经过第三轮咨询，各级指标基本上已经确定下来，一级指标依然是3个，二级指标为6个，三级指标为18个。此轮指标体系的各项得分较之前更高，专家提出的修改意见相比之前大为减少，对指标的调整意见更为细致。

有专家认为三级指标"学科认同"作为职业情感，内涵有些狭窄，建议改为"专业认同"涵盖更宽一点，其中也包括了学科认同的内涵。同时，有不少专家提出要增加"创新精神"，考虑到创新精神包括积极进取、求新求变，为此，"创新精神"代替"进取精神"作为人格特质的三级指标。另外，三级指标"语言艺术"更偏向于口头表达，而教师的语言既包括口头语言，也包括身势语言的表达，建议更改为"语言表达"更为恰当。前面在对第二轮咨询的分析时提到，教学反思的归置有待考虑，教学反思是教师对自身教育行为的反思评价，教师课后还需要对学生的学习进行客观的评价，二者可以概括为"教学评价"，这样既包括教师对学生学习的评价，也包括教师对自己教学的评价与反思。第三轮专家咨询后仅做了以上的微调，确立了最终的模型。

4. 模型的最终确立

在结合三轮专家反馈意见的基础上，确立了最终的中小学教师专业核心素养模型。该模型由3个一级指标、6个二级指标和18个三级指标构成，具体内容见图1-1。

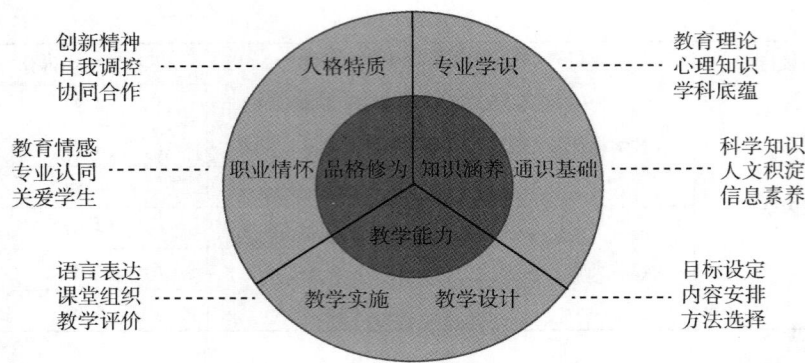

图 1-1　中小学教师专业核心素养模型

（四）咨询结果的可靠性分析

1. 专家的基本情况

（1）专家的年龄与教龄结构

专家的年龄与教龄均呈橄榄形结构，这不仅反映了专家整体上具有较丰富的实践经验，同时由于所选择的专家都对教师专业核心素养较为熟悉，保证了指标体系建构评估对象的合理性。参与本研究的专家年龄和教龄情况见表 1-8 和表 1-9。

表 1-8　　　　　　　　咨询专家的年龄分布

年龄	人数	百分比（%）
≤35	0	0
36—45	11	35.5
46—55	17	54.8
≥56	3	9.7

表 1-9　　　　　　　　咨询专家的教龄分布

教龄	人数	百分比（%）
≤10	2	6.5
11—20	7	22.6
21—30	16	51.6
≥31	6	19.4

从上表可以看出，咨询的专家的年龄和教龄集中在中间区域，分布在

两端的较少。年龄在 46—55 岁和教龄在 21—30 年的占比 50% 以上，青年专家和资深专家也占一定比例。另外，45 岁以上的专家占 64.5%，教龄在 20 年以上的占 71.0%。可见，评估专家的年龄和教龄整体结构较为合理。

（2）专家的学历与职称

专家的学历和职称在一定程度反映了专家的受教育程度与学术水平，同时也反映了专家对问卷内涵的理解力和判断力。专家的学历越高，深度思考的能力越强；专家的职称越高，学术研究能力越强。

表 1 – 10　　　　　　　　咨询专家的学历分布

学历	人数	百分比（%）
专科	1	3.2
本科	12	38.7
硕士	3	9.7
博士	15	48.4

表 1 – 11　　　　　　　　咨询专家的职称分布

职称	人数	百分比（%）
教授	11	35.5
副教授	8	25.8
中教高级	8	25.8
其他	4	12.9

从上表可知，咨询的专家 96.8% 都具有本科及以上学历，硕士及以上学历者超过一半。同时，61.3% 的专家职称是副教授及以上，中教高级职称以上的教师占 87.1%，可见，绝大多数专家都具有较高的职称，因而具有非常好的学术权威性，对问卷内容的理解更透彻，从而易于做出正确的判断，能够理性地评估指标体系。如上表所示，评估专家的学历和职称整体结构较为合理。

2. 专家积极系数

专家的积极系数是指专家对咨询问卷的有效回收率。本研究的第一轮咨询共发放问卷 33 份，收回有效问卷 31 份，有效回收率为 93.9%；第二轮咨询共发放问卷 31 份，收回有效问卷 31 份，有效回收率为 100%；第三轮咨询共发放问卷 31 份，收回有效问卷 31 份，有效回收率为 100%。由此可见，专家积极系数很高，反映了专家们对本研究的积极关注和大力支持。

3. 专家权威程度

专家权威程度（Cr）主要由专家对问题进行判断的依据（Ca）和专家对问题的熟悉程度（Cs）两个因素决定。即 Cr =（Ca + Cs）/2。

（1）专家的判断依据（Ca）

专家对问题的判断依据一般由直观感觉、理论分析、工作经验和参考相关资料这四项构成。根据专家的判断依据及影响程度量化表，得出本研究咨询专家的判断依据 Ca = 0.926。

表 1-12　　专家判断依据及影响程度量化表

判断依据	对专家判断的影响程度 Ca		
	大	中	小
直观感觉	0.1	0.1	0.1
理论分析	0.3	0.2	0.1
工作经验	0.5	0.4	0.3
资料参考	0.1	0.1	0.1
合　计	1.0	0.8	0.6

表 1-13　　专家判断依据频数分布

判断依据	大		中		小	
	频数	频率（%）	频数	频率（%）	频数	频率（%）
直观感觉	11	35.5	12	38.7	8	25.8
理论分析	17	54.8	9	29.0	5	16.1
工作经验	27	87.1	4	12.9	0	0
资料参考	6	19.4	17	54.8	8	25.8

由上表可知，在对专家判断的影响程度为"大"的选择中，工作经验和理论分析的频数分别为 27 和 17，共占比 72.1%，说明多数专家是依据工作经验和理论分析来对问卷咨询的内容提供意见的。在对专家判断的影响程度为"中"的选择中，资料参考的频数为 17，占比 54.8%，说明多数专家也借鉴了其他相关资料为自己的判断选择提供支撑。

（2）专家对问题的熟悉程度（Cs）

专家对问题的熟悉程度根据专家对问题熟悉程度系数表分为 5 个等级。本研究专家对问题的熟悉程度 Cs = 0.85。频数及频率分布见表 1 - 14 和表 1 - 15。

表 1 - 14　　　　　　专家对问题的熟悉程度系数

熟悉程度	很熟悉	较熟悉	一般熟悉	较不熟悉	很不熟悉
Cs	1.0	0.8	0.6	0.4	0.2

表 1 - 15　　　　　　咨询专家对问题的熟悉程度

熟悉程度	人数	频率（%）
很熟悉	9	29.0
较熟悉	21	67.7
一般熟悉	1	3.2
较不熟悉	0	0
很不熟悉	0	0

从上表可以看出，专家对咨询问卷的内容都相当熟悉，这有利于专家透彻理解咨询问卷的问题，提供的见解更为科学。

本研究中的专家权威程度 Cr 为 (0.926 + 0.85) /2 = 0.888，一般认为 Cr≥0.70 为可接受水平。由此可见专家对本研究具有很高的权威性，函询结果可信。

4. 专家意见的集中程度

对第三轮咨询结果进行分析发现，18 个三级指标的均值全部大于 4.0。问卷总满分比（也即专家认为指标项目非常重要的比例）为 70.5%，指标项目的均分为 4.65。这说明各指标项目均比较重要，专家意见的集中程度较高。而最终确定的指标项目，是对第三轮得分偏低的项目进行适当的调整和删减，因而最终得到的专家的意见集中程度更高。

表 1 - 16　　　　　　专家意见集中程度

重要性程度	特别不重要	不重要	一般重要	比较重要	非常重要
个数	0	1	25	146	406
百分比（%）	0	0.2	4.3	25.3	70.5

续表

重要性程度	特别不重要	不重要	一般重要	比较重要	非常重要
指标均分：4.65					

总之，在经过三轮专家意见咨询后，31 位专家的意见基本达成一致。专家整体的权威程度系数为 0.888，具有很高的权威性。同时，专家的意见集中程度较高，因而结果具有很好的专业参考价值。

第二节　中小学教师专业核心素养调查问卷的设计

一　初始调查问卷

我们根据中小学教师专业核心素养模型初步构建了"中小学教师专业核心素养调查问卷"。问卷分为三部分：第一部分为被试的基本信息，共15题，包括教师的性别、年龄、教龄、学历、职称、任教学校所在地、任教学校性质、任教课程、兼教课程、任教年级、每周授课次数、是否担任班主任、受过表彰的级别等。第二部分为正式的问卷内容，共53题，其中包含一个测谎题：第 10 题；11 个反向计分题：第 14、15、16、20、21、22、26、32、33、34、48 题，题目的设计主要依据中小学教师专业核心素养模型，分别从 3 个维度上进行把握，具体是从 6 个二级指标上分析，从 18 个三级指标上设计每个问题。第三部分为相关影响因素题，共 24 题，包括参与教研活动、接受培训、阅读相关书籍、承担研究课题等方面。

二　试测问卷

为了保证调查问卷的信度和效度，我们在正式调查之前对问卷进行了试测。主要借助问卷星平台来收集试测数据，测试对象为江西省中小学教师。收集样本399 份，有效样本382 份，收集的问卷的有效率为95.7%。因此，可以利用这 382 份有效试测问卷和 SPSS 18.0 软件对收集的数据进行统计分析。

(一) 信度检验

根据问卷作答情况，按问卷原始维度计算整卷、3 个一级指标、6 个二级指标和 18 个三级指标的克龙巴赫 alpha 系数，结果见表 1-17。

表 1-17　　　　　　　整卷及各分问卷克龙巴赫信度表

一级指标	信度	二级指标	信度	三级指标	信度
整卷信度（第 1—53 题，不包括第 10 题测谎题）：0.963					
品格修为	0.917	职业情怀	0.920	教育情感第 1—3 题	0.894
				专业认同第 4—6 题	0.858
				关爱学生第 7—9 题	0.778
		人格特质	0.828	创新精神第 11—13 题	0.880
				自我调控第 14—16 题	0.882
				协同合作第 17—19 题	0.817
知识涵养	0.887	专业学识	0.811	教育理论第 20—22 题	0.901
				心理知识第 23—25 题	0.749
				学科底蕴第 26—28 题	0.726
		通识基础	0.804	人文积淀第 29—31 题	0.827
				科学知识第 32—34 题	0.895
				信息素养第 35—37 题	0.804
教学能力	0.954	教学设计	0.922	目标设定第 38—40 题	0.724
				内容安排第 41—43 题	0.886
				方法选择第 44—45 题	0.818
		教学实施	0.913	语言表达第 46—47 题	0.875
				课堂组织第 48—50 题	0.710
				教学评价第 51—53 题	0.909

由上表可知，整卷的信度为 0.963，可认为问卷整体的信度较高；在 3 个一级指标上，品格修为的信度为 0.917、知识涵养的信度为 0.887、教学能力的信度为 0.954。在 6 个二级指标上，alpha 系数均大于 0.8。在 18 个三级指标上，alpha 系数均大于 0.7。可见，本问卷的信度良好。

(二) 效度检验

效度分为内容效度和结构效度。内容效度是指问卷题项对相关概念测量的适用性情况，也即题项设计的合理性。问卷的内容效度可由相关研究领域的专家进行判断,专家对问卷得出肯定结论时才能说明问卷具有有效性。本研究的问卷主体部分是基于参考文献基础之上,由专家组评定最后的项目,因此问卷的内容效度较好。

问卷的结构效度,可以通过对各维度之间以及与总分的相关程序进行皮尔逊(Pearson)相关检验,结果见表1–18。

表1–18　　　　　　　问卷三个维度与问卷总分之间的相关

	Pearson 相关性			
	品格修为	知识涵养	教学能力	总分
品格修为	1			
知识涵养	0.692**	1		
教学能力	0.780**	0.697**	1	
总分	0.917**	0.884**	0.907**	1

注:**表示在0.01水平(双侧)上显著相关。

从上表可知,各维度之间的相关系数在0.692—0.780,为中等程度的相关,表明各维度之间既有一定联系,又具有相对独立性。而各维度与问卷总分之间的相关系数在0.884—0.917,为高度正相关。表明各维度所测与总问卷所测之间存在较高的内容一致性,进一步说明问卷具有良好的结构效度。

(三)题目分析

经过 SPSS 18.0 软件计算各问卷题目与总分的 Pearson 相关系数 r,如表1–19所示,一般而言如果相关系数 r 小于0.4,表示该题与其他题目的相关为低度相关,该题则要删除。结果发现,所有题目的 r 系数都在0.4以上且 p 值都在0.01的水平上显著($p<0.01$),这表明所有题目与整体问卷的相关性较高。

表1–19　　　　　　　题目与总分的相关

	r	p		r	p
A1	0.573	0.000	A27	0.695	0.000
A2	0.685	0.000	A28	0.628	0.000
A3	0.589	0.000	A29	0.526	0.000
A4	0.593	0.000	A30	0.621	0.000

续表

	r	p		r	p
A5	0.680	0.000	A31	0.452	0.000
A6	0.671	0.000	A32	0.440	0.000
A7	0.653	0.000	A33	0.422	0.000
A8	0.718	0.000	A34	0.504	0.000
A9	0.498	0.000	A35	0.742	0.000
A10	0.683	0.000	A36	0.631	0.000
A11	0.686	0.000	A37	0.591	0.000
A12	0.729	0.000	A38	0.587	0.000
A13	0.463	0.000	A39	0.768	0.000
A14	0.509	0.000	A40	0.776	0.000
A15	0.431	0.000	A41	0.766	0.000
A16	0.662	0.000	A42	0.711	0.000
A17	0.699	0.000	A43	0.761	0.000
A18	0.737	0.000	A44	0.666	0.000
A19	0.413	0.000	A45	0.740	0.000
A20	0.447	0.000	A46	0.761	0.000
A21	0.394	0.000	A47	0.612	0.000
A22	0.566	0.000	A48	0.673	0.000
A23	0.593	0.000	A49	0.709	0.000
A24	0.566	0.000	A50	0.711	0.000
A25	0.526	0.000	A51	0.758	0.000
A26	0.655	0.000	A52	0.767	0.000

另外，本研究还采用了独立样本T检验法，筛选出问卷的高低分组，即问卷总分前27%和后27%，对每一个题目做了详细的分析。结果表明，所有题目的Cr值都非常显著（$\alpha<0.01$），表明以上所有题目的鉴别度较高。基于相关法和T检验法，所得的结果都显示问卷的所有题目与问卷整体既有良好的相关性，也有较高的鉴别度。因此，所有题目都可以保留作为正式问卷进行应用。

三 正式调查问卷

本研究的正式调查问卷见附录《中小学教师专业核心素养调查问卷》，这里先简要介绍调查问卷的结构与内容。

第一部分为被试基本信息，共 15 题，包括教师任教学校所在地区、任教学校类型（城市或农村，公立或私立）、性别、年龄、教龄、是否拥有国家编制、学历、第一学历是否属于师范类、职称、任教课程、兼教课程、任教年级、每周授课时数、是否担任班主任、受过表彰的级别等。

第二部分是正式问卷题目，共 53 题，此部分的题目均采用 6 点计分，其中勾选极不符合为 1 分、较不符合为 2 分、有点不符合为 3 分、有点符合为 4 分、比较符合为 5 分、完全符合为 6 分，分数越高说明教师专业核心素养越高。为了解被试填问卷时的态度是否影响问卷的有效性，特设有 1 道测谎题第 10 题，原题为 33 题。另外为使调查结果更为科学，设置了 11 道反向计分题，依次是第 14、15、16、20、21、22、26、32、33、34、48 题，反向计分题的计分标准则相反。

第三部分是相关影响因素题，共 24 题，包括教研活动的开展情况，教师培训的开展情况，相关书籍如教育学类书籍、心理学类书籍等的阅读情况，教学反思的情况，研究课题的承担情况等，旨在探究影响初中教师专业核心素养的因素。

第二章 小学教师专业核心素养研究

本章主要阐述和分析我们抽样调查的江西省小学教师专业核心素养的情况。内容主要包括调查设计、调查对象、调查实施和调查结果，并在此基础上就提升小学教师的专业核心素养提出若干对策建议。

第一节 小学教师专业核心素养的调查与分析

一 调查设计

（一）调查目的

本调查是为了掌握江西省小学教师专业核心素养的现状，分析影响小学教师专业核心素养的因素并据此探讨提升小学教师专业核心素养的策略。

（二）调查工具

本调查采用的工具是我们在构建中小学教师专业核心素养模型基础上研制的《中小学教师专业核心素养调查问卷》。该问卷的具体内容见附录。

二 调查对象

本次调查的对象是江西省的小学教师，调查范围涵盖11个设区市及下属93个县（区），有效调查对象为2564人。具体情况见表2–1。

表 2-1 调查对象基本情况统计

分类		人数	百分比（%）
1. 地域分布	南昌	191	7.45
	九江	171	6.67
	上饶	343	13.38
	宜春	648	25.27
	鹰潭	218	8.50
	新余	83	3.24
	抚州	200	7.80
	赣州	86	3.36
	景德镇	126	4.91
	萍乡	108	4.21
	吉安	390	15.21
2. 学校类型（1）	城市（含县城）	1196	46.65
	农村	1368	53.35
3. 学校类型（2）	公办学校	2440	95.16
	民办学校	124	4.84
4. 性别	男	628	24.49
	女	1936	75.51
5. 年龄分组	$a \leq 30$	1013	39.50
	$30 < a \leq 40$	783	30.54
	$40 < a \leq 50$	563	21.96
	$a > 50$	205	8.00
6. 教龄分组	$b \leq 10$	1341	52.30
	$10 < b \leq 20$	442	17.24
	$20 < b \leq 30$	579	22.58
	$b > 30$	202	7.88
7. 是否国家编制	是	2226	86.82
	否	338	13.18
8. 学历水平	高中（或中专）	91	3.55
	大专	776	30.27
	本科	1666	64.97
	硕士	19	0.74

续表

分类		人数	百分比（%）
8. 学历水平	博士	2	0.08
	其他	10	0.39
9. 第一学历性质	师范类	2019	78.74
	非师范类	545	21.26
10. 职称	未评职称	482	18.80
	小教三级	119	4.64
	小教二级	767	29.91
	小教一级	981	38.26
	小教高级	196	7.65
	小教正高级	19	0.74
11. 任教课程	语文	1153	45.0
	数学	1011	39.4
	外语	176	6.9
	思品	11	0.4
	音乐	52	2.0
	美术	27	1.1
	体育	37	1.4
	科学	12	0.5
	信息技术	18	0.7
	劳动技术	2	0.1
	心理健康	3	0.1
	综合实践活动	3	0.1
	其他	59	2.3
12. 任教年级	1年级	370	14.43
	2年级	393	15.33
	3年级	403	15.72
	4年级	425	16.58
	5年级	495	19.30
	6年级	478	18.64
13. 周课时量	10节及以下	280	10.92
	11—15节	1427	55.66

续表

分类		人数	百分比（%）
13. 周课时量	16—20 节	645	25.16
	21 节及以上	212	8.27
14. 是否班主任	是	1511	58.93
	否	1053	41.07
15a. 受表彰情况	无表彰	476	18.56
	校级表彰	1389	54.17
	县、区级表彰	1435	55.97
	市级表彰	637	24.84
	省级表彰	246	9.59
	国家级表彰	63	2.46
15b. 最高表彰情况	无表彰	476	18.56
	校级表彰	476	18.56
	县、区级表彰	910	35.49
	市级表彰	443	17.28
	省级表彰	196	7.65
	国家级表彰	63	2.46

三 调查实施

我们于 2020 年 7—8 月借助问卷星平台发放电子问卷，共发放 2798 份，回收率 100%，有效问卷共 2564 份，问卷有效率为 91.6%。

四 调查结果

（一）小学教师专业核心素养总体处于良好水平

表 2-2　　教师专业核心素养各级指标得分统计

一级指标	得分	二级指标	得分	三级指标	得分
品格修为	5.06	职业情怀	5.22	教育情感	5.09
				专业认同	5.20
				关爱学生	5.38

续表

一级指标	得分	二级指标	得分	三级指标	得分
品格修为	5.06	人格特质	4.89	自我调节	4.23
				协同合作	5.26
				创新精神	5.17
知识涵养	4.83	专业学识	4.87	教育理论	4.79
				心理知识	4.90
				学科底蕴	4.90
		通识基础	4.79	科学知识	4.57
				人文积淀	4.68
				信息素养	5.12
教学能力	5.19	教学设计	5.24	目标设定	5.22
				内容安排	5.27
				方法选择	5.23
		教学实施	5.14	语言表达	5.22
				课堂组织	4.92
				教学评价	5.30

由表 2-2 可知，本次调查的江西省小学教师在 3 个一级指标上的得分均高于 4.5 分，按照量表等级水平，接近"比较符合"的水平。其中品格修为和教学能力得分超过 5 分，达到"比较符合"水平；教学能力得分最高（5.19），品格修为得分其次（5.06），知识涵养得分最低（4.83）。这表明小学教师在教学能力和品格修为指标上表现较好，但知识涵养偏弱。

从 6 个二级指标来看，职业情怀、教学设计和教学实施 3 个二级指标得分超过 5 分，表明小学教师在这 3 个指标上表现较好。而人格特质、专业学识和通识基础 3 个指标得分相对较低，这表明小学教师在人格特质、专业学识和通识基础上有待提高。

在 18 个三级指标中，除了自我调节、教育理论、人文积淀和科学知识 4 个指标低于 4.8 分，其他 14 个三级指标得分都超过 4.8 分，其中有 11 个三级指标在 5 分以上。三级指标得分最高的是关爱学生（5.38），得分最低的是自我调节（4.23）。由此可知，本次调查的江西省小学教师在自我调节、教育理论、人文积淀和科学知识等方面亟待加强，同时心理知识和学科底蕴方面也有待改善。

（二）小学教师专业核心素养的差异分析

1. 地区差异

将调查对象按其所在 11 个设区市进行分组，得到不同地区小学教师在教师专业核心素养总分与一级指标平均分的数据。其中专业核心素养总分平均分最高的为鹰潭市小学教师（5.12），最低为赣州市小学教师（4.81）；品格修为平均分最高的为鹰潭市小学教师（5.18），最低为赣州市小学教师（4.81）；知识涵养平均分最高的是宜春市小学教师（4.92），最低为赣州市小学教师（4.65）；教学能力平均分最高的为鹰潭市小学教师（5.29），最低为赣州市小学教师（5.00）。

表 2-3　不同地区教师专业核心素养及一级指标得分统计

地区	人数（N）	专业核心素养	品格修为	知识涵养	教学能力
南昌市	191	5.02	5.08	4.85	5.14
九江市	171	5.10	5.17	4.90	5.26
上饶市	343	4.97	5.00	4.78	5.14
宜春市	648	5.11	5.15	4.92	5.27
鹰潭市	218	5.12	5.18	4.91	5.29
新余市	83	4.90	4.91	4.73	5.09
抚州市	200	4.87	4.88	4.72	5.03
赣州市	86	4.81	4.81	4.65	5.00
景德镇市	126	5.09	5.16	4.88	5.25
萍乡市	108	4.84	4.84	4.57	5.13
吉安市	390	4.99	5.02	4.80	5.17

为进一步了解不同地区小学教师专业核心素养总分均值及一级指标均值水平是否存在统计学意义上的显著性差异。本研究以地区分组为自变量，以小学教师专业核心素养总分均值及一级指标均值水平为因变量，进行单因素方差分析（ANOVA）。由于专业核心素养总分、品格修为、知识涵养和教学能力的方差齐性结果不具有同质性，进而采用 Welch 法检验统计量，采用四种方差异质的事后比较方法（Tamhane T2、Dunnet

T3、Games-Howell、Dunnett C）。结果显示，在专业核心素养总分均值上，九江市、宜春市和鹰潭市的小学教师与抚州市、赣州市和萍乡市的小学教师存在显著差异；宜春市的小学教师与上饶市的小学教师存在显著差异。即九江市、宜春市和鹰潭市的小学教师在专业核心素养总分上比抚州市、赣州市和萍乡市的小学教师表现得更好；宜春市的小学教师在专业核心素养总分上比上饶市的小学教师表现更佳。

在品格修为得分均值上，九江市、宜春市和鹰潭市的小学教师与抚州市、赣州市和萍乡市的小学教师存在显著差异；景德镇市的小学教师与赣州市、萍乡市的小学教师存在显著差异。即九江市、宜春市和鹰潭市的小学教师在品格修为上的得分均值明显高于抚州市、赣州市和萍乡市的小学教师；景德镇市的小学教师在品格修为上的得分均值明显高于赣州市和萍乡市的小学教师。

在知识涵养得分均值上，宜春市的小学教师与抚州市、赣州市和萍乡市的小学教师存在显著差异；萍乡市与九江市、鹰潭市的小学教师存在显著差异。即宜春市的小学教师比抚州市、赣州市和萍乡市的小学教师在知识涵养上表现更佳；九江市、鹰潭市的小学教师比萍乡市的小学教师在知识涵养上表现更佳。

在教学能力得分均值上，宜春市、鹰潭市的小学教师与抚州市、赣州市的小学教师存在显著差异，即宜春市、鹰潭市的小学教师比抚州市、赣州市的小学教师在教学能力上的得分均值更高。

2. 学校差异

（1）不同学校（城、乡）差异

本研究的调查对象属于城市（含县城）学校的教师有1196人，占总数的46.6%，农村学校的教师有1368人，占总数的53.4%。为了解不同学校（城、乡）的小学教师专业核心素养总分及各一、二级指标得分均值是否存在统计学意义上的显著差异，以不同学校（城、乡）为自变量，以小学教师专业核心素养总分及各一、二级指标的均值为因变量，进行独立样本 T 检验。由表 2-4 可知，在专业核心素养总分及各一、二级指标均值上，城市（含县城）学校的教师与农村学校的教师有显著差异。

在专业核心素养总分上，不同学校（城、乡）对小学教师专业核心素养水平具有非常显著的影响,即城市(含县城)学校的小学教师在专业核心素养总分上明显高于农村学校的小学教师(T=3.289,p=0.001<0.01)。

在一级指标中,不同学校(城、乡)对小学教师品格修为、知识涵养、教学能力水平具有非常显著的影响。其中品格修为 T=2.725,p=0.006<0.01;知识涵养 T=2.949,p=0.003<0.01;教学能力 T=3.385,p=0.001<0.01。即城市(含县城)学校的小学教师在品格修为、知识涵养和教学能力上明显比农村学校的小学教师表现更佳。

在二级指标中,不同学校(城、乡)对小学教师职业情怀、人格特质、专业学识、通识基础、教学设计和教学实施水平具有显著影响。其中,职业情怀 T=2.547,p=0.011<0.05;人格特质 T=2.464,p=0.014<0.05;专业学识 T=2.863,p=0.004<0.01;通识基础 T=2.682,p=0.007<0.01;教学设计 T=2.895,p=0.004<0.01;教学实施 T=3.645,p=0.000<0.001。即城市(含县城)学校的小学教师在职业情怀、人格特质、专业学识、通识基础、教学设计和教学实施上明显比农村学校的小学教师得分更高。

表2-4 不同学校(城、乡)教师专业核心素养总分均值及一、二级指标 T 检验

检验变量	M±SD		T 值	p 值
	城市(含县城)学校(N=1188)	农村学校(N=1361)		
总分	5.08±0.61	5.00±0.62	3.289**	0.001
品格修为	5.11±0.66	5.04±0.67	2.725**	0.006
职业情怀	5.28±0.71	5.21±0.72	2.547*	0.011
人格特质	4.94±0.73	4.87±0.74	2.464*	0.014
知识涵养	4.88±0.70	4.80±0.71	2.949**	0.003
专业学识	4.92±0.76	4.83±0.77	2.863**	0.004
通识基础	4.84±0.72	4.77±0.73	2.682**	0.007
教学能力	5.25±0.65	5.17±0.64	3.385**	0.001
教学设计	5.30±0.67	5.22±0.66	2.895**	0.004
教学实施	5.21±0.66	5.11±0.66	3.645***	0.000

注:*表示 $p<0.05$,**表示 $p<0.01$,***表示 $p<0.001$。

(2) 不同学校（公、私）差异

本研究的调查对象属于公办学校的小学教师有 2440 人，占总数的 95.2%；民办学校的小学教师 124 人，占总数的 4.8%。为了解不同学校（公、私）的小学教师专业核心素养总分及各一、二级指标得分均值是否存在统计学意义上的显著差异，以不同学校（公、私）为自变量，以小学教师专业核心素养总分及各一、二级指标的均值为因变量，进行独立样本 T 检验。由表 2-5 可知，小学教师的专业核心素养总分及各一、二级指标与学校的公私性质不存在统计学意义上的差异，即公办学校的小学教师与民办学校的小学教师专业核心素养水平无显著差异。

表 2-5　不同学校（公、私）教师专业核心素养总分均值及一、二级指标 T 检验

检验变量	M ± SD		T 值	p 值
	公办学校（N = 2440）	民办学校（N = 124）		
总分	5.02 ± 0.64	5.00 ± 0.66	0.380	0.704
品格修为	5.05 ± 0.69	5.08 ± 0.68	−0.474	0.635
职业情怀	5.22 ± 0.76	5.24 ± 0.74	−0.282	0.778
人格特质	4.89 ± 0.75	4.93 ± 0.74	−0.595	0.552
知识涵养	4.83 ± 0.72	4.79 ± 0.75	0.650	0.516
专业学识	4.87 ± 0.78	4.79 ± 0.82	1.118	0.264
通识基础	4.79 ± 0.74	4.78 ± 0.76	0.086	0.932
教学能力	5.19 ± 0.67	5.13 ± 0.73	0.937	0.349
教学设计	5.24 ± 0.71	5.17 ± 0.77	1.175	0.240
教学实施	5.14 ± 0.69	5.10 ± 0.74	0.630	0.529

3. 性别差异

本次调查对象男教师有 628 人，占总数的 24.5%；女教师有 1936 人，占总数的 75.5%。为了解男、女小学教师的专业核心素养总分及各一、二级指标得分均值是否存在统计学意义上的显著差异，以教师性别为自变量，以小学教师专业核心素养总分及各一、二级指标的均值为因变量，进行独立样本 T 检验。由表 2-6 可知，小学教师的专业核心素养总分及各一、二级指标与教师性别不存在统计学意义上的差异，即小学男教师与女教师的专业核心素养水平无显著差异。

表 2-6　不同性别教师专业核心素养总分均值与一、二级指标 T 检验

检验变量	M ± SD		T 值	p 值
	男（N = 628）	女（N = 1936）		
总分	5.01 ± 0.72	5.02 ± 0.61	-0.375	0.708
品格修为	5.04 ± 0.79	5.06 ± 0.66	-0.474	0.636
职业情怀	5.19 ± 0.89	5.23 ± 0.71	-1.132	0.258
人格特质	4.90 ± 0.80	4.89 ± 0.73	0.307	0.759
知识涵养	4.84 ± 0.79	4.83 ± 0.69	0.342	0.732
专业学识	4.83 ± 0.84	4.88 ± 0.76	-1.138	0.255
通识基础	4.84 ± 0.81	4.77 ± 0.72	1.845	0.065
教学能力	5.16 ± 0.75	5.20 ± 0.65	-1.011	0.312
教学设计	5.21 ± 0.79	5.25 ± 0.68	-1.020	0.308
教学实施	5.12 ± 0.75	5.15 ± 0.67	-0.944	0.345

4. 年龄与教龄差异

（1）年龄差异

调查显示，年龄在 30 岁及以下的教师有 1013 人，占调查总人数的 39.5%，年龄在 31—40 岁的教师有 783 人，占总人数的 30.5%，年龄在 41—50 岁的教师有 563 人，占总人数的 22%，年龄在 51 岁及以上的教师有 205 人，占总人数的 8%。为探究不同年龄的小学教师专业核心素养及各一、二级指标得分均值水平是否存在统计学意义上的显著性差异，本研究以年龄分组为自变量，以小学教师专业核心素养总分及各一、二级指标得分的均值水平为因变量，进行单因素方差分析（ANOVA）和事后多重比较（Scheffe、LSD、HSD）。由表 2-7 可知，不同年龄的小学教师在专业核心素养总分及各一、二级指标得分均值均存在显著差异。

在专业核心素养总分均值上，30 岁及以下、31—40 岁、41—50 岁的小学教师两两一组比较均有显著差异；30 岁及以下的小学教师与 51 岁及以上的小学教师有显著差异；31—50 岁的小学教师与 51 岁及以上的小学教师没有显著差异，但 31 岁及以上的小学教师专业核心素养水平仍有缓慢提升。

在品格修为上，30 岁及以下的小学教师与 31 岁及以上的小学教师有显著差异。在品格修为和个人特质上，31—40 岁的小学教师水平有提升的空间，与 51 岁及以上的小学教师有显著差异；在职业情怀上，31 岁及

以上的小学教师之间有显著差异，水平提升空间较小。

在知识涵养上，30 岁及以下的小学教师与 31 岁及以上的小学教师有显著差异，31 岁及以上的小学教师之间未有显著差异，水平提升速度缓慢。

在教学能力上，30 岁及以下的小学教师与 31 岁及以上的小学教师有显著差异，且 51 岁及以上的小学教师比 41—50 岁的小学教师表现略差。其中在教学能力和教学设计方面，30 岁及以下、31—40 岁、41—50 岁的小学教师两两一组比较均有显著差异；30 岁及以下的小学教师与 51 岁及以上的小学教师有显著差异；31—50 岁的小学教师与 51 岁及以上的小学教师没有显著差异。在教学实施方面，40 岁及以下的小学教师与 41 岁及以上的小学教师存在显著性差异；其中 40 岁及以下的小学教师之间存在显著差异；但 41 岁及以上的小学教师之间没有显著差异，且 41—50 岁的小学教师比 51 岁及以上的小学教师表现略佳。

表 2-7　不同年龄分组的教师专业核心素养与一、二级指标差异比较的方差分析摘要

		平方和（SS）	自由度	平均平方和（SS）	F 检验	事后比较 Scheffe	事后比较 LSD	事后比较 HSD
专业核心素养	组间	37.468	3	12.489	31.696***	B>A C>A D>A	C>B>A D>A	B>A C>A D>A
	组内	1008.744	2560	0.394				
	总和	1046.212	2563					
品格修为	组间	41.248	3	13.749	29.583***	B>A C>A D>A	D>B>A C>A	B>A C>A D>A
	组内	1189.829	2560	0.465				
	总和	1231.077	2563					
职业情怀	组间	35.341	3	11.78	21.174***	B>A C>A D>A	B>A C>A D>A	B>A C>A D>A
	组内	1424.289	2560	0.556				
	总和	1459.63	2563					
人格特质	组间	47.621	3	15.874	29.347***	B>A C>A D>A	D>B>A C>A	B>A C>A D>A
	组内	1384.687	2560	0.541				
	总和	1432.308	2563					
知识涵养	组间	25.983	3	8.661	17.15***	B>A C>A D>A	B>A C>A D>A	B>A C>A D>A
	组内	1292.853	2560	0.505				
	总和	1318.836	2563					

续表

		平方和（SS）	自由度	平均平方和（SS）	F 检验	事后比较		
						Scheffe	LSD	HSD
专业学识	组间	31.455	3	10.485	17.675***	B > A C > A D > A	B > A C > A D > A	B > A C > A D > A
	组内	1518.657	2560	0.593				
	总和	1550.112	2563					
通识基础	组间	21.324	3	7.108	13.037***	B > A C > A D > A	B > A C > A D > A	B > A C > A D > A
	组内	1395.766	2560	0.545				
	总和	1417.09	2563					
教学能力	组间	49.269	3	16.423	37.276***	C > B > A D > A	C > B > A D > A	C > B > A D > A
	组内	1127.888	2560	0.441				
	总和	1177.157	2563					
教学设计	组间	38.485	3	12.828	26.127***	B > A C > A D > A	C > B > A D > A	B > A C > A D > A
	组内	1256.942	2560	0.491				
	总和	1295.427	2563					
教学实施	组间	61.495	3	20.498	45.369***	C > B > A D > A	C > B > A D > B > A	C > B > A D > A
	组内	1156.642	2560	0.452				
	总和	1218.136	2563					

注：***表示 $p < 0.001$。

（2）教龄差异

调查显示，教龄分布与年龄分布情况大体吻合。教龄10年及以下的教师有1341人，占调查总数的52.3%；教龄11—20年的教师有442人，占17.2%；教龄21—30年的教师有579人，占22.6%；教龄31年及以上的教师有202人，占7.9%。为探究不同教龄的小学教师专业核心素养及品格修为、知识涵养得分均值水平是否存在统计学意义上的显著性差异，本研究以教龄分组为自变量，以小学教师专业核心素养总分及品格修为、知识涵养得分的均值水平为因变量，进行单因素方差分析（ANOVA）和事后多重比较（Scheffe、LSD、HSD）。由表2-8可知，不同教龄的小学教师在专业核心素养总分及品格修为、知识涵养得分均值均存在显著差异。

在专业核心素养总分均值上，教龄20年及以下的小学教师与教龄21年及以上的小学教师存在显著差异；且未满20年教龄的小学教师之间有显著差异，但教龄满20年后的小学教师之间没有显著差异，水平趋于缓慢提升。

在品格修为上，教龄未满10年的小学教师与教龄11年及以上的小学教师存在显著差异；其中教龄满10年后两两相邻的教龄分组小学教师没有显著差异，但教龄11—20年的小学教师水平有较大提升空间，与教龄31年及以上的小学教师有显著差异，可缓慢提升到一个新高度。在人格特质上，除了11—30年教龄的小学教师之间没有显著差异，其他教龄组两两比较均存在显著差异。

在知识涵养和专业学识上，教龄未满20年的小学教师与教龄20年及以上的小学教师之间存在显著差异；其中教龄未满20年的小学教师之间有显著差异，但教龄满20年后的小学教师之间不存在显著差异。在通识基础上，教龄10年及以下的小学教师与教龄11年及以上的小学教师存在显著差异，但教龄满10年后的小学教师之间没有显著差异。

表2-8　　　不同教龄分组的教师专业核心素养与一、二级指标
差异比较的方差分析摘要表

		平方和（SS）	自由度	平均平方和（SS）	F检验	事后比较		
						Scheffe	LSD	HSD
专业核心素养	组间	35.064	3	11.688	29.591***	D>B>A C>A	C>B>A D>B>A	C>B>A D>B>A
	组内	1011.149	2560	0.395				
	总和	1046.212	2563					
品格修为	组间	36.201	3	12.067	25.854***	D>B>A C>A	D>B>A C>A	D>B>A C>A
	组内	1194.875	2560	0.467				
	总和	1231.077	2563					
人格特质	组间	42.076	3	14.025	25.826***	D>B>A C>A	D>B>A D>C>A	D>B>A C>A
	组内	1390.232	2560	0.543				
	总和	1432.308	2563					
知识涵养	组间	24.284	3	8.095	16.008***	B>A C>A D>A	C>B>A D>B>A	B>A C>A D>A
	组内	1294.551	2560	0.506				
	总和	1318.836	2563					
专业学识	组间	34.512	3	11.504	19.432***	B>A C>A D>A	C>B>A D>B>A	B>A C>A D>A
	组内	1515.6	2560	0.592				
	总和	1550.112	2563					

续表

		平方和（SS）	自由度	平均平方和（SS）	F 检验	事后比较 Scheffe	事后比较 LSD	事后比较 HSD
通识基础	组间	15.858	3	5.286	9.657***	C > A D > A	B > A C > A D > A	C > A D > A
	组内	1401.232	2560	0.547				
	总和	1417.09	2563					

注：*** 表示 p < 0.001。

由于职业情怀、教学能力、教学设计和教学实施的方差齐性结果不具有同质性，进而采用 Welch 法检验统计量，采用四种方差异质的事后比较方法（Tamhane T2、Dunnet T3、Games-Howell、Dunnett C）。由表 2-9 可知，不同教龄的小学教师在职业情怀、教学能力、教学设计和教学实施均值上均存在显著差异。

在职业情怀上，教龄未满 10 年的小学教师与教龄 11 年及以上的小学教师存在显著差异；其中教龄满 10 年后两两相邻的教龄分组小学教师没有显著差异，水平趋于稳定，但教龄 11—20 年的小学教师水平有较大提升空间，与教龄 31 年及以上的小学教师有显著差异，可缓慢提升到一个新高度。

教龄未满 20 年的小学教师与教龄 20 年及以上的小学教师之间存在显著差异；其中教龄未满 20 年的小学教师之间有显著差异，但教龄满 20 年后的小学教师之间不存在显著差异。

在教学能力、教学设计和教学实施上，教龄未满 20 年的小学教师与教龄 20 年及以上的小学教师之间存在显著差异；其中教龄未满 20 年的小学教师之间有显著差异，但教龄满 20 年后的小学教师之间未有显著差异，教师水平趋于平稳。

表 2-9 不同教龄分组教师职业情怀及教学能力差异比较的 Welch 法检验

检验变量	教龄分组	Welch 值	事后比较 Tamhane T2	事后比较 Dunnet T3	事后比较 Games-Howell	事后比较 Dunnett C
职业情怀	10 年及以下（A） 11—20 年（B） 21—30 年（C） 31 年及以上（D）	20.107***	D > B > A C > A	D > B > A C > A	D > B > A C > A	D > B > A C > A

续表

检验变量	教龄分组	Welch 值	事后比较			
			Tamhane T2	Dunnet T3	Games-Howell	Dunnett C
教学能力	10 年及以下（A） 11—20 年（B） 21—30 年（C） 31 年及以上（D）	40.135***	C > B > A D > B > A	C > B > A D > B > A	C > B > A D > B > A	C > B > A D > B > A
教学设计	10 年及以下（A） 11—20 年（B） 21—30 年（C） 31 年及以上（D）	28.057***	C > B > A D > B > A	C > B > A D > B > A	C > B > A D > B > A	C > B > A D > B > A
教学实施	10 年及以下（A） 11—20 年（B） 21—30 年（C） 31 年及以上（D）	49.064***	C > B > A D > B > A	C > B > A D > B > A	C > B > A D > B > A	C > B > A D > B > A

注：*** 表示 $p < 0.001$。

5. 编制差异

调查对象中有 2226 位小学教师已获得国家编制，占总数的 86.8%，有 338 位小学教师未获得国家编制，占总数的 13.2%，这种现象与调查对象中学校性质多为公办学校有关。为探索小学教师专业核心素养及各一、二级指标得分均值在不同编制上是否存在统计学意义上的显著性差异，以编制状况为自变量，以专业核心素养总分及一、二级指标得分均值为因变量进行独立样本 T 检验，结果如表 2 - 10 所示。不同编制状况的小学教师除了在职业情怀上，已获得国家编制的小学教师与未获得国家编制的小学教师没有明显差异（$T = 1.285$，$p = 0.199 > 0.05$）；在专业核心素养总分及其他一、二级指标均存在显著差异，即已获得国家编制的小学教师明显比未获得国家编制的小学教师表现更好。

表 2 - 10 不同编制状况教师专业核心素养总分均值与一、二级指标 T 检验

检验变量	M ± SD		T 值	p 值
	已获得国家编制 （N = 2226）	未获得国家编制 （N = 338）		
专业核心素养	5.04 ± 0.63	4.90 ± 0.67	3.551***	0.000

续表

检验变量	M ± SD		T 值	p 值
	已获得国家编制（N = 2226）	未获得国家编制（N = 338）		
品格修为	5.07 ± 0.69	4.98 ± 0.71	2.098*	0.036
职业情怀	5.23 ± 0.75	5.17 ± 0.79	1.285	0.199
人格特质	4.90 ± 0.75	4.79 ± 0.75	2.592*	0.010
知识涵养	4.85 ± 0.71	4.71 ± 0.73	3.201**	0.001
专业学识	4.88 ± 0.77	4.74 ± 0.79	3.184**	0.001
通识基础	4.81 ± 0.74	4.68 ± 0.76	2.846**	0.004
教学能力	5.21 ± 0.66	5.03 ± 0.75	4.259***	0.000
教学设计	5.26 ± 0.70	5.10 ± 0.78	3.916***	0.000
教学实施	5.17 ± 0.67	4.96 ± 0.76	4.707***	0.000

注：*表示 $p < 0.05$，**表示 $p < 0.01$，***表示 $p < 0.001$。

6. 职称差异

尚未评职称的小学教师有482人，占总人数的18.8%；小学三级的教师有119人，占4.6%；小学二级的教师有767人，占29.9%；小学一级的教师有981人，占38.3%；小学高级的教师有196人，占7.6%；小学正高级的教师有19人，占0.7%。为探究小学教师的专业核心素养及各一、二级指标得分均值水平在不同职称上是否存在统计学意义上的显著性差异。以不同职称为自变量，以小学教师专业核心素养总分及各一、二级得分均值为因变量，由于小学教师专业核心素养及各一、二级指标的方差齐性结果不具有同质性，进而采用Welch法检验统计量，采用四种方差异质的事后比较方法（Tamhane T2、Dunnet T3、Games-Howell、Dunnett C）。由表2-11可知，小学教师的专业核心素养及各一、二级指标得分均值上均存在显著差异。

在专业核心素养上，小教二级及以下职称的教师与小教一级、小教高级职称的教师存在显著差异；但小教二级及以下两两相邻职称的小学教师之间无显著差异，小教一级及以上两两相邻职称的小学教师之间无显著差异。

在品格修为、职业情怀和人格特质上，小教二级及以下职称的教师与小教一级、小教高级职称的教师之间有显著差异；但小教二级及以下两两相邻职称的教师之间无显著差异，小教一级及以上两两相邻职称的教师之间无显著差异。

在知识涵养上，小教三级及以下职称的教师与小教一级、小教高级职称的教师存在显著差异；且小教三级、小教二级、小教一级两两相邻职称的教师之间有显著差异。在专业学识上，小教二级及以下职称的教师与小教一级、小教高级职称的教师存在显著差异；且小教三级职称的教师与小教二级职称的教师存在显著差异。在通识基础上，小教二级及以下职称的教师与小教一级职称的教师存在显著差异；且小教三级职称的教师与小教高级职称的教师存在显著差异。

在教学能力、教学设计和教学实施上，小教二级及以下职称的教师与小教一级、小教高级职称的教师之间存在显著差异；且小教二级职称的教师在教学能力和教学设计上比未评职称的教师明显表现得更好。

表 2-11　　不同职称教师专业核心素养及一、二级指标差异比较的 Welch 法检验摘要

检验变量	职称分组	Welch 值	事后比较			
			Tamhane T2	Dunnet T3	Games-Howell	Dunnett C
专业核心素养	没评职称（A）	18.645***	D>A、E>A、D>B、E>B、D>C、E>C	D>A、E>A、D>B、E>B、D>C、E>C	D>A、E>A、D>B、E>B、D>C、E>C	D>A、E>A、D>B、E>B、D>C、E>C
	小教三级（B）					
	小教二级（C）					
	小教一级（D）					
	小教高级（E）					
	小教正高级（F）					
品格修为	没评职称（A）	13.941***	D>A、E>A、D>B、E>B、D>C、E>C	D>A、E>A、D>B、E>B、D>C、E>C	D>A、E>A、D>B、E>B、D>C、E>C	D>A、E>A、D>B、E>B、D>C、E>C
	小教三级（B）					
	小教二级（C）					
	小教一级（D）					
	小教高级（E）					
	小教正高级（F）					

续表

检验变量	职称分组	Welch 值	事后比较			
			Tamhane T2	Dunnet T3	Games-Howell	Dunnett C
职业情怀	没评职称（A） 小教三级（B） 小教二级（C） 小教一级（D） 小教高级（E） 小教正高级（F）	10.037***	D>A、 E>A D>B、 E>B D>C、 E>C	D>A、 E>A D>B、 E>B D>C、 E>C	D>A、 E>A D>B、 E>B D>C、 E>C	D>A、 E>A D>B、 E>B D>C、 E>C
人格特质	没评职称（A） 小教三级（B） 小教二级（C） 小教一级（D） 小教高级（E） 小教正高级（F）	13.875***	D>A、 E>A D>B、 E>B D>C、 E>C	D>A、 E>A D>B、 E>B D>C、 E>C	D>A、 E>A D>B、 E>B D>C、 E>C	D>A、 E>A D>B、 E>B D>C、 E>C
知识涵养	没评职称（A） 小教三级（B） 小教二级（C） 小教一级（D） 小教高级（E） 小教正高级（F）	11.428***	D>A、 E>A D>B、 E>B D>C	D>A、 E>A D>B、 E>B D>C	D>A、 E>A D>C>B E>B	D>A、 E>A D>C>B E>B
专业学识	没评职称（A） 小教三级（B） 小教二级（C） 小教一级（D） 小教高级（E） 小教正高级（F）	13.625***	D>A、 E>A E>C>B D>C>B	D>A、 E>A E>C>B D>C>B	D>A、 E>A E>C>B D>C>B	D>A、 E>A E>C>B D>C>B
通识基础	没评职称（A） 小教三级（B） 小教二级（C） 小教一级（D） 小教高级（E） 小教正高级（F）	7.087***	D>B、 E>B D>A、 D>C	D>B、 E>B D>A、 D>C	D>B、 E>B D>A、 D>C	D>B、 E>B D>A、 D>C

续表

检验变量	职称分组	Welch 值	事后比较			
			Tamhane T2	Dunnet T3	Games-Howell	Dunnett C
教学能力	没评职称（A） 小教三级（B） 小教二级（C） 小教一级（D） 小教高级（E） 小教正高级（F）	18.570***	D>B、 E>B E>C>A D>C>A	D>B、 E>B E>C>A D>C>A	D>B、 E>B E>C>A D>C>A	D>B、 E>B E>C>A D>C>A
教学设计	没评职称（A） 小教三级（B） 小教二级（C） 小教一级（D） 小教高级（E） 小教正高级（F）	28.129***	D>B、 E>B E>C>A D>C>A	D>B、 E>B E>C>A D>C>A	D>B、 E>B E>C>A D>C>A	D>B、 E>B E>C>A D>C>A
教学实施	没评职称（A） 小教三级（B） 小教二级（C） 小教一级（D） 小教高级（E） 小教正高级（F）	24.541***	D>A、 E>A D>B、 E>B D>C、 E>C	D>A、 E>A D>B、 E>B D>C、 E>C	D>A、 E>A D>B、 E>B D>C、 E>C	D>A、 E>A D>B、 E>B D>C、 E>C

注：*** 表示 $p<0.001$。

7. 学历差异

（1）学历层次差异

调查对象中学历为高中（或中专）、专科和本科的小学教师有2533人，占调查对象的98.8%，为调查对象的绝大多数，故本研究着重分析这三类学历小学教师的专业核心素养。为探索小学教师专业核心素养及各一、二级指标得分均值在不同学历层次上是否存在统计学意义上的显著性差异，以高中（或中专）、专科和本科三个学历层次为自变量，以教师专业核心素养总分及各一、二级指标得分为因变量，进行单因素方差分析（ANOVA）。结果表明，仅在专业学识上，学历为大专和本科的小学教师与学历为高中（或中专）的小学教师存在显著差异（$F=5.310$，$p=$

0.005＜0.01）。在专业核心素养总分及其他一、二级指标均无显著差异，即不同学历层次的小学教师之间没有明显差别。进行事后多重比较（Scheffe、LSD、HSD），深入探究学历为高中（或中专）、大专和本科的小学教师在专业学识上的差异，比较结果均表明，学历为大专和本科的小学教师与学历为高中（或中专）的小学教师存在显著差异，但学历为大专和本科的小学教师之间没有显著差异。

（2）第一学历性质差异

本次调查对象第一学历为师范类的教师有 2019 人，占总数的 78.7%，第一学历为非师范类的教师有 21.3%。为了解不同第一学历性质的小学教师专业核心素养总分及各一、二级指标得分均值是否存在统计学意义上的显著性差异，以第一学历为自变量，以小学教师专业核心素养总分及各一、二级指标的均值为因变量，进行独立样本 T 检验。由表 2-12 可知，不同第一学历性质的小学教师在专业核心素养总分、品格修为、职业情怀、人格特质、知识涵养、通识基础上无显著差异。但在专业学识（T = 3.176，p = 0.002＜0.01）、教学能力（T = 2.521，p = 0.012＜0.05）、教学设计（T = 2.189，p = 0.029＜0.05）和教学实施（T = 2.698，p = 0.007＜0.05）上，师范类的小学教师明显比非师范类的小学教师得分均值更高，凸显出师范生学习专业知识和专业技能的优势。

表 2-12　不同第一学历性质教师专业核心素养总分均值及一、二级指标 T 检验

检验变量	M ± SD		T 值	p 值
	师范类（N = 2019）	非师范类（N = 545）		
专业核心素养均值	5.03 ± 0.64	4.99 ± 0.62	1.031	0.306
品格修为	5.05 ± 0.71	5.08 ± 0.64	-1.094	0.267
职业情怀	5.22 ± 0.77	5.25 ± 0.71	-0.930	0.348
人格特质	4.88 ± 0.76	4.92 ± 0.70	-1.069	0.294
知识涵养	4.84 ± 0.72	4.79 ± 0.70	1.478	0.140
专业学识	4.89 ± 0.78	4.77 ± 0.78	3.176**	0.002
通识基础	4.79 ± 0.75	4.80 ± 0.72	-0.465	0.642
教学能力	5.21 ± 0.67	5.13 ± 0.69	2.521*	0.012

续表

检验变量	M ± SD		T值	p值
	师范类（N=2019）	非师范类（N=545）		
教学设计	5.26±0.70	5.18±0.74	2.189*	0.029
教学实施	5.16±0.69	5.07±0.70	2.698**	0.007

注：*表示 p<0.05，**表示 p<0.01。

8. 任教情况差异

（1）任教课程差异

调查对象中任教语文、数学和外语三科的小学教师有2340人，占调查总人数的91.3%，故本研究着重比较这三种课程小学教师的专业核心素养。为了解任教不同课程的小学教师专业核心素养水平是否存在差异，以语数外三门课程为自变量，以教师专业核心素养总分及各一、二级指标得分为因变量，进行单因素方差分析。方差齐性结果表明 p 值均大于0.05，未达到0.05显著水平，需接受虚无假设，表示该群体样本具有同质性，可直接进行单因素方差分析（ANVOA）。检验结果表明，任教不同课程小学教师的专业核心素养及各一、二级指标的 p 值均大于0.05，不具有显著差异。

（2）任教年级差异

调查对象任教不同年级的人数占比分别为14.4%、15.3%、15.7%、16.6%、19.3%和18.6%，各年级任教人数较为均衡。为了解任教不同年级的小学教师专业核心素养水平是否存在差异，以任教年级为自变量，以教师专业核心素养总分及各一、二级指标得分为因变量，进行单因素方差分析。差齐性结果表明 p 值均大于0.05，未达到0.05显著水平，表示该群体样本具有同质性，可直接进行单因素方差分析（ANVOA）。单因素方差分析结果表明，任教不同年级小学教师仅在教学能力呈现边缘显著（F=2.219，p=0.05），即二、四年级的教师与五、六年级的教师存在差异；一年级的小学教师与六年级的小学教师存在差异。具体情况见表2-13。

表 2–13　任教不同年级教师专业核心素养与一、二级指标差异比较的方差分析摘要

		平方和（SS）	自由度	平均平方和（SS）	F 检验	事后比较 Scheffe	LSD	HSD
总分	组间	2.55	5	0.51	1.25	n.s.	n.s.	n.s.
	组内	1043.663	2558	0.408				
	总和	1046.212	2563					
品格修为	组间	1.694	5	0.339	0.705	n.s.	n.s.	n.s.
	组内	1229.383	2558	0.481				
	总和	1231.077	2563					
职业情怀	组间	2.35	5	0.47	0.825	n.s.	n.s.	n.s.
	组内	1457.279	2558	0.57				
	总和	1459.63	2563					
人格特质	组间	2.287	5	0.457	0.818	n.s.	n.s.	n.s.
	组内	1430.021	2558	0.559				
	总和	1432.308	2563					
知识涵养	组间	3.767	5	0.753	1.466	n.s.	n.s.	n.s.
	组内	1315.069	2558	0.514				
	总和	1318.836	2563					
专业学识	组间	3.918	5	0.784	1.296	n.s.	n.s.	n.s.
	组内	1546.195	2558	0.604				
	总和	1550.112	2563					
通识基础	组间	4.037	5	0.807	1.462	n.s.	n.s.	n.s.
	组内	1413.053	2558	0.552				
	总和	1417.09	2563					
教学能力	组间	5.084	5	1.017	2.219*	n.s.	F＞A、E＞B、F＞B、E＞D、F＞D	n.s.
	组内	1172.073	2558	0.458				
	总和	1177.157	2563					
教学设计	组间	5.533	5	1.107	2.195*	n.s.	n.s.	n.s.
	组内	1289.893	2558	0.504				
	总和	1295.427	2563					

续表

		平方和（SS）	自由度	平均平方和（SS）	F 检验	事后比较		
						Scheffe	LSD	HSD
教学实施	组间	4.806	5	0.961	2.026	n.s.	n.s.	n.s.
	组内	1213.33	2558	0.474				
	总和	1218.136	2563					

注：n.s. 表示 p＞0.05，＊表示 p＜0.05。

（3）周课时量差异

研究对象周课时量 10 节及以下、11—15 节、16—20 节和 21 节及以上的人数分别为 280 人、1427 人、645 人、212 人，其中 11—20 节课时的小学教师占调查总数的 80.8%。为探索小学教师专业核心素养及各一、二级指标得分均值在不同周课时量上是否存在统计学意义上的显著性差异，以不同周课时量为自变量，以教师专业核心素养总分及各一、二级指标得分为因变量，进行单因素方差分析（ANOVA）。由方差齐性检验结果可知，仅有知识涵养维度及人格特质具有同质性，直接进行单因素方差分析（ANOVA）和事后多重比较（Scheffe、LSD、HSD）。

在人格特质、知识涵养和通识基础上，周课时量 11—20 节的小学教师与周课时量 10 节及以下、21 节及以上的小学教师存在显著差异，即周课时量 11—20 节的小学教师在人格特质、知识涵养和通识基础的表现比周课时量 10 节及以下、21 节及以上的小学教师更好。

在专业学识上，周课时量 10 节及以下、21 节及以上的小学教师与周课时量 11—15 节的小学教师存在显著差异；周课时量 10 节及以下与周课时量 16—20 节的小学教师存在显著差异。即周课时量适中的小学教师在专业学识上表现更佳。

表 2-14　不同周课时量的教师知识涵养及人格特质差异比较方差分析摘要

		平方和（SS）	自由度	平均平方和（SS）	F 检验	事后比较		
						Scheffe	LSD	HSD
人格特质	组间	11.562	3	3.854	6.944＊＊＊	B＞A、B＞D	B＞A、C＞A、B＞D、C＞D	B＞A、B＞D
	组内	1420.746	2560	0.555				
	总和	1432.308	2563					

续表

		平方和（SS）	自由度	平均平方和（SS）	F 检验	事后比较		
						Scheffe	LSD	HSD
知识涵养	组间	21.834	3	7.278	14.365***	B>A C>A B>D	B>A、C>A B>D、C>D	B>A C>A B>D
	组内	1297.001	2560	0.507				
	总和	1318.836	2563					
专业学识	组间	24.047	3	8.016	13.447***	B>A C>A B>D	B>A C>A B>D	B>A C>A B>D
	组内	1526.065	2560	0.596				
	总和	1550.112	2563					
通识基础	组间	19.95	3	6.65	12.185***	B>A C>A B>D	B>A、C>A B>D、C>D	B>A、C>A B>D、C>D
	组内	1397.14	2560	0.546				
	总和	1417.09	2563					

注：*** 表示 p<0.001。

由于小学教师专业核心素养及其他一、二级指标的方差齐性结果不具有同质性，进而采用 Welch 法检验统计量，采用四种方差异质的事后比较方法（Tamhane T2、Dunnet T3、Games-Howell、Dunnett C）。小学教师的专业核心素养及其他一、二级指标得分均值上均存在显著差异。

在专业核心素养总分上，周课时量 11—15 节的小学教师与周课时量 10 节及以下、21 节及以上的小学教师存在显著差异；周课时量 16—20 节的小学教师与周课时量 10 节及以下的小学教师存在显著差异。即周课时量适中的小学教师在专业核心素养总分上得分更高。

在品格修为和职业情怀上，周课时量 11—15 节的小学教师与周课时量 10 节及以下、21 节及以上的小学教师存在显著差异，即周课时量 11—15 节的小学教师比周课时量 10 节及以下、21 节及以上的小学教师表现得更好。

在教学能力和教学设计上，周课时量 11—15 节的小学教师与周课时量 10 节及以下、21 节及以上的小学教师存在显著差异；周课时量 16—20 节的小学教师与周课时量 10 节及以下的小学教师存在显著差异。即周课时量适中的小学教师在教学能力和教学设计的得分明显高于课时量过多或过少的小学教师。

在教学实施上，周课时量 10 节及以下的小学教师与周课时量 11—20

节的小学教师存在显著差异,即周课时量适中的小学教师在教学实施上比周课时量过少的小学教师表现更佳。

(4) 是否担任班主任差异

本次调查对象担任班主任和未担任班主任的小学教师分别有1511人、1053人。为了解是否担任班主任的小学教师专业核心素养总分及各一、二级指标得分均值是否存在统计学意义上的显著性差异,以是否担任班主任为自变量,以小学教师专业核心素养总分及各一、二级指标的均值为因变量,进行独立样本T检验。由表2-15可知,在专业核心素养总分及各一、二级指标得分均值上,担任班主任的小学教师明显比未担任班主任的小学教师得分均值更高。

在专业核心素养总分上,是否担任班主任对小学教师专业核心素养水平存在显著影响,即担任班主任的小学教师表现明显优于未担任班主任的小学教师（$T=2.929$,$p=0.003<0.01$）。

在一级指标中,是否担任班主任对小学教师品格修为、知识涵养、教学能力水平存在显著影响。其中,品格修为$T=3.050$,$p=0.002<0.01$;知识涵养$T=2.311$,$p=0.021<0.05$;教学能力$T=2.712$,$p=0.007<0.01$。即担任班主任的小学教师在品格修为、知识涵养和教学能力上得分高于未担任班主任的小学教师。

在二级指标中,是否担任班主任对小学教师职业情怀、人格特质、专业学识、通识基础、教学设计和教学实施水平具有显著差异。其中,职业情怀$T=2.098$,$p=0.036<0.05$;人格特质$T=3.537$,$p=0.000<0.001$;专业学识$T=2.354$,$p=0.019<0.05$;通识基础$T=1.997$,$p=0.046<0.05$;教学设计$T=2.879$,$p=0.004<0.01$;教学实施$T=2.362$,$p=0.018<0.05$。即担任班主任的小学教师在职业情怀、人格特质、专业学识、通识基础、教学设计和教学实施上的表现明显比未担任班主任的小学教师更佳。

表2-15 是否担任班主任的教师专业核心素养总分均值与一、二级指标T检验

检验变量	M ± SD		T值	p值
	是（N=1511）	否（N=1053）		
专业核心素养	5.05 ± 0.63	4.97 ± 0.65	2.929**	0.003

续表

检验变量	M ± SD		T 值	p 值
	是（N = 1511）	否（N = 1053）		
品格修为	5.09 ± 0.68	5.01 ± 0.71	3.050**	0.002
职业情怀	5.25 ± 0.72	5.19 ± 0.80	2.098*	0.036
人格特质	4.93 ± 0.75	4.83 ± 0.75	3.537***	0.000
知识涵养	4.86 ± 0.72	4.79 ± 0.71	2.311*	0.021
专业学识	4.90 ± 0.78	4.82 ± 0.78	2.354*	0.019
通识基础	4.82 ± 0.75	4.76 ± 0.74	1.997*	0.046
教学能力	5.22 ± 0.66	5.15 ± 0.70	2.712**	0.007
教学设计	5.27 ± 0.69	5.19 ± 0.74	2.879**	0.004
教学实施	5.17 ± 0.67	5.10 ± 0.71	2.362*	0.018

注：* 表示 p < 0.05，** 表示 p < 0.01，*** 表示 p < 0.001。

9. 受表彰情况差异

研究对象中尚未受过表彰、受校级表彰、县（区）级表彰、市级表彰、省级表彰和国家级表彰的小学教师人数分别为 476 人、476 人、910 人、443 人、196 人和 63 人。从表 2 – 16 可看出，受过表彰级别越高的小学教师在专业核心素养总分及各一级指标均值得分越高。

表 2 – 16 受不同最高表彰级别的教师专业核心素养及一级指标得分统计

最高表彰级别	人数（N）	专业核心素养	品格修为	知识涵养	教学能力
无表彰	476	4.80	4.84	4.65	4.92
校级表彰	476	4.97	5.02	4.77	5.15
县（区）级表彰	910	5.05	5.09	4.86	5.22
市级表彰	443	5.14	5.17	4.93	5.34
省级表彰	196	5.16	5.20	4.95	5.35
国家级表彰	63	5.26	5.27	5.06	5.47

为进一步了解获不同最高表彰级别的小学教师专业核心素养水平是否存在差异，以小学教师受到的最高级别的表彰为自变量，以教师专业核心素养总分及一、二级指标为因变量进行方差齐性检验。结果表明，除人格特质、知识涵养、专业学识和通识基础（p 值分别为 0.268、0.534、0.146 和 0.830，均大于 0.05），方差齐性呈现同质性，可直接进行单因

素方差分析（ANOVA）和事后多重比较（Scheffe、LSD、HSD），结果如表 2-17 所示。

表 2-17　不同最高表彰级别的教师知识涵养维度及人格特质差异比较方差分析摘要

		平方和（SS）	自由度	平均平方和（SS）	F 检验	事后比较		
						Scheffe	LSD	HSD
人格特质	组间	38.882	5	7.776	14.276***	C > A、D > A、E > A、F > A、D > B > A	C > B > A、D > B > A、E > B > A、F > B > A	C > A、F > A、D > B > A、E > B > A
	组内	1393.426	2558	0.545				
	总和	1432.308	2563					
知识涵养	组间	29.021	5	5.804	11.511***	C > A、D > B > A、E > A、F > A	C > B > A、D > B > A、E > B > A、F > B > A	C > A、D > B > A、E > B > A、F > B > A
	组内	1289.815	2558	0.504				
	总和	1318.836	2563					
专业学识	组间	33.857	5	6.771	11.424***	C > A、D > B > A、E > A、F > A	D > B > A、E > B > A、F > C > B > A	C > A、D > B > A、E > B > A、F > B > A
	组内	1516.256	2558	0.593				
	总和	1550.112	2563					
通识基础	组间	24.75	5	4.95	9.094***	C > A、D > A、E > A、F > A	D > B > A、E > B > A、F > B > A、F > C > A、F > C > A	C > A、D > B > A、E > A、F > A
	组内	1392.34	2558	0.544				
	总和	1417.09	2563					

注：*** 表示 $p < 0.001$。

在人格特质、知识涵养上，受过校级表彰及以下的小学教师与受过县（区）级表彰及以上的小学教师存在显著差异；其中受过校级表彰及以下的小学教师之间存在显著差异，但受过县（区）级表彰及以上的小学教师之间没有显著差异。即受过县（区）级表彰及以上的小学教师表现优于受过校级表彰及以下的小学教师。

在专业学识、通识基础上，受过县（区）级表彰及以下的小学教师与受过市级表彰及以上的小学教师存在显著差异；其中受过县（区）级表彰及以下的小学教师之间存在显著差异，但受过市级表彰及以上的小学教师之间没有显著差异。即受过市级表彰及以上的小学教师得分高于受过县（区）级表彰及以下的小学教师。

由于专业核心素养及其他一、二级指标的方差齐性检验结果呈现不具有同质性,即 p 值小于 0.05,需拒绝虚无假设,故采用 Welch 法检验统计量,采用四种方差异质的事后比较方法(Tamhane T2、Dunnet T3、Games-Howell、Dunnett C),结果如表 2-18 所示。

表 2-18　不同表彰级别的教师专业核心素养及一、二级指标差异比较的 Welch 检验

检验变量	表彰级别分组	Welch 值	事后比较			
			Tamhane T2	Dunnet T3	Games-Howell	Dunnett C
专业核心素养	无表彰（A） 校级表彰（B） 县（区）级表彰（C） 市级表彰（D） 省级表彰（E） 国家级表彰（F）	18.662***	C > A D > B > A E > B > A F > B > A	C > A D > B > A E > B > A F > B > A	D > B > A E > B > A F > B > A F > C > A	D > B > A E > B > A F > B > A F > C > A
品格修为	无表彰（A） 校级表彰（B） 县（区）级表彰（C） 市级表彰（D） 省级表彰（E） 国家级表彰（F）	14.645***	C > A D > B > A E > B > A F > B > A	C > A D > B > A E > B > A F > B > A	C > A D > B > A E > B > A F > B > A	C > A D > B > A E > B > A F > B > A
职业情怀	无表彰（A） 校级表彰（B） 县（区）级表彰（C） 市级表彰（D） 省级表彰（E） 国家级表彰（F）	10.629***	B > A C > A D > A E > A F > A	B > A C > A D > A E > A F > A	B > A C > A D > A E > A F > A	B > A C > A D > A E > A F > A
教学能力	无表彰（A） 校级表彰（B） 县（区）级表彰（C） 市级表彰（D） 省级表彰（E） 国家级表彰（F）	23.686***	D > B > A D > C > A E > B > A F > B > A F > C > A	D > B > A D > C > A E > B > A F > B > A F > C > A	D > B > A D > C > A E > B > A F > B > A F > C > A	D > B > A D > C > A E > B > A F > B > A F > C > A

续表

检验变量	表彰级别分组	Welch 值	事后比较			
			Tamhane T2	Dunnet T3	Games-Howell	Dunnett C
教学设计	无表彰（A） 校级表彰（B） 县（区）级表彰（C） 市级表彰（D） 省级表彰（E） 国家级表彰（F）	21.201***	D>B>A D>C>A E>B>A F>B>A F>C>A	D>B>A D>C>A E>B>A F>B>A F>C>A	D>B>A D>C>A E>B>A F>B>A F>C>A	D>B>A D>C>A E>B>A F>B>A F>C>A
教学实施	无表彰（A） 校级表彰（B） 县（区）级表彰（C） 市级表彰（D） 省级表彰（E） 国家级表彰（F）	23.672***	C>A D>B>A E>B>A F>B>A	C>A D>B>A E>B>A F>B>A	D>B>A E>B>A F>B>A F>C>A	D>B>A E>B>A F>B>A F>C>A

注：*** 表示 $p<0.001$。

在专业核心素养、品格修为、教学能力、教学设计和教学实施上，受过县（区）级表彰及以下的小学教师与受过市级表彰及以上的小学教师存在显著差异；其中受过县（区）级表彰及以下的小学教师之间存在显著差异，但受过市级表彰及以上的小学教师之间没有显著差异。即受过市级表彰及以上的小学教师表现优于受过县（区）级表彰及以下的小学教师。

在职业情怀上，未受过表彰的小学教师与受过校级表彰及以上的小学教师存在显著性差异，即受过校级表彰及以上的小学教师在职业情怀上的得分比尚未受过表彰的小学教师要高。

第二节　小学教师专业核心素养的影响因素

上节主要分析了本次调查的江西省小学教师专业核心素养水平的现状。本节将进一步探讨小学教师的教研活动、教师培训、文献阅读、教学借鉴、科学研究、教学压力等因素对其专业核心素养水平的影响。

一 教研活动
（一）教研活动开展情况

调查显示，学校未建立教研组织的小学教师有129人，占比5.0%；学校有教研组织但未开展教研活动的小学教师有80人，占比3.1%。学校有教研组织只偶尔开展教研活动的小学教师有754人，占比29.4%；学校有教研组织且经常开展教研活动的小学教师有1601人，占比62.4%。可见，超过90%的小学教师所在学校建立了教研组织并开展了教研活动。为了解小学教师所在学校教研活动开展情况不同对小学教师专业核心素养水平是否有影响，我们进行单因素ANOVA检验，检验后所得结果如表2-19所示。

表2-19　不同教研活动开展情况的教师专业核心素养在总分及一、二级指标上的差异比较

	没有建立教研组织	有教研组织，未开展活动	有教研组织，偶尔开展活动	有教研组织，经常开展活动	f值	p值
总分	4.51	4.46	4.79	5.19	138.907	0.000
品格修为	4.57	4.56	4.84	5.22	99.165	0.000
职业情怀	4.71	4.77	5.05	5.37	68.823	0.000
人格特质	4.43	4.35	4.64	5.07	100.522	0.000
知识涵养	4.31	4.17	4.59	5.02	126.19	0.000
专业学识	4.35	4.16	4.62	5.06	113.881	0.000
通识基础	4.27	4.19	4.56	4.97	107.05	0.000
教学能力	4.68	4.68	4.96	5.36	117.95	0.000
教学设计	4.69	4.76	5.03	5.41	100.18	0.000
教学实施	4.66	4.60	4.90	5.32	120.557	0.000

由表2-19可知，小学教师专业核心素养总分及各一、二级指标和不同教研活动开展情况下的小学教师之间均有显著差异（P值均为0.000<0.001）。为进一步确定不同教研活动开展情况间的差异，我们采用LSD法对不同教研活动开展情况进行了多重比较，结果如表2-20所示。

表2-20 不同教研活动开展情况的教师专业核心素养总分及一级指标多重比较

因变量	水平（I）	水平（J）	均值差（I-J）	显著性
总分	①没有建立教研组织	②有，但未开展活动	0.05209	0.537
		③有，偶尔开展活动	-0.27623*	0.000
		④有，经常开展活动	-0.68044*	0.000
	②有，但未开展活动	③有，偶尔开展活动	-0.32832*	0.000
		④有，经常开展活动	-0.73252*	0.000
	③有，偶尔开展活动	④有，经常开展活动	-0.40421*	0.000
品格修为	①没有建立教研组织	②有，但未开展活动	0.01289	0.890
		③有，偶尔开展活动	-0.26944*	0.000
		④有，经常开展活动	-0.64881*	0.000
	②有，但未开展活动	③有，偶尔开展活动	-0.28234*	0.000
		④有，经常开展活动	-0.66170*	0.000
	③有，偶尔开展活动	④有，经常开展活动	-0.37937*	0.000
知识涵养	①没有建立教研组织	②有，但未开展活动	0.13845	0.147
		③有，偶尔开展活动	-0.27440*	0.000
		④有，经常开展活动	-0.70515*	0.000
	②有，但未开展活动	③有，偶尔开展活动	-0.41285*	0.000
		④有，经常开展活动	-0.84360*	0.000
	③有，偶尔开展活动	④有，经常开展活动	-0.43075*	0.000
教学能力	①没有建立教研组织	②有，但未开展活动	-0.00099	0.991
		③有，偶尔开展活动	-0.28593*	0.000
		④有，经常开展活动	-0.68822*	0.000
	②有，但未开展活动	③有，偶尔开展活动	-0.28494*	0.000
		④有，经常开展活动	-0.68723*	0.000
	③有，偶尔开展活动	④有，经常开展活动	-0.40229*	0.000

注：*表示均值差的显著性水平为0.05。

由表2-20可知，在教师专业核心素养总分及3个一级指标上，除学校没有建立教研组织和有教研组织但未开展活动的小学教师之间没有显著性差异；不同教研活动开展其他情况下的小学教师之间两两均有显著差异，且均值差均为负。这表明小学教师所在学校教研活动开展越多，其教师专业核心素养水平也越高，品格修为、知识涵养和教学能力表现也越好。

(二) 教研活动参与情况

调查表明，学校未组织教研活动和从不参加教研活动的小学教师几乎可以忽略不计。经常参加教研活动的小学教师有 1417 人，占比 55.3%；参加较多教研活动的小学教师有 559 人，占比 21.8%。可见，超过 80% 的小学教师参加教研活动较多。为了解小学教师教研活动参与情况不同对小学教师专业核心素养水平是否存在影响，我们进行单因素 ANOVA 检验，检验后所得结果如表 2-21 所示。

表 2-21　不同教研活动参与情况的教师专业核心素养总分与一、二级指标差异比较

	从不参加	参加较少	参加较多	经常参加	f 值	p 值
总分	3.85	4.66	4.95	5.22	119.27	0.000
品格修为	3.96	4.71	5.04	5.23	81.347	0.000
职业情怀	4.17	4.92	5.23	5.37	51.448	0.000
人格特质	3.75	4.50	4.84	5.09	87.252	0.000
知识涵养	3.63	4.44	4.74	5.04	107.179	0.000
专业学识	3.70	4.46	4.77	5.09	98.273	0.000
通识基础	3.56	4.43	4.70	5.00	88.681	0.000
教学能力	3.97	4.85	5.10	5.39	106.996	0.000
教学设计	4.02	4.91	5.16	5.44	90.217	0.000
教学实施	3.93	4.78	5.04	5.35	109.218	0.000

由表 2-21 可知，小学教师专业核心素养总分及各一、二级指标和不同教研活动参与情况下的小学教师之间均有显著差异（p 值均为 0.000 < 0.001）。为进一步确定教研活动参与情况不同间的差异，我们采用 LSD 法对教研活动不同参与情况进行多重比较，结果如表 2-22 所示。

表 2-22　教研活动不同参与情况的教师专业核心素养总分及一级指标多重比较

因变量	水平 (I)	水平 (J)	均值差 (I-J)	显著性
总分	①从不参加	②参加较少	-0.81230*	0.000
		③参加较多	-10.10232*	0.000
		④经常参加	-10.36630*	0.000

续表

因变量	水平（I）	水平（J）	均值差（I-J）	显著性
总分	②参加较少	③参加较多	-0.29002*	0.000
		④经常参加	-0.55400*	0.000
	③参加较多	④经常参加	-0.26398*	0.000
品格修为	①从不参加	②参加较少	-0.75166*	0.002
		③参加较多	-1.07496*	0.000
		④经常参加	-1.26963*	0.000
	②参加较少	③参加较多	-0.32330*	0.000
		④经常参加	-0.51796*	0.000
	③参加较多	④经常参加	-0.19466*	0.000
知识涵养	①从不参加	②参加较少	-0.81720*	0.001
		③参加较多	-1.10885*	0.000
		④经常参加	-1.41544*	0.000
	②参加较少	③参加较多	-0.29165*	0.000
		④经常参加	-0.59823*	0.000
	③参加较多	④经常参加	-0.30658*	0.000
教学能力	①从不参加	②参加较少	-0.87500*	0.000
		③参加较多	-1.12573*	0.000
		④经常参加	-1.41978*	0.000
	②参加较少	③参加较多	-0.25073*	0.000
		④经常参加	-0.54478*	0.000
	③参加较多	④经常参加	-0.29405*	0.000

注：*表示均值差的显著性水平为0.05。

由表2-22可知，在教师专业核心素养总分及3个一级指标上，不同教研活动参与情况下的小学教师之间两两均有显著差异，且均值差均为负。由此可知，小学教师参与教研活动越多，其教师专业核心素养水平也越高，品格修为、知识涵养和教学能力表现也越好。

（三）对教研活动的评价

调查显示，小学教师认为参加教研活动效果显著的有791人，占比30.9%；小学教师认为参加教研活动效果较大的有1049人，占比40.9%。可见，超过71%的小学教师认为教研活动的效果较大。为了解小学教师对教研活动评价情况不同对小学教师专业核心素养水平是否存在影响，我们进行单因素 ANOVA 检验，检验结果如表 2-23 所示。

表 2-23　　教研活动评价情况不同的教师专业核心素养总分与一、二级指标差异比较

	没有效果	效果较小	效果较大	效果显著	f 值	p 值
总分	4.37	4.65	5.02	5.40	213.402	0.000
品格修为	4.36	4.66	5.08	5.43	185.752	0.000
职业情怀	4.38	4.83	5.26	5.58	150.677	0.000
人格特质	4.35	4.49	4.89	5.28	153.792	0.000
知识涵养	4.22	4.45	4.82	5.23	169.429	0.000
专业学识	4.37	4.48	4.87	5.25	135.239	0.000
通识基础	4.06	4.43	4.76	5.20	159.914	0.000
教学能力	4.54	4.87	5.18	5.55	156.205	0.000
教学设计	4.51	4.92	5.24	5.60	141.655	0.000
教学实施	4.57	4.81	5.13	5.50	147.309	0.000

由表 2-23 可知，小学教师专业核心素养总分及各一、二级指标和不同教研活动评价情况下的小学教师之间均有显著差异（p 值均为 0.000＜0.001）。从各项得分均值看，小学教师对教研活动的评价越高，其专业核心素养总分及各一、二级指标得分也越高。为进一步确定哪两种评价间有差异，我们采用 LSD 法对其进行多重比较，结果见表 2-24。

表 2-24　　教研活动评价情况不同的教师专业核心素养总分及一级指标多重比较

因变量	水平（I）	水平（J）	均值差（I-J）	显著性
总分	①没有效果	②效果较小	-0.28432*	0.035
		③效果较大	-0.65045*	0.000
		④效果显著	-1.03041*	0.000
	②效果较小	③效果较大	-0.36613*	0.000
		④效果显著	-0.74609*	0.000
	③效果较大	④效果显著	-0.37997*	0.000

续表

因变量	水平（I）	水平（J）	均值差（I-J）	显著性
品格修为	①没有效果	②效果较小	-0.29689*	0.046
		③效果较大	-0.71262*	0.000
		④效果显著	-1.06779*	0.000
	②效果较小	③效果较大	-0.41573*	0.000
		④效果显著	-0.77090*	0.000
	③效果较大	④效果显著	-0.35518*	0.000
知识涵养	①没有效果	②效果较小	-0.23800	0.131
		③效果较大	-0.59948*	0.000
		④效果显著	-1.01258*	0.000
	②效果较小	③效果较大	-0.36148*	0.000
		④效果显著	-0.77458*	0.000
	③效果较大	④效果显著	-0.41309*	0.000
教学能力	①没有效果	②效果较小	-0.32229*	0.028
		③效果较大	-0.63784*	0.000
		④效果显著	-1.00843*	0.000
	②效果较小	③效果较大	-0.31555*	0.000
		④效果显著	-0.68613*	0.000
	③效果较大	④效果显著	-0.37059*	0.000

注：*表示均值差的显著性水平为0.05。

由表2-24可知，在知识涵养上，除对教研活动评价没有效果和效果较小的小学教师之间没有显著性差异（$p=0.131>0.05$）；对教研活动评价不同情况的小学教师之间两两均有显著差异。在教师专业核心素养总分及2个一级指标上，对教研活动评价不同的小学教师之间两两均有显著差异，且均值差均为负。由此可知，对教研组织活动评价越高的小学教师，其教师专业核心素养水平也越高，品格修为、知识涵养和教学能力表现越好。

二 教师培训

（一）教师培训开展情况

调查结果显示，所在学校从未开展教师培训的小学教师有68位，占比 2.7%；所在学校开展教师培训较少、开展较多、经常开展的小学教师各约占三分之一，其中学校经常开展教师培训的小学教师有 978 位，占比 38.1%。为了解教师所在学校教师培训开展情况不同对小学教师专业核心素养水平是否存在影响，我们进行单因素 ANOVA 检验，检验结果如表 2-25 所示。

表 2-25　　教师培训开展情况不同的教师专业核心素养
总分与一、二级指标差异比较

	从未开展	开展较少	开展较多	经常开展	f 值	p 值
总分	4.32	4.74	4.96	5.33	186.940	0.000
品格修为	4.35	4.78	5.02	5.34	139.900	0.000
职业情怀	4.46	4.96	5.21	5.48	102.956	0.000
人格特质	4.25	4.60	4.83	5.21	133.026	0.000
知识涵养	4.18	4.52	4.74	5.17	170.598	0.000
专业学识	4.19	4.57	4.78	5.20	134.997	0.000
通识基础	4.17	4.47	4.70	5.14	163.745	0.000
教学能力	4.45	4.94	5.12	5.49	147.264	0.000
教学设计	4.47	4.99	5.18	5.54	135.122	0.000
教学实施	4.44	4.89	5.07	5.43	138.034	0.000

由表 2-25 可知，小学教师专业核心素养总分及各一、二级指标和不同教师培训开展情况下的小学教师之间均有显著差异（p 值均为 0.000 <0.001）。从各项得分均值看，小学教师培训开展越多，其教师专业核心素养总分及各一、二级指标得分也越高。为进一步确定不同教师培训开展情况间的差异，我们采用 LSD 法对不同教师培训开展情况进行了多重比较，结果见表 2-26。

表 2-26　　教师培训开展情况不同的教师专业核心素养
总分及一级指标上的多重比较

因变量	水平（I）	水平（J）	均值差（I-J）	显著性
总分	①从未开展	②开展较少	-0.41440*	0.000
		③开展较多	-0.63146*	0.000
		④经常开展	-1.00474*	0.000

续表

因变量	水平（I）	水平（J）	均值差（I-J）	显著性
总分	②开展较少	③开展较多	-0.21706*	0.000
		④经常开展	-0.59034*	0.000
	③开展较多	④经常开展	-0.37329*	0.000
品格修为	①从未开展	②开展较少	-0.42327*	0.000
		③开展较多	-0.66578*	0.000
		④经常开展	-0.99060*	0.000
	②开展较少	③开展较多	-0.24251*	0.000
		④经常开展	-0.56733*	0.000
	③开展较多	④经常开展	-0.32481*	0.000
知识涵养	①从未开展	②开展较少	-0.34490*	0.000
		③开展较多	-0.56302*	0.000
		④经常开展	-0.99487*	0.000
	②开展较少	③开展较多	-0.21812*	0.000
		④经常开展	-0.64997*	0.000
	③开展较多	④经常开展	-0.43185*	0.000
教学能力	①从未开展	②开展较少	-0.48261*	0.000
		③开展较多	-0.66983*	0.000
		④经常开展	-1.03177*	0.000
	②开展较少	③开展较多	-0.18722*	0.000
		④经常开展	-0.54916*	0.000
	③开展较多	④经常开展	-0.36194*	0.000

注：*表示均值差的显著性水平为0.05。

由表2-26可知，在教师专业核心素养总分及3个一级指标上，不同教师培训开展情况下的小学教师两两之间均有显著差异（p值均为0.000＜0.001），且均值差均为负。表明小学教师培训越多，其专业核心素养水平越高，品格修为、知识涵养和教学能力表现越好。

（二）教师培训参与情况

调查显示，几乎所有教师或多或少都参加过培训。参加较多和经常参加培训的小学教师共1951位，占比76.1%；从不参加培训的小学教师只有4人，占比0.2%。为了解小学教师参与培训情况不同对小学教师专业核心素养水平是否存在影响，我们进行单因素ANOVA检验，检验结果见表 2-27。

表 2-27　教师培训参与情况不同的教师专业核心素养总分与一、二级指标差异比较

	从不参加	参加较少	参加较多	经常参加	f 值	p 值
总分	4.86	4.67	4.94	5.26	143.274	0.000
品格修为	4.90	4.72	5.00	5.28	101.668	0.000
职业情怀	5.19	4.91	5.19	5.43	69.278	0.000
人格特质	4.61	4.52	4.82	5.14	102.249	0.000
知识涵养	4.67	4.44	4.73	5.09	132.557	0.000
专业学识	4.72	4.49	4.77	5.13	105.484	0.000
通识基础	4.61	4.40	4.70	5.06	126.420	0.000
教学能力	5.02	4.87	5.09	5.43	116.450	0.000
教学设计	5.22	4.93	5.15	5.48	99.114	0.000
教学实施	4.81	4.81	5.03	5.39	117.659	0.000

由表 2-27 可知，小学教师专业核心素养总分及各一、二级指标和不同教师培训参与情况下的小学教师之间均有显著差异（p 值均为 0.000 < 0.001）。为进一步确定不同教师培训参与情况间的差异，我们采用 LSD 法对不同教师培训参与情况进行多重比较，结果见表 2-28。

表 2-28　教师培训参与情况不同的教师专业核心素养总分及一级指标多重比较

因变量	水平（I）	水平（J）	均值差（I-J）	显著性
总分	①从不参加	②参加较少	0.18504	0.522
		③参加较多	-0.07980	0.782
		④经常参加	-0.40772	0.157
	②参加较少	③参加较多	-0.26484*	0.000
		④经常参加	-0.59276*	0.000
	③参加较多	④经常参加	-0.32792*	0.000
品格修为	①从不参加	②参加较少	0.18559	0.563
		③参加较多	-0.09760	0.761
		④经常参加	-0.37803	0.238

续表

因变量	水平（I）	水平（J）	均值差（I－J）	显著性
品格修为	②参加较少	③参加较多	－0.28319*	0.000
		④经常参加	－0.56361*	0.000
	③参加较多	④经常参加	－0.28043*	0.000
知识涵养	①从不参加	②参加较少	0.22274	0.499
		③参加较多	－0.06706	0.839
		④经常参加	－0.42735	0.194
	②参加较少	③参加较多	－0.28979*	0.000
		④经常参加	－0.65008*	0.000
	③参加较多	④经常参加	－0.36029*	0.000
教学能力	①从不参加	②参加较少	0.14201	0.647
		③参加较多	－0.07411	0.811
		④经常参加	－0.41904	0.176
	②参加较少	③参加较多	－0.21612*	0.000
		④经常参加	－0.56105*	0.000
	③参加较多	④经常参加	－0.34493*	0.000

注：*表示均值差的显著性水平为0.05。

由于从不参加培训的小学教师只有4人，小学教师人数较少得分情况有很大的偶然性，不能代表从不参加培训的教师群体。由表2－28可知，在教师专业核心素养总分及3个一级指标上，除从不参加培训的小学教师与其他培训情况的小学教师没有显著性差异；其他培训情况不同的小学教师之间两两均有显著差异，且均值差均为负。由此可知，参与教师培训越积极的小学教师其专业核心素养水平也越高，品格修为、知识涵养和教学能力表现越好。

（三）对教师培训的评价

调查显示，认为教师培训没有收获的小学教师为17人，占比0.7%，可见大多数的教师认为教师培训是有收获的；认为参加教师培训收获较大和收获很大的小学教师共1931人，占比75.3%。为了解小学教师对教师培训评价情况不同对小学教师专业核心素养水平是否存在影响，我们进行单因素ANOVA检验，检验结果见表2－29。

表 2-29　教师培训评价情况不同的教师专业核心素养总分与一、二级指标的差异比较

	没有收获	收获较小	收获较大	收获很大	f 值	p 值
总分	4.12	4.61	4.97	5.42	273.683	0.000
品格修为	3.90	4.62	5.04	5.44	237.033	0.000
职业情怀	3.92	4.77	5.23	5.60	199.187	0.000
人格特质	3.88	4.46	4.85	5.29	188.695	0.000
知识涵养	4.15	4.40	4.76	5.26	226.995	0.000
专业学识	4.28	4.43	4.81	5.28	173.949	0.000
通识基础	4.02	4.37	4.71	5.24	220.530	0.000
教学能力	4.32	4.84	5.13	5.57	190.042	0.000
教学设计	4.31	4.89	5.19	5.62	172.304	0.000
教学实施	4.34	4.79	5.08	5.52	178.439	0.000

由表 2-29 可知，小学教师专业核心素养总分及各一、二级指标和不同教师培训评价情况下的小学教师之间均有显著差异（p 值均为 0.000＜0.001）。从各项得分均值看，对教师培训评价越高，其教师专业核心素养总分及各一、二级指标得分也越高。为进一步确定不同教师培训评价情况间的差异，我们采用 LSD 法对不同教师培训评价情况进行多重比较，结果见表 2-30。

表 2-30　教师培训评价情况不同的教师专业核心素养总分及一级指标多重比较

因变量	水平（I）	水平（J）	均值差（I-J）	显著性
总分	①没有收获	②收获较小	-0.49425*	0.000
		③收获较大	-0.85469*	0.000
		④收获很大	-1.30153*	0.000
	②收获较小	③收获较大	-0.36044*	0.000
		④收获很大	-0.80728*	0.000
	③收获较大	④收获很大	-0.44684*	0.000
品格修为	①没有收获	②收获较小	-0.71629*	0.000
		③收获较大	-1.14076*	0.000
		④收获很大	-1.54469*	0.000

续表

因变量	水平（I）	水平（J）	均值差（I-J）	显著性
品格修为	②收获较小	③收获较大	-0.42446*	0.000
		④收获很大	-0.82840*	0.000
	③收获较大	④收获很大	-0.40394*	0.000
知识涵养	①没有收获	②收获较小	-0.25028	0.105
		③收获较大	-0.60976*	0.000
		④收获很大	-1.10836*	0.000
	②收获较小	③收获较大	-0.35948*	0.000
		④收获很大	-0.85808*	0.000
	③收获较大	④收获很大	-0.49860*	0.000
教学能力	①没有收获	②收获较小	-0.51890*	0.000
		③收获较大	-0.80841*	0.000
		④收获很大	-1.24529*	0.000
	②收获较小	③收获较大	-0.28951*	0.000
		④收获很大	-0.72639*	0.000
	③收获较大	④收获很大	-0.43688**	0.000

注：*表示均值差的显著性水平为0.05。

由表2-30可知，在知识涵养上，除对教师培训评价情况没有收获和收获较小的小学教师之间不存在显著性差异（p=0.105>0.05），对教师培训评价其他情况的小学教师两两之间存在显著性差异；在教师专业核心素养总分及其他2个一级指标上，对教师培训评价情况不同的小学教师之间两两均有显著差异（p值均为0.000<0.001），且均值差均为负。由此可知，对教师培训评价越高的小学教师，其教师专业核心素养水平也越高，品格修为、知识涵养和教学能力表现越好。

三 文献阅读

（一）教育类文献阅读情况

调查显示，调查的小学教师中有23位小学教师从不阅读教育类文献，占比0.9%；有1028位教师阅读较少，占比40.1%；经常阅读和阅读较多的教师共1513位，占比59.0%。可见，有超过一半的小学教师会经常阅读教育类文献。为了解小学教师阅读教育类文献频率的不同对其专业核心素养水平是否存在影响,我们进行单因素 ANOVA 检验,检验结果见表 2-31。

表 2-31　阅读教育类文献频率不同的教师专业核心素养
总分与一、二级指标差异比较

	从不阅读	阅读较少	阅读较多	经常阅读	f 值	p 值
总分	4.07	4.69	5.10	5.48	302.947	0.000
品格修为	4.03	4.72	5.16	5.51	249.950	0.000
职业情怀	4.19	4.90	5.33	5.64	172.378	0.000
人格特质	3.86	4.53	4.99	5.37	240.586	0.000
知识涵养	3.86	4.47	4.92	5.33	268.769	0.000
专业学识	3.87	4.52	4.96	5.35	204.733	0.000
通识基础	3.84	4.42	4.88	5.31	261.502	0.000
教学能力	4.34	4.89	5.25	5.62	203.770	0.000
教学设计	4.35	4.95	5.30	5.68	184.514	0.000
教学实施	4.33	4.84	5.20	5.57	191.865	0.000

由表 2-31 可知,小学教师专业核心素养总分及各一、二级指标和阅读教育类文献频率不同的小学教师之间均有显著差异(p 值均为 0.000 < 0.001)。从各项得分均值看,经常阅读教育类文献的小学教师,其专业核心素养总分及各一、二级指标得分也越高。为进一步确定阅读教育类文献频率不同的教师间的差异,我们采用 LSD 法对阅读教育类文献频率不同的教师间进行多重比较,结果见表 2-32。

表 2-32　阅读教育类文献频率不同的教师专业核心素养
总分及一级指标多重比较

因变量	水平 (I)	水平 (J)	均值差 (I-J)	显著性
总分	①从不阅读	②阅读较少	-0.62034*	0.000
		③阅读较多	-1.03875*	0.000
	③阅读较多	④经常阅读	-1.41453*	0.000
总分	②阅读较少	③阅读较多	-0.41841*	0.000
		④经常阅读	-0.79420*	0.000
	③阅读较多	④经常阅读	-0.37579*	0.000

续表

因变量	水平（I）	水平（J）	均值差（I-J）	显著性
品格修为	①从不阅读	②阅读较少	-0.68675*	0.000
		③阅读较多	-1.13137*	0.000
		④经常阅读	-1.47627*	0.000
	②阅读较少	③阅读较多	-0.44462*	0.000
		④经常阅读	-0.78952*	0.000
	③阅读较多	④经常阅读	-0.34490*	0.000
知识涵养	①从不阅读	②阅读较少	-0.61176*	0.000
		③阅读较多	-1.06121*	0.000
		④经常阅读	-1.46828*	0.000
	②阅读较少	③阅读较多	-0.44945*	0.000
		④经常阅读	-0.85652*	0.000
	③阅读较多	④经常阅读	-0.40707*	0.000
教学能力	①从不阅读	②阅读较少	-0.55527*	0.000
		③阅读较多	-0.90927*	0.000
		④经常阅读	-1.28462*	0.000
	②阅读较少	③阅读较多	-0.35400*	0.000
		④经常阅读	-0.72936*	0.000
	③阅读较多	④经常阅读	-0.37535*	0.000

注：*表示均值差的显著性水平为0.05。

由表2-32可知，在教师专业核心素养总分及3个一级指标上，阅读教育类文献频率不同的小学教师之间两两均有显著差异（p值均为0.000<0.001），且均值差均为负。表明小学教师阅读教育类文献的频次越高，其专业核心素养水平越高，品格修为、知识涵养和教学能力的表现越好。

（二）心理类文献阅读情况

调查显示，有82位小学教师从不阅读心理类文献，占比3.2%；有1348位教师阅读较少，占比52.6%；经常阅读和阅读较多的教师共1134位，占比44.2%。可见，有将近一半的小学教师对心理类文献的阅读较多。为了解小学教师阅读心理类文献频率的不同对小学教师专业核心素养水平是否存在影响，我们进行单因素ANOVA检验，检验结果见表

2-33。

表 2-33　阅读心理类文献频率不同的教师专业核心素养总分与一、二级指标差异比较

	从不阅读	阅读较少	阅读较多	经常阅读	f 值	p 值
总分	4.32	4.80	5.20	5.53	261.204	0.000
品格修为	4.36	4.84	5.24	5.55	200.490	0.000
职业情怀	4.55	5.03	5.39	5.67	134.564	0.000
人格特质	4.16	4.65	5.09	5.42	200.639	0.000
知识涵养	4.05	4.58	5.05	5.39	264.402	0.000
专业学识	4.04	4.62	5.10	5.39	202.930	0.000
通识基础	4.06	4.53	5.00	5.39	256.922	0.000
教学能力	4.57	5.00	5.33	5.66	165.829	0.000
教学设计	4.60	5.05	5.37	5.72	155.170	0.000
教学实施	4.54	4.95	5.28	5.60	151.864	0.000

由表 2-33 可知，小学教师专业核心素养总分及各一、二级指标和阅读心理类文献频率不同的小学教师之间均有显著差异（p 值均为 0.000 < 0.001）。从各项得分均值看，经常阅读心理类文献的小学教师，其教师专业核心素养总分及各一、二级指标得分也越高。为进一步确定阅读心理类文献频率不同的教师间的差异，我们采用 LSD 法对阅读心理类文献频率不同的教师间进行了多重比较，结果见表 2-34。

表 2-34　阅读心理类文献频率不同的教师专业核心素养总分及一级指标多重比较

因变量	水平（I）	水平（J）	均值差（I-J）	显著性
总分	①从不阅读	②阅读较少	-0.48256*	0.000
		③阅读较多	-0.88409*	0.000
		④经常阅读	-1.21084*	0.000
	②阅读较少	③阅读较多	-0.40153*	0.000
		④经常阅读	-0.72828*	0.000
	③阅读较多	④经常阅读	-0.32676*	0.000

续表

因变量	水平 (I)	水平 (J)	均值差 (I-J)	显著性
品格修为	①从不阅读	②阅读较少	-0.48535*	0.000
		③阅读较多	-0.88366*	0.000
		④经常阅读	-1.19042*	0.000
	②阅读较少	③阅读较多	-0.39831*	0.000
		④经常阅读	-0.70507*	0.000
	③阅读较多	④经常阅读	-0.30676*	0.000
知识涵养	①从不阅读	②阅读较少	-0.52555*	0.000
		③阅读较多	-1.00006*	0.000
		④经常阅读	-1.33955*	0.000
	②阅读较少	③阅读较多	-0.47451*	0.000
		④经常阅读	-0.81400*	0.000
	③阅读较多	④经常阅读	-0.33949*	0.000
教学能力	①从不阅读	②阅读较少	-0.43106*	0.000
		③阅读较多	-0.75410*	0.000
		④经常阅读	-1.08902*	0.000
	②阅读较少	③阅读较多	-0.32303*	0.000
		④经常阅读	-0.65796*	0.000
	③阅读较多	④经常阅读	-0.33492*	0.000

注：*表示均值差的显著性水平为0.05。

由表2-34可知，在教师专业核心素养总分及3个一级指标上，阅读心理类文献频率不同的小学教师之间两两均有显著差异（p值均为0.000<0.001），且均值差均为负。表明小学教师阅读心理类文献的频次越高，其专业核心素养水平越高，品格修为、知识涵养和教学能力表现越好。

(三) 学科类文献阅读情况

调查显示，从不阅读学科类文献的小学教师有36人，占比1.4%；阅读较少的小学教师有987人，占比38.5%；经常阅读和阅读较多的教师共1541人，占比60.1%。可见，小学教师对学科类文献的阅读较多。为了解小学教师阅读学科类文献频率的不同对小学教师专业核心素养水平是否存在影响，我们进行单因素ANOVA检验，检验结果见表2-35。

表 2–35　　阅读学科类文献频率不同的教师专业核心素养
总分与一、二级指标差异比较

	从不阅读	阅读较少	阅读较多	经常阅读	f 值	p 值
总分	4.11	4.69	5.10	5.47	292.177	0.000
品格修为	4.08	4.74	5.15	5.48	219.475	0.000
职业情怀	4.22	4.93	5.31	5.61	151.652	0.000
人格特质	3.95	4.55	4.98	5.35	213.327	0.000
知识涵养	3.93	4.46	4.92	5.32	273.235	0.000
专业学识	3.96	4.52	4.96	5.33	197.167	0.000
通识基础	3.90	4.41	4.88	5.31	280.51	0.000
教学能力	4.34	4.90	5.24	5.63	207.711	0.000
教学设计	4.32	4.95	5.28	5.69	192.472	0.000
教学实施	4.37	4.85	5.20	5.56	191.446	0.000

由表 2–35 可知，小学教师专业核心素养总分及各一、二级指标和阅读学科类文献频率不同的小学教师之间均有显著差异（p 值均为 0.000 < 0.001）。从各项得分均值看，经常阅读学科类文献的小学教师专业核心素养总分及各一、二级指标得分也越高。为进一步确定阅读学科类文献频率不同的教师间的差异，我们采用 LSD 法对阅读学科类文献频率不同的教师间进行多重比较，结果见表 2–36。

表 2–36　　阅读学科类文献频率不同的教师专业核心素养
总分及一级指标的多重比较

因变量	水平（I）	水平（J）	均值差（I-J）	显著性
总分	①从不阅读	②阅读较少	-0.58328*	0.000
		③阅读较多	-0.98525*	0.000
		④经常阅读	-1.35815*	0.000
	②阅读较少	③阅读较多	-0.40197*	0.000
		④经常阅读	-0.77487*	0.000
	③阅读较多	④经常阅读	-0.37290*	0.000
品格修为	①从不阅读	②阅读较少	-0.65491*	0.000
		③阅读较多	-1.06020*	0.000
		④经常阅读	-1.39272*	0.000

续表

因变量	水平（I）	水平（J）	均值差（I-J）	显著性
品格修为	②阅读较少	③阅读较多	-0.40529*	0.000
		④经常阅读	-0.73782*	0.000
	③阅读较多	④经常阅读	-0.33252*	0.000
知识涵养	①从不阅读	②阅读较少	-0.53594*	0.000
		③阅读较多	-0.99167*	0.000
		④经常阅读	-1.39158*	0.000
	②阅读较少	③阅读较多	-0.45572*	0.000
		④经常阅读	-0.85563*	0.000
	③阅读较多	④经常阅读	-0.39991*	0.000
教学能力	①从不阅读	②阅读较少	-0.55595*	0.000
		③阅读较多	-0.89370*	0.000
		④经常阅读	-1.28165*	0.000
	②阅读较少	③阅读较多	-0.33775*	0.000
		④经常阅读	-0.72570*	0.000
	③阅读较多	④经常阅读	-0.38795*	0.000

注：*表示均值差的显著性水平为0.05。

由表2-36可知，在教师专业核心素养总分及3个一级指标上，阅读学科类文献频率不同的小学教师之间两两均有显著差异（p值均为0.000 < 0.001），且均值差均为负。表明小学教师阅读学科类文献的频次越高，其专业核心素养水平越高，品格修为、知识涵养和教学能力表现越好。

（四）科学类文献阅读情况

调查显示，小学教师中从不阅读科学类文献的有121人，占比4.7%；阅读较少的有1361人，占比53.1%；经常阅读和阅读较多的教师共1082人，占比42.2%。为了解小学教师阅读科学类文献频率的不同对小学教师专业核心素养水平是否存在影响，我们进行单因素ANOVA检验，检验结果见表2-37。

表 2-37　阅读科学类文献频率不同的教师专业核心素养
总分与一、二级指标差异比较

	从不阅读	阅读较少	阅读较多	经常阅读	f 值	p 值
总分	4.39	4.85	5.15	5.53	215.538	0.000
品格修为	4.46	4.89	5.19	5.53	153.602	0.000
职业情怀	4.69	5.07	5.35	5.66	105.145	0.000
人格特质	4.22	4.72	5.02	5.40	153.195	0.000
知识涵养	4.07	4.64	4.99	5.40	226.706	0.000
专业学识	4.16	4.70	5.00	5.36	138.466	0.000
通识基础	3.99	4.57	4.97	5.43	275.007	0.000
教学能力	4.66	5.04	5.28	5.67	146.14	0.000
教学设计	4.70	5.09	5.32	5.74	140.94	0.000
教学实施	4.62	4.99	5.24	5.60	130.148	0.000

由表 2-37 可知，小学教师专业核心素养总分及各一、二级指标和阅读科学类文献频率不同的小学教师之间均有显著差异（p 值均为 0.000 < 0.001）。从各项得分均值看，经常阅读科学类文献的小学教师，其教师专业核心素养总分及各一、二级指标得分也越高。为进一步确定阅读科学类文献频率不同的教师间的差异，我们采用 LSD 法对阅读科学类文献频率不同的教师间进行多重比较，结果见表 2-38。

表 2-38　阅读科学类文献频率不同的教师专业核心素养
总分及一级指标多重比较

因变量	水平（I）	水平（J）	均值差（I-J）	显著性
总分	①从不阅读	②阅读较少	-0.46489*	0.000
		③阅读较多	-0.76067*	0.000
		④经常阅读	-1.14048*	0.000
	②阅读较少	③阅读较多	-0.29579*	0.000
		④经常阅读	-0.67559*	0.000
	③阅读较多	④经常阅读	-0.37980*	0.000
品格修为	①从不阅读	②阅读较少	-0.43818*	0.000
		③阅读较多	-0.73126*	0.000
		④经常阅读	-1.07032*	0.000

续表

因变量	水平（I）	水平（J）	均值差（I-J）	显著性
品格修为	②阅读较少	③阅读较多	-0.29308*	0.000
		④经常阅读	-0.63214*	0.000
	③阅读较多	④经常阅读	-0.33907*	0.000
知识涵养	①从不阅读	②阅读较少	-0.56653*	0.000
		③阅读较多	-0.91517*	0.000
		④经常阅读	-1.32461*	0.000
	②阅读较少	③阅读较多	-0.34864*	0.000
		④经常阅读	-0.75808*	0.000
	③阅读较多	④经常阅读	-0.40944*	0.000
教学能力	①从不阅读	②阅读较少	-0.38059*	0.000
		③阅读较多	-0.61997*	0.000
		④经常阅读	-1.01225*	0.000
	②阅读较少	③阅读较多	-0.23938*	0.000
		④经常阅读	-0.63167*	0.000
	③阅读较多	④经常阅读	-0.39229*	0.000

注：*表示均值差的显著性水平为0.05。

由表2-38可知，在教师专业核心素养总分及3个一级指标上，阅读科学类文献频率不同的小学教师之间两两均有显著差异（p值均为0.000 < 0.001），且均值差均为负。表明小学教师阅读科学类文献的频次越高，其专业核心素养水平越高，在品格修为、知识涵养和教学能力上的表现越好。

（五）人文类文献阅读情况

调查显示，有98位小学教师从不阅读人文类文献，占比3.8%；有1270位教师阅读较少，占比49.5%；经常阅读和阅读较多的教师共1196位，占比46.6%。为了解小学教师阅读人文类文献频率的不同对其专业核心素养水平是否存在影响，我们进行单因素ANOVA检验，检验结果见表2-39。

表 2 – 39　　　阅读人文类文献频率不同的教师专业核心素养
总分与一、二级指标差异比较

	从不阅读	阅读较少	阅读较多	经常阅读	f 值	p 值
总分	4.42	4.83	5.13	5.49	185.467	0.000
品格修为	4.50	4.89	5.15	5.48	123.737	0.000
职业情怀	4.72	5.07	5.31	5.62	82.922	0.000
人格特质	4.28	4.71	5.00	5.35	126.651	0.000
知识涵养	4.10	4.60	4.99	5.36	209.909	0.000
专业学识	4.22	4.68	5.00	5.32	123.004	0.000
通识基础	3.99	4.53	4.97	5.39	264.149	0.000
教学能力	4.68	5.03	5.25	5.64	126.235	0.000
教学设计	4.69	5.08	5.30	5.71	120.694	0.000
教学实施	4.67	4.98	5.21	5.58	113.844	0.000

由表 2 – 39 可知，小学教师专业核心素养总分及各一、二级指标和阅读人文类文献频率不同的小学教师之间均有显著差异（p 值均为 0.000 < 0.001）。从各项得分均值看，经常阅读人文类文献的小学教师，其专业核心素养总分及各一、二级指标得分也越高。为进一步确定阅读人文类文献频率不同的教师间的差异，我们采用 LSD 法对阅读人文类文献频率不同的教师间进行多重比较，结果见表 2 – 40。

表 2 – 40　　　阅读人文类文献频率不同教师专业核心素养
总分及一级指标的多重比较

因变量	水平（I）	水平（J）	均值差（I – J）	显著性
总分	①从不阅读	②阅读较少	– 0.41546*	0.000
		③阅读较多	– 0.70665*	0.000
		④经常阅读	– 1.07038*	0.000
	②阅读较少	③阅读较多	– 0.29119*	0.000
		④经常阅读	– 0.65492*	0.000
	③阅读较多	④经常阅读	– 0.36373*	0.000
品格修为	①从不阅读	②阅读较少	– 0.38815*	0.000
		③阅读较多	– 0.65365*	0.000
		④经常阅读	– 0.98428*	0.000

续表

因变量	水平（I）	水平（J）	均值差（I-J）	显著性
品格修为	②阅读较少	③阅读较多	-0.26550*	0.000
		④经常阅读	-0.59613*	0.000
	③阅读较多	④经常阅读	-0.33064*	0.000
知识涵养	①从不阅读	②阅读较少	-0.49858*	0.000
		③阅读较多	-0.88036*	0.000
		④经常阅读	-1.25309*	0.000
	②阅读较少	③阅读较多	-0.38178*	0.000
		④经常阅读	-0.75451*	0.000
	③阅读较多	④经常阅读	-0.37274*	0.000
教学能力	①从不阅读	②阅读较少	-0.35268*	0.000
		③阅读较多	-0.57086*	0.000
		④经常阅读	-0.96170*	0.000
	②阅读较少	③阅读较多	-0.21817*	0.000
		④经常阅读	-0.60901*	0.000
	③阅读较多	④经常阅读	-0.39084*	0.000

注：*表示均值差的显著性水平为0.05。

由表2-40可知，在教师专业核心素养总分及3个一级指标上，不同阅读人文类文献频率的小学教师之间两两均有显著差异（p值均为0.000 < 0.001），且均值差均为负。表明小学教师阅读人文类文献的频次越高，其专业核心素养水平越高，在品格修为、知识涵养和教学能力上的表现越好。

（六）信息技术类文献关注情况

调查显示，有35位小学教师从不关注信息技术类文献，占比1.4%；有888位教师关注较少，占比34.6%；经常关注和关注较多的教师共1641位，占比64.0%。可见，约三分之二的小学教师较多关注信息技术类文献。为了解小学教师关注信息技术类文献频率的不同对其专业核心素养水平是否存在影响，我们进行了单因素ANOVA检验，检验结果见表2-41。

表 2-41　关注信息技术类文献频率不同的教师专业核心素养
总分与一、二级指标差异比较

	从不关注	关注较少	关注较多	经常关注	f 值	p 值
总分	4.04	4.69	5.08	5.46	269.561	0.000
品格修为	4.10	4.74	5.12	5.47	195.492	0.000
职业情怀	4.30	4.94	5.28	5.59	125.269	0.000
人格特质	3.90	4.53	4.96	5.35	204.382	0.000
知识涵养	3.78	4.45	4.90	5.31	261.518	0.000
专业学识	3.84	4.51	4.95	5.31	180.033	0.000
通识基础	3.71	4.39	4.86	5.32	281.984	0.000
教学能力	4.27	4.89	5.23	5.61	191.821	0.000
教学设计	4.25	4.94	5.28	5.68	182.607	0.000
教学实施	4.29	4.84	5.19	5.54	172.064	0.000

由表 2-41 可知，小学教师专业核心素养总分及各一、二级指标和关注信息技术类文献频率不同的小学教师之间均有显著差异（p 值均为 0.000＜0.001）。从各项得分均值看，经常关注信息技术类文献的小学教师，其教师专业核心素养总分及各一、二级指标得分也越高。为进一步确定关注信息技术类文献频率不同的教师间的差异，我们采用 LSD 法对关注信息技术类文献频率不同的教师间进行多重比较，结果见表 2-42。

表 2-42　关注信息技术类文献频率不同的教师专业核心素养
总分及一级指标的多重比较

因变量	水平（I）	水平（J）	均值差（I-J）	显著性
总分	①从不关注	②关注较少	-0.64493*	0.000
		③关注较多	-1.04078*	0.000
		④经常关注	-1.41663*	0.000
	②关注较少	③关注较多	-0.39586*	0.000
		④经常关注	-0.77170*	0.000
	③关注较多	④经常关注	-0.37585**	0.000
品格修为	①从不关注	②关注较少	-0.63244*	0.000
		③关注较多	-1.02083*	0.000
		④经常关注	-1.36524*	0.000

续表

因变量	水平（I）	水平（J）	均值差（I-J）	显著性
品格修为	②关注较少	③关注较多	-0.38839*	0.000
		④经常关注	-0.73280*	0.000
	③关注较多	④经常关注	-0.34441*	0.000
知识涵养	①从不关注	②关注较少	-0.67739*	0.000
		③关注较多	-1.12857*	0.000
		④经常关注	-1.53568*	0.000
	②关注较少	③关注较多	-0.45118*	0.000
		④经常关注	-0.85829*	0.000
	③关注较多	④经常关注	-0.40711*	0.000
教学能力	①从不关注	②关注较少	-0.62246*	0.000
		③关注较多	-0.96448*	0.000
		④经常关注	-1.34052*	0.000
	②关注较少	③关注较多	-0.34202*	0.000
		④经常关注	-0.71806*	0.000
	③关注较多	④经常关注	-0.37604*	0.000

注：*表示均值差的显著性水平为0.05。

由表2-42可知，在教师专业核心素养总分及3个一级指标上，不同关注信息技术类文献频率的小学教师之间两两均有显著差异（p值均为0.000＜0.001），且均值差均为负。表明小学教师关注信息技术类文献的频次越高，其专业核心素养水平越高，在品格修为、知识涵养和教学能力上的表现越好。

（七）藏书量

调查显示，除教材和教学参考书以外藏书量在10本及以下的小学教师有432位，占比16.8%；藏书量在11—50本的小学教师有1143位，占比44.6%；藏书量在51—100本的小学教师有604位，占比23.6%；藏书量在101本及以上的小学教师有385位，占比15.0%。为了解小学教师除教材和教学参考书以外藏书量不同对小学教师专业核心素养水平是否存在影响，我们进行单因素ANOVA检验，检验结果见表2-43。

表 2-43　　　　藏书量不同的教师专业核心素养总分
与一、二级指标的差异比较

	10 本及以下	11—50 本	51—100 本	101 本及以上	f 值	p 值
总分	4.65	5.00	5.12	5.33	92.645	0.000
品格修为	4.73	5.04	5.16	5.30	55.679	0.000
职业情怀	4.93	5.22	5.30	5.43	34.563	0.000
人格特质	4.53	4.86	5.02	5.17	62.08	0.000
知识涵养	4.40	4.80	4.94	5.20	102.678	0.000
专业学识	4.43	4.85	4.99	5.22	83.812	0.000
通识基础	4.37	4.76	4.90	5.18	97.375	0.000
教学能力	4.84	5.17	5.29	5.50	75.243	0.000
教学设计	4.89	5.22	5.34	5.54	66.519	0.000
教学实施	4.79	5.11	5.24	5.46	73.987	0.000

由表 2-43 可知，小学教师专业核心素养总分及各一、二级指标和除教材和教学参考书以外藏书量不同的小学教师之间均有显著差异（p 值均为 0.000 < 0.001）。从各项得分均值看，藏书量在 101 本及以上的小学教师，其教师专业核心素养总分及各一、二级指标得分也越高。为进一步确定藏书量不同的教师间的差异，我们采用 LSD 法对藏书量不同的教师间进行多重比较，结果见表 2-44。

表 2-44　　　　藏书量不同的教师专业核心素养总分及
一级指标的多重比较

因变量	水平（I）	水平（J）	均值差（I-J）	显著性
总分	①10 本及以下	②11—50 本	-0.34621*	0.000
		③51—100 本	-0.47314*	0.000
		④101 本及以上	-0.67691*	0.000
	②11—50 本	③51—100 本	-0.12692*	0.000
		④101 本及以上	-0.33070*	0.000
	③51—100 本	④101 本及以上	-0.20378*	0.000
品格修为	①10 本及以下	②11—50 本	-0.30736*	0.000
		③51—100 本	-0.42713*	0.000
		④101 本及以上	-0.57010*	0.000

续表

因变量	水平（I）	水平（J）	均值差（I-J）	显著性
品格修为	②11—50本	③51—100本	-0.11977*	0.000
		④101本及以上	-0.26274*	0.000
	③51—100本	④101本及以上	-0.14297*	0.001
知识涵养	①10本及以下	②11—50本	-0.40662*	0.000
		③51—100本	-0.54350*	0.000
		④101本及以上	-0.80230*	0.000
	②11—50本	③51—100本	-0.13688*	0.000
		④101本及以上	-0.39568*	0.000
	③51—100本	④101本及以上	-0.25880*	0.000
教学能力	①10本及以下	②11—50本	-0.32196*	0.000
		③51—100本	-0.44574*	0.000
		④101本及以上	-0.65602*	0.000
	②11—50本	③51—100本	-0.12377*	0.000
		④101本及以上	-0.33405*	0.000
	③51—100本	④101本及以上	-0.21028*	0.000

注：*表示均值差的显著性水平为0.05。

由表2-44可知，在教师专业核心素养总分及3个一级指标上，藏书量不同的小学教师之间两两均有显著差异，且均值差均为负。这表明小学教师的藏书量越多，其专业核心素养水平越高，在品格修为、知识涵养和教学能力上的表现越好。

（八）报刊订阅情况

调查显示，没有订阅报刊的小学教师有1087位，占比42.4%；订了1种报刊的小学教师有637位，占比24.8%；订了2种报刊的小学教师有538位，占比21.0%；订了3种及以上报刊的小学教师有302位，占比11.8%。为了解小学教师报刊订阅情况的不同对小学教师专业核心素养水平是否存在影响，我们进行单因素ANOVA检验，检验结果见表2-45。

表2-45 报刊订阅情况不同的教师专业核心素养总分与一、二级指标的差异比较

	没有订阅	订了1种	订了2种	订了3种及以上	f值	p值
总分	4.83	5.00	5.19	5.44	99.589	0.000

续表

	没有订阅	订了1种	订了2种	订了3种及以上	f值	p值
品格修为	4.85	5.06	5.24	5.46	89.133	0.000
职业情怀	5.02	5.24	5.41	5.59	66.114	0.000
人格特质	4.67	4.89	5.08	5.33	84.415	0.000
知识涵养	4.64	4.79	5.00	5.29	84.342	0.000
专业学识	4.70	4.82	5.02	5.27	54.774	0.000
通识基础	4.58	4.75	4.97	5.31	98.649	0.000
教学能力	5.01	5.18	5.35	5.58	73.8	0.000
教学设计	5.06	5.24	5.39	5.63	67.247	0.000
教学实施	4.96	5.13	5.30	5.52	70.366	0.000

由表 2-45 可知，小学教师专业核心素养总分及各一、二级指标和报刊订阅情况不同的小学教师之间均有显著差异（p 值均为 0.000 < 0.001）。从各项得分均值看，报刊订阅 3 种及以上的小学教师，其专业核心素养总分及各一、二级指标得分也越高。为进一步确定报刊订阅情况不同的教师间的差异，我们采用 LSD 法对报刊订阅情况不同的教师间进行多重比较，结果见表 2-46。

表 2-46　报刊订阅情况不同的教师专业核心素养总分及一级指标的多重比较

因变量	水平（I）	水平（J）	均值差（I-J）	显著性
总分	①没有订阅	②订了1种	-0.17780*	0.000
		③订了2种	-0.36326*	0.000
		④订了3种及以上	-0.61234*	0.000
	②订了1种	③订了2种	-0.18547*	0.000
		④订了3种及以上	-0.43455*	0.000
	③订了2种	④订了3种及以上	-0.24908*	0.000
品格修为	①没有订阅	②订了1种	-0.21440*	0.000
		③订了2种	-0.39687*	0.000
		④订了3种及以上	-0.61565*	0.000
	②订了1种	③订了2种	-0.18248*	0.000
		④订了3种及以上	-0.40125*	0.000
	③订了2种	④订了3种及以上	-0.21877*	0.000

续表

因变量	水平（I）	水平（J）	均值差（I-J）	显著性
知识涵养	①没有订阅	②订了1种	-0.14314*	0.000
		③订了2种	-0.35337*	0.000
		④订了3种及以上	-0.64914*	0.000
	②订了1种	③订了2种	-0.21023*	0.000
		④订了3种及以上	-0.50601*	0.000
	③订了2种	④订了3种及以上	-0.29577*	0.000
教学能力	①没有订阅	②订了1种	-0.17561*	0.000
		③订了2种	-0.33658*	0.000
		④订了3种及以上	-0.56722*	0.000
	②订了1种	③订了2种	-0.16097*	0.000
		④订了3种及以上	-0.39161*	0.000
	③订了2种	④订了3种及以上	-0.23064*	0.000

注：*表示均值差的显著性水平为0.05。

由表2-46可知，在教师专业核心素养总分3个一级指标上，报刊订阅情况不同的小学教师之间两两均有显著差异。由此可知，报刊订阅越多的小学教师，其专业核心素养水平也越高，在品格修为、知识涵养和教学能力上的表现越好。

四 教学借鉴

（一）教学观摩

调查显示，有24位小学教师从未观摩其他教师教学，占比0.9%；有803位教师较少观摩其他教师教学，占比31.3%；经常观摩和观摩较多的教师共1737位，占比67.7%。可见，约有三分之二的小学教师观摩其他教师教学较多。为了解小学教师观摩教学情况的不同对其专业核心素养水平是否存在影响，我们进行单因素ANOVA检验，检验结果见表2-47。

表2-47 教学观摩频率不同的教师专业核心素养总分与一、二级指标差异比较

	从未观摩	观摩较少	观摩较多	经常观摩	f值	p值
总分	4.36	4.69	5.04	5.40	194.242	0.000

续表

	从未观摩	观摩较少	观摩较多	经常观摩	f 值	p 值
品格修为	4.32	4.73	5.10	5.42	154.352	0.000
职业情怀	4.56	4.91	5.28	5.54	103.938	0.000
人格特质	4.07	4.54	4.92	5.29	156.737	0.000
知识涵养	4.21	4.49	4.84	5.24	166.181	0.000
专业学识	4.19	4.53	4.88	5.26	129.719	0.000
通识基础	4.23	4.44	4.80	5.22	161.847	0.000
教学能力	4.58	4.88	5.20	5.56	152.933	0.000
教学设计	4.52	4.93	5.25	5.62	141.303	0.000
教学实施	4.63	4.83	5.15	5.51	142.515	0.000

由表 2-47 可知，小学教师专业核心素养总分及各一、二级指标和观摩教学频率不同的小学教师之间均有显著差异（p 值均为 0.000 < 0.001）。从各项得分均值看，经常观摩其他教师教学的小学教师，其专业核心素养总分及各一、二级指标得分也越高。为进一步确定不同观摩教学频率情况间的差异，我们采用 LSD 法对不同观摩教学频率情况进行多重比较，结果见表 2-48。

表 2-48 教学观摩频率不同的教师专业核心素养总分及一级指标的多重比较

因变量	水平（I）	水平（J）	均值差（I-J）	显著性
总分	①从未观摩	②观摩较少	-0.33112*	0.006
		③观摩较多	-0.68197*	0.000
		④经常观摩	-1.04057*	0.000
	②观摩较少	③观摩较多	-0.35085*	0.000
		④经常观摩	-0.70945*	0.000
	③观摩较多	④经常观摩	-0.35860*	0.000
品格修为	①从未观摩	②观摩较少	-0.40786*	0.002
		③观摩较多	-0.78062*	0.000
		④经常观摩	-1.09795*	0.000
	②观摩较少	③观摩较多	-0.37276*	0.000
		④经常观摩	-0.69009*	0.000
	③观摩较多	④经常观摩	-0.31732*	0.000

续表

因变量	水平（I）	水平（J）	均值差（I-J）	显著性
知识涵养	①从未观摩	②观摩较少	-0.27738*	0.042
		③观摩较多	-0.63061*	0.000
		④经常观摩	-1.02956*	0.000
	②观摩较少	③观摩较多	-0.35322*	0.000
		④经常观摩	-0.75218*	0.000
	③观摩较多	④经常观摩	-0.39896*	0.000
教学能力	①从未观摩	②观摩较少	-0.30524*	0.018
		③观摩较多	-0.62875*	0.000
		④经常观摩	-0.98839*	0.000
	②观摩较少	③观摩较多	-0.32352*	0.000
		④经常观摩	-0.68315*	0.000
	③观摩较多	④经常观摩	-0.35964*	0.000

注：*表示均值差的显著性水平为0.05。

由表2-48可知，在教师专业核心素养总分及3个一级指标上，观摩教学频率不同的小学教师之间两两均有显著差异，且均值差均为负。表明观摩其他教师教学频次越高，其专业核心素养水平越高，在品格修为、知识涵养和教学能力上的表现越好。

（二）教学请教

调查显示，有12位小学教师从未向同事请教过教学问题，占比0.5%；有462位教师较少向同事请教教学问题，占比18.0%；经常请教和请教较多的教师共2090位，占比81.5%。为了解小学教师教学请教情况的不同对小学教师专业核心素养水平是否存在影响，我们进行单因素ANOVA检验，检验结果见表2-49。

表2-49 教学请教频次不同的教师专业核心素养总分与一、二级指标差异比较

	从未请教	较少请教	请教较多	经常请教	f值	p值
总分	4.01	4.67	4.93	5.28	138.874	0.000
品格修为	4.03	4.71	4.99	5.29	98.718	0.000
职业情怀	4.19	4.92	5.17	5.42	62.122	0.000
人格特质	3.87	4.51	4.81	5.16	107.696	0.000

续表

	从未请教	较少请教	请教较多	经常请教	f 值	p 值
知识涵养	3.94	4.48	4.72	5.12	121.808	0.000
专业学识	3.94	4.51	4.77	5.15	99.363	0.000
通识基础	3.94	4.45	4.67	5.09	114.929	0.000
教学能力	4.05	4.85	5.09	5.46	125.156	0.000
教学设计	4.03	4.90	5.15	5.51	113.39	0.000
教学实施	4.07	4.81	5.04	5.41	119.226	0.000

由表 2-49 可知，小学教师专业核心素养总分及各一、二级指标和教学请教频率不同的小学教师之间均有显著差异（p 值均为 0.000 < 0.001）。从各项得分均值看，经常向其他教师请教教学问题的小学教师，其专业核心素养总分及各一、二级指标得分也越高。为进一步确定教学请教频率不同的教师间的差异，我们采用 LSD 法对教学请教频率不同的教师间进行多重比较，结果见表 2-50。

表 2-50 教学请教频率不同的教师专业核心素养总分及一级指标的多重比较

因变量	水平（I）	水平（J）	均值差（I-J）	显著性
总分	①从未请教	②较少请教	-0.66737*	0.000
		③请教较多	-0.92271*	0.000
		④经常请教	-1.27627*	0.000
	②较少请教	③请教较多	-0.25534*	0.000
		④经常请教	-0.60890*	0.000
	③请教较多	④经常请教	-0.35356*	0.000
品格修为	①从未请教	②较少请教	-0.67935*	0.000
		③请教较多	-0.96115*	0.000
		④经常请教	-1.25909*	0.000
	②较少请教	③请教较多	-0.28180*	0.000
		④经常请教	-0.57974*	0.000
	③请教较多	④经常请教	-0.29794*	0.000
知识涵养	①从未请教	②较少请教	-0.53553*	0.006
		③请教较多	-0.77777*	0.000
		④经常请教	-1.17744*	0.000

续表

因变量	水平（I）	水平（J）	均值差（I-J）	显著性
知识涵养	②较少请教	③请教较多	-0.24224*	0.000
		④经常请教	-0.64191*	0.000
	③请教较多	④经常请教	-0.39968*	0.000
教学能力	①从未请教	②较少请教	-0.80222*	0.000
		③请教较多	-1.04254*	0.000
		④经常请教	-1.40679*	0.000
	②较少请教	③请教较多	-0.24032*	0.000
		④经常请教	-0.60457*	0.000
	③请教较多	④经常请教	-0.36425*	0.000

注：*表示均值差的显著性水平为0.05。

由表2-50可知，在教师专业核心素养总分及3个一级指标上，教学请教频率不同的小学教师之间两两均有显著差异，且均值差均为负。这表明小学教师向同事请教教学问题的频次越高，其专业核心素养水平越高，在品格修为、知识涵养和教学能力上的表现越好。

五 科学研究

（一）承担课题情况

调查显示，有1351位小学教师未承担研究课题，占比52.7%；有407位小学教师承担过校级课题，占比15.9%；有237位小学教师承担过县（区）级课题，占比9.2%；有281位小学教师承担过市级课题，占比11.0%；有212位小学教师承担过省级课题，占比8.3%；有76位小学教师承担过国家级课题，占比3.0%。为了解小学教师承担课题级别的不同对其专业核心素养水平是否存在影响，我们进行单因素ANOVA检验，检验结果见表2-51。

表2-51 承担课题级别不同的教师专业核心素养总分与一、二级指标差异比较

	无	校级	县（区）级	市级	省级	国家级	f值	p值
总分	4.91	5.14	5.09	5.15	5.14	5.22	16.64	0.000
品格修为	4.94	5.20	5.13	5.17	5.18	5.28	16.15	0.000
职业情怀	5.11	5.36	5.33	5.34	5.33	5.40	13.429	0.000

续表

	无	校级	县（区）级	市级	省级	国家级	f 值	p 值
人格特质	4.78	5.04	4.92	5.00	5.02	5.16	14.388	0.000
知识涵养	4.73	4.95	4.88	4.96	4.91	4.95	10.366	0.000
专业学识	4.78	4.98	4.87	5.00	4.95	4.99	7.335	0.000
通识基础	4.69	4.93	4.89	4.92	4.86	4.91	11.893	0.000
教学能力	5.08	5.27	5.27	5.33	5.37	5.44	17.389	0.000
教学设计	5.13	5.33	5.32	5.38	5.42	5.48	15.326	0.000
教学实施	5.03	5.22	5.22	5.29	5.32	5.41	17.269	0.000

由表 2-51 可知，小学教师专业核心素养总分及各一、二级指标和承担课题级别不同的小学教师之间均有显著差异。为进一步确定承担课题级别不同的教师间的差异，我们采用 LSD 法对不同教研活动开展情况进行多重比较，结果见表 2-52。

表 2-52 承担课题级别不同的教师专业核心素养总分的多重比较

因变量	水平（I）	水平（J）	均值差（I-J）	显著性
总分	①无	②校级	-0.22534*	0.000
		③县（区）级	-0.17340*	0.000
		④市级	-0.23574*	0.000
		⑤省级	-0.22928*	0.000
		⑥国家级	-0.30307*	0.000
	②校级	③县（区）级	0.05194	0.313
		④市级	-0.01040	0.831
		⑤省级	-0.00394	0.941
		⑥国家级	-0.07773	0.323
	③县（区）级	④市级	-0.06233	0.262
		⑤省级	-0.05588	0.348
		⑥国家级	-0.12967	0.118
	④市级	⑤省级	0.00645	0.910
		⑥国家级	-0.06733	0.408
	⑤省级	⑥国家级	-0.07379	0.381

注：*表示均值差的显著性水平为 0.05。

由表 2-52 可知，在教师专业核心素养总分上，未承担研究课题的小学教师与承担过校级及以上的小学教师之间存在显著性差异；承担校级及以上研究课题的小学教师两两之间没有显著性差异。

（二）研究成果情况

调查显示，有 1298 位小学教师没有发表（出版）成果，占比 50.6%；有 925 位小学教师发表（出版）1—2 篇（部），占比 36.1%；有 234 位小学教师发表（出版）3—4 篇（部），占比 9.1%；有 107 位小学教师发表（出版）5 篇（部）及以上，占比 4.2%。为了解研究成果发表不同对小学教师专业核心素养水平是否存在影响，我们进行单因素 ANOVA 检验，检验结果见表 2-53。

表 2-53　　　　研究成果不同的教师专业核心素养
总分与一、二级指标差异比较

	没有发表	1—2 篇	3—4 篇	5 篇及以上	f 值	p 值
总分	4.90	5.09	5.21	5.39	39.059	0.000
品格修为	4.94	5.13	5.24	5.44	32.96	0.000
职业情怀	5.11	5.30	5.39	5.56	24.68	0.000
人格特质	4.77	4.96	5.08	5.32	31.571	0.000
知识涵养	4.72	4.89	5.03	5.17	27.604	0.000
专业学识	4.75	4.94	5.08	5.20	24.907	0.000
通识基础	4.69	4.84	4.99	5.14	24.118	0.000
教学能力	5.07	5.27	5.37	5.59	39.054	0.000
教学设计	5.12	5.32	5.41	5.62	31.912	0.000
教学实施	5.01	5.23	5.34	5.55	41.599	0.000

由表 2-53 可知，小学教师专业核心素养总分及各一、二级指标和研究成果发表不同的小学教师之间均有显著差异。从各项得分均值看，研究成果发表越多的小学教师，其教师专业核心素养总分及各一、二级指标得分也越高。为进一步确定研究成果发表不同的教师间的差异，我们采用 LSD 法对研究成果发表不同的小学教师进行多重比较，结果见表 2-54。

表 2-54 　　　　研究成果不同的教师专业核心素养
总分及一级指标多重比较

因变量	水平（I）	水平（J）	均值差（I-J）	显著性
总分	①没有发表（出版）	②1—2 篇（部）	-0.18790*	0.000
		③3—4 篇（部）	-0.30674*	0.000
		④5 篇（部）及以上	-0.49080*	0.000
	②1—2 篇（部）	③3—4 篇（部）	-0.11885*	0.009
		④5 篇（部）及以上	-0.30290*	0.000
	③3—4 篇（部）	④5 篇（部）及以上	-0.18406*	0.012
品格修为	①没有发表（出版）	②1—2 篇（部）	-0.18671*	0.000
		③3—4 篇（部）	-0.29799*	0.000
		④5 篇（部）及以上	-0.50199*	0.000
	②1—2 篇（部）	③3—4 篇（部）	-0.11128*	0.026
		④5 篇（部）及以上	-0.31528*	0.000
	③3—4 篇（部）	④5 篇（部）及以上	-0.20400*	0.010
知识涵养	①没有发表（出版）	②1—2 篇（部）	-0.17097*	0.000
		③3—4 篇（部）	-0.31412*	0.000
		④5 篇（部）及以上	-0.45090*	0.000
	②1—2 篇（部）	③3—4 篇（部）	-0.14315*	0.006
		④5 篇（部）及以上	-0.27993*	0.000
	③3—4 篇（部）	④5 篇（部）及以上	-0.13678	0.097
教学能力	①没有发表（出版）	②1—2 篇（部）	-0.20828*	0.000
		③3—4 篇（部）	-0.30830*	0.000
		④5 篇（部）及以上	-0.52310*	0.000
	②1—2 篇（部）	③3—4 篇（部）	-0.10002*	0.039
		④5 篇（部）及以上	-0.31482*	0.000
	③3—4 篇（部）	④5 篇（部）及以上	-0.21480*	0.006

注：*表示均值差的显著性水平为 0.05。

由表 2-54 可知，在知识涵养上，除发表了 3—4 篇（部）和 5 篇（部）及以上的小学教师之间不存在显著性差异，其他小学教师两两之间存在显著性差异；在教师专业核心素养总分及其他 2 个一级指标上，研究成果不同情况的小学教师之间两两均有显著差异，且均值差均为负。这表明研究成果数量越多的小学教师，其专业核心素养水平更高，在品格修为、知识涵养和教学能力上的表现更好。

六 教学压力

调查显示,有145位小学教师在教学方面觉得没有压力,占比5.7%;有1047位小学教师在教学方面感到压力较小,占比40.8%;有1217位小学教师在教学方面感到压力较大,占比47.5%;有155位小学教师在教学方面感到压力很大,占比6.0%。为了解小学教师教学压力不同对小学教师专业核心素养水平是否存在影响,我们进行单因素ANOVA检验,检验结果见表2-55。

表2-55　　教学压力不同的教师专业核心素养总分与一、二级指标的差异比较

	没有压力	压力较小	压力较大	压力很大	f值	p值
总分	5.30	5.09	4.94	4.90	22.414	0.000
品格修为	5.33	5.15	4.97	4.85	26.644	0.000
职业情怀	5.42	5.32	5.15	4.99	17.609	0.000
人格特质	5.25	4.99	4.78	4.70	29.466	0.000
知识涵养	5.11	4.89	4.76	4.72	15.179	0.000
专业学识	5.13	4.94	4.79	4.74	14.33	0.000
通识基础	5.08	4.84	4.73	4.69	12.782	0.000
教学能力	5.47	5.25	5.11	5.15	17.009	0.000
教学设计	5.52	5.28	5.17	5.22	12.42	0.000
教学实施	5.43	5.21	5.05	5.09	20.312	0.000

由表2-55可知,小学教师专业核心素养总分及各一、二级指标和教学压力不同的小学教师之间均有显著差异(p值均为0.000<0.001)。从各项得分均值看,在教学方面感到压力越小的小学教师,其教师专业核心素养总分及各一、二级指标得分也越高。为进一步确定教学压力不同的教师间的差异,我们采用LSD法对教学压力感知不同的小学教师进行多重比较,结果见表2-56。

表2-56　　教学压力不同在教师专业核心素养总分上的多重比较

因变量	水平（I）	水平（J）	均值差（I-J）	显著性
总分	①没有压力	②压力较小	0.20655*	0.000
		③压力较大	0.35849*	0.000
		④压力很大	0.40093*	0.000
	②压力较小	③压力较大	0.15194*	0.000
		④压力很大	0.19438*	0.000
	③压力较大	④压力很大	0.04244	0.430

注：*表示均值差的显著性水平为0.05。

由表2-56可知，在教师专业核心素养总分上，除了在教学方面感到压力较大和压力很大的小学教师之间未有显著性差异，其他小学教师两两之间都存在显著性差异。这表明对教学压力感觉越小，小学教师专业核心素养得分越高，小学教师专业核心素养水平越高。

表2-57　　教学压力不同的教师专业核心素养一级指标的多重比较

因变量	水平（I）	水平（J）	均值差（I-J）	显著性
品格修为	①没有压力	②压力较小	0.17902*	0.003
		③压力较大	0.36460*	0.000
		④压力很大	0.48590*	0.000
	②压力较小	③压力较大	0.18558*	0.000
		④压力很大	0.30687*	0.000
	③压力较大	④压力很大	0.12129*	0.037
知识涵养	①没有压力	②压力较小	0.21620*	0.001
		③压力较大	0.34802*	0.000
		④压力很大	0.38813*	0.000
	②压力较小	③压力较大	0.13182*	0.000
		④压力很大	0.17194*	0.005
	③压力较大	④压力很大	0.04012	0.509
教学能力	①没有压力	②压力较小	0.22666*	0.000
		③压力较大	0.36338*	0.000
		④压力很大	0.31973*	0.000

续表

因变量	水平（I）	水平（J）	均值差（I-J）	显著性
教学能力	②压力较小	③压力较大	0.13673*	0.000
		④压力很大	0.09307	0.107
	③压力较大	④压力很大	-0.04365	0.446

注：*表示均值差的显著性水平为0.05。

由表2-57可知，在知识涵养上，同在教师专业核心素养总分上的情况一致，除了在教学方面感到压力较大和压力很大的小学教师之间没有显著性差异（p=0.509>0.05），其他小学教师两两之间都存在显著性差异。在教学能力上，除了在教学方面感到压力较小、较大和压力很大的小学教师之间没有显著性差异（p值分别为0.107、0.446均大于0.05），其余两两之间都存在显著性差异；在品格修为上，教学压力不同的教师两两之间都存在显著性差异。这表明对教学压力感觉越小，小学教师专业核心素养得分越高，小学教师专业核心素养水平越高，在品格修为、知识涵养和教学能力上的表现越好。

第三节 结论与建议

前文论述了小学教师专业核心素养的现状，并探讨了影响小学教师专业核心素养的主要因素。本节将在此基础上对小学教师专业核心素养的水平和特点进行概括，并针对小学教师专业核心素养方面存在的问题提出相应的对策建议。

一 基本结论

（一）小学教师专业核心素养整体处于良好水平但有待加强

从专业核心素养总分的平均值来看，专业核心素养总分得分为5.02，高于5分，按照量表等级水平，达到"比较符合"的水平，说明本次调查的江西省小学教师专业核心素养处于良好水平。具体来看，本次调查的小学教师在3个一级指标测评中的平均分由高到低排序为：教学能力

（5.19）、品格修为（5.06）、知识涵养（4.83）。表明本次调查的江西省小学教师在教学能力和品格修为上表现较好，但知识涵养相对较弱。从二级指标来看，小学教师在6个二级指标测评中的平均分由高到低排序为：教学设计（5.24）、职业情怀（5.22）、教学实施（5.14）、人格特质（4.89）、专业学识（4.87）、通识基础（4.79）。这表明本次调查的江西省小学教师在教学设计、职业情怀和教学实施上表现较好，人格特质和专业学识有一定差距，而通识基础则相对较弱。从18个三级指标来看，有14个三级指标平均值超过4.9分，但自我调节（4.23）、教育理论（4.79）、科学知识（4.57）和人文积淀（4.68）得分相对较低。表明本次调查的江西省小学教师的自我调节、教育理论、科学知识和人文积淀等方面有待加强。

（二）不同的小学教师专业核心素养存在差异

1. 小学教师专业核心素养在不同地区上存在显著差异

从地区来看，本次调查的鹰潭市的小学教师专业核心素养水平最高，赣州市的小学教师专业核心素养水平最低。专业核心素养总分的排名由高到低依次为鹰潭市（5.12）、宜春市（5.11）、九江市（5.10）、景德镇市（5.09）、南昌市（5.02）、吉安市（4.99）、上饶市（4.97）、新余市（4.90）、抚州市（4.87）、萍乡市（4.84）和赣州市（4.81）。

在专业核心素养总分均值上，鹰潭市、宜春市和九江市的小学教师得分高于抚州市、萍乡市和赣州市的小学教师；宜春市的小学教师比上饶市的小学教师得分更高。在品格修为得分均值上，鹰潭市、宜春市和九江市的小学教师表现优于抚州市、萍乡市和赣州市的小学教师；景德镇市的小学教师比萍乡市和赣州市的小学教师表现更好。在知识涵养得分均值上，宜春市的小学教师得分高于抚州市、萍乡市和赣州市的小学教师；鹰潭市、九江市的小学教师比萍乡市的小学教师表现更佳。在教学能力得分均值上，鹰潭市、宜春市的小学教师表现优于抚州市、赣州市的小学教师。

2. 小学教师专业核心素养在学校类型（城、乡）上存在显著差异

从任教学校类型（城、乡）来看，城市（含县城）的小学教师整体上明显比农村小学教师表现更佳。在专业核心素养总分上，城市（含县

城）的小学教师得分高于农村的小学教师。在一级指标中，城市（含县城）的小学教师在品格修为、知识涵养和教学能力方面表现优于农村的小学教师。在二级指标中，城市（含县城）的小学教师在职业情怀、人格特质、专业学识、通识基础、教学设计和教学实施方面比农村的小学教师表现更好。

3. 小学教师专业核心素养在年龄上存在显著差异

从年龄来看，采用LSD等多种多重比较法对四组年龄分组的小学教师专业核心素养总分及各一、二级指标得分均值进行比较分析后发现，均呈现显著差异。在专业核心素养总分上，30岁及以下、31—40岁、41—50岁的小学教师两两一组比较均有显著差异；30岁及以下的小学教师与51岁及以上的小学教师有显著差异；但31—50岁的小学教师与51岁及以上的小学教师无显著差异，然而31岁及以上的小学教师专业核心素养水平仍有缓慢提升。在品格修为得分均值上，30岁及以下的小学教师与31岁及以上的小学教师有显著差异；31—40岁的小学教师水平有提升的空间，与51岁及以上的小学教师有显著差异。在知识涵养得分均值上，30岁及以下的小学教师与31岁及以上的小学教师有显著差异，31岁及以上的小学教师之间无显著差异，水平提升速度缓慢。在教学能力得分均值上，30岁及以下、31—40岁、41—50岁的小学教师两两一组比较均有显著差异；30岁及以下的小学教师与51岁及以上的小学教师有显著差异；31—50岁的小学教师与51岁及以上的小学教师无显著差异，且51岁及以上的小学教师比41—50岁的小学教师表现略差。

4. 小学教师专业核心素养在教龄上存在显著差异

从教龄来看，对四组教龄分组的小学教师专业核心素养总分及各一、二级指标得分均值进行比较分析后发现，均呈现显著差异。在专业核心素养总分和教学能力得分均值上，以教龄30年为分界点，教龄未满30年的小学教师其水平随教龄的增长不断提升，但教龄满30年的小学教师其水平趋于稳定，随教龄增长而缓慢提升。在品格修为得分均值上，教龄未满10年的小学教师随着教龄的增长其水平不断提升；教龄满10年的两两相邻教龄段小学教师之间无显著差异，其中只有教龄11—20年小学教师与教龄31年及以上的小学教师有显著差异，表明教龄满10年后水平趋于稳定，但随着教龄增长而缓慢提升到一个新高度。在知识涵养得分均值上，以教龄 20 年为分界点，教龄未满 20 年的小学教师其知识涵养水平随教龄的增长不断提升，但教龄在 20 年及以下的小学教师的水平趋于稳定，教龄在 20 年及以上的小学教师的水平也趋于稳定。

5. 小学教师专业核心素养在编制上存在显著差异

从编制状况来看，已获得国家编制的小学教师整体上表现明显优于未获得国家编制的小学教师。在专业核心素养总分上，已获得国家编制的小学教师得分明显高于未获得国家编制的小学教师。在一级指标中，已获国家编制的小学教师在品格修为、知识涵养和教学能力等方面的表现均优于未获得国家编制的小学教师。在二级指标中，已获国家编制的小学教师在人格特质、专业学识、通识基础、教学设计和教学实施方面的表现比未获得国家编制的小学教师更佳。

6. 小学教师专业核心素养在职称上存在显著差异

从职称来看，对六组职称分组的小学教师专业核心素养总分及各一、二级指标得分均值进行比较分析发现，职称为小教一级和小教高级的教师整体上表现明显优于其他职称的小学教师，而并不是职称越高教师的表现越好。在专业核心素养总分和品格修为得分均值上，以小教二级职称为分界点，职称为小教三级及以下的教师与职称为小教二级及以上的教师存在显著差异；但职称为小教三级及以下的教师之间水平相当，职称为小教二级及以上的教师之间水平也相当。在知识涵养得分均值上，没评职称的小学教师与小教一级、小教高级的教师存在显著差异，小教三级的教师与小教二级及以上的教师存在显著差异，小教二级的教师与小教一级的教师存在显著差异。在教学能力得分均值上，职称为小教二级及以下的教师与小教一级、小教高级的教师之间存在显著差异，且小教二级的教师表现优于未评职称的教师。

7. 小学教师专业核心素养在周课时量上存在显著差异

从周课时量来看，对四组周课时量分组的小学教师专业核心素养总分及各一、二级指标得分均值进行比较发现，周课时量适中的小学教师比课时量过多或过少的小学教师表现得更佳。在专业核心素养总分、教学能力得分均值上，周课时量 11—15 节的小学教师与周课时量 10 节及以下、21节及以上的小学教师存在显著差异；周课时量16—20节的小学教师与周课时量10节及以下的小学教师存在显著差异。在品格修为得分均值上，周课时量11—15节的小学教师比周课时量10节及以下、21节及以上的小学教师表现得更好。在知识涵养得分均值上，周课时量11—20节的小学教师得分高于周课时量10节及以下、21节及以上的小学教师。

8. 小学教师专业核心素养在是否担任班主上存在显著差异

从是否担任班主任来看，担任班主任的小学教师整体表现明显比未担任班主任的小学教师更佳。在专业核心素养总分上，担任班主任的小学教师得分明显高于未担任班主任的小学教师。在一级指标中，担任班主任的小学教师在品格修为、知识涵养和教学能力上表现优于未担任班主任的小学教师。在二级指标中，担任班主任的小学教师在职业情怀、人格特质、专业学识、通识基础、教学设计和教学实施上的表现明显比未担任班主任的小学教师更佳。

9. 小学教师专业核心素养在受不同表彰级别上存在显著差异

从受不同表彰级别来看，对六组表彰级别分组的小学教师专业核心素养总分及一、二级指标得分均值进行比较分析发现，均呈现显著差异。在专业核心素养总分、品格修为和教学能力得分均值上，受过县（区）级表彰及以下的小学教师与受市级表彰及以上的小学教师存在显著差异；其中受过县（区）级表彰及以下的小学教师之间存在显著差异，但受过市级表彰及以上的小学教师之间没有显著差异。即受过市级表彰及以上的小学教师表现优于受过县（区）级表彰及以下的小学教师。在知识涵养得分均值上，受过校级表彰及以下的小学教师与受过县（区）级表彰及以上的小学教师存在显著差异；其中受过校级表彰及以下的小学教师之间存在显著差异，但受过县（区）级表彰及以上的小学教师之间没有显著差异。即受过县（区）级表彰及以上的小学教师表现优于受过校级表彰及以下的小学教师。

10. 小学教师专业核心素养在其他人口学信息上未有显著差异

小学教师任教学校（公办、民办）、性别、学历、任教课程及任教年级等对其专业核心素养不产生显著影响。不同学历仅在专业学识上影响小学教师的表现，学历为大专和本科的小学教师与学历为高中（或中专）

的小学教师存在显著差异，但学历为大专和本科的小学教师之间无显著差异；第一学历性质影响小学教师在专业学识、教学能力和教学实施上的表现：第一学历为师范类的小学教师在专业学识、教学能力和教学实施上的得分均高于第一学历为非师范类的小学教师。任教不同年级小学教师仅在教学能力呈现边缘显著（$F = 2.219$，$p = 0.05$），即二、四年级的教师与五、六年级的教师存在差异；一年级的小学教师与六年级的小学教师存在差异。

（三）多种因素影响小学教师的专业核心素养

经调查发现，影响小学教师专业核心素养水平的因素主要有以下几个：

一是教研组织及其开展活动情况。学校没有建立教研组织和有教研组织但未开展活动的小学教师之间无显著性差异；但小学教师所在学校建立了教研组织且开展活动，同时教师参加教研活动频率越高，对教研组织活动评价越积极，其专业核心素养水平越高。

二是教师培训。小学教师所在学校开展的培训越多，参与教师培训越积极，从教师培训中收获越多，其专业核心素养水平越高。

三是文献阅读。主要包括阅读文献、藏书量和订阅报刊三个方面。小学教师对教育学类书刊、心理学类书刊、所教学科相关书刊、自然科学类书刊、人文社科类书刊、信息技术类知识的阅读频次及关注程度越高，其专业核心素养越高。同样，小学教师的藏书量越多、报刊订阅量越多，其专业核心素养也越高。

四是教学借鉴。经常主动观摩其他教师的教学，且经常向同事请教教学问题的小学教师在专业核心素养上明显优于从未观摩其他教师教学、从未向同事请教教学问题的小学教师。

五是科学研究。承担课题研究的小学教师在专业核心素养的表现优于未承担课题研究的小学教师，发表（含出版）不同数量教学研究成果的小学教师在专业核心素养上的表现优于没有发表教学研究成果的小学教师，且发表教学研究成果数量越多的小学教师，其专业核心素养水平越高。

六是教学压力。教学压力较大的小学教师与教学压力很大的小学教师没有显著性差异，其他小学教师两两之间都存在显著性差异。这表明，对教学压力感觉越小,小学教师专业核心素养得分越高,其专业核心素养水平越高。

二 主要建议

根据本次调查的江西省小学教师专业核心素养存在的问题及主要影响因素,这里拟提出改善小学教师专业核心素养的对策建议。

(一) 积极开展和参与教研活动

调查结果表明,在专业核心素养高分组中,有15.8%的教师所在教研组有时开展活动,有79.7%的教师所在教研组经常开展活动,开展活动频率较高的教研组占高分组的95.5%;有13.8%的教师参加较多教研活动,有78.4%的教师经常参加教研活动,参加教研活动次数较多的教师占高分组的92.2%;有30.8%的教师对教研活动的评价效果较大,有60.1%的教师对教研活动的评价效果显著,共有90.9%的教师对教研活动评价较为满意。

学校可根据自身条件建立教研组,在保证教师正常教学的情况下调动教师多开展和多参加教研活动,让教师在完成本职教学工作的基础上,更多地与同事交流教学经验,掌握更多切实有效的教学方法,灵活运用到课堂教学中去。为了调动教师参与教研活动的积极性,学校的教研活动形式应多样化。(1) 集体备课。教师在课堂讲授之前,由教研室集体研究、讨论该教师讲课内容,帮助该教师提高备课质量,进而提高教学质量。(2) 教学观摩。学校或所在地区教育行政部门组织优秀教师、教研室成员上公开课,让其他小学教师进行教学观摩,在其教学过程中学习和吸取别人的教学经验和教学技巧。(3) 研究成果汇报。小学教师成功申报研究课题后,学校组织该教师举行开题报告及以后的结题报告,激发其他教师从教学中发现和研究问题,进而解决教学中的困惑。小学教师不仅有研究成果的产出,在研究过程中还有助于其解决教学中的实际问题,更有利于教师的教学成长。

(二) 丰富教师培训的内容与形式

调查结果表明,在专业核心素养高分组中,有22.7%的教师所在学校开展教师培训较多,有65.0%的教师所在学校经常开展教师培训,共有 87.7% 的小学教师所在学校开展教师培训频率较高；有 19.7% 的教师参加较多的教师培训，有 72.1% 的教师经常参加教师培训，共有 91.8% 的教师参加教师培训的次数较多；有 28.3% 的教师对学校教师培训评价为收获较大，有 65.2% 的教师对学校教师培训评价为收获很大，共有 93.5% 的教师对学校教师培训的评价较高。

分析参加校外在职培训的结果表明，有 65.9% 的教师想参加省级及以上的校外在职培训，然而参加过省级和国家级的校外在职培训的人数占比分别为 23.2% 和 16.8%，仅有 40% 的教师参加过省级及以上校外在职培训。由此可知，有较多小学教师没有机会参加较高规格的校外培训。因此，学校应重视改善小学教师参与培训的状况。首先，在培训名额有限的情况下，应当按照分层抽样方法，使各年级、各学科的小学教师参与培训的机会均等，且有过培训经历的小学教师应将机会让给还未有过培训经历的小学教师，争取达到全员培训的目标。其次，承担培训任务单位应根据参加培训的对象设计出有针对性的课程，小学教师结束培训后将自己培训所学运用到教学中去。最后，培训的方式也应多样化。可以采取专题讲座、专家研讨、名校观摩等线下与线上学习形式进行培训。运用新技术开展线上学习，在一定程度上可以缓解培训名额短缺的问题，能让更多的小学教师享受到更高层次的培训。

（三）引导教师广泛阅读

调查结果表明，小学教师的一级指标知识涵养得分 4.83 分，是唯一低于 5 分的一级指标，且小学教师专业学识（4.87）与通识基础（4.79）的得分均不高，尤其人文积淀（4.68）的得分亟须提高。

在本次调查中，有 428 位小学教师认为最需要提高的素质是教育理论知识；有 369 位小学教师认为最需要提高的素质是专业知识；有 143 位小学教师认为最需要提高的素质是通识知识。这三部分的小学教师占此次调查总人数的 36.7%。由此表明，小学教师在知识涵养方面亟须加强。

对于教师自身而言，不能局限于掌握自身所教学科知识，还应具有较丰富的通识知识与深厚的人文积淀。对于学校而言，要为教师创造良好的阅读条件，改善学校图书馆（阅览室）的环境，帮助其订阅通识知识类书籍和报刊，开展学科知识讲座及竞赛活动，激发小学教师阅读的兴趣。

(四) 促进教师教学交流

调查结果表明，在专业核心素养高分组中，有 49.1% 的教师主动观摩其他教师的教学，共有 88.8% 的教师主动观摩其他教师教学的频率较高；有 62.6% 的教师向同事请教过教学问题，共有 92.0% 的教师向同事请教教学问题的次数较多。因此，学校应鼓励教师多参加教学观摩，与同事多交流教学问题。第一，学校要定期组织教师到校内外听课，撰写听课记录，可以借鉴其教学经验，改善日后教学质量与效果，并且可以考虑作为教师业绩考核的一部分。第二，共建和谐友好的同事关系，营造良性竞争氛围，同事之间互帮互助，共同提升专业核心素养。

(五) 关注教师的身心健康

调查结果表明，三级指标中的自我调节的得分是 4.23 分，这说明小学教师在自我调节方面亟须改善。在本次调查中，有 349 位小学教师认为最需要提高的素质是心理素质；有 330 位小学教师认为最需要提高的素质是身体素质。这两部分的小学教师占此次调查总人数的 26.5%。同时，由前文回归分析可知，教学压力与专业核心素养总分呈负显著相关（$T = -7.058$，$p = 0.000 < 0.001$），即表明小学教师教学压力越大其专业核心素养水平越低。由对周课时量进行多重比较可知，周课时量适中的小学教师整体表现优于周课时量过多或过少的小学教师。为了提升教师专业核心素养水平，学校应适当控制教师的课时量和工作量，同时给予小学教师较充分的自由时间锻炼身体，健康的体魄是做好教师工作的基础和保障。

学校可组织各种运动项目，每年度的校运会开设教师组的比赛活动，开展形式新颖的趣味运动会，激发教师参与运动的热情，对于运动表现优秀的教师给予适当的奖励。小学教师心理健康问题也应受到重视。首先，教师应增强自身的心理素质。教师在日常生活和工作中保持积极的心态，从容应对教学困难和解决问题。其次，学校应加强教师心理健康教育工作。要引导教师正确对待自身的心理问题，自行疏导不良情绪，若有较为严重的心理问题应求助于学校心理咨询室。同时，学校应营造轻松愉快的工作氛围，使教师拥有一个良好的工作环境。

第三章 初中教师专业核心素养研究

本章主要阐述和分析我们抽样调查的江西省初中教师专业核心素养的情况。内容主要包括调查设计、调查实施、调查对象和调查结果，并在此基础上就提升初中教师的专业核心素养提出若干对策建议。

第一节 初中教师专业核心素养的调查与分析

一 调查设计

（一）调查目的

本调查是为了掌握江西省初中教师专业核心素养的现状，分析影响初中教师专业核心素养的因素并探讨提升初中教师专业核心素养的策略。

（二）调查工具

本调查采用的工具是我们在构建中小学教师专业核心素养模型基础上研制的《中小学教师专业核心素养调查问卷》。该问卷的具体内容见附录。

二 调查对象

本次调查对象的基本情况见表3-1。此次调查覆盖江西省辖11个地级市，其中来自农村初中学校和城市初中学校的教师各占一半，调查对象中接近90%的教师来自公办学校，且女教师较男教师略多，40岁以下的初中教师占调查对象的61.25%，20年以下教龄的初中教师占调查对象的64.09%，来自公办学校的初中教师数量与拥有国家编制的教师数量几乎一致。初中教师的学历以本科为主，占 78.84%，硕士及以上学历占 3.13%。78.32% 的初中教师学历性质是师范类。教师职称呈正态分布，两端少，中间多，中教一级职称的教师最多。任教语数英三类学科初中教师均占 20% 左右，任教其他课程教师占比均不超过 10%。任教九年级的教师较多，占 40%，其余两个年级各占 30% 左右。约 90% 的初中教师周课时量在 15 节及以下。有 43.22% 的调查对象是班主任。初中教师获表彰情况亦呈正态分布，约一半教师获得过校级表彰或县（区）级表彰，其中最高表彰为县（区）级表彰的教师最多。

表 3-1　　　　　　　　调查对象基本情况统计

分类		人数	百分比（%）
1. 地域分布	抚州	48	3.58
	赣州	131	9.76
	吉安	91	6.78
	景德镇	46	3.43
	九江	41	3.06
	南昌	103	7.68
	萍乡	50	3.73
	上饶	119	8.87
	新余	44	3.28
	宜春	494	36.81
	鹰潭	175	13.04
2. 学校类型	城市（含县城）	635	47.32
	农村	707	52.68
3. 学校性质	公办学校	1207	89.94
	民办学校	135	10.06
4. 性别	男	566	42.18
	女	776	57.82
5. 年龄分组	$a \leqslant 30$	419	31.22
	$30 < a \leqslant 40$	403	30.03
	$40 < a \leqslant 50$	339	25.26
	$a > 50$	181	13.49

续表

分类		人数	百分比（％）
6. 教龄分组	$b \leq 10$	602	44.86
	$10 < b \leq 20$	258	19.23
	$20 < b \leq 30$	327	24.37
	$b > 30$	155	11.55
7. 是否国家编制	是	1186	88.38
	否	156	11.62
8. 学历水平	高中（或中专）	21	1.56
	大专	221	16.47
	本科	1058	78.84
	硕士	37	2.76
	博士	5	0.37
9. 学历性质	师范类	1051	78.32
	非师范类	291	21.68
10. 职称	未评职称	167	12.44
	中教三级	31	2.31
	中教二级	374	27.87
	中教一级	454	33.83
	中教高级	298	22.21
	中教正高级	18	1.34
11. 任教课程	语文	313	23.32
	数学	289	21.54
	英语	253	18.85
	物理	118	8.79
	化学	65	4.84
	生物	33	2.46
	历史	48	3.58
	地理	28	2.09
	思品	82	6.11
	音乐	21	1.56
	美术	19	1.42
	体育	45	3.35

续表

分类		人数	百分比（%）
11. 任教课程	科学	0	0.00
	信息技术	14	1.04
	劳动技术	0	0.00
	心理健康	5	0.37
	综合实践活动	0	0.00
	其他	9	0.67
12. 任教年级	7 年级	403	30.03
	8 年级	402	29.96
	9 年级	537	40.01
13. 周课时量	10 节及以下	260	19.37
	11—15 节	901	67.14
	16—20 节	156	11.62
	21 节及以上	25	1.86
14. 是否班主任	是	580	43.22
	否	762	56.78
15a. 受表彰情况	无表彰	232	17.29
	校级表彰	717	53.43
	县（区）级表彰	754	56.18
	市级表彰	347	25.86
	省级表彰	121	9.02
	国家级表彰	31	2.31
15b. 最高表彰情况	无表彰	232	17.3
	校级表彰	234	17.4
	县（区）级表彰	489	36.4
	市级表彰	258	19.2
	省级表彰	98	7.3
	国家级表彰	31	2.3

三　调查实施

此次调查采用电子问卷的形式向初中教师发放调查问卷。我们在江西省抚州市、赣州市、吉安市、景德镇市、九江市、南昌市、萍乡市、上饶市、新余市、宜春市、鹰潭市11个地级市展开网络调查，共回收有效问卷1342份。

四 调查结果

（一）初中教师专业核心素养的整体表现

表3-2　　　　教师专业核心素养各级指标平均分统计

一级指标	得分	二级指标	得分	三级指标	得分
品格修为	5.05	职业情怀	5.23	教育情感	5.09
				专业认同	5.22
				关爱学生	5.37
		人格特质	4.87	自我调节	4.24
				协同合作	5.20
				创新精神	5.18
知识涵养	4.81	专业学识	4.84	教育理论	4.67
				心理知识	4.93
				学科底蕴	4.93
		通识基础	4.78	科学知识	4.47
				人文积淀	4.73
				信息素养	5.13
教学能力	5.16	教学设计	5.22	目标设定	5.17
				内容安排	5.28
				方法选择	5.19
		教学实施	5.11	语言表达	5.20
				课堂组织	4.88
				教学评价	5.28

由表3-2可知，本次调查的江西省初中教师在3个一级指标上的得分均高于4分，按照量表等级水平，均达到"有点符合"的水平，其中教学能力（5.16）得分最高，知识涵养（4.81）得分最低。这表明初中教师在教学能力和品格修为指标上表现较好，但在知识涵养指标上有待提高。

从6个二级指标来看，6个二级指标都在4分以上，按照量表等级水平，均达到"有点符合"的水平。其中有3个指标得分在5分以上，这表明初中教师在职业情怀、教学设计和教学实施这 3 个指标上表现较好，而在另外 3 个指标人格特质、专业学识和通识基础上得分较低，这表明初中教师在这三方面有待提高。

在 18 个三级指标中，有 11 个三级指标的得分高于 5 分，有 16 个三级指标的得分高于 4.5 分，仅有 2 个三级指标得分低于 4.5 分，其中最高分为关爱学生 5.37 分，最低分为自我调节 4.24 分。由此可知，初中教师的自我调节方面较为薄弱。低于 5 分的依次为自我调节 4.24 分、科学知识 4.47 分、教育理论 4.67 分、人文积淀 4.73 分、课堂组织 4.88 分、心理知识和学科底蕴 4.93 分。其中二级指标专业学识所对应的 3 个三级指标得分均低于 5 分。

（二）初中教师专业核心素养的差异分析

1. 地区差异

为了解不同地区的初中教师专业核心素养水平是否存在差异，笔者对其进行单因素 ANOVA 检验后得到表 3-3 数据。

表 3-3 不同地区教师专业核心素养总分与一、二级指标的差异比较

	f 值	p 值
总分	5.332	0.000
品格修为	5.357	0.000
职业情怀	3.085	0.001
人格特质	5.364	0.000
知识涵养	4.883	0.000
专业学识	5.722	0.000
通识基础	3.567	0.000
教学能力	3.136	0.001
教学设计	2.466	0.008
教学实施	3.703	0.000

由表 3-3 可知，初中教师专业核心素养总分及各一、二级指标的 p 值均小于 0.05。这表明，不同地区的初中教师在专业核心素养水平、品格修为、知识涵养和教学能力上有显著差异。哪些地区的初中教师在专业核心素养总分及各一、二级指标上得分更高表现更好，则要看不同地

区初中教师专业核心素养的平均分。

表3-4　　　　　不同地区教师专业核心素养平均分统计

所在地区	人数	总分	品格修为	知识涵养	教学能力
抚州	48	4.57	4.59	4.33	4.81
赣州	131	4.84	4.87	4.61	5.05
吉安	91	4.83	4.84	4.66	5.00
景德镇	46	4.89	5.01	4.71	4.98
九江	41	5.03	5.05	4.87	5.19
南昌	103	4.97	5.01	4.75	5.17
萍乡	50	5.01	5.02	4.79	5.25
上饶	119	5.03	5.09	4.83	5.19
新余	44	5.07	5.11	4.94	5.19
宜春	494	5.11	5.17	4.92	5.26
鹰潭	175	5.03	5.09	4.88	5.14

从表3-4可知本次调查的江西省11个设区市初中教师专业核心素养的平均分得分情况。其中，宜春市在总分和一级指标的得分上都较其他地区高，总分、品格修为和教学能力的得分排名第一，知识涵养的得分排名第二，说明本次调查的宜春市初中教师专业核心素养整体水平较好。新余市在知识涵养这个一级指标得分最高，说明新余市在知识涵养上表现较好。另外，抚州市在教师专业核心素养的总分以及一级指标上的得分均为最低，说明该市的初中教师专业核心素养有待提升。

2. 不同学校（城、乡）差异

为了解城市（含县城）学校和农村学校的初中教师专业核心素养是否存在差异，我们对其进行了独立样本T检验，所得结果如表3-5所示。

表3-5　　　　不同学校（城、乡）教师专业核心素养总分
　　　　　　　　　与一、二级指标的差异比较

	城市学校（N=635）		农村学校（N=707）		T值	P值
	平均值	标准差	平均值	标准差		
总分	4.98	0.65	5.02	0.66	-1.325	0.185
品格修为	5.02	0.72	5.08	0.70	-1.551	0.121

续表

	城市学校（N=635）		农村学校（N=707）		T值	P值
	平均值	标准差	平均值	标准差		
职业情怀	5.20	0.79	5.25	0.78	-1.216	0.224
人格特质	4.84	0.78	4.90	0.76	-1.623	0.105
知识涵养	4.78	0.74	4.84	0.75	-1.293	0.196
专业学识	4.80	0.80	4.88	0.81	-1.861	0.063
通识基础	4.76	0.75	4.79	0.75	-0.558	0.577
教学能力	5.15	0.68	5.18	0.70	-0.727	0.467
教学设计	5.20	0.71	5.22	0.72	-0.492	0.623
教学实施	5.09	0.70	5.13	0.71	-0.923	0.356

由表3-5可知，初中教师专业核心素养总分（p=0.185>0.05）与学校类型之间没有显著差异。且一级指标和二级指标p值均大于0.05，说明城市（含县城）学校与农村学校的初中教师的专业核心素养并没有显著差异。

3. 不同学校（公、私）差异

为了解公办学校和民办学校的初中教师专业核心素养是否存在差异，我们对其进行了独立样本T检验，所得结果如表3-6所示。

表3-6 不同学校（公、私）教师专业核心素养总分与一、二级指标的差异比较

	公办学校（N=1207）		民办学校（N=135）		T值	P值
	平均值	标准差	平均值	标准差		
总分	4.99	0.66	5.09	0.62	-1.738	0.082
品格修为	5.03	0.72	5.20	0.63	-2.632	0.009
职业情怀	5.21	0.80	5.39	0.64	-3.035	0.003
人格特质	4.86	0.77	5.01	0.73	-2.261	0.024
知识涵养	4.81	0.74	4.85	0.75	-0.691	0.490
专业学识	4.84	0.81	4.85	0.81	-0.108	0.914
通识基础	4.77	0.75	4.85	0.77	-1.248	0.212
教学能力	5.15	0.70	5.25	0.64	-1.480	0.139
教学设计	5.20	0.72	5.32	0.66	-1.820	0.069
教学实施	5.10	0.71	5.17	0.66	-1.047	0.295

由表3-6可知，初中教师专业核心素养总分（p=0.082>0.05）与

学校性质之间没有显著差异。

在3个一级指标中，仅品格修为（p=0.009<0.05）这一指标与所在学校性质之间有显著差异。结果显示，当前民办学校初中教师的品格修为（M=5.03）显著高于公办学校初中教师的品格修为（M=5.20）。而且，在6个二级指标中，只有职业情怀（p=0.003<0.05）和人格特质（p=0.024<0.05）这2个二级指标与所在学校性质之间有显著差异。结果显示，当前民办教师在职业情怀和人格特质上的表现优于公办教师。

4. 性别差异

为了解初中教师专业核心素养是否存在性别差异，我们对其进行了独立样本T检验，所得结果如表3-7所示。

表3-7　不同学校（公、私）教师专业核心素养
总分与一、二级指标的差异比较

	男（N=566）		女（N=776）		T值	P值
	平均值	标准差	平均值	标准差		
总分	4.97	0.68	5.03	0.63	-1.707	0.088
品格修为	5.01	0.75	5.08	0.68	-1.588	0.112
职业情怀	5.17	0.88	5.27	0.72	-2.297	0.022
人格特质	4.86	0.77	4.88	0.76	-0.505	0.614
知识涵养	4.78	0.77	4.83	0.72	-1.290	0.197
专业学识	4.78	0.83	4.89	0.78	-2.337	0.020
通识基础	4.78	0.77	4.78	0.74	-0.042	0.967
教学能力	5.12	0.72	5.19	0.67	-1.851	0.064
教学设计	5.18	0.76	5.24	0.68	-1.516	0.130
教学实施	5.06	0.72	5.14	0.69	-2.055	0.040

由表3-7可知，初中教师专业核心素养总分（p=0.088>0.05）与性别之间没有显著差异。在一级指标中，不同性别的初中教师在品格修为、知识涵养和教学能力上均没有显著的不同。在6个二级指标中，不同性别初中教师在人格特质、通识基础和教学设计三个指标中没有显著差异，而在职业情怀（p=0.022<0.05）、专业学识（p=0.020<0.05）和教学实施（p=0.040<0.05）这3个指标中均有性别差异。其中，女教师

在职业情怀（M 女 = 5.27 > M 男 = 5.17）、专业学识（M 女 = 4.89 > M 男 = 4.78）和教学实施（M 女 = 5.14 > M 男 = 5.06）方面要优于男教师。

5. 年龄差异

为了解初中教师专业核心素养是否存在年龄差异，将教师年龄分为 a≤30、30 < a≤40、40 < a≤50、a > 50 四组并进行单因素 ANOVA 检验，结果见表 3 – 8。

表 3 – 8 不同年龄分组教师专业核心素养总分与一、二级指标的差异比较

	a≤30	30 < a≤40	40 < a≤50	a > 50	f 值	p 值
总分	4.87	4.97	5.12	5.16	14.020	0.000
品格修为	4.92	5.02	5.16	5.21	10.643	0.000
职业情怀	5.14	5.20	5.32	5.34	4.764	0.003
人格特质	4.70	4.85	5.00	5.07	14.593	0.000
知识涵养	4.68	4.77	4.94	4.98	11.913	0.000
专业学识	4.68	4.79	5.00	5.05	14.943	0.000
通识基础	4.67	4.75	4.88	4.91	7.115	0.000
教学能力	5.03	5.13	5.29	5.32	12.787	0.000
教学设计	5.11	5.19	5.31	5.34	7.145	0.000
教学实施	4.94	5.07	5.26	5.29	18.427	0.000

由表 3 – 8 可知，不同年龄阶段的初中教师专业核心素养总分及各一、二级指标的 p 值均小于 0.05，表明初中教师专业核心素养总分及各一、二级指标上均有年龄上的显著性差异。在初中教师专业核心素养总分及一、二级指标上，年龄 a > 50 岁的初中教师得分最高。这表明初中教师年龄越大，其专业核心素养总分及一、二级指标得分就越高，得分呈现递增趋势。

为进一步确定哪两个年龄分组间有差异，我们采用 LSD 法对其进行多重比较，结果如表 3 – 9 所示。

表 3 – 9 不同年龄分组教师专业核心素养总分及一级指标的多重比较

因变量	年龄分组（I）	年龄分组（J）	均值差（I – J）	显著性
总分	a≤30	30 < a≤40	– 0.099*	0.029
		40 < a≤50	– 0.255*	0.000

续表

因变量	年龄分组（I）	年龄分组（J）	均值差（I-J）	显著性
	a≤30	a>50	-0.293*	0.000
	30<a≤40	40<a≤50	-0.156*	0.001
		a>50	-0.194*	0.001
	40<a≤50	a>50	-0.038	0.521
品格修为	a≤30	30<a≤40	-0.099*	0.044
		40<a≤50	-0.239*	0.000
		a>50	-0.284*	0.000
	30<a≤40	40<a≤50	-0.140*	0.007
		a>50	-0.185*	0.003
	40<a≤50	a>50	-0.045	0.483
知识涵养	a≤30	30<a≤40	-0.091	0.076
		40<a≤50	-0.265*	0.000
		a>50	-0.302*	0.000
	30<a≤40	40<a≤50	-0.174*	0.001
		a>50	-0.212*	0.001
	40<a≤50	a>50	-0.038	0.576
教学能力	a≤30	30<a≤40	-0.107*	0.025
		40<a≤50	-0.261*	0.000
		a>50	-0.292*	0.000
	30<a≤40	40<a≤50	-0.155*	0.002
		a>50	-0.185*	0.002
	40<a≤50	a>50	-0.031	0.625

注：*表示均值差的显著性水平为0.05。

由表3-9可知，在教师专业核心素养总分和一级指标上，年龄在40<a≤50与a>50两组的初中教师之间没有显著差异。同时，在知识涵养上，年龄在a≤30与30<a≤40区间的两组初中教师之间两两没有显著差异。其余各年龄区间的教师之间两两比较均有显著差异。这表明，初中教师专业核心素养随年龄的增长而提高，且在40岁后趋于稳定。

6. 教龄差异

为了解初中教师专业核心素养是否存在教龄差异，笔者将教师的教龄划分为四组（b≤10、10<b≤20、20<b≤30、b>30），然后对其进行单因素 ANOVA 检验。如表 3-10 所示。

表 3-10　　　　　不同教龄分组教师专业核心素养总分
与一、二级指标的差异比较

	b≤10	10<b≤20	20<b≤30	b>30	f 值	p 值
总分	4.89	4.98	5.15	5.14	13.473	0.000
品格修为	4.96	5.04	5.16	5.19	8.543	0.000
职业情怀	5.16	5.22	5.30	5.33	3.276	0.020
人格特质	4.75	4.86	5.02	5.05	12.693	0.000
知识涵养	4.70	4.77	4.98	4.97	13.504	0.000
专业学识	4.71	4.77	5.06	5.02	17.718	0.000
通识基础	4.69	4.76	4.89	4.91	7.575	0.000
教学能力	5.04	5.17	5.32	5.27	14.618	0.000
教学设计	5.12	5.22	5.34	5.29	8.326	0.000
教学实施	4.97	5.11	5.30	5.25	19.311	0.000

由表 3-10 可知，初中教师专业核心素养总分及一、二级指标 p 值均小于 0.05，这表明，初中教师在专业核心素养总分及各一、二级指标上均有教龄上的显著性差异。在初中教师专业核心素养总分上，教龄 20<b≤30 年的初中教师得分最高，在总分上的表现最好。在一级指标上，教龄 b>30 年的初中教师在品格修为上的表现最好；教龄 20<b≤30 年的初中教师在知识涵养、教学能力上表现最好。在二级指标上，教龄 b>30 年的初中教师在职业情怀、人格特质、通识基础上得分最高；教龄 20<b≤30 年的初中教师在专业学识、教学设计、教学实施上表现最好。

为进一步确定哪两个年龄分组间存在差异，我们采用 LSD 法对其进行多重比较。如表 3-11 所示。

表 3-11　不同教龄分组教师专业核心素养总分及一级指标的多重比较

因变量	教龄分组（I）	教龄分组（J）	均值差（I-J）	显著性
总分	b≤10	10<b≤20	-0.089	0.063
		20<b≤30	-0.253*	0.000
		b>30	-0.244*	0.000
	10<b≤20	20<b≤30	-0.164*	0.002

续表

因变量	教龄分组（I）	教龄分组（J）	均值差（I－J）	显著性
总分	10＜b≤20	b＞30	－0.155*	0.019
	20＜b≤30	b＞30	0.009	0.882
品格修为	b≤10	10＜b≤20	－0.085	0.107
		20＜b≤30	－0.208*	0.000
		b＞30	－0.236*	0.000
	10＜b≤20	20＜b≤30	－0.124*	0.035
		b＞30	－0.151*	0.035
	20＜b≤30	b＞30	－0.028	0.687
知识涵养	b≤10	10＜b≤20	－0.066	0.660
		20＜b≤30	－0.275*	0.000
		b＞30	－0.266*	0.000
	10＜b≤20	20＜b≤30	－0.209*	0.004
		b＞30	－0.200*	0.038
	20＜b≤30	b＞30	0.009	0.999
教学能力	b≤10	10＜b≤20	－0.121	0.109
		20＜b≤30	－0.279*	0.000
		b＞30	－0.228*	0.001
	10＜b≤20	20＜b≤30	－0.158*	0.026
		b＞30	－0.107	0.406
	20＜b≤30	b＞30	0.051	0.840

注：*表示均值差的显著性水平为0.05。

由表3－11可知，在教师专业核心素养总分和一级指标中的品格修为、知识涵养和教学能力上，教龄在b≤10与10＜b≤20、20＜b≤30与b＞30上的初中教师之间没有显著差异。这表明，初中教师专业核心素养及其各级指标在20年的教龄前是一个不断变化的过程，20年后趋于稳定，表现更好。

7. 编制状况差异

为了解获得国家编制与未获国家编制的初中教师专业核心素养是否存在差异，我们对其进行了独立样本T检验，所得结果如表3－12所示。

表 3-12　不同编制教师专业核心素养总分与一、二级指标的差异比较

	是（N=1186）		否（N=156）		T 值	P 值
	平均值	标准差	平均值	标准差		
总分	5.01	0.65	4.96	0.68	0.938	0.349
品格修为	5.05	0.71	5.02	0.72	0.499	0.618
职业情怀	5.22	0.79	5.26	0.76	-0.448	0.654
人格特质	4.88	0.76	4.79	0.79	1.388	0.165
知识涵养	4.82	0.74	4.77	0.77	0.737	0.461
专业学识	4.86	0.80	4.75	0.85	1.527	0.127
通识基础	4.77	0.75	4.79	0.78	-0.182	0.856
教学能力	5.17	0.69	5.09	0.71	1.424	0.155
教学设计	5.22	0.71	5.15	0.74	1.131	0.258
教学实施	5.12	0.70	5.02	0.73	1.637	0.102

由表 3-12 可知，各级指标的 p 值都大于 0.05，结果显示是否获得国家教师编制之间均没有显著差异。这说明是否取得编制对教师专业核心素养的水平几乎没有影响。

8. 最高学历差异

为了解初中教师专业核心素养是否存在学历差异，将教师学历分为高中（或中专）、大专、本科、硕士、博士五组进行单因素 ANOVA 检验。如表 3-13 所示。

表 3-13　不同学历分组教师专业核心素养总分与一、二级指标的差异比较

	高中（或中专）（N=21）	大专（N=221）	本科（N=1058）	硕士（N=37）	博士（N=5）	f 值	p 值
总分	4.85	5.07	4.99	4.89	4.87	1.199	0.309
品格修为	5.04	5.14	5.03	4.96	5.03	1.195	0.311
职业情怀	5.32	5.34	5.20	5.13	5.80	2.153	0.072
人格特质	4.76	4.95	4.86	4.80	4.27	18.271	0.000
知识涵养	4.50	4.83	4.82	4.67	4.31	1.570	0.214
专业学识	4.51	4.86	4.86	4.63	4.09	2.457	0.072
通识基础	4.48	4.80	4.78	4.70	4.53	0.871	0.495
教学能力	5.04	5.26	5.15	5.07	5.30	1.576	0.178

续表

	高中（或中专）(N=21)	大专(N=221)	本科(N=1058)	硕士(N=37)	博士(N=5)	f值	p值
教学设计	5.17	5.31	5.20	5.17	5.50	1.454	0.214
教学实施	4.92	5.21	5.10	4.98	5.10	1.564	0.215

由表 3-13 可知，只有人格特质的 p 值 <0.05，这表明初中教师仅在人格特质上有学历上的显著性差异。

9. 第一学历性质差异

为了解第一学历性质不同对初中教师专业核心素养是否存在差异，我们对其进行了独立样本 T 检验后得到表 3-14 数据。

表 3-14 第一学历性质不同教师专业核心素养总分与一、二级指标的差异比较

	师范类（N=1051）		非师范类（N=291）		T值	P值
	平均值	标准差	平均值	标准差		
总分	5.01	0.65	4.99	0.68	0.415	0.679
品格修为	5.05	0.70	5.06	0.74	-0.218	0.827
职业情怀	5.22	0.79	5.27	0.78	-1.091	0.276
人格特质	4.88	0.76	4.84	0.80	0.718	0.473
知识涵养	4.82	0.74	4.78	0.75	0.679	0.497
专业学识	4.87	0.80	4.77	0.81	1.859	0.063
通识基础	4.77	0.75	4.80	0.76	-0.651	0.515
教学能力	5.17	0.68	5.14	0.72	0.711	0.477
教学设计	5.22	0.71	5.19	0.75	0.626	0.531
教学实施	5.12	0.70	5.08	0.74	0.755	0.451

由表 3-14 可知，在一、二级指标上，师范类出身的初中教师与非师范类出身的初中教师两者基本持平。独立样本 T 检验结果表明，在一、二级指标各方面，两者差异不显著（p>0.05）。

10. 职称差异

为了解教师核心素养是否存在职称差异，将教师职称分为未评职称和中教三级、二级、一级、高级及正高级五组进行单因素 ANOVA 检验，结果如表 3-15 所示。

表 3-15　不同职称分组教师专业核心素养总分与一、二级指标的差异比较

	未评职称	中教三级	中教二级	中教一级	中教高级	中教正高级	f 值	p 值
总分	4.94	4.69	4.84	5.07	5.15	5.24	11.1531	0.000
品格修为	4.99	4.79	4.89	5.11	5.20	5.42	9.473	0.000
职业情怀	5.25	4.97	5.06	5.28	5.34	5.70	11.417	0.000
人格特质	4.74	4.62	4.71	4.94	5.06	5.14	10.011	0.000
知识涵养	4.77	4.48	4.66	4.86	4.97	4.95	8.022	0.000
专业学识	4.77	4.47	4.69	4.90	5.04	4.94	8.732	0.000
通识基础	4.77	4.49	4.63	4.83	4.90	4.96	6.050	0.000
教学能力	5.07	4.82	4.98	5.26	5.31	5.36	11.416	0.000
教学设计	5.16	4.90	5.06	5.30	5.33	5.47	7.881	0.000
教学实施	4.99	4.75	4.91	5.22	5.29	5.26	14.364	0.000

由表 3-15 可知，初中教师专业核心素养总分及一、二级指标 p 值均为 0.000 < 0.001，这表明初中教师在专业核心素养总分及各一、二级指标上均有职称上的显著性差异。在初中教师专业核心素养总分上，职称为中教正高级的初中教师在总分上的表现最好，得分其次的是中教高级的初中教师。

为进一步确定哪两个职称分组间是否有差异，我们采用 LSD 法对其进行多重比较，结果如表 3-16 所示。

表 3-16　不同职称分组教师专业核心素养总分的多重比较

因变量	职称（I）	职称（J）	均值差（I-J）	显著性
总分	①中教三级	②中教二级	-0.144	0.951
		③中教一级	-0.378	0.227
		④中教高级	-0.460	0.087
		⑤中教正高级	-0.545	0.090
	②中教二级	③中教一级	-0.234*	0.000
		④中教高级	-0.316*	0.000
		⑤中教正高级	-0.401*	0.038
	③中教一级	④中教高级	-0.083	0.450
		⑤中教正高级	-0.167	0.738
	④中教高级	⑤中教正高级	-0.084	0.981

注：*表示均值差的显著性水平为 0.05。

由表 3-16 可知，在教师专业核心素养总分上，除了中教二级的初中教师均与其他职称的初中教师之间存在显著差异，其他职称的初中教师两两之间并没有显著差异。其中，职称为中教正高级的初中教师得分最高。这表明，职称以中教二级为分水岭，职称越高（除未评职称外）的初中教师，其教师专业核心素养水平越高。

表 3-17 不同职称分组教师专业核心素养一级指标的多重比较

因变量	职称（I）	职称（J）	均值差（I-J）	显著性
品格修为	①中教三级	②中教二级	-0.094	0.473
		③中教一级	-0.0316*	0.015
		④中教高级	-0.405*	0.002
		⑤中教正高级	-0.626*	0.003
	②中教二级	③中教一级	-0.223*	0.000
		④中教高级	-0.311*	0.000
		⑤中教正高级	-0.532*	0.002
	③中教一级	④中教高级	-0.089	0.089
		⑤中教正高级	-0.310	0.066
	④中教高级	⑤中教正高级	-0.221	0.194
知识涵养	①中教三级	②中教二级	-0.179	0.872
		③中教一级	-0.384	0.183
		④中教高级	-0.493*	0.045
		⑤中教正高级	-0.469	0.327
	②中教二级	③中教一级	-0.206*	0.001
		④中教高级	-0.315*	0.000
		⑤中教正高级	-0.290	0.543
	③中教一级	④中教高级	-0.109	0.297
		⑤中教正高级	-0.085	0.996
	④中教高级	⑤中教正高级	0.024	0.999
教学能力	①中教三级	②中教二级	-0.162	0.964
		③中教一级	-0.440	0.264
		④中教高级	-0.486	0.178
		⑤中教正高级	-0.539	0.271
	②中教二级	③中教一级	-0.278*	0.000

续表

因变量	职称（I）	职称（J）	均值差（I-J）	显著性
教学能力	②中教二级	④中教高级	-0.324*	0.000
		⑤中教正高级	-0.377	0.195
	③中教一级	④中教高级	-0.046	0.922
		⑤中教正高级	-0.099	0.986
	④中教高级	⑤中教正高级	-0.053	0.999

注：*表示均值差的显著性水平为0.05。

在品格修为上，中教三级、中教二级均与中教一级、中教高级和中教正高级的初中教师之间有显著差异。在知识涵养上，中教三级与中教高级的初中教师之间有显著差异；中教二级与中教一级、中教高级的初中教师之间有显著差异。在教学能力上，中教二级与中教一级、中教高级的初中教师之间有显著差异。其他职称的初中教师之间未见显著差异。

11. 任教主要课程差异

语数英、物化生、政史地、音体美这12门课程是初中的基本课程，因此本研究重点分析任教这12门课程的初中教师在教师专业核心素养上是否存在差异。我们对其进行单因素ANOVA检验后得到表3-18数据。

表3-18 任教不同主要课程教师专业核心素养总分与一、二级指标的差异比较

	语文	数学	英语	物理	化学	生物	历史	地理	思品	音乐	美术	体育	f值	p值
总分	5.04	5.02	5.02	4.98	4.98	4.87	4.84	5.00	4.95	4.88	4.94	5.21	1.404	0.143
品格修为	5.10	5.07	5.08	5.01	5.03	4.91	4.86	5.10	4.93	4.90	4.98	5.35	1.800	0.048
职业情怀	5.28	5.23	5.26	5.17	5.09	5.08	5.07	5.32	5.12	5.09	5.32	5.56	1.633	0.082
人格特质	4.91	4.90	4.90	4.85	4.96	4.73	4.65	4.88	4.75	4.70	4.65	5.15	2.018	0.014
知识涵养	4.83	4.81	4.82	4.81	4.82	4.66	4.68	4.79	4.88	4.71	4.68	4.96	0.986	0.465
专业学识	4.86	4.86	4.88	4.86	4.86	4.68	4.69	4.83	4.90	4.70	4.56	4.95	1.044	0.406
通识基础	4.80	4.76	4.76	4.77	4.78	4.64	4.67	4.75	4.87	4.73	4.80	4.97	1.047	0.403
教学能力	5.21	5.21	5.18	5.12	5.10	5.08	5.01	5.12	5.05	5.05	5.17	5.33	1.209	0.279
教学设计	5.26	5.27	5.25	5.16	5.14	5.15	5.09	5.12	5.06	5.08	5.25	5.38	1.133	0.338
教学实施	5.17	5.15	5.11	5.08	5.07	5.01	4.93	5.13	5.05	5.01	5.09	5.28	1.391	0.150

由表3-18可知，在教师专业核心素养总分上，任教不同课程的初中教师在教师专业核心素养总分上没有显著差异（p=0.143>0.05）。仅

在品格修为和人格特质上，存在任教不同课程的教师之间有显著差异。

12. 任教年级差异

为了解任教不同年级初中教师专业核心素养是否存在差异，我们对其进行单因素 ANOVA 检验，结果如表 3-19 所示。

表 3-19　任教不同年级教师专业核心素养总分与一、二级指标的差异比较

	七年级	八年级	九年级	f 值	p 值
总分	4.91	4.95	5.11	12.957	0.000
品格修为	4.97	4.99	5.15	9.734	0.000
职业情怀	5.15	5.17	5.34	9.134	0.000
人格特质	4.79	4.82	4.97	7.523	0.001
知识涵养	4.70	4.76	4.93	11.836	0.000
专业学识	4.74	4.78	4.97	11.461	0.000
通识基础	4.67	4.74	4.88	10.054	0.000
教学能力	5.08	5.10	5.27	11.094	0.000
教学设计	5.13	5.15	5.33	11.243	0.000
教学实施	5.03	5.06	5.21	9.684	0.000

由表 3-19 可知，初中教师专业核心素养总分及一、二级指标 p 值均小于 0.05。这表明，初中教师在专业核心素养总分及各一、二级指标上均有年级上的显著性差异。在初中教师专业核心素养总分及一、二级指标上，任教九年级的初中教师得分最高，在总分、品格修为、知识涵养、教学能力上的表现最好。为进一步确定哪两个任教年级间有差异，我们采用 LSD 法对其进行多重比较，结果如表 3-20 所示。

表 3-20　　不同年级教师在总分上的多重比较

因变量	年级（I）	年级（J）	均值差（I-J）	显著性
总分	七年级	八年级	-0.035	0.445
		九年级	-0.200*	0.000
	八年级	九年级	-0.165*	0.000
品格修为	七年级	八年级	-0.022	0.662
		九年级	-0.184*	0.000
	八年级	九年级	-0.162*	0.001

续表

因变量	年级（I）	年级（J）	均值差（I-J）	显著性
知识涵养	七年级	八年级	-0.056	0.278
		九年级	-0.223*	0.000
	八年级	九年级	-0.166*	0.001
教学能力	七年级	八年级	-0.026	0.595
		九年级	-0.192*	0.000
	八年级	九年级	-0.166*	0.000

注：*表示均值差的显著性水平为 0.05。

由表 3-20 可知，在教师专业核心素养总分及一、二级指标上，任教七年级和任教八年级的教师两两之间不存在显著性差异，但任教七年级、八年级的教师与任教九年级的教师之间均有显著差异，其中九年级的教师得分最高。这表明，任教年级为九年级的教师其教师专业核心素养水平最高，在品格修为、知识涵养和教学能力上表现最佳。

13. 周课时量差异

为了解不同周课时量的初中教师专业核心素养是否存在差异，我们对其进行了单因素 ANOVA 检验，结果如表 3-21 所示。

表 3-21 不同周课时量教师专业核心素养总分与一、二级指标的差异比较

	10 节及以下	11—15 节	16—20 节	21 节及以上	f 值	p 值
总分	4.94	5.03	5.03	4.51	6.189	0.000
品格修为	5.04	5.07	5.07	4.46	6.054	0.000
职业情怀	5.28	5.23	5.23	4.75	3.371	0.018
人格特质	4.81	4.90	4.90	4.16	13.363	0.000
知识涵养	4.69	4.85	4.85	4.34	6.656	0.000
专业学识	4.75	4.89	4.86	4.31	5.815	0.001
通识基础	4.64	4.82	4.83	4.36	6.562	0.000
教学能力	5.10	5.18	5.20	4.75	4.072	0.007
教学设计	5.18	5.23	5.24	4.84	2.869	0.035
教学实施	5.03	5.14	5.16	4.67	5.060	0.002

由表 3-21 可知，初中教师专业核心素养总分及一、二级指标 p 值均小于 0.05。这表明，初中教师在专业核心素养总分及各一、二级指标上

均有周课时量上的显著性差异。在初中教师专业核心素养总分及一、二级指标上,周课时量在16—20节的初中教师得分最高(除专业学识外),在总分、品格修为、知识涵养、教学能力上的表现最好。

为进一步确定不同的周课时量间是否有差异,我们采用 LSD 法对其进行多重比较,结果如表 3 – 22 所示。

表 3 – 22　　不同周课时量教师在总分及一级指标上的多重比较

因变量	周课时量（I）	周课时量（J）	均值差（I – J）	显著性
总分	10 节及以下	11—15 节	– 0.08791	0.055
		16—20 节	– 0.09196	0.163
		21 节及以上	0.43317 *	0.002
	11—15 节	16—20 节	– 0.00405	0.943
		21 节及以上	0.52108 *	0.000
	16—20 节	21 节及以上	0.52513 *	0.000
品格修为	10 节及以下	11—15 节	– 0.02382	0.632
		16—20 节	– 0.02557	0.721
		21 节及以上	0.58432 *	0.000
	11—15 节	16—20 节	– 0.00175	0.977
		21 节及以上	0.60814 *	0.000
	16—20 节	21 节及以上	0.60989 *	0.000
知识涵养	10 节及以下	11—15 节	– 0.15805 *	0.002
		16—20 节	– 0.15264 *	0.041
		21 节及以上	0.35538 *	0.021
	11—15 节	16—20 节	0.00542	0.932
		21 节及以上	0.51344 *	0.001
	16—20 节	21 节及以上	0.50802 *	0.001
教学能力	10 节及以下	11—15 节	– 0.08111	0.094
		16—20 节	– 0.09840	0.158
		21 节及以上	0.35063 *	0.015
	11—15 节	16—20 节	– 0.01728	0.772
		21 节及以上	0.43174 *	0.002
	16—20 节	21 节及以上	0.44902 *	0.002

注：* 表示均值差的显著性水平为 0.05。

在初中教师专业核心素养总分及一级指标上，10 节及以下、11—15 节、16—20 节周课时量的初中教师与 21 节及以上周课时量的初中教师之间均存在显著性差异。另外，在知识涵养上，10 节及以下周课时量的初中教师与 11—15 节、16—20 节的周课时量的初中教师间也存在显著差异。其中，21 节及以上周课时量的初中教师专业核心素养的得分最低（M = 4.51），这表明初中教师周课时量不宜超过 21 节，在 16—20 节周课时量的初中教师在教师专业核心素养上的得分最高，在品格修为、知识涵养、教学能力上的表现最好。

14. 任班主任状况差异

为了解任班主任状况不同的初中教师专业核心素养是否存在差异，我们对其进行了独立样本 T 检验，结果如表 3 - 23 所示。

表 3 - 23 是否担任班主任的教师专业核心素养总分与一、二级指标的差异比较

	是（N = 580）		否（N = 762）		T 值	P 值
	平均值	标准差	平均值	标准差		
总分	5.03	0.66	4.98	0.65	1.190	0.234
品格修为	5.08	0.71	5.02	0.71	1.519	0.129
职业情怀	5.24	0.79	5.22	0.79	0.489	0.625
人格特质	4.93	0.77	4.83	0.76	2.315	0.021
知识涵养	4.82	0.75	4.81	0.74	0.291	0.771
专业学识	4.85	0.80	4.84	0.81	0.246	0.806
通识基础	4.78	0.76	4.77	0.74	0.310	0.757
教学能力	5.20	0.70	5.14	0.69	1.563	0.118
教学设计	5.25	0.72	5.18	0.71	1.778	0.076
教学实施	5.14	0.71	5.09	0.70	1.252	0.211

由表 3 - 23 可知，在教师专业核心素养总分上，初中教师是否担任班主任在教师专业核心素养总分上没有显著差异（p = 0.234 > 0.05），仅在人格特质上存在显著差异。

15. 获表彰情况差异

为了解最高表彰级别不同的初中教师专业核心素养是否存在差异，我们对其进行单因素 ANOVA 检验，结果如表 3 - 24 所示。

表 3-24　　获不同最高表彰级别教师专业核心素养总分与一、二级指标的差异比较

	无表彰	校级表彰	县（区）级表彰	市级表彰	省级表彰	国家级表彰	f 值	p 值
总分	4.79	4.93	5.00	5.15	5.20	5.26	12.2839	0.000
品格修为	4.85	4.98	5.03	5.22	5.24	5.30	10.248	0.000
职业情怀	5.05	5.21	5.20	5.38	5.38	5.50	6.526	0.000
人格特质	4.65	4.76	4.87	5.06	5.09	5.11	10.793	0.000
知识涵养	4.59	4.74	4.82	4.95	5.00	5.06	8.854	0.000
专业学识	4.60	4.73	4.85	5.04	5.07	5.08	10.8628	0.000
通识基础	4.58	4.74	4.79	4.86	4.94	5.05	5.642	0.000
教学能力	4.93	5.07	5.18	5.31	5.37	5.42	12.0955	0.000
教学设计	5.00	5.13	5.23	5.34	5.41	5.51	8.986	0.000
教学实施	4.86	5.01	5.13	5.28	5.34	5.33	13.4641	0.000

由表 3-24 可知，初中教师专业核心素养总分及一、二级指标均为 0.000 < 0.001。这表明，初中教师在专业核心素养总分及各一、二级指标上均有不同最高表彰级别上的显著差异。从教师专业核心素养的总分上看，受到表彰的级别越高的初中教师，在总分上的得分也越高。

为进一步确定表彰级别不同的初中教师两两之间是否有差异，我们采用 LSD 法对其进行多重比较，结果如表 3-25 所示。

表 3-25　　获不同最高表彰级别教师在总分上的多重比较

因变量	最高表彰级别（I）	最高表彰级别（J）	均值差（I-J）	显著性
总分	①无表彰	②校级表彰	-0.141	0.203
		③县（区）级表彰	-0.220*	0.001
		④市级表彰	-0.369*	0.000
		⑤省级表彰	-0.412*	0.000
		⑥国家级表彰	-0.471*	0.002
	②校级表彰	③县（区）级表彰	-0.079	0.657
		④市级表彰	-0.228*	0.001
		⑤省级表彰	-0.271*	0.002
		⑥国家级表彰	-0.330	0.050
	③县（区）级表彰	④市级表彰	-0.149*	0.020

续表

因变量	最高表彰级别（I）	最高表彰级别（J）	均值差（I-J）	显著性
	③县（区）级表彰	⑤省级表彰	-0.192*	0.030
		⑥国家级表彰	-0.251	0.198
	④市级表彰	⑤省级表彰	-0.043	0.987
		⑥国家级表彰	-0.102	0.933
	⑤省级表彰	⑥国家级表彰	-0.059	0.995

注：*表示均值差的显著性水平为0.05。

由表3-25可知，在教师专业核心素养总分上，未获表彰的初中教师与获得过县级及以上表彰的初中教师之间存在显著差异；获得校级表彰、县（区）级表彰的初中教师均与获得市级表彰、省级表彰的初中教师之间存在显著差异。其中，获得国家级表彰的初中教师得分最高，获得省级表彰的初中教师优于获得市级表彰及以下的初中教师，获得市级表彰的初中教师优于获得县（区）级表彰及以下的初中教师。这表明，获得最高表彰级别越高的初中教师，其教师专业核心素养水平越高。

第二节 初中教师专业核心素养的影响因素

上节主要分析了此次调查的江西省初中教师专业核心素养水平的现状。本节将进一步探讨初中教师的教研活动、教师培训、文献阅读、教学借鉴、科学研究、教学压力等因素对其专业核心素养水平的影响。

一 教研活动
（一）教研活动开展情况

调查显示，学校未建立教研组织的初中教师有45人，学校未开展教研活动的初中教师只有92人，占比6.9%，学校有教研组织只偶尔开展教研活动的初中教师有377人，占比28.1%。学校有教研组织且经常开展教研活动的初中教师有873人，占比65.1%。可见，超90%的初中教师所在学校有建立教研组织并开展了教研活动。为了解初中教师所在学校教研活动开展情况不同对初中教师专业核心素养水平是否存在影响，我们进行了单因素 ANOVA 检验，检验后所得结果如表 3-26 所示。

表 3-26　不同教研活动开展情况教师在专业核心素养总分及
一、二级指标上的差异比较

	有教研组织，未开展活动	有教研组织，偶尔开展活动	有教研组织，经常开展活动	f 值	p 值
总分	4.50	4.71	5.18	78.710	0.000
品格修为	4.55	4.74	5.23	64.337	0.000
职业情怀	4.79	4.92	5.40	38.332	0.000
人格特质	4.32	4.56	5.06	61.690	0.000
知识涵养	4.20	4.52	5.01	76.048	0.000
专业学识	4.18	4.54	5.05	73.776	0.000
通识基础	4.21	4.51	4.96	70.099	0.000
教学能力	4.79	4.89	5.33	47.192	0.000
教学设计	4.89	4.94	5.37	37.151	0.000
教学实施	4.68	4.83	5.28	53.250	0.000

由表 3-26 可知，初中教师专业核心素养总分及各一、二级指标和不同教研活动开展情况下的初中教师之间均有显著差异（p 值均为 0.000 < 0.001）。为进一步确定不同教研活动开展情况间的差异，我们采用 LSD 法对不同教研活动开展情况进行了多重比较，结果如表 3-27 所示。

表 3-27　不同教研活动开展情况教师在专业核心素养总分及
一级指标上的多重比较

因变量	水平（I）	水平（J）	均值差（I-J）	显著性
总分	①有，但未开展活动	②有，偶尔开展活动	-0.208*	0.026
		③有，经常开展活动	-0.682*	0.000
	②有，偶尔开展活动	③有，经常开展活动	-0.473*	0.000
品格修为	①有，但未开展活动	②有，偶尔开展活动	-0.187	0.069
		③有，经常开展活动	-0.681*	0.000
	②有，偶尔开展活动	③有，经常开展活动	-0.494*	0.000
知识涵养	①有，但未开展活动	②有，偶尔开展活动	-0.324*	0.002
		③有，经常开展活动	-0.808*	0.000
	②有，偶尔开展活动	③有，经常开展活动	-0.484*	0.000

续表

因变量	水平（I）	水平（J）	均值差（I-J）	显著性
教学能力	①有，但未开展活动	②有，偶尔开展活动	-0.102	0.764
	①有，但未开展活动	③有，经常开展活动	-0.540*	0.000
	②有，偶尔开展活动	③有，经常开展活动	-0.438*	0.000

注：*表示均值差的显著性水平为0.05。

由表3-27可知，在教师专业核心素养总分上，不同教研活动开展情况下的初中教师之间均有显著差异，且均值差均为负。这表明教研活动开展越多，初中教师专业核心素养水平越高。

在品格修为和教学能力上，有教研组织但未开展活动的初中教师与有教研组织偶尔开展活动的初中教师之间未有显著性差异，有教研组织但未开展教研活动和有教研组织偶尔开展教研活动的初中教师则均与有教研组织经常开展教研活动的初中教师之间存在显著性差异。且有教研组织经常开展教研活动的初中教师得分最高，这表明经常开展教研活动的初中教师在品格修为和教学能力上表现更好。在知识涵养上，不同教研活动开展情况下的初中教师之间均有显著差异。这表明，教研活动开展越多，初中教师知识涵养水平越高。

（二）教研活动参与情况

调查表明，学校未组织教研活动和从不参加教研活动的初中教师几乎可以忽略不计。经常参加教研活动的初中教师有791人，占比58.9%。参加较多教研活动的初中教师有357人，占比26.6%。可见，超过80%的初中教师参加教研活动较多。为了解初中教师教研活动参与情况不同对初中教师专业核心素养水平是否存在影响，我们进行了单因素ANOVA检验，检验后所得结果如表3-28所示。

表3-28　　不同教研活动参与情况教师在专业核心素养总分与

一、二级指标上的差异比较

	参加较少	参加较多	经常参加	f值	p值
总分	4.68	4.75	5.20	99.135	0.000
品格修为	4.71	4.84	5.23	69.580	0.000
职业情怀	4.90	5.05	5.39	40.493	0.000

续表

	参加较少	参加较多	经常参加	f 值	p 值
人格特质	4.53	4.62	5.07	72.557	0.000
知识涵养	4.46	4.51	5.03	98.720	0.000
专业学识	4.48	4.53	5.08	91.011	0.000
通识基础	4.44	4.49	4.99	85.379	0.000
教学能力	4.88	4.91	5.35	76.641	0.000
教学设计	4.94	4.98	5.39	58.025	0.000
教学实施	4.81	4.84	5.30	77.223	0.000

由表 3-28 可知，初中教师专业核心素养总分及各一、二级指标和不同教研活动参与情况下的初中教师之间均有显著差异（p 值均为 0.000 < 0.001）。为进一步确定教研活动参与情况不同间的差异，我们采用 LSD 法对教研活动不同参与情况进行了多重比较，结果如表 3-29 所示。

表 3-29　　教研活动不同参与情况教师在专业核心素养总分及一级指标上的多重比较

因变量	水平（I）	水平（J）	均值差（I-J）	显著性
总分	①参加较少	②参加较多	-0.068	0.206
	①参加较少	③经常参加	-0.521*	0.000
	②参加较多	③经常参加	-0.452*	0.000
品格修为	①参加较少	②参加较多	-0.121	0.046
	①参加较少	③经常参加	-0.515*	0.000
	②参加较多	③经常参加	-0.394*	0.000
知识涵养	①参加较少	②参加较多	-0.048	0.435
	①参加较少	③经常参加	-0.571*	0.000
	②参加较多	③经常参加	-0.523*	0.000
教学能力	①参加较少	②参加较多	-0.034	0.558
	①参加较少	③经常参加	-0.471*	0.000
	②参加较多	③经常参加	-0.437*	0.000

注：* 表示均值差的显著性水平为 0.05。

由表 3-29 可知，除在品格修为上，教研活动参加较少和参加较多的初中教师之间存在边缘性的相关外，在教师专业核心素养总分、知识涵养和教学能力上，教研活动参加较少和参加较多的初中教师之间并未有显著性差异。教研活动参加较少和参加较多的初中教师均与经常参加教研活动的初中教师之间存在显著性的差异。这表明，经常参加教研活动的初中教师在品格修为、知识涵养和教学能力上表现更好。

（三） 对教研活动的评价

调查显示，初中教师认为参加教研活动效果显著的有 384 人，占比 28.6%。初中教师认为参加教研活动效果较大的人数最多，有 614 人，占比 45.8%。可见，有超过 70% 的初中教师认为教研活动的效果较大。为了解初中教师对教研活动评价情况不同对初中教师专业核心素养水平是否存在影响，我们进行了单因素 ANOVA 检验，检验后所得结果如表 3-30 所示。

表 3-30　教研活动评价情况不同的教师在专业核心素养总分与一、二级指标上的差异比较

	没有效果	效果较小	效果较大	效果显著	f 值	p 值
总分	4.42	4.65	4.95	5.41	107.022	0.000
品格修为	4.29	4.66	5.02	5.47	103.766	0.000
职业情怀	4.47	4.80	5.22	5.64	89.657	0.000
人格特质	4.12	4.51	4.83	5.29	82.155	0.000
知识涵养	4.29	4.46	4.74	5.25	88.653	0.000
专业学识	4.37	4.50	4.78	5.26	65.242	0.000
通识基础	4.21	4.41	4.70	5.24	95.771	0.000
教学能力	4.72	4.87	5.11	5.52	71.943	0.000
教学设计	4.77	4.91	5.17	5.57	66.919	0.000
教学实施	4.67	4.83	5.05	5.47	66.722	0.000

由表 3-30 可知，初中教师专业核心素养总分及各一、二级指标和不同教研活动评价情况下的初中教师之间均有显著差异（p 值均为 0.000 < 0.001）。从各项得分均值上看，初中教师对教研活动的评价越高，其教学胜任力总分及各一、二级指标得分也越高。为进一步确定哪两种评价间有差异，我们采用 LSD 法对其进行多重比较，结果见表 3-31。

表 3-31　教研活动评价情况不同的教师在专业核心素养总分及一级指标上的多重比较

因变量	水平 (I)	水平 (J)	均值差 (I-J)	显著性
总分	①效果较小	②效果较大	-0.300*	0.000
		③效果显著	-0.756*	0.000

续表

因变量	水平（I）	水平（J）	均值差（I-J）	显著性
总分	②效果较大	③效果显著	-0.455*	0.000
品格修为	①效果较小	②效果较大	-0.366*	0.000
		③效果显著	-0.808*	0.000
	②效果较大	③效果显著	-0.442*	0.000
知识涵养	①效果较小	②效果较大	-0.287*	0.000
		③效果显著	-0.792*	0.000
	②效果较大	③效果显著	-0.505*	0.000
教学能力	①效果较小	②效果较大	-0.242*	0.000
		③效果显著	-0.657*	0.000
	②效果较大	③效果显著	-0.415*	0.000

注：*表示均值差的显著性水平为0.05。

由表3-31可知，在教师专业核心素养总分及3个一级指标上，对教研活动评价不同的初中教师之间两两均有显著差异，且均值差均为负。由此可知，对教研组织活动评价越高的初中教师，其教师专业核心素养水平也越高，在品格修为、知识涵养和教学能力表现越好。

二 教师培训

（一）教师培训开展情况

调查结果显示，所在学校从未开展教师培训的初中教师有46位，占比3.4%，所在学校开展教师培训较少、开展较多、经常开展的初中教师各占三分之一，其中，学校经常开展教师培训的初中教师有458位，占比34.1%。为了解教师所在学校教师培训开展情况不同对初中教师专业核心素养水平是否存在影响，我们进行了单因素ANOVA检验，检验后所得结果如表3-32所示。

表3-32 教师培训开展情况不同的教师在专业核心素养总分及一、二级指标上的差异比较

	从未开展	开展较少	开展较多	经常开展	f值	p值
总分	4.42	4.71	4.96	5.36	102.809	0.000
品格修为	4.48	4.74	5.03	5.40	86.904	0.000

续表

	从未开展	开展较少	开展较多	经常开展	f 值	p 值
职业情怀	4.66	4.90	5.23	5.57	69.454	0.000
人格特质	4.30	4.58	4.84	5.22	70.561	0.000
知识涵养	4.12	4.51	4.76	5.19	90.252	0.000
专业学识	4.15	4.56	4.80	5.21	68.293	0.000
通识基础	4.09	4.46	4.73	5.17	94.844	0.000
教学能力	4.67	4.91	5.11	5.49	72.052	0.000
教学设计	4.72	4.96	5.16	5.54	64.740	0.000
教学实施	4.63	4.86	5.05	5.44	69.341	0.000

由表 3 – 32 可知，初中教师专业核心素养总分及各一、二级指标和不同教师培训开展情况下的初中教师之间均有显著差异（p 值均为 0.000 < 0.001）。从各项得分均值看，初中教师培训开展越多，其教师专业核心素养总分及各一、二级指标得分也越高。为进一步确定不同教师培训开展情况间的差异，我们采用 LSD 法对不同教师培训开展情况进行了多重比较，结果见表 3 – 33。

表 3 – 33　教师培训开展情况不同教师在专业核心素养总分及一级指标上的多重比较

因变量	水平（I）	水平（J）	均值差（I – J）	显著性
总分	①开展较少	②开展较多	-0.248*	0.000
	①开展较少	③经常开展	-0.641*	0.000
	②开展较多	③经常开展	-0.393*	0.000
品格修为	①开展较少	②开展较多	-0.291*	0.000
	①开展较少	③经常开展	-0.657*	0.000
	②开展较多	③经常开展	-0.367*	0.000
知识涵养	①开展较少	②开展较多	-0.251*	0.000
	①开展较少	③经常开展	-0.674*	0.000
	②开展较多	③经常开展	-0.423*	0.000
教学能力	①开展较少	②开展较多	-0.198*	0.000
	①开展较少	③经常开展	-0.586*	0.000
	②开展较多	③经常开展	-0.388*	0.000

注：* 表示均值差的显著性水平为 0.05。

由表 3-33 可知，在教师专业核心素养总分及 3 个一级指标上，不同教师培训开展情况下的初中教师两两之间均有显著差异（p 值均为 0.000 < 0.001），且均值差均为负。表明初中教师开展的教师培训越多，初中教师专业核心素养水平越高，在品格修为、知识涵养和教学能力上的表现越好。

（二）教师培训参与情况

调查显示，几乎所有教师或多或少都参加过培训。参加较多和经常参加培训的初中教师共 1026 位，占比 76.5%。而从不参加培训的初中教师人数只有 7 位，占比 0.5%，为了解初中教师参与培训情况不同对初中教师专业核心素养水平是否存在影响，我们进行了单因素 ANOVA 检验，检验后所得结果见表 3-34。

表 3-34　教师培训参与情况不同的教师在专业核心素养总分及一、二级指标上的差异比较

	从不参加	参加较少	参加较多	经常参加	f 值	p 值
总分	4.68	4.70	4.82	5.30	89.593	0.000
品格修为	5.04	4.74	4.89	5.33	67.195	0.000
职业情怀	5.32	4.91	5.09	5.50	49.259	0.000
人格特质	4.76	4.57	4.69	5.17	60.892	0.000
知识涵养	4.02	4.50	4.61	5.13	102.248	0.000
专业学识	3.94	4.54	4.65	5.16	95.181	0.000
通识基础	4.11	4.45	4.56	5.11	85.660	0.000
教学能力	5.03	4.88	4.98	5.45	72.165	0.000
教学设计	5.29	4.92	5.05	5.49	63.063	0.000
教学实施	4.77	4.84	4.91	5.40	71.846	0.000

由表 3-34 可知，初中教师专业核心素养总分及各一、二级指标和不同教师培训参与情况下的初中教师之间均有显著差异（p 值均为 0.000 < 0.001）。为进一步确定不同教师培训参与情况间的差异，我们采用 LSD 法对不同教师培训参与情况进行了多重比较，结果见表 3-35。

表 3-35 教师培训参与情况不同的教师在专业核心素养总分及一级指标上的多重比较

因变量	水平（I）	水平（J）	均值差（I-J）	显著性
总分	①参加较少	②参加较多	-0.120*	0.007
	①参加较少	③经常参加	-0.601*	0.000
	②参加较多	③经常参加	-0.481*	0.000
品格修为	①参加较少	②参加较多	-0.147*	0.026
	①参加较少	③经常参加	-0.592*	0.000
	②参加较多	③经常参加	-0.445*	0.000
知识涵养	①参加较少	②参加较多	-0.109	0.140
	①参加较少	③经常参加	-0.636*	0.000
	②参加较多	③经常参加	-0.527*	0.000
教学能力	①参加较少	②参加较多	-0.102	0.202
	①参加较少	③经常参加	-0.572*	0.000
	②参加较多	③经常参加	-0.470*	0.000

注：*表示均值差的显著性水平为 0.05。

由表 3-35 可知，在教师专业核心素养总分及 3 个一级指标上，参与教师培训情况不同的初中教师之间两两均有显著差异，且均值差均为负。由此可知，参与教师培训越积极的初中教师其教师专业核心素养水平也越高，在品格修为、知识涵养和教学能力方面表现越好。

（三）对教师培训的评价

调查显示，认为教师培训没有收获的初中教师人数有 20 位，占比 1.5%，可见大多数的教师认为教师培训是有收获的；认为参加教师培训收获较大和收获很大的初中教师共 1017 位，占比 75.8%。为了解初中教师对教师培训评价情况不同对初中教师专业核心素养水平是否存在影响，我们进行了单因素 ANOVA 检验，检验后所得结果见表 3-36。

表 3-36 教师培训评价情况不同的教师在专业核心素养总分及一、二级指标上的差异比较

	没有收获	收获较小	收获较大	收获很大	f 值	p 值
总分	4.47	4.65	4.92	5.43	115.524	0.000
品格修为	4.38	4.66	5.00	5.48	106.224	0.000
职业情怀	4.37	4.80	5.19	5.67	98.959	0.000

续表

	没有收获	收获较小	收获较大	收获很大	f 值	p 值
人格特质	4.39	4.51	4.80	5.29	76.713	0.000
知识涵养	4.35	4.47	4.71	5.26	91.561	0.000
专业学识	4.42	4.53	4.75	5.27	65.037	0.000
通识基础	4.28	4.42	4.67	5.26	102.160	0.000
教学能力	4.69	4.85	5.08	5.57	90.114	0.000
教学设计	4.69	4.90	5.14	5.62	80.715	0.000
教学实施	4.69	4.81	5.01	5.52	86.247	0.000

由表3-36可知，初中教师专业核心素养总分及各一、二级指标和不同教师培训评价情况下的初中教师之间均有显著差异（p值均为0.000＜0.001）。从各项得分均值看，对教师培训评价越高，其教师专业核心素养总分及各一、二级指标得分也越高。为进一步确定不同教师培训评价情况间的差异，我们采用LSD法对不同教师培训评价情况进行了多重比较，结果见表3-37。

表3-37　教师培训评价情况不同的教师在专业核心素养总分及一级指标上的多重比较

因变量	水平（I）	水平（J）	均值差（I-J）	显著性
总分	①收获较小	②收获较大	-0.266*	0.000
	①收获较小	③收获很大	-0.777*	0.000
	②收获较大	③收获很大	-0.511*	0.000
品格修为	①收获较小	②收获较大	-0.339*	0.000
	①收获较小	③收获很大	-0.821*	0.000
	②收获较大	③收获很大	-0.482*	0.000
知识涵养	①收获较小	②收获较大	-0.233*	0.000
	①收获较小	③收获很大	-0.790*	0.000
	②收获较大	③收获很大	-0.557*	0.000
教学能力	①收获较小	②收获较大	-0.221*	0.000
	①收获较小	③收获很大	-0.714*	0.000
	②收获较大	③收获很大	-0.493*	0.000

注：*表示均值差的显著性水平为0.05。

由表3-37可知，在教师专业核心素养总分及3个一级指标上，对教师培训评价情况不同的初中教师之间两两均有显著差异（p 值均为 0.000 < 0.001），且均值差均为负。由此可知，对教师培训评价越高的初中教师，其教师专业核心素养水平也越高，在品格修为、知识涵养和教学能力方面表现越好。

三 文献阅读

（一）教育类文献阅读情况

调查显示，调查的初中教师中有 28 位初中教师从不阅读教育类文献，占比 2.1%；有 544 位教师阅读较少，占比 40.5%；经常阅读和阅读较多的教师共 770 位，占比 57.4%。可见，有超过一半的初中教师会经常阅读教育类文献。为了解初中教师阅读教育类文献频率的不同对初中教师专业核心素养水平是否存在影响，我们进行了单因素 ANOVA 检验，检验后所得结果见表 3-38。

表 3-38　阅读教育类文献频率不同的教师在专业核心素养总分及
一、二级指标上的差异比较

	从不阅读	阅读较少	阅读较多	经常阅读	f 值	p 值
总分	3.97	4.71	5.10	5.43	148.916	0.000
品格修为	4.01	4.74	5.17	5.47	126.897	0.000
职业情怀	4.21	4.92	5.35	5.64	89.480	0.000
人格特质	3.82	4.56	4.98	5.31	104.764	0.000
知识涵养	3.75	4.50	4.91	5.26	130.723	0.000
专业学识	3.74	4.55	4.97	5.25	94.819	0.000
通识基础	3.76	4.45	4.86	5.26	142.795	0.000
教学能力	4.17	4.90	5.24	5.56	102.062	0.000
教学设计	4.21	4.95	5.29	5.61	96.041	0.000
教学实施	4.13	4.85	5.18	5.51	100.140	0.000

由表 3-38 可知，初中教师专业核心素养总分及各一、二级指标和阅读教育类文献频率不同的初中教师之间均有显著差异（p 值均为 0.000 < 0.001）。从各项得分均值看，经常阅读教育类文献的初中教师，其教师专业核心素养总分及各一、二级指标得分也越高。为进一步确定阅读教

育类文献频率不同的教师间的差异，我们采用 LSD 法对阅读教育类文献频率不同的教师间进行了多重比较，结果见表 3-39。

表 3-39　阅读教育类文献频率不同的教师在专业核心素养总分及一级指标上的多重比较

因变量	水平（I）	水平（J）	均值差（I-J）	显著性
总分	①阅读较少	②阅读较多	-0.395*	0.000
		③经常阅读	-0.719*	0.000
	②阅读较多	③经常阅读	-0.324*	0.000
品格修为	①阅读较少	②阅读较多	-0.428*	0.000
		③经常阅读	-0.730*	0.000
	②阅读较多	③经常阅读	-0.303*	0.000
知识涵养	①阅读较少	②阅读较多	-0.417*	0.000
		③经常阅读	-0.761*	0.000
	②阅读较多	③经常阅读	-0.344*	0.000
教学能力	①阅读较少	②阅读较多	-0.333*	0.000
		③经常阅读	-0.660*	0.000
	②阅读较多	③经常阅读	-0.326*	0.000

注：*表示均值差的显著性水平为 0.05。

由表 3-39 可知，在教师专业核心素养总分及 3 个一级指标上，阅读教育类文献频率不同的初中教师之间两两均有显著差异（p 值均为 0.000 < 0.001），且均值差均为负。表明初中教师阅读教育类文献的频次越高，初中教师专业核心素养水平越高，在品格修为、知识涵养和教学能力上的表现越好。

（二）心理类文献阅读情况

调查显示，有 45 位初中教师从不阅读心理类文献，占比 3.4%；有 658 位教师阅读较少，占比 49.0%；经常阅读和阅读较多的教师共 639 位，占比 47.6%。可见，有接近一半的初中教师对心理类文献的阅读较少。为了解初中教师阅读心理类文献频率的不同对初中教师专业核心素养水平是否存在影响，我们进行了单因素 ANOVA 检验，检验后所得结果见表 3-40。

表3-40 阅读心理类文献频率不同的教师在教师专业核心素养总分及一、二级指标上的差异比较

	从不阅读	阅读较少	阅读较多	经常阅读	f值	p值
总分	4.1769	4.8036	5.1142	5.4847	119.338	0.000
品格修为	4.2346	4.8559	5.1713	5.5090	92.077	0.000
职业情怀	4.4099	5.0311	5.3479	5.6977	82.646	0.000
人格特质	4.0593	4.6807	4.9948	5.3204	73.589	0.000
知识涵养	3.9284	4.5956	4.9376	5.3243	101.735	0.000
专业学识	3.9358	4.6489	4.9875	5.2920	70.160	0.000
通识基础	3.9210	4.5422	4.8877	5.3566	119.698	0.000
教学能力	4.3917	4.9789	5.2487	5.6378	103.096	0.000
教学设计	4.4139	5.0296	5.3009	5.7001	94.632	0.000
教学实施	4.3694	4.9282	5.1965	5.5756	93.165	0.000

由表3-40可知，初中教师专业核心素养总分及各一、二级指标和阅读心理类文献频率不同的初中教师之间均有显著差异（p值均为0.000＜0.001）。从各项得分均值看，经常阅读心理类文献的初中教师，其教师专业核心素养总分及各一、二级指标得分也越高。为进一步确定阅读心理类文献频率不同的教师间的差异，我们采用LSD法对阅读心理类文献频率不同的教师间进行了多重比较，结果见表3-41。

表3-41 阅读心理类文献频率不同的教师在专业核心素养总分及一级指标上的多重比较

因变量	水平（I）	水平（J）	均值差（I-J）	显著性
总分	①阅读较少	②阅读较多	-0.311*	0.000
		③经常阅读	-0.681*	0.000
	②阅读较多	③经常阅读	-0.371*	0.000
品格修为	①阅读较少	②阅读较多	-0.315*	0.000
		③经常阅读	-0.653*	0.000
	②阅读较多	③经常阅读	-0.338*	0.000
知识涵养	①阅读较少	②阅读较多	-0.342*	0.000
		③经常阅读	-0.729*	0.000
	②阅读较多	③经常阅读	-0.387*	0.000

续表

因变量	水平（I）	水平（J）	均值差（I-J）	显著性
教学能力	①阅读较少	②阅读较多	-0.270*	0.000
		③经常阅读	-0.659*	0.000
	②阅读较多	③经常阅读	-0.389*	0.000

注：*表示均值差的显著性水平为0.05。

由表3-41可知，在教师专业核心素养总分及3个一级指标上，阅读心理类文献频率不同的初中教师之间两两均有显著差异（p值均为0.000 < 0.001），且均值差均为负。表明初中教师阅读心理类文献的频次越高，初中教师专业核心素养水平越高，在品格修为、知识涵养和教学能力上的表现越好。

（三）学科类文献阅读情况

调查显示，从不阅读学科类文献的初中教师有25人，占比1.9%；阅读较少的初中教师有477人，占比35.5%；经常阅读和阅读较多的教师共840人，占比62.6%。可见，初中教师对学科类文献的阅读较多。为了解初中教师阅读学科类文献频率的不同对初中教师专业核心素养水平是否存在影响，我们进行了单因素ANOVA检验，检验后所得结果见表3-42。

表3-42 阅读学科类文献频率不同的教师在专业核心素养总分及一、二级指标上的差异比较

	从不阅读	阅读较少	阅读较多	经常阅读	f值	p值
总分	4.08	4.69	5.06	5.43	132.133	0.000
品格修为	4.16	4.73	5.12	5.47	105.383	0.000
职业情怀	4.33	4.91	5.29	5.65	84.310	0.000
人格特质	3.99	4.55	4.94	5.28	83.056	0.000
知识涵养	3.82	4.48	4.87	5.26	126.055	0.000
专业学识	3.79	4.54	4.91	5.26	90.401	0.000
通识基础	3.84	4.41	4.84	5.26	132.380	0.000
教学能力	4.27	4.88	5.20	5.57	94.154	0.000
教学设计	4.30	4.92	5.26	5.63	86.879	0.000
教学实施	4.25	4.83	5.14	5.52	86.825	0.000

由表 3-42 可知，初中教师专业核心素养总分及各一、二级指标和阅读学科类文献频率不同的初中教师之间均有显著差异（p 值均为 0.000 < 0.001）。从各项得分均值看，经常阅读学科类文献的初中教师专业核心素养总分及各一、二级指标得分也越高。为进一步确定阅读学科类文献频率不同的教师间的差异，我们采用 LSD 法对阅读学科类文献频率不同的教师间进行了多重比较，结果见表 3-43。

表 3-43　阅读学科类文献频率不同的教师专业核心素养总分及一级指标的多重比较

因变量	水平（I）	水平（J）	均值差（I-J）	显著性
总分	①阅读较少	②阅读较多	-0.373*	0.000
		③经常阅读	-0.740*	0.000
	②阅读较多	③经常阅读	-0.367*	0.000
品格修为	①阅读较少	②阅读较多	-0.390*	0.000
		③经常阅读	-0.736*	0.000
	②阅读较多	③经常阅读	-0.346*	0.000
知识涵养	①阅读较少	②阅读较多	-0.397*	0.000
		③经常阅读	-0.783*	0.000
	②阅读较多	③经常阅读	-0.386*	0.000
教学能力	①阅读较少	②阅读较多	-0.326*	0.000
		③经常阅读	-0.696*	0.000
	②阅读较多	③经常阅读	-0.370*	0.000

注：*表示均值差的显著性水平为 0.05。

由表 3-43 可知，在教师专业核心素养总分及 3 个一级指标上，阅读学科类文献频率不同的初中教师之间两两均有显著差异（p 值均为 0.000 < 0.001），且均值差均为负。表明初中教师阅读学科类文献的频次越高，初中教师专业核心素养水平越高，在品格修为、知识涵养和教学能力上的表现越好。

（四）科学类文献阅读情况

调查显示，初中教师中从不阅读科学类文献的有 50 人，占比 3.7%；阅读较少的有 636 人，占比 47.4%；经常阅读和阅读较多的教师共 656 人，占比 48.9%。为了解初中教师阅读科学类文献频率的不同对初中教师专业核心素养水平是否存在影响，我们进行了单因素 ANOVA 检验，检验后所得结果见表 3-44。

表 3-44 阅读科学类文献频率不同的教师专业核心素养总分与
一、二级指标的差异比较

	从不阅读	阅读较少	阅读较多	经常阅读	f 值	p 值
总分	4.35	4.80	5.09	5.47	102.288	0.000
品格修为	4.39	4.84	5.16	5.50	90.630	0.000
职业情怀	4.59	5.02	5.33	5.70	84.570	0.000
人格特质	4.19	4.67	4.99	5.30	63.667	0.000
知识涵养	4.12	4.59	4.93	5.29	87.111	0.000
专业学识	4.19	4.66	4.96	5.25	50.476	0.000
通识基础	4.06	4.52	4.90	5.34	118.855	0.000
教学能力	4.55	5.00	5.19	5.63	95.668	0.000
教学设计	4.61	5.05	5.25	5.69	87.168	0.000
教学实施	4.50	4.95	5.14	5.56	86.715	0.000

由表 3-44 可知，初中教师专业核心素养总分及各一、二级指标和阅读科学类文献频率不同的初中教师之间均有显著差异（p 值均为 0.000 < 0.001）。从各项得分均值看，经常阅读科学类文献的初中教师，其教师专业核心素养总分及各一、二级指标得分也越高。为进一步确定阅读科学类文献频率不同的教师间的差异，我们采用了 LSD 法对阅读科学类文献频率不同的教师间进行了多重比较，结果见表 3-45。

表 3-45 阅读科学类文献频率不同的教师专业核心素养总分及
一级指标的多重比较

因变量	水平（I）	水平（J）	均值差（I-J）	显著性
总分	①阅读较少	②阅读较多	-0.288*	0.000
		③经常阅读	-0.665*	0.000
	②阅读较多	③经常阅读	-0.376*	0.000
品格修为	①阅读较少	②阅读较多	-0.316*	0.000
		③经常阅读	-0.658*	0.000
	②阅读较多	③经常阅读	-0.341*	0.000

续表

因变量	水平（I）	水平（J）	均值差（I-J）	显著性
知识涵养	①阅读较少	②阅读较多	-0.341*	0.000
		③经常阅读	-0.702*	0.000
	②阅读较多	③经常阅读	-0.361*	0.000
教学能力	①阅读较少	②阅读较多	-0.197*	0.000
		③经常阅读	-0.630*	0.000
	②阅读较多	③经常阅读	-0.433*	0.000

注：*表示均值差的显著性水平为0.05。

由表3-45可知，在教师专业核心素养总分及3个一级指标上，阅读科学类文献频率不同的初中教师之间两两均有显著差异（p值均为0.000<0.001），且均值差均为负。表明初中教师阅读科学类文献的频次越高，初中教师专业核心素养水平越高，在品格修为、知识涵养和教学能力上的表现越好。

（五）人文类文献阅读情况

调查显示，有38位初中教师从不阅读人文类文献，占比2.8%；有639位教师阅读较少，占比47.6%；经常阅读和阅读较多的教师共665位，占比49.6%。为了解初中教师阅读人文类文献频率的不同对初中教师专业核心素养水平是否存在影响，我们进行了单因素ANOVA检验，检验后所得结果见表3-46。

表3-46　阅读人文类文献频率不同的教师专业核心素养总分与一、二级指标的差异比较

	从不阅读	阅读较少	阅读较多	经常阅读	f值	p值
总分	4.28	4.80	5.09	5.46	101.075	0.000
品格修为	4.29	4.86	5.13	5.48	75.977	0.000
职业情怀	4.44	5.05	5.29	5.68	76.911	0.000
人格特质	4.14	4.68	4.97	5.29	57.960	0.000
知识涵养	4.09	4.57	4.94	5.29	86.385	0.000
专业学识	4.14	4.64	4.96	5.24	47.777	0.000
通识基础	4.03	4.49	4.91	5.35	123.382	0.000
教学能力	4.49	4.99	5.20	5.62	94.458	0.000

续表

	从不阅读	阅读较少	阅读较多	经常阅读	f 值	p 值
教学设计	4.54	5.04	5.23	5.69	87.784	0.000
教学实施	4.44	4.93	5.16	5.56	83.862	0.000

由表 3-46 可知，初中教师专业核心素养总分及各一、二级指标和阅读人文类文献频率不同的初中教师之间均有显著差异（p 值均为 0.000 < 0.001）。从各项得分均值看，经常阅读人文类文献的初中教师，其教师专业核心素养总分及各一、二级指标得分也越高。为进一步确定阅读人文类文献频率不同的教师间的差异，我们采用 LSD 法对阅读人文类文献频率不同的教师间进行了多重比较，结果见 3-47。

表 3-47　阅读人文类文献频率不同教师专业核心素养总分及一级指标的多重比较

因变量	水平（I）	水平（J）	均值差（I-J）	显著性
总分	①阅读较少	②阅读较多	-0.287*	0.000
		③经常阅读	-0.663*	0.000
	②阅读较多	③经常阅读	-0.376*	0.000
品格修为	①阅读较少	②阅读较多	-0.271*	0.000
		③经常阅读	-0.623*	0.000
	②阅读较多	③经常阅读	-0.351*	0.000
知识涵养	①阅读较少	②阅读较多	-0.370*	0.000
		③经常阅读	-0.726*	0.000
	②阅读较多	③经常阅读	-0.356*	0.000
教学能力	①阅读较少	②阅读较多	-0.212*	0.000
		③经常阅读	-0.639*	0.000
	②阅读较多	③经常阅读	-0.426*	0.000

注：*表示均值差的显著性水平为 0.05。

由表 3-4 可知，在教师专业核心素养总分及 3 个一级指标上，不同阅读人文类文献频率的初中教师之间两两均有显著差异（p 值均为 0.000 < 0.001），且均值差均为负。表明初中教师阅读人文类文献的频次越高，初中教师专业核心素养水平越高，在品格修为、知识涵养和教学能力上的表现越好。

(六) 信息技术类文献关注情况

调查显示，有 13 位初中教师从不关注信息技术类文献，占比 1.0%；有 464 位教师关注较少，占比 34.6%；经常关注和关注较多的教师共 865 位，占比 64.5%。可见，有近三分之二的初中教师较多关注信息技术类文献。为了解初中教师关注信息技术类文献频率的不同对初中教师专业核心素养水平是否存在影响，我们进行了单因素 ANOVA 检验，检验后所得结果见表 3-48。

表 3-48　阅读信息技术类文献频率不同的教师专业核心素养总分与一、二级指标的差异比较

	从不关注	关注较少	关注较多	经常关注	f 值	p 值
总分	4.34	4.64	5.05	5.46	139.418	0.000
品格修为	4.38	4.70	5.10	5.49	105.449	0.000
职业情怀	4.51	4.88	5.28	5.67	87.728	0.000
人格特质	4.25	4.51	4.93	5.31	88.623	0.000
知识涵养	4.01	4.43	4.87	5.29	110.686	0.000
专业学识	4.17	4.48	4.92	5.26	72.581	0.000
通识基础	3.85	4.38	4.82	5.31	135.084	0.000
教学能力	4.65	4.81	5.20	5.62	128.801	0.000
教学设计	4.65	4.86	5.25	5.68	117.067	0.000
教学实施	4.65	4.76	5.15	5.56	118.420	0.000

由表 3-48 可知，初中教师专业核心素养总分及各一、二级指标和关注信息技术类文献频率不同的初中教师之间均有显著差异（p 值均为 0.000 < 0.001）。从各项得分均值看，经常关注信息技术类文献的初中教师，其教师专业核心素养总分及各一、二级指标得分也越高。为进一步确定关注信息技术类文献频率不同的教师间的差异，我们采用 LSD 法对关注信息技术类文献频率不同的教师间进行了多重比较，结果见表 3-49。

表3-49 关注信息技术类文献频率不同的教师专业核心素养总分及一级指标的多重比较

因变量	水平（I）	水平（J）	均值差（I-J）	显著性
总分	①关注较少	②关注较多	-0.415*	0.000
		③经常关注	-0.821*	0.000
	②关注较多	③经常关注	-0.406*	0.000
品格修为	①关注较少	②关注较多	-0.409*	0.000
		③经常关注	-0.795*	0.000
	②关注较多	③经常关注	-0.386*	0.000
知识涵养	①关注较少	②关注较多	-0.444*	0.000
		③经常关注	-0.858*	0.000
	②关注较多	③经常关注	-0.414*	0.000
教学能力	①关注较少	②关注较多	-0.388*	0.000
		③经常关注	-0.807*	0.000
	②关注较多	③经常关注	-0.419*	0.000

注：*表示均值差的显著性水平为0.05。

由表3-49可知，在教师专业核心素养总分及3个一级指标上，不同关注信息技术类文献频率的初中教师之间两两均有显著差异（p值均为0.000<0.001），且均值差均为负。表明初中教师关注信息技术类文献的频次越高，初中教师专业核心素养水平越高，在品格修为、知识涵养和教学能力上的表现越好。

（七）藏书量

调查显示，除教材和教学参考书以外藏书量在10本及以下的初中教师有210位，占比15.6%；藏书量在11—50本的初中教师有530位，占比39.5%；藏书量在51—100本的初中教师有364位，占比27.1%；藏书量在101本及以上的初中教师有238位，占比17.7%。为了解初中教师除教材和教学参考书以外藏书量不同对初中教师专业核心素养水平是否存在影响，我们进行了单因素ANOVA检验，检验后所得结果见表3-50。

表 3-50　　藏书量不同的教师专业核心素养总分及
一、二级指标的差异比较

	10 本及以下	11—50 本	51—100 本	101 本及以上	f 值	p 值
总分	4.64	4.92	5.15	5.28	49.558	0.000
品格修为	4.69	4.98	5.20	5.30	38.119	0.000
职业情怀	4.86	5.16	5.37	5.48	28.217	0.000
人格特质	4.51	4.80	5.02	5.13	33.077	0.000
知识涵养	4.45	4.71	4.97	5.11	41.009	0.000
专业学识	4.51	4.75	5.01	5.10	28.402	0.000
通识基础	4.40	4.66	4.93	5.12	47.537	0.000
教学能力	4.80	5.08	5.32	5.44	44.284	0.000
教学设计	4.87	5.13	5.36	5.47	37.116	0.000
教学实施	4.73	5.02	5.27	5.40	46.254	0.000

由表 3-50 可知，初中教师专业核心素养总分及各一、二级指标和除教材与教学参考书以外藏书量不同的初中教师之间均有显著差异（p 值均为 $0.000 < 0.001$）。从各项得分均值看，藏书量在 101 本及以上的初中教师，其教师专业核心素养总分及各一、二级指标得分也越高。为进一步确定藏书量不同的教师间的差异，我们采用 LSD 法对藏书量不同的教师间进行了多重比较，结果见表 3-51。

表 3-51　藏书量不同的教师专业核心素养总分及一级指标的多重比较

因变量	水平（I）	水平（J）	均值差（I-J）	显著性
总分	①10 本及以下	②11—50 本	-0.275*	0.000
		③51—100 本	-0.513*	0.000
		④101 本及以上	-0.635*	0.000
	②11—50 本	③51—100 本	-0.237*	0.000
		④101 本及以上	-0.360*	0.000
	③51—100 本	④101 本及以上	-0.122*	0.019
品格修为	①10 本及以下	②11—50 本	-0.294*	0.000
		③51—100 本	-0.509*	0.000
		④101 本及以上	-0.616*	0.000
	②11—50 本	③51—100 本	-0.216*	0.000

续表

因变量	水平（I）	水平（J）	均值差（I-J）	显著性
品格修为	②11—50 本	④101 本及以上	-0.323*	0.000
	③51—100 本	④101 本及以上	-0.107	0.061
知识涵养	①10 本及以下	②11—50 本	-0.254*	0.000
		③51—100 本	-0.513*	0.000
		④101 本及以上	-0.654*	0.000
	②11—50 本	③51—100 本	-0.259*	0.000
		④101 本及以上	-0.399*	0.000
	③51—100 本	④101 本及以上	-0.140*	0.018
教学能力	①10 本及以下	②11—50 本	-0.278*	0.000
		③51—100 本	-0.516*	0.000
		④101 本及以上	-0.636*	0.000
	②11—50 本	③51—100 本	-0.238*	0.000
		④101 本及以上	-0.357*	0.000
	③51—100 本	④101 本及以上	-0.119*	0.030

注：*表示均值差的显著性水平为 0.05。

由表 3-51 可知，在教师专业核心素养总分上，藏书量不同的初中教师之间均有显著差异，且均值差均为负。由此可知，藏书量越多的初中教师，其教师专业核心素养水平也越高。在品格修为上，仅有藏书量在 51—100 本与 101 本及以上两组初中教师之间没有显著差异。除此之外，藏书量不同的其余各组初中教师之间两两比较均有显著差异，且均值差均为负。这表明初中教师的藏书量越多，其专业核心素养水平越高，在品格修为、知识涵养和教学能力上的表现越好。

（八）报刊订阅情况

调查显示，没有订阅报刊的初中教师有 517 位，占比 38.5%；订了 1 种报刊的初中教师有 370 位，占比 27.6%；订了 2 种报刊的初中教师有 254 位，占比 18.9%；订了 3 种及以上报刊的初中教师有 201 位，占比 15.0%。为了解初中教师报刊订阅情况的不同对初中教师专业核心素养水平是否存在影响，我们进行了单因素 ANOVA 检验，检验后所得结果见表 3-52。

表 3-52 报刊订阅情况不同的教师专业核心素养总分及一、二级指标的差异比较

	没有订阅	订了 1 种	订了 2 种	订了 3 种及以上	f 值	p 值
总分	4.81	4.98	5.18	5.32	40.023	0.000
品格修为	4.83	5.07	5.22	5.36	37.429	0.000
职业情怀	5.00	5.25	5.37	5.57	31.540	0.000
人格特质	4.65	4.89	5.07	5.15	30.466	0.000
知识涵养	4.65	4.76	4.98	5.12	26.577	0.000
专业学识	4.69	4.81	5.01	5.08	15.603	0.000
通识基础	4.60	4.70	4.95	5.15	34.599	0.000
教学能力	4.96	5.14	5.35	5.49	38.242	0.000
教学设计	5.01	5.19	5.40	5.55	37.584	0.000
教学实施	4.92	5.08	5.30	5.42	34.425	0.000

由表 3-52 可知，初中教师专业核心素养总分及各一、二级指标和报刊订阅情况不同的初中教师之间均有显著差异（p 值均为 0.000 < 0.001）。从各项得分均值看，报刊订阅 3 种及以上的初中教师，其教师专业核心素养总分及各一、二级指标得分也越高。为进一步确定报刊订阅情况不同的教师间的差异，我们采用 LSD 法对报刊订阅情况不同的教师间进行了多重比较，结果见表 3-53。

表 3-53 报刊订阅情况不同的教师专业核心素养总分及一级指标的多重比较

因变量	水平（I）	水平（J）	均值差（I-J）	显著性
总分	①没有订阅	②订了 1 种	-0.17485*	0.000
		③订了 2 种	-0.36969*	0.000
		④订了 3 种及以上	-0.50898*	0.000
	②订了 1 种	③订了 2 种	-0.19484*	0.000
		④订了 3 种及以上	-0.33413*	0.000
	③订了 2 种	④订了 3 种及以上	-0.13929*	0.019
品格修为	①没有订阅	②订了 1 种	-0.24033*	0.000
		③订了 2 种	-0.39309*	0.000
		④订了 3 种及以上	-0.53229*	0.000
	②订了 1 种	③订了 2 种	-0.15276*	0.006
		④订了 3 种及以上	-0.29196*	0.000

续表

因变量	水平（I）	水平（J）	均值差（I-J）	显著性
品格修为	③订了2种	④订了3种及以上	-0.13920*	0.031
知识涵养	①没有订阅	②订了1种	-0.11064*	0.025
		③订了2种	-0.33384*	0.000
		④订了3种及以上	-0.47331*	0.000
	②订了1种	③订了2种	-0.22320*	0.000
		④订了3种及以上	-0.36267*	0.000
	③订了2种	④订了3种及以上	-0.13947*	0.041
教学能力	①没有订阅	②订了1种	-0.17343*	0.000
		③订了2种	-0.38371*	0.000
		④订了3种及以上	-0.52290*	0.000
	②订了1种	③订了2种	-0.21028*	0.000
		④订了3种及以上	-0.34947*	0.000
	③订了2种	④订了3种及以上	-0.13919*	0.026

注：*表示均值差的显著性水平为0.05。

由表3-53可知，在教师专业核心素养总分3个一级指标上，报刊订阅情况不同的初中教师之间两两均有显著差异。由此可知，报刊订阅越多的初中教师，其教师专业核心素养水平也越高，在品格修为、知识涵养和教学能力上的表现越好。

四 教学借鉴

（一）教学观摩

调查显示，有9位初中教师从未观摩其他教师教学，占比0.7%；有455位教师较少观摩其他教师教学，占比33.9%；经常观摩和观摩较多的教师共878位，占比65.4%。可见，有近三分之二的初中教师观摩其他教师教学较多。为了解初中教师观摩教学情况的不同对初中教师专业核心素养水平是否存在影响，我们进行了单因素ANOVA检验，检验后所得结果见表3-54。

表 3-54　教学观摩频率不同的教师专业核心素养总分及一、二级指标的差异比较

	从未观摩	观摩较少	观摩较多	经常观摩	f 值	p 值
总分	4.08	4.68	5.02	5.41	109.546	0.000
品格修为	4.20	4.71	5.08	5.46	88.580	0.000
职业情怀	4.42	4.89	5.26	5.63	69.307	0.000
人格特质	3.99	4.53	4.90	5.29	80.270	0.000
知识涵养	3.83	4.49	4.83	5.22	80.815	0.000
专业学识	3.69	4.53	4.88	5.23	63.262	0.000
通识基础	3.98	4.45	4.78	5.21	83.209	0.000
教学能力	4.21	4.86	5.17	5.57	93.292	0.000
教学设计	4.28	4.90	5.23	5.63	85.778	0.000
教学实施	4.14	4.82	5.11	5.51	89.686	0.000

由表 3-54 可知，初中教师专业核心素养总分及各一、二级指标和观摩教学频率不同的初中教师之间均有显著差异（p 值均为 0.000 < 0.001）。从各项得分均值看，经常观摩其他教师教学的初中教师，其教师专业核心素养总分及各一、二级指标得分也越高。为进一步确定不同观摩教学频率情况间的差异，我们采用 LSD 法对不同观摩教学频率情况进行了多重比较，结果见表 3-55。

表 3-55　教学观摩频率不同的教师专业核心素养总分及一级指标的多重比较

因变量	水平（I）	水平（J）	均值差（I-J）	显著性
总分	①观摩较少	②观摩较多	-0.341*	0.000
		③经常观摩	-0.729*	0.000
	②观摩较多	③经常观摩	-0.388*	0.000
品格修为	①观摩较少	②观摩较多	-0.371*	0.000
		③经常观摩	-0.748*	0.000
	②观摩较多	③经常观摩	-0.377*	0.000
知识涵养	①观摩较少	②观摩较多	-0.336*	0.000
		③经常观摩	-0.725*	0.000
	②观摩较多	③经常观摩	-0.389*	0.000

续表

因变量	水平（I）	水平（J）	均值差（I-J）	显著性
教学能力	①观摩较少	②观摩较多	-0.312*	0.000
	①观摩较少	③经常观摩	-0.711*	0.000
	②观摩较多	③经常观摩	-0.399*	0.000

注：*表示均值差的显著性水平为0.05。

由表3-55可知，在教师专业核心素养总分及3个一级指标上，观摩教学频率不同的初中教师之间两两均有显著差异（p值均为0.000＜0.001），且均值差均为负。表明观摩其他教师教学频次越高，初中教师专业核心素养水平越高，在品格修为、知识涵养和教学能力上的表现越好。

（二）教学请教

调查显示，有9位初中教师从未向同事请教过教学问题，占比0.7%；有312位教师较少向同事请教教学问题，占比23.2%；经常请教和请教较多的教师共1021位，占比76.1%。为了解初中教师教学请教情况的不同对初中教师专业核心素养水平是否存在影响，我们进行了单因素ANOVA检验，检验后所得结果见表3-56。

表3-56　教学请教频次不同的教师专业核心素养总分及一、二级指标的差异比较

	从未请教	较少请教	请教较多	经常请教	f值	p值
总分	4.13	4.69	4.95	5.30	71.384	0.000
品格修为	4.25	4.72	5.02	5.34	53.878	0.000
职业情怀	4.51	4.88	5.21	5.51	41.257	0.000
人格特质	3.99	4.56	4.83	5.17	48.620	0.000
知识涵养	3.94	4.52	4.74	5.12	53.791	0.000
专业学识	3.91	4.56	4.78	5.15	45.599	0.000
通识基础	3.98	4.47	4.71	5.09	55.000	0.000
教学能力	4.22	4.86	5.10	5.47	71.529	0.000
教学设计	4.32	4.92	5.16	5.51	62.848	0.000
教学实施	4.13	4.81	5.05	5.42	68.072	0.000

由表3-56可知，初中教师专业核心素养总分及各一、二级指标和教学请教频率不同的初中教师之间均有显著差异（p值均为0.000＜0.001）。从各项得分均值看，经常向其他教师请教教学问题的初中教师，其教师

专业核心素养总分及各一、二级指标得分也越高。为进一步确定教学请教频率不同的教师间的差异，我们采用 LSD 法对教学请教频率不同的教师间进行了多重比较，结果见表 3-57。

表 3-57　教学请教频率不同的教师专业核心素养总分及一级指标的多重比较

因变量	水平（I）	水平（J）	均值差（I-J）	显著性
总分	①较少请教	②请教较多	-0.258*	0.000
		③经常请教	-0.610*	0.000
	②请教较多	③经常请教	-0.352*	0.000
品格修为	①较少请教	②请教较多	-0.304*	0.000
		③经常请教	-0.621*	0.000
	②请教较多	③经常请教	-0.317*	0.000
知识涵养	①较少请教	②请教较多	-0.229*	0.000
		③经常请教	-0.606*	0.000
	②请教较多	③经常请教	-0.377*	0.000
教学能力	①较少请教	②请教较多	-0.239*	0.000
		③经常请教	-0.603*	0.000
	②请教较多	③经常请教	-0.363*	0.000

注：*表示均值差的显著性水平为 0.05。

由表 3-57 可知，在教师专业核心素养总分及 3 个一级指标上，教学请教频率不同的初中教师之间两两均有显著差异（p 值均为 0.000 < 0.001），且均值差均为负。这表明向同事请教教学问题的频次越高，初中教师专业核心素养水平就越高，在品格修为、知识涵养和教学能力上的表现越好。

五　科学研究

（一）承担课题情况

调查显示，有 733 位初中教师未承担研究课题，占比 54.6%；有 195 位初中教师承担过校级课题，占比 14.5%；有 124 位初中教师承担过县（区）级课题，占比 9.2%；有 142 位初中教师承担过市级课题，占比 10.6%；有 119 位初中教师承担过省级课题，占比 8.9%；有 29 位初中教师承担过国家级课题，占比 2.2%。可见，有超过一半的初中教师未承担过研究课题。为了解初中教师承担课题级别的不同对初中教师专业核心素养水平是否存在影响,我们进行了单因素 ANOVA 检验,检验后所得结果见表 3-58。

表 3-58 承担课题级别不同的教师专业核心素养总分与一、二级指标的差异比较

	无	校级	县（区）级	市级	省级	国家级	f 值	p 值
总分	4.91	5.17	5.02	5.06	5.15	5.32	8.771	0.000
品格修为	4.95	5.21	5.13	5.09	5.20	5.30	7.302	0.000
职业情怀	5.12	5.38	5.35	5.30	5.38	5.39	6.352	0.000
人格特质	4.78	5.05	4.90	4.88	5.03	5.21	6.316	0.000
知识涵养	4.72	4.98	4.79	4.87	4.94	5.09	5.942	0.000
专业学识	4.77	4.99	4.79	4.90	4.98	5.09	3.869	0.002
通识基础	4.67	4.97	4.79	4.84	4.90	5.10	7.546	0.000
教学能力	5.06	5.33	5.16	5.24	5.32	5.60	11.907	0.000
教学设计	5.11	5.36	5.21	5.28	5.41	5.66	11.037	0.000
教学实施	5.01	5.30	5.11	5.19	5.23	5.54	9.582	0.000

由表 3-58 可知,初中教师专业核心素养总分及各一、二级指标和承担课题级别不同的初中教师之间均有显著差异。为进一步确定承担课题级别不同的教师间的差异,我们采用 LSD 法对不同教研活动开展情况进行了多重比较,结果见表 3-59。

表 3-59 承担课题级别不同的教师专业核心素养总分的多重比较

因变量	水平（I）	水平（J）	均值差（I-J）	显著性
总分	①无	②校级	-0.26306*	0.000
		③县（区）级	-0.11450	0.068
		④市级	-0.15511*	0.009
		⑤省级	-0.24303*	0.000
		⑥国家级	-0.41631*	0.001
	②校级	③县（区）级	0.14856*	0.045
		④市级	0.10796	0.130
		⑤省级	0.02004	0.790
		⑥国家级	-0.15325	0.233

续表

因变量	水平（I）	水平（J）	均值差（I-J）	显著性
总分	③县区级	④市级	-0.04061	0.609
		⑤省级	-0.12853	0.121
		⑥国家级	-0.30181*	0.024
	④市级	⑤省级	-0.08792	0.273
		⑥国家级	-0.26120*	0.047
	⑤省级	⑥国家级	-0.17328	0.195

注：*表示均值差的显著性水平为0.05。

由表3-59可知，在教师专业核心素养总分上，未承担研究课题的初中教师与承担市级及以上的初中教师之间存在显著性差异，承担校级研究课题的初中教师与承担县（区）级课题的初中教师之间存在显著性差异，承担县（区）级、市级研究课题的初中教师与承担国家级课题的初中教师之间存在显著性差异。除此之外，其余情况下的初中教师两两之间没有显著性差异。

（二）研究成果情况

调查显示，有568位初中教师没有发表（出版）成果，占比42.3%；有508位初中教师发表（出版）1—2篇（部），占比37.9%；有182位初中教师发表（出版）3—4篇（部），占比13.6%；有84位初中教师发表（出版）5篇（部）及以上，占比6.3%。可见，有一半以上的初中教师发表过研究成果。为了解研究成果发表不同对初中教师专业核心素养水平是否存在影响，我们进行了单因素ANOVA检验，检验后所得结果见表3-60。

表3-60　研究成果发表不同的教师专业核心素养总分及一、二级指标的差异比较

	没有发表	1—2篇（部）	3—4篇（部）	5篇（部）及以上	f值	p值
总分	4.89	5.05	5.12	5.19	10.861	0.000
品格修为	4.95	5.10	5.17	5.20	7.926	0.000
职业情怀	5.14	5.28	5.33	5.32	4.524	0.004
人格特质	4.75	4.93	5.00	5.08	9.339	0.000
知识涵养	4.72	4.84	4.93	5.01	7.091	0.000
专业学识	4.75	4.88	4.95	5.04	5.798	0.001

续表

	没有发表	1—2篇（部）	3—4篇（部）	5篇（部）及以上	f值	p值
通识基础	4.68	4.80	4.92	4.97	7.208	0.000
教学能力	5.03	5.23	5.29	5.38	13.854	0.000
教学设计	5.08	5.29	5.36	5.39	13.267	0.000
教学实施	4.98	5.17	5.22	5.36	13.048	0.000

由表3-60可知，初中教师专业核心素养总分及各一、二级指标和研究成果发表不同的初中教师之间均有显著差异。从各项得分均值看，研究成果发表越多的初中教师，其教师专业核心素养总分及各一、二级指标得分也越高。为进一步确定研究成果发表不同的教师间的差异，我们采用LSD法对研究成果发表不同的初中教师进行了多重比较，结果见表3-61。

表3-61　研究成果发表不同的教师专业核心素养总分及一级指标的多重比较

因变量	水平（I）	水平（J）	均值差（I-J）	显著性
总分	①没有发表（出版）	②1—2篇（部）	-0.159*	0.000
		③3—4篇（部）	-0.232*	0.000
		④5篇（部）及以上	-0.294*	0.000
	②1—2篇（部）	③3—4篇（部）	-0.073	0.190
		④5篇（部）及以上	-0.135	0.077
	③3—4篇（部）	④5篇（部）及以上	-0.062	0.471
品格修为	①没有发表（出版）	②1—2篇（部）	-0.155*	0.000
		③3—4篇（部）	-0.221*	0.000
		④5篇（部）及以上	-0.251*	0.002
	②1—2篇（部）	③3—4篇（部）	-0.066	0.278
		④5篇（部）及以上	-0.096	0.247
	③3—4篇（部）	④5篇（部）及以上	-0.030	0.746
知识涵养	①没有发表（出版）	②1—2篇（部）	-0.125*	0.005
		③3—4篇（部）	-0.218*	0.001
		④5篇（部）及以上	-0.291*	0.001
	②1—2篇（部）	③3—4篇（部）	-0.093	0.146
		④5篇（部）及以上	-0.165	0.057
	③3—4篇（部）	④5篇（部）及以上	-0.073	0.454

续表

因变量	水平（I）	水平（J）	均值差（I-J）	显著性
教学能力	①没有发表（出版）	②1—2篇（部）	-0.202*	0.000
		③3—4篇（部）	-0.261*	0.000
		④5篇（部）及以上	-0.346*	0.000
	②1—2篇（部）	③3—4篇（部）	-0.060	0.309
		④5篇（部）及以上	-0.144	0.072
	③3—4篇（部）	④5篇（部）及以上	-0.084	0.347

注：*表示均值差的显著性水平为0.05。

由表3-61可知，在教师专业核心素养总分及各一级指标上，没有发表研究成果的初中教师与发表了研究成果的初中教师之间存在显著性差异，而发表了1—2篇（部）、3—4篇（部）和5篇（部）及以上的初中教师两两之间并不存在显著性差异。这表明，发表了研究成果的初中教师专业核心素养水平更高，在品格修为、知识涵养和教学能力上的表现更好。

六 教学压力

调查显示，有63位初中教师在教学方面觉得没有压力，占比4.7%；有529位初中教师在教学方面感到压力较小，占比39.4%；有647位初中教师在教学方面感到压力较大，占比48.2%；有103位初中教师在教学方面感到压力很大，占比7.7%。可见，有接近一半的初中教师在教学方面感到压力较大。为了解初中教师教学压力不同对初中教师专业核心素养水平是否存在影响，我们进行了单因素ANOVA检验，检验后所得结果见表3-62。

表3-62 教学压力不同的教师专业核心素养总分及一、二级指标的差异比较

	没有压力	压力较小	压力较大	压力很大	f值	p值
总分	5.44	5.07	4.92	4.91	15.966	0.000
品格修为	5.50	5.15	4.96	4.85	20.028	0.000
职业情怀	5.60	5.30	5.16	5.04	11.499	0.000
人格特质	5.39	5.00	4.75	4.66	22.645	0.000
知识涵养	5.28	4.87	4.74	4.69	12.949	0.000
专业学识	5.29	4.91	4.78	4.63	11.712	0.000

续表

	没有压力	压力较小	压力较大	压力很大	f 值	p 值
通识基础	5.28	4.82	4.69	4.75	12.960	0.000
教学能力	5.56	5.20	5.08	5.21	10.814	0.000
教学设计	5.59	5.24	5.14	5.33	12.233	0.000
教学实施	5.53	5.16	5.03	5.09	11.724	0.000

由表 3-62 可知，初中教师专业核心素养总分及各一、二级指标和教学压力不同的初中教师之间均有显著差异（p 值均为 0.000＜0.001）。从各项得分均值看，在教学方面感到压力越小的初中教师，其教师专业核心素养总分及各一、二级指标得分也越高。为进一步确定教学压力不同的教师间的差异，我们采用 LSD 法对教学压力感知不同的初中教师进行了多重比较，结果见表 3-63。

表 3-63　教学压力不同的教师专业核心素养总分的多重比较

因变量	水平（I）	水平（J）	均值差（I-J）	显著性
总分	①没有压力	②压力较小	0.375*	0.000
		③压力较大	0.523*	0.000
		④压力很大	0.538*	0.000
	②压力较小	③压力较大	0.148*	0.000
		④压力很大	0.163*	0.019
	③压力较大	④压力很大	0.015	0.828

注：*表示均值差的显著性水平为 0.05。

由表 3-63 可知，在教师专业核心素养总分上，除了在教学方面感到压力较大和压力很大的初中教师之间未有显著性差异，其余两两之间都存在显著性差异。这表明，对教学压力感觉越小，初中教师专业核心素养得分越高，初中教师专业核心素养水平越高。

表 3-64　教学压力不同的教师专业核心素养一级指标的多重比较

因变量	水平（I）	水平（J）	均值差（I-J）	显著性
品格修为	①没有压力	②压力较小	0.347*	0.001
		③压力较大	0.540*	0.000
		④压力很大	0.643*	0.000

续表

因变量	水平（I）	水平（J）	均值差（I-J）	显著性
品格修为	②压力较小	③压力较大	0.193*	0.000
		④压力很大	0.296*	0.005
	③压力较大	④压力很大	0.104	0.631
知识涵养	①没有压力	②压力较小	0.417*	0.000
		③压力较大	0.547*	0.000
		④压力很大	0.596*	0.000
	②压力较小	③压力较大	0.130*	0.003
		④压力很大	0.179*	0.023
	③压力较大	④压力很大	0.050	0.522
教学能力	①没有压力	②压力较小	0.360*	0.000
		③压力较大	0.479*	0.000
		④压力很大	0.354*	0.001
	②压力较小	③压力较大	0.118*	0.003
		④压力很大	-0.006	0.935
	③压力较大	④压力很大	-0.124	0.086

注：*表示均值差的显著性水平为0.05。

由表3-64可知，在教师专业核心素养一级指标上，同在教师专业核心素养总分上的情况几乎一致。除了在教学方面感到压力较大和压力很大的初中教师之间未有显著性差异，以及在教学能力上感到压力较小和压力很大的初中教师之间没有显著性差异外，其余两两之间都存在显著性差异。这表明，对教学压力感觉越小，初中教师专业核心素养得分越高，初中教师专业核心素养水平越高，在品格修为、知识涵养和教学能力上的表现越好。

第三节 结论与建议

前文通过对问卷调查结果的数据分析，阐述了本次调查的江西省初中教师专业核心素养的现状及其影响的主要因素。本节将在此基础上，进一步概括本次调查的初中教师专业核心素养的水平与特点，并据此提出若干对策建议。

一 基本结论

（一）初中教师专业核心素养整体表现处于良好水平

从本次调查的初中教师专业核心素养的总分平均值来看，其专业核心素养总分得分为5.00分，按照量表等级水平，达到了"比较符合"标准，也即处于良好水平。

从教师专业核心素养的一级指标的平均值来看，3个指标的得分均高于4分，按照量表等级水平，均达到"有点符合"的水平。其中教学能力（5.16）得分最高，其次是品格修为（5.05），这两个一级指标均高于5分，达到了"比较符合"的水平；知识涵养（4.81）得分略低，但高于4分，也达到了"有点符合"的水平。这表明本次调查的江西省初中教师在教学能力和品格修为上表现相对较好，而在知识涵养上有待提高。

从教师专业核心素养的二级指标的平均值来看，6个指标的得分均高于4分，按照量表等级水平，均达到"有点符合"的水平。其中，职业情怀（5.23）得分最高，其次是教学设计（5.22），再次是教学实施（5.11），这3个二级指标均高于5分，达到了"比较符合"的水平；余下3个二级指标得分排序由高到低依次为人格特质（4.87）、专业学识（4.84）、通识基础（4.78），虽得分略低，但都高于4分，也达到了"有点符合"的水平。这表明，本次调查的江西省初中教师在职业情怀、教学设计、教学实施上表现相对较好，而在人格特质、专业学识、通识基础上有待提高。

从教师专业核心素养的三级指标的平均值来看，18个指标的得分均高于4分，按照量表等级水平，均达到"有点符合"的水平。有11个指标的平均值在5分以上，达到"比较符合"的水平。有7个指标平均值在4—5分，达到"有点符合"的水平。

综上所述，本次调查的江西省初中教师在教师专业核心素养总分以及各一、二级指标上的表现，基本达到"有点符合"或"比较符合"的水平。由此可知，本次调查的江西省初中教师专业核心素养整体处于良好水平，但有的指标还存在不足之处。

（二）不同的初中教师专业核心素养表现有所差异

本研究探讨了不同情况下（所在地区、学校类型、性别、年龄、教龄、编制、学历、职称、任教课程、任教年级、周课时量、任班主任情况和获表彰情况）的初中教师专业核心素养水平之间的差异。

从地区看，本次调查的江西省不同地区的初中教师在教师专业核心素养水平上具有显著性差异。其中，宜春市的初中教师专业核心素养水平最高，抚州市的初中教师专业核心素养水平最低。11个设区市的初中教师专业核心素养总分得分由高到低依次为：宜春市（5.11）>新余市（5.07）>九江市（5.03）=鹰潭市（5.03）=上饶市（5.03）>萍乡市（5.01）>南昌市（4.97）>景德镇市（4.89）>赣州市（4.84）>吉安市（4.83）>抚州市（4.57）。

从年龄看，不同年龄的初中教师在专业核心素养水平上有显著性差异。运用多重比较（LSD）对四个年龄分组进行检验，发现年龄在 $40 < a \leq 50$ 与 $a > 50$ 两组的教师之间没有显著性差异，其余各组之间两两比较均有显著性差异。四组年龄初中教师专业核心素养总分得分由高到低依次为：$a > 50$（5.16）、$40 < a \leq 50$（5.12）、$30 < a \leq 40$（4.97）、$a \leq 30$（4.87）。由此可见，初中教师在总分上的得分呈现递增趋势，即初中教师的专业核心素养水平随年龄增长而提高，但在40岁后趋于稳定。

从教龄看，不同教龄的初中教师在专业核心素养水平上有显著性差异。运用多重比较（LSD）对四个教龄分组进行检验，发现教龄在 $b \leq 10$ 与 $10 < b \leq 20$、$20 < b \leq 30$ 与 $b > 30$ 上的初中教师之间没有显著差异，其余各组之间两两比较均有显著性差异。四组教龄初中教师专业核心素养总分得分由高到低依次为：$20 < b \leq 30$（5.15）、$b > 30$（5.14）、$10 < b \leq 20$（4.98）、$b \leq 10$（4.89）。由此可见，20年教龄是一个分界点，初中教师专业核心素养水平在达到20年教龄后会有较大提升。

从职称看，不同职称的初中教师在专业核心素养水平上有显著性差异。运用多重比较（LSD）对不同职称教师进行检验，发现职称为中教三级和中教二级的初中教师均与职称为中教一级、中教高级、中教正高级的初中教师之间存在显著差异，其余各组之间两两比较均没有显著性差异。不同职称的初中教师专业核心素养总分得分由高到低依次为：中教正高级（5.24）＞中教高级（5.15）＞中教一级（5.07）＞中教二级（4.84）＞中教三级（4.69）。由此可见，职称在中教一级及以上的初中教师，与职称在中教一级以下的初中教师相比，教师的专业核心素养水平表现更佳。

从任教年级看，不同任教年级的初中教师在教师专业核心素养水平上有显著性差异。运用多重比较（LSD）对不同任教年级进行检验，发现任教七年级、八年级的初中教师与任教九年级的初中教师之间均有显著差异，而任教七年级和任教八年级的初中教师之间则没有显著差异。不同任教年级初中教师的专业核心素养总分得分由高到低依次为：九年级（5.11）＞八年级（4.95）＞七年级（4.91）。由此可见，任教九年级的初中教师优于任教八年级和七年级的初中教师。

从周课时量看，不同周课时量的初中教师在教师专业核心素养水平上有显著性差异。运用多重比较（LSD）对不同周课时量进行检验，发现10节及以下、11—15节、16—20节周课时量的初中教师与21节及以上周课时量的初中教师之间均存在显著性差异，其余各组之间两两比较均没有显著性差异。不同周课时量的初中教师专业核心素养总分得分由高到低依次为：21节及以上（4.51）＞16—20节（5.03）＝11—15节（5.03）＞10节及以下（4.94）。由此可见，周课时量在20节以内的教师其专业核心素养水平是递增的，且在周课时量为16—20节时表现最佳。

从获表彰情况看，获不同最高表彰的初中教师在教师专业核心素养水平上有显著性差异。运用多重比较（LSD）对获不同最高表彰进行检验，发现无表彰的初中教师与获得过表彰的初中教师之间存在显著差异；获得校级表彰、县（区）级表彰的初中教师均与获得市级表彰、省级表彰、国家级表彰的初中教师之间存在显著差异，其余各组之间两两比较均没有显著性差异。不同最高表彰的初中教师专业核心素养总分得分由高到低依次为：国家级（5.26）＞省级（5.20）＞市级（5.15）＞县（区）级（5.00）＞校级（4.93）＞无表彰（4.79）。由此可见，获最高表彰为市级及以上的初中教师较获最高表彰为市级以下的初中教师在专业核心素养水平上表现更佳。

而在不同任教学校类型（城市、农村）、任教学校性质（公办、民办)、性别、是否获得国家教师编制、学历、第一学历性质(是否为师范类)、任教主要课程、任班主任状况等方面,初中教师在教师专业核心素养水平上并不存在显著性差异。

(三) 多种因素影响教师专业核心素养水平

本研究探讨了教研活动、教师培训、文献阅读、教学借鉴、教学研究以及教学满意度、教学压力及最需要提高的素养这几个因素对初中教师专业核心素养水平的影响或联系。现根据此次调查的结果,得出如下结论:

从教研活动看,初中教师所在学校教研组织开展的教研活动越多,教师参与教研活动次数越多,对教研组织活动评价越高,其专业核心素养水平越高。

从教师培训看,初中教师所在学校开展的教师培训越多,教师参与培训的频率越高,对教师培训的评价越高,其专业核心素养水平越高。

从文献阅读看,初中教师阅读教育教学类、心理学类、学科相关类、自然科学类、人文社科类、信息技术类文献频率越高,藏书量越多,报刊订阅越多,其专业核心素养水平越高。

从教学借鉴看,初中教师观摩教学频率越高,向同事请教教学问题频率越高,其专业核心素养水平越高。

从教学研究看,承担了课题研究、发表了研究成果的初中教师专业核心素养水平更高。

从教学满意度看,初中教师对自身的教学效果与质量的满意度越高,其专业核心素养得分越高。

从教学压力看,初中教师对教学压力感觉越小其专业核心素养得分越高。

二 主要建议

(一) 不断提高各种教研活动效果

"教而不研则愚,研而不教则虚。"夯实教研,方能促进教师成长。研究结果显示,教研活动的开展对初中教师专业核心素养有着显著性的影响。教研活动是以教师为研究主体,以教师在教育教学过程中所面临的各种具体的教育教学问题为研究对象，以提高教师专业进步为目的的研究活动。因此，要提升初中教师专业核心素养水平，学校不仅需要建立教研组织，还要鼓励教师积极参加教研活动。

教研活动要力戒形式主义和避免效率低下，无益的教研活动是对教师时间的一种浪费。长此以往，教研活动就会变得有名无实，使积极参与的教师心灰意冷，使想要学习的教师大失所望。学校应该开展多种类型的教研活动，以适应不同教师的需求，这样才能充分发挥教研活动的作用。还要鼓励教师反思教研活动，对教研活动情况的反思可以激励教师对教研活动策划与实施做出有效的评价，从而教研活动策划者可以依据教师的评价建议进一步完善教研活动。

（二）着力提升各类教师培训质量

研究结果显示，教师培训的开展对初中教师专业核心素养有着显著性的影响。教师培训是教师职后教育的主要方式。教师通过培训能够不断扩宽现有的知识，提升自身的专业技能，进一步推动理论转化为实践。首先，培训专家应该具有高尚的师德和精良的业务能力，熟知初中教育教学中存在的实际问题，采取有效的培训方式，切实提高培训的质量。其次要择优遴选培训机构，本着公平、公正、公开的原则，遴选具有较强学科优势、丰富培训经验的优质培训机构承担教师培训。最后，要紧随教师专业发展和新课程改革的进程，确定教师培训的内容，使初中教师在新知识、新能力的交替更新中得到实质性的满足。

（三）积极引导教师专业自主成长

从调查结果来看，知识涵养是初中教师专业核心素养的薄弱环节，知识涵养（$M=4.81$）得分只达到了"有点符合"的水平。要提高初中教师专业核心素养，外部环境和条件的创设固然重要，但更重要的是初中教师的专业自主成长意识和行动自觉。教师专业自主成长需要从多方面努力。一是要塑造自主成长的意识。自主成长意识是教师自主成长的源泉，当教师有了发展和提升的内在需要，也就有了自主成长的成就动机。二是要培养自主学习的能力。对教师而言，不仅要熟知学科的基本知识，还要有广博的课外知识，这就要求教师不断给自身充电，完善自身的学习体系，从整体上增强自身的文化底蕴。三是强化教学反思的行为。美国心理学家波斯纳提出：教师的成长＝经验＋反思。教学反思是一种有益的教学思维活动和再学习方式，每一位优秀教师的成长都离不开教学反思。如果一个教师仅仅满足于获得经验而不对教学进行反思，那么即使是有"30年的教学经验，也许只是一年工作的30次重复"①。

（四）建立健全教研成果奖励机制

调查结果表明，承担了课题研究、发表了研究成果的初中教师在教师专业核心素养的水平上较其他教师表现更好。教育要改革，教研要先行。首先，教师要正确认识教育科研的意义。中小学教师在教育教学的过程中，往往会遇到许多教育问题，对教育现象和教育问题的发现和研究，不仅能够从中探索出教育规律，还能将经验认识升华成教育理论，并将研究成果应用于教育实践。教育科研对于提高教师专业核心素养和提升教育质量，具有十分重要的意义。为此，教师要正确认识教育科研对于教师、对于教育工作的意义。其次，要建立研究成果的奖励机制以激发教师的科研热情。教师科研热情的高低是影响科研质量的重要因素，评价及奖励机制是抓好课题研究的关键环节。如果没有相应的奖励措施，教师参与科研、实现研究目标的欲望就会大打折扣。为此，建立起科学的评价及科研成果的奖励机制，是对认真搞科研的教师的支持和鼓励，在一定程度上能激发教师的科研热情。

（五）努力减轻教师各种心理压力

调查结果表明，初中教师对自身的教学效果与质量的满意度越高，其专业核心素养的得分就越高。然而在现实中往往由于繁重的工作和各方面的压力，教师会产生挫败感和焦虑感，从而导致教师在教学中产生巨大的教学压力。教学压力对教师专业核心素养的影响是负面的，教学压力越大，在教师专业核心素养上的表现越差。为此，我们应当重视缓解教师的教学压力，缓解这种压力对教师的负面影响。在学校环境的创设中，应当创设轻松、愉快、和谐的环境，营造友好相处、团结互助的氛围，为矛盾和冲突的妥善解决奠定良好的情感基础。此外，教师自身也要善于调节情绪，使自己在工作中保持良好的心理状态，从而将精力

---

① 杨健：《教学反思 促进教师专业成长》，《宁夏教育》2017年第1期。

与心思全身心投入教育工作之中。良好的心理状态有利于教师在工作中获得较高的成就感，教师的情绪越积极，教学的满意度就越高。自我调节情绪的方式有许多种，教师要做情绪的主人。学校应本着人文关怀的理念，关注教师的心理状态，促进教师的心理成长。

第四章　高中教师专业核心素养研究

本章主要阐述和分析我们抽样调查的江西省高中教师专业核心素养的情况。内容主要包括调查设计、调查实施、调查对象和调查结果，并在此基础上就提升高中教师的专业核心素养提出若干对策建议。

第一节　高中教师专业核心素养的调查与分析

一　调查设计

（一）调查目的

本调查是为了掌握江西省高中教师专业核心素养的现状，分析影响高中教师专业核心素养的因素并探讨提升高中教师专业核心素养的策略。

（二）调查工具

本调查采用的工具是我们在构建中小学教师专业核心素养模型基础上研制的《中小学教师专业核心素养调查问卷》。该问卷的具体内容见附录。

二　调查对象

本研究调查的对象为江西省的高中教师，具体情况见表4-1。

表 4-1　　　　　　　　　　调查对象基本情况的统计

分类		人数	百分比（%）
1. 地域分布	鹰潭	201	9.6
	宜春	342	16.4
	新余	119	5.7
	上饶	66	3.2
	萍乡	191	9.1
	南昌	358	17.1
	九江	173	8.3
	景德镇	107	5.1
	吉安	108	5.2
	赣州	240	11.5
2. 学校类型	城市（含县城）	2021	96.7
	农村	68	3.3
3. 学校性质	公办学校	2053	98.3
	民办学校	36	1.7
4. 性别	男	973	46.6
	女	1116	53.4
5. 年龄分组	30 岁及以下	523	25.0
	31—40 岁	652	31.2
	41—50 岁	572	27.4
	51 岁及以上	342	16.4
6. 教龄分组	10 年及以下	731	35.0
	11—20 年	621	29.7
	21—30 年	473	22.6
	31 年及以上	264	12.6
7. 是否国家编制	是	1954	93.5
	否	135	6.5
8. 学历水平	高中（或中专）	19	0.9
	大专	59	2.8
	本科	1732	82.9
	硕士	270	12.9

续表

分类		人数	百分比（%）
8. 学历水平	博士	8	0.4
	其他	1	0.0
9. 学历性质	师范类	1863	89.2
	非师范类	226	10.8
10. 职称	没评职称	193	9.2
	中小学三级	25	1.2
	中小学二级	420	20.1
	中小学一级	771	36.9
	中小学高级	638	30.5
	中小学正高级	42	2.0
11. 任教课程	语文	360	17.2
	数学	378	18.1
	英语	321	15.4
	物理	142	6.8
	化学	192	9.2
	生物	103	4.9
	历史	120	5.7
	地理	111	5.3
	思品	120	5.7
	音乐	39	1.9
	美术	28	1.3
	体育	62	3.0
	信息技术	79	3.8
	劳动技术	2	0.1
	心理健康	9	0.4
	综合实践活动	5	0.2
	其他	18	0.9
12. 任教年级	高一年级	810	38.8
	高二年级	534	25.6
	高三年级	745	35.7

续表

分类		人数	百分比（%）
13. 周课时量	10 节及以下	452	21.6
	11—15 节	1335	63.9
	16—20 节	257	12.3
	21 节及以上	45	2.2
14. 是否班主任	是	837	40.1
	否	1252	59.9
15a. 受表彰情况	无	396	10.8
	校级	1167	32.0
	县（区）级	936	25.6
	市级	747	20.5
	省级	326	8.9
	国家级	78	2.1
15b. 受最高表彰情况	无	396	19.0
	校级	394	18.9
	县（区）级	463	22.2
	市级	489	23.4
	省级	269	12.9
	国家级	78	3.7
15c. 受表彰种类	无	396	19.0
	1 种	815	39.0
	2 种	406	19.4
	3 种	298	14.3
	4 种	137	6.6
	5 种	37	1.8

三　调查实施

本研究的调查通过"问卷星"平台对江西省高中教师发放电子问卷的方式进行，调查时间为 2021 年 3—5 月。共回收问卷 2131 份，筛选和删除无效问卷 42 份，有效问卷 2089 份，问卷有效率 98.03%。

四 调查结果

（一）高中教师专业核心素养总体处于良好水平

表 4-2　高中教师专业核心素养各级指标平均得分统计

一级指标	得分	二级指标	得分	三级指标	得分
品格修为	5.05	职业情怀	5.24	教育情感	5.11
				专业认同	5.19
				关爱学生	5.42
		人格特质	4.86	创新精神	5.14
				自我调控	4.35
				协同合作	5.09
知识涵养	4.81	专业学识	4.84	教育理论	4.76
				心理知识	4.84
				学科底蕴	4.93
		通识基础	4.77	人文积淀	4.69
				科学知识	4.52
				信息素养	5.10
教学能力	5.14	教学设计	5.18	目标设定	5.11
				内容安排	5.26
				方法选择	5.15
		教学实施	5.10	语言表达	5.19
				课堂组织	4.90
				教学评价	5.24

由表 4-2 可知，本次调查的江西省高中教师专业核心素养总分平均分为 5.0，处于良好水平。3 个一级指标得分分别是品格修为 5.05、教学能力 5.14、知识涵养 4.81，也即品格修为和教学能力达到良好水平，知识涵养接近良好水平。

从 6 个二级指标来看，高中教师专业核心素养得分由高到低依次为职业情怀（5.24）、教学设计（5.18）、教学实施（5.10）、人格特质（4.86）、专业学识（4.84）和通识基础（4.77）。这表明本次调查的高中教师专业核心素养中职业情怀、教学设计和教学实施达到良好水平，而人格特质、专业学识和通识基础接近良好水平。

从 18 个三级指标来看，得分由高到低为关爱学生（5.42）、内容安排（5.26）、专业认同（5.19）、教学评价（5.24）、语言表达（5.19）、方法选择（5.15）、创新精神（5.14）、目标设定（5.11）、教育情感（5.11）、信息素养（5.10）、协同合作（5.09）、学科底蕴（4.93）、课堂组织（4.90）、心理知识（4.84）、教育理论（4.76）、人文积淀（4.69）、科学知识（4.52）、自我调控（4.35）。由此可知，在 18 个指标中，高于 5 分的指标有 11 个，其中最高的为关爱学生；低于 5 分的有 7 个，其中最低的为自我调控。在 7 个低于 5 分的指标中，除课堂组织和自我调控外，有 5 个指标属于知识涵养的范畴，而在知识涵养中只有信息素养高于 5 分。这说明本次调查的高中教师的知识涵养水平偏低，同时自我调控能力也亟待提高。

（二）不同的高中教师专业核心素养存在差异

1. 学校差异

（1）学校所属地区差异

将调查对象所属地区情况依据江西地区划分，分为 11 个组，计算各组高中教师的专业核心素养总分和品格修为、知识涵养、教学能力各自的得分均值情况，如表 4-3 所示。

表 4-3　　不同地区教师专业核心素养与一级指标得分统计

地区	人数	专业核心素养	品格修为	知识涵养	教学能力
鹰潭	201	5.05 ± 0.63	5.07 ± 0.70	4.91 ± 0.71	5.18 ± 0.69
宜春	342	4.97 ± 0.63	5.02 ± 0.70	4.74 ± 0.71	5.15 ± 0.66
新余	119	4.91 ± 0.60	4.92 ± 0.66	4.78 ± 0.69	5.06 ± 0.64
上饶	66	4.98 ± 0.66	5.04 ± 0.76	4.85 ± 0.75	5.05 ± 0.62
萍乡	191	4.98 ± 0.61	5.07 ± 0.67	4.74 ± 0.68	5.14 ± 0.70
南昌	358	5.03 ± 0.66	5.10 ± 0.70	4.85 ± 0.73	5.14 ± 0.73
九江	173	4.94 ± 0.71	4.99 ± 0.77	4.79 ± 0.74	5.05 ± 0.76
景德镇	107	5.04 ± 0.62	5.08 ± 0.65	4.88 ± 0.70	5.20 ± 0.67
吉安	108	4.97 ± 0.55	5.18 ± 0.57	4.58 ± 0.75	5.16 ± 0.54
赣州	240	4.93 ± 0.66	4.96 ± 0.75	4.74 ± 0.73	5.09 ± 0.71

续表

地区	人数	专业核心素养	品格修为	知识涵养	教学能力
抚州	184	5.11±0.64	5.12±0.69	4.99±0.69	5.29±0.67

由表4-3可知，本次调查的江西省高中教师专业核心素养总分最高的为抚州市的教师（5.11），最低的为新余市的教师（4.91）；品格修为一级指标得分最高的为吉安市的高中教师（5.18），最低的为新余市的教师（4.92）；在知识涵养一级指标上得分最高的为抚州市的高中教师（4.99），最低的为吉安市高中教师（4.58）；在教学能力上11个市高中教师得分均高于5分，最高为抚州（5.29），最低为九江及上饶（5.05）。

表4-4　不同地区教师专业核心素养总分与各级指标得分差异比较

		F值	P值
教师专业核心素养总分	1.619	0.095	
品格修为		1.780	0.059
职业情怀		1.148	0.322
人格特质		2.220*	0.014
知识涵养		3.700***	0.000
专业学识		4.756***	0.000
通识基础		2.354**	0.009
教学能力		1.148	0.322
教学设计		1.447	0.153
教学实施		1.218	0.274

为进一步了解江西省不同地区之间高中教师专业核心素养总分均值和一、二级指标均值水平是否存在统计学意义上的显著差异，以地区为自变量，以总分均值及一、二级指标均值为因变量进行单因素方差分析（ANOVA）。由表4-4可知，高中教师专业核心素养总分（$p=0.095>0.05$）、一级指标品格修为（$p=0.059>0.05$）、教学能力（$p=0.322>0.05$）、二级指标职业情怀（$p=0.322>0.05$）、教学设计（$p=0.153>0.05$）、教学实施（$p=0.274>0.05$）的p值均大于0.05，即这些指标与学校所处地区之间没有显著差异。

（2）学校类型（城、乡）差异

本研究中属于城市（含县城）的高中教师2021人，属于农村高中的教师为68人。为了解两组高中教师的专业核心素养是否存在差异，对两组教师的总分及一、二级指标的均值进行了统计并做独立样本T检验，结果见表4-5。

表4-5 不同学校（城、乡）教师专业核心素养总分与各级指标得分的差异比较

因变量	M±SD		f值	T值	p值
	城市学校（N=2021）	农村学校（N=68）			
专业核心素养	4.99±0.64	4.97±0.73	1.709	0.330	0.741
品格修为	5.05±0.70	5.05±0.76	0.124	-0.017	0.724
职业情怀	5.24±0.77	5.29±0.88	1.006	-0.438	0.662
人格特质	4.86±0.75	4.82±0.79	0.307	0.422	0.673
知识涵养	4.81±0.72	4.76±0.80	3.681	0.542	0.588
专业学识	4.84±0.79	4.79±0.88	5.668*	0.497	0.621
通识基础	4.77±0.73	4.73±0.80	2.199	0.470	0.638
教学能力	5.14±0.68	5.11±0.86	5.704*	0.305	0.761
教学设计	5.18±0.71	5.16±0.89	3.921*	0.156	0.876
教学实施	5.10±0.70	5.05±0.87	5.718*	0.445	0.658

由表4-5可知，城乡高中教师在专业核心素养总分以及一、二级指标上无显著差异。

（3）学校类型（公、私）差异

本研究调查对象属于公办学校的高中教师2053人，民办高中教师36人。分别对两组高中教师的专业核心素养总分均值、一级指标均值及二级指标均值进行计算，并以学校类型为因变量，以总分均值及一、二级指标得分情况为因变量进行独立样本T检验，进一步了解高中教师核心素养各项指标在学校类型（公办学校、民办学校）上的统计学意义上的差异，结果见表4-6。

表4-6 不同学校（公、私）教师专业核心素养各级指标平均分统计

因变量	M±D		f值	T值	p值
	公办学校（N=2053）	民办学校（N=36）			
总分	5.00±0.64	4.62±0.61	0.060	3.565	0.000

续表

因变量	M ± D		f 值	T 值	p 值
	公办学校（N=2053）	民办学校（N=36）			
品格修为	5.05 ± 0.70	4.81 ± 0.65	0.020	2.095	0.036
职业情怀	5.24 ± 0.78	5.06 ± 0.77	0.629	1.390	0.165
人格特质	4.87 ± 0.75	4.56 ± 0.66	0.971	2.465	0.014
知识涵养	4.82 ± 0.72	4.29 ± 0.62	1.360	4.376	0.000
专业学识	4.85 ± 0.79	4.25 ± 0.68	1.629	4.549	0.000
通识基础	4.78 ± 0.73	4.33 ± 0.66	0.984	3.702	0.000
教学能力	5.14 ± 0.69	4.77 ± 0.71	0.485	3.222	0.001
教学设计	5.18 ± 0.72	4.85 ± 0.79	1.519	2.717	0.007
教学实施	5.11 ± 0.70	4.69 ± 0.67	0.079	3.529	0.000

由表 4-6 可知，公办学校与民办学校高中教师除在职业情怀上无显著差异外，在专业核心素养整体水平、品格修为、知识涵养、教学能力及各二级指标上 p 值均小于 0.05，说明本次调查的江西高中教师专业核心素养总分以及一级指标、二级指标在不同学校（公、私）上均有显著的差异。

2. 性别差异

本次调查中有高中男教师 973 人，占调查总人数的 46.6%，女教师 1116 人，占 53.4%。为进一步了解高中教师专业核心素养各项指标在性别上是否存在统计学意义上的差异，分别对男女教师的专业核心素养总分均值和一级、二级指标均值进行计算并以教师性别为因变量，以总分均值及一、二级指标得分情况为因变量进行独立样本 T 检验，结果如表 4-7 所示。

表 4-7　不同性别教师专业核心素养在各级指标上的平均分统计

因变量	M ± D		f 值	T 值	p 值
	男（N=973）	女（N=1116）			
总分	4.98 ± 0.68	5.01 ± 0.60	10.325*	-1.108	0.268
品格修为	5.03 ± 0.74	5.07 ± 0.66	6.775*	-1.170	0.242
职业情怀	5.21 ± 0.85	5.26 ± 0.71	14.178*	-1.721	0.085
人格特质	4.85 ± 0.78	4.87 ± 0.73	10.139*	-0.392	0.695
知识涵养	4.79 ± 0.76	4.83 ± 0.69	19.503*	-1.239	0.215

续表

因变量	M ± D		f 值	T 值	p 值
	男（N = 973）	女（N = 1116）			
专业学识	4.79 ± 0.82	4.89 ± 0.76	15.014*	-2.811	0.005
通识基础	4.78 ± 0.76	4.76 ± 0.70	13.144*	0.601	0.548
教学能力	5.13 ± 0.73	5.15 ± 0.65	6.926*	-0.552	0.581
教学设计	5.18 ± 0.77	5.18 ± 0.67	8.199*	-0.016	0.987
教学实施	5.08 ± 0.74	5.11 ± 0.67	4.696*	-1.067	0.286

由表 4 - 7 可知，高中男、女教师在专业学识（P = 0.005 < 0.05）指标上有显著差异，且从 T 值可知，女教师在专业学识水平上显著高于男教师。而在教师专业核心素养整体水平、一级指标、二级指标 p 值均大于 0.05，即高中男教师与女教师在专业核心素养、品格修为、知识涵养、教学能力等各方面均没有较显著的差异。

3. 年龄差异

本研究依据教师年龄分为四组，其中 30 岁及以下教师 523 人，31—40 岁教师 652 人，41—50 岁教师 572 人，51 岁及以上教师 342 人。为进一步了解高中教师核心素养各项指标在年龄分组上是否存在统计学意义上的显著差异，分别对各组教师的专业核心素养总分均值和一级、二级指标均值进行计算并进行单因素 ANOVA 检验，结果如表 4 - 8 所示。

表 4 - 8   不同年龄教师专业核心素养在各级指标上的平均分统计

	M ± SD				f 值	p 值
	30 岁及以下（523）	31—40 岁（652）	41—50 岁（572）	51 岁及以上（342）		
总分	4.83 ± 0.67	4.99 ± 0.63	5.08 ± 0.59	5.11 ± 0.64	19.132	0.000
品格修为	4.91 ± 0.74	5.03 ± 0.69	5.13 ± 0.64	5.16 ± 0.72	13.408	0.000
职业情怀	5.11 ± 0.87	5.24 ± 0.76	5.30 ± 0.69	5.32 ± 0.79	7.161	0.000
人格特质	4.70 ± 0.74	4.83 ± 0.76	4.96 ± 0.71	5.01 ± 0.77	16.664	0.000
知识涵养	4.65 ± 0.72	4.81 ± 0.72	4.87 ± 0.69	4.94 ± 0.72	14.016	0.000
专业学识	4.65 ± 0.79	4.84 ± 0.79	4.92 ± 0.78	5.02 ± 0.76	17.925	0.000
通识基础	4.65 ± 0.74	4.77 ± 0.74	4.83 ± 0.70	4.86 ± 0.73	7.895	0.000
教学能力	4.94 ± 0.75	5.15 ± 0.69	5.25 ± 0.59	5.23 ± 0.67	22.362	0.000

续表

	M ± SD				f 值	p 值
	30 岁及以下（523）	31—40 岁（652）	41—50 岁（572）	51 岁及以上（342）		
教学设计	5.02 ± 0.82	5.19 ± 0.71	5.27 ± 0.62	5.23 ± 0.69	12.186	0.000
教学实施	4.86 ± 0.74	5.11 ± 0.70	5.23 ± 0.62	5.23 ± 0.69	32.805	0.000

由表 4-8 可知，不同年龄分组的高中教师的专业核心素养总分和一、二级指标的 p 值均小于 0.05，表明高中教师的专业核心素养总分及一、二级指标在年龄分组上均有显著的差异。但 41—50 岁教师及 51 岁及以上教师在职业情怀、通识知识、教学能力、教学实施等几个指标上的差异是否显著仍需进一步分析，我们通过 LSD 法对几组教师进行比较分析，结果见表 4-9。

表 4-9　不同年龄教师专业核心素养在各级指标上的差异比较

因变量	年龄分组（I）	年龄分组（J）	平均值差值（I-J）	显著性
总分	30 岁及以下	31—40 岁	-0.16262*	0.000
		41—50 岁	-0.25021*	0.000
		51 岁及以上	-0.27961*	0.000
	31—40 岁	41—50 岁	-0.08759*	0.016
		51 岁及以上	-0.11699*	0.006
	41—50 岁	51 岁及以上	-0.02940	0.496
品格修为	30 岁及以下	31—40 岁	-0.12664*	0.002
		41—50 岁	-0.22555*	0.000
		51 岁及以上	-0.25899*	0.000
	31—40 岁	41—50 岁	-0.09891*	0.013
		51 岁及以上	-0.13235*	0.004
	41—50 岁	51 岁及以上	-0.03344	0.481
知识涵养	30 岁及以下	31—40 岁	-0.15548*	0.000
		41—50 岁	-0.22089*	0.000
		51 岁及以上	-0.29159*	0.000
	31—40 岁	41—50 岁	-0.06541	0.110
		51 岁及以上	-0.13611*	0.004
	41—50 岁	51 岁及以上	-0.07070	0.147

续表

因变量	年龄分组（I）	年龄分组（J）	平均值差值（I-J）	显著性
教学能力	30 岁及以下	31—40 岁	-0.21111*	0.000
		41—50 岁	-0.31093*	0.000
		51 岁及以上	-0.28933*	0.000
	31—40 岁	41—50 岁	-0.09982*	0.010
		51 岁及以上	-0.07822	0.084
	41—50 岁	51 岁及以上	0.02160	0.641
职业情怀	30 岁及以下	31—40 岁	-0.12428*	0.006
		41—50 岁	-0.18830*	0.000
		51 岁及以上	-0.20904*	0.000
	31—40 岁	41—50 岁	-0.06402	0.149
		51 岁及以上	-0.08476	0.101
	41—50 岁	51 岁及以上	-0.02074	0.695
人格特质	30 岁及以下	31—40 岁	-0.12901*	0.003
		41—50 岁	-0.26281*	0.000
		51 岁及以上	-0.30894*	0.000
	31—40 岁	41—50 岁	-0.13381*	0.002
		51 岁及以上	-0.17993*	0.000
	41—50 岁	51 岁及以上	-0.04613	0.364
专业学识	30 岁及以下	31—40 岁	-0.18861*	0.000
		41—50 岁	-0.26471*	0.000
		51 岁及以上	-0.36877*	0.000
	31—40 岁	41—50 岁	-0.07610	0.090
		51 岁及以上	-0.18016*	0.001
	41—50 岁	51 岁及以上	-0.10406	0.052
通识基础	30 岁及以下	31—40 岁	-0.12235*	0.004
		41—50 岁	-0.17708*	0.000
		51 岁及以上	-0.21441*	0.000
	31—40 岁	41—50 岁	-0.05472	0.188
		51 岁及以上	-0.09206	0.057
	41—50 岁	51 岁及以上	-0.03734	0.451

续表

因变量	年龄分组（I）	年龄分组（J）	平均值差值（I－J）	显著性
教学设计	30 岁及以下	31—40 岁	－0.17452*	0.000
		41—50 岁	－0.24566*	0.000
		51 岁及以上	－0.21128*	0.000
	31—40 岁	41—50 岁	－0.07114	0.082
		51 岁及以上	－0.03677	0.440
	41—50 岁	51 岁及以上	0.03437	0.481
教学实施	30 岁及以下	31—40 岁	－0.24770*	0.000
		41—50 岁	－0.37619*	0.000
		51 岁及以上	－0.36737*	0.000
	31—40 岁	41—50 岁	－0.12849*	0.001
		51 岁及以上	－0.11967*	0.009
	41—50 岁	51 岁及以上	0.00883	0.851

注：* 表示平均值差值的显著性水平为 0.05。

由表 4－9 可知，41—50 岁教师与 51 岁及以上教师在教师专业核心素养及一、二级指标上均无显著性差异；在知识涵养、专业学识方面 31—40 岁与 41—50 岁两组教师无显著性差异；在教学能力上 31—40 岁高中教师与 51 岁及以上高中教师无显著性差异；在职业情怀、通识基础、教学设计上 31—40 岁、41—50 岁、51 岁及以上教师之间均无显著性差异。其余各指标上各年龄分组的教师之间两两比较均有显著差异。这表明，高中教师专业核心素养随着年龄的增长不断提高，在 40 岁之后趋于稳定。

4. 教龄差异

本研究依据教龄分为四组，为进一步了解高中教师核心素养各项指标在教龄上是否存在统计学意义上的显著差异，分别对各组教师的专业核心素养总分均值和一、二级指标均值进行计算并进行单因素 ANOVA 检验，结果如表 4－10 所示。

表4-10　不同教龄教师专业核心素养总分及各级指标均分统计

因变量	M±SD				f值	p值
	10年及以下（731）	11—20年（621）	21—30年（473）	31年及以上（264）		
专业核心素养	4.85±0.65	5.05±0.62	5.07±0.60	5.11±0.65	20.230	0.000
品格修为	4.91±0.72	5.11±0.67	5.12±0.65	5.17±0.72	15.726	0.000
职业情怀	5.12±0.82	5.30±0.76	5.29±0.69	5.32±0.81	8.938	0.000
人格特质	4.70±0.74	4.91±0.74	4.96±0.73	5.01±0.76	18.703	0.000
知识涵养	4.68±0.71	4.85±0.72	4.88±0.70	4.94±0.73	13.216	0.000
专业学识	4.69±0.78	4.87±0.81	4.94±0.77	5.02±0.77	15.809	0.000
通识基础	4.66±0.73	4.83±0.73	4.83±0.70	4.85±0.75	8.724	0.000
教学能力	4.97±0.73	5.22±0.67	5.24±0.60	5.23±0.67	23.346	0.000
教学设计	5.04±0.78	5.27±0.70	5.25±0.62	5.22±0.69	14.496	0.000
教学实施	4.90±0.71	5.18±0.68	5.22±0.64	5.24±0.69	32.055	0.000

由表4-10可知，不同教龄分组的高中教师的专业核心素养总分和一、二级指标的p值均小于0.05，表明高中教师的专业核心素养总分及一、二级指标在教龄分组上均有着显著的差异。通过LSD法对几组教师进行比较分析，进一步确定在各指标上不同教龄分组间教师显著性差异情况，结果如表4-11所示。

表4-11　不同教龄高中教师专业核心素养在各级指标上的差异比较

因变量	教龄分组（I）	教龄分组（J）	平均值差值（I-J）	显著性
总分	10年及以下	11—20年	-0.20464*	0.000
		21—30年	-0.22693*	0.000
		31年及以上	-0.25867*	0.000
	11—20年	21—30年	-0.02229	0.563
		31年及以上	-0.05403	0.244
	21—30年	31年及以上	-0.03174	0.513
品格修为	10年及以下	11—20年	-0.19727*	0.000
		21—30年	-0.21275*	0.000
		31年及以上	-0.25956*	0.000
	11—20年	21—30年	-0.01548	0.714
		31年及以上	-0.06229	0.221
	21—30年	31年及以上	-0.04681	0.379

续表

因变量	教龄分组（I）	教龄分组（J）	平均值差值（I-J）	显著性
知识涵养	10 年及以下	11—20 年	-0.16870*	0.000
		21—30 年	-0.20429*	0.000
		31 年及以上	-0.25809*	0.000
	11—20 年	21—30 年	-0.03559	0.414
		31 年及以上	-0.08940	0.089
	21—30 年	31 年及以上	-0.05381	0.327
教学能力	10 年及以下	11—20 年	-0.25336*	0.000
		21—30 年	-0.26835*	0.000
		31 年及以上	-0.25831*	0.000
	11—20 年	21—30 年	-0.01499	0.717
		31 年及以上	-0.00495	0.921
	21—30 年	31 年及以上	0.01004	0.847
职业情怀	10 年及以下	11—20 年	-0.18167*	0.000
		21—30 年	-0.17038*	0.000
		31 年及以上	-0.20594*	0.000
	11—20 年	21—30 年	0.01130	0.811
		31 年及以上	-0.02426	0.669
	21—30 年	31 年及以上	-0.03556	0.550
人格特质	10 年及以下	11—20 年	-0.21287*	0.000
		21—30 年	-0.25512*	0.000
		31 年及以上	-0.31317*	0.000
	11—20 年	21—30 年	-0.04226	0.351
		31 年及以上	-0.10031	0.066
	21—30 年	31 年及以上	-0.05805	0.309
专业学识	10 年及以下	11—20 年	-0.17337*	0.000
		21—30 年	-0.24493*	0.000
		31 年及以上	-0.32568*	0.000
	11—20 年	21—30 年	-0.07155	0.135
		31 年及以上	-0.15231*	0.008
	21—30 年	31 年及以上	-0.08076	0.180

续表

因变量	教龄分组（I）	教龄分组（J）	平均值差值（I-J）	显著性
通识基础	10年及以下	11—20年	-0.16402*	0.000
		21—30年	-0.16365*	0.000
		31年及以上	-0.19051*	0.000
	11—20年	21—30年	0.00038	0.993
		31年及以上	-0.02648	0.619
	21—30年	31年及以上	-0.02686	0.629
教学设计	10年及以下	11—20年	-0.22751*	0.000
		21—30年	-0.21379*	0.000
		31年及以上	-0.17859*	0.000
	11—20年	21—30年	0.01371	0.752
		31年及以上	0.04892	0.350
	21—30年	31年及以上	0.03520	0.520
教学实施	10年及以下	11—20年	-0.27921*	0.000
		21—30年	-0.32291*	0.000
		31年及以上	-0.33803*	0.000
	11—20年	21—30年	-0.04370	0.297
		31年及以上	-0.05882	0.244
	21—30年	31年及以上	-0.01512	0.774

注：*表示平均值差值的显著性水平为0.05。

由表4-11可知，教龄在21—30年的教师与教龄在31年及以上的教师在教师专业核心素养及一、二级指标上均无显著性差异；教龄为11—20年、21—30年、31年及以上的教师，除专业学识上11—20年与31年及以上教师有显著差异外，其余各项指标两两教龄组教师之间均无显著差异；而10年及以下的高中教师在教师专业核心素养总分、一级指标、二级指标各个方面都与其他组别的教师有显著的差异。这表明，高中教师专业核心素养随着教龄的增长不断提高，在教龄超过10年之后趋于成熟。

5. 编制情况差异

本研究中已获国家编制的高中教师1954人，占93.5%，尚未获国家编制的135人，占6.5%。进一步分析高中教师专业核心素养在是否获得国家编制上有差异，通过计算比较均值及进行独立样本T检验，结果见

表4-12。

表4-12　不同编制情况教师专业核心素养总分及各级指标均值统计

检验变量	已获得国家编制 （N=1954）	未获得国家编制 （N=135）	f值	T值	p值
总分	5.01±0.63	4.80±0.69	0.789	3.721	0.000
品格修为	5.06±0.69	4.91±0.78	1.898	2.359	0.018
职业情怀	5.24±0.77	5.18±0.91	3.343	0.879	0.379
人格特质	4.88±0.75	4.64±0.76	0.049	3.489	0.000
知识涵养	4.82±0.72	4.56±0.73	0.460	4.129	0.000
专业学识	4.86±0.79	4.54±0.82	2.876	4.667	0.000
通识基础	4.78±0.72	4.58±0.76	0.868	3.089	0.002
教学能力	5.15±0.68	4.93±0.76	1.951	3.679	0.000
教学设计	5.19±0.71	4.99±0.87	4.229*	2.591	0.011
教学实施	5.12±0.70	4.86±0.74	0.756	4.024	0.000

由表4-12可知，不同编制状况的高中教师在职业情怀上（p=0.379>0.05）没有显著差异，在专业核心素养总分等其他各指标上均有显著差异，且从T值可知有编制的高中教师在专业核心素养整体水平及各方面较尚未获得编制的高中教师表现更好。

6. 学历差异

（1）学历层次差异

本研究中高中教师本科学历1732人，占调查总人数的82.9%；硕士学历270人，占12.9%。为进一步了解高中教师核心素养各项指标在学历上是否存在统计学意义上的显著差异，分别对各组教师的专业核心素养总分均值和一、二级指标均值进行计算并进行单因素ANOVA检验，结果见表4-13。

表4-13　不同学历层次教师专业核心素养总分及各级指标均值统计

检验变量	高中 （或中专） （N=19）	大专 （N=59）	本科 （N=1732）	硕士 （N=270）	博士 （N=8）	其他 （N=1）	f值	p值
总分	4.43±0.96	4.93±0.76	5.02±0.63	4.87±0.62	4.91±0.35	4.94	5.720	0.000
品格修为	4.46±1.06	4.97±0.91	5.08±0.68	4.93±0.70	5.10±0.16	5.17	4.903	0.000

续表

检验变量	高中 （或中专） （N=19）	大专 （N=59）	本科 （N=1732）	硕士 （N=270）	博士 （N=8）	其他 （N=1）	f值	p值
职业情怀	4.65±1.45	5.19±1.06	5.26±.75	5.16±0.78	5.65±0.68	6.00	3.665	0.003
人格特质	4.28±0.85	4.75±0.87	4.90±0.74	4.71±0.76	4.56±0.58	4.33	6.025	0.000
知识涵养	4.24±0.81	4.76±0.79	4.83±0.72	4.70±0.71	4.33±0.73	4.06	5.020	0.000
专业学识	4.23±0.85	4.83±0.85	4.87±0.78	4.73±0.79	4.11±0.83	3.78	5.569	0.000
通识基础	4.24±0.85	4.69±0.78	4.80±0.73	4.67±0.70	4.54±0.67	4.33	3.781	0.002
教学能力	4.62±1.19	5.08±0.76	5.17±0.67	4.99±0.68	5.34±0.67	5.69	5.674	0.000
教学设计	4.65±1.29	5.14±0.85	5.20±0.70	5.03±0.72	5.64±0.49	6.00	5.666	0.000
教学实施	4.59±1.12	5.02±0.74	5.13±0.69	4.95±0.69	5.03±0.90	5.38	5.511	0.000

由表4-13可知，各项指标均小于0.05，差异性显著，即高中教师专业核心素养总分及一、二级指标在学历上均存在显著差异。本科学历、大专学历、硕士学历高中教师在各项指标上的得分水平较均衡，博士及其他学历状况的教师在职业情怀及教学设计上均分较高，表现较好。

（2）第一学历性质差异

为了解第一学历性质，即教师第一学历专业是否为师范专业在教师专业核心素养上是否存在差异，我们进行独立样本T检验，结果如表4-14所示。

表4-14　第一学历性质不同教师专业核心素养总分及各级指标均值统计

检验变量	师范类（N=1863）	非师范（N=226）	f值	T值	p值
专业核心素养	4.99±0.64	5.00±0.63	0.424	-0.233	0.815
品格修为	5.04±0.70	5.09±0.66	0.503	-0.870	0.384
职业情怀	5.23±0.78	5.28±0.77	0.131	-0.912	0.362
人格特质	4.86±0.76	4.89±0.71	1.195	-0.677	0.498
知识涵养	4.81±0.72	4.78±0.71	0.083	0.676	0.499
专业学识	4.86±0.79	4.73±0.78	0.061	2.261	0.024
通识基础	4.77±0.73	4.82±0.72	0.287	-1.121	0.262
教学能力	5.14±0.69	5.16±0.69	0.219	-0.507	0.612
教学设计	5.17±0.72	5.20±0.73	0.523	-0.601	0.548
教学实施	5.10±0.70	5.12±0.70	0.029	-0.377	0.706

由表 4 – 14 可知，高中教师专业核心素养各项指标中第一学历为师范专业的教师与非师范专业的教师仅在专业学识方面存在显著差异，即第一学历为师范专业的高中教师的专业学识显著高于非师范专业高中教师。

7. 职称差异

本研究中未评职称教师 193 人，中小学三级教师 25 人，中小学二级教师 420 人，中小学一级教师 771 人，中小学高级教师 638 人，中小学正高级教师 42 人。为进一步了解高中教师核心素养各项指标在教师职称上是否存在统计学意义上的显著差异，分别对各组教师的专业核心素养总分均值、一级、二级指标均值进行计算并进行单因素 ANOVO 检验，结果见表 4 – 15。

表 4 – 15　不同职称教师专业核心素养总分及各级指标均值统计

检验变量	未评职称 (N=193)	中小学三级 (N=25)	中小学二级 (N=420)	中小学一级 (N=771)	中小学高级 (N=638)	中学正高级 (N=42)	f 值	p 值
总分	4.85±0.70	4.46±0.79	4.91±0.65	5.00±0.60	5.10±0.63	5.15±0.57	10.817	0.000
品格修为	4.93±0.77	4.56±1.05	4.95±0.71	5.05±0.66	5.15±0.68	5.30±0.58	9.176	0.000
职业情怀	5.16±0.92	4.71±1.34	5.14±0.76	5.25±0.74	5.31±0.73	5.56±0.84	6.558	0.000
人格特质	4.70±0.75	4.41±0.88	4.75±0.77	4.86±0.72	4.99±0.74	5.04±0.77	9.687	0.000
知识涵养	4.67±0.75	4.26±0.73	4.77±0.72	4.80±0.69	4.91±0.72	4.73±0.81	7.426	0.000
专业学识	4.66±0.82	4.24±0.76	4.80±0.79	4.83±0.77	4.97±0.78	4.71±0.95	8.779	0.000
通识基础	4.68±0.76	4.28±0.77	4.74±0.73	4.76±0.71	4.86±0.73	4.75±0.72	4.840	0.000
教学能力	4.96±0.80	4.58±0.83	5.03±0.70	5.16±0.65	5.24±0.64	5.44±0.63	13.213	0.000
教学设计	5.04±0.88	4.68±1.09	5.08±0.73	5.20±0.68	5.24±0.66	5.54±0.64	8.769	0.000
教学实施	4.87±0.77	4.48±0.68	4.97±0.71	5.11±0.67	5.24±0.67	5.35±0.69	17.628	0.000

由表 4 – 15 可知，高中教师专业核心素养总分及品格修为、职业情怀、人格特质、知识涵养、专业学识、通识基础、教学能力、教学设计、教学实施在教师职称方面都存在显著的差异。中小学三级教师与其他组

别教师之间存在差异,且都显著低于各组教师。

为进一步确定各组教师之间的差异情况,我们通过 LSD 法对几组教师进行比较分析,结果显示:没评职称的高中教师与中小学二级教师在教师专业核心素养总分上无显著差异,中小学一级教师、中小学高级教师、中小学正高级教师之间专业核心素养总分无显著差异。在品格修为上,没评职称的高中教师与中小学二级教师无显著差异,中小学高级教师与中小学正高级教师之间无显著差异。在知识涵养上,未评职称的高中教师与中小学二级教师、中小学正高级教师之间无显著差异,中小学二级与中小学一级、中小学正高级之间无显著差异,中小学一级与中小学正高级之间没有明显差异,中小学高级与中小学正高级无显著差异,而中小学三级教师与其他各组教师之间在知识涵养上均有显著差异,均低于其他各组。在教学能力上,未评职称的高中教师与中小学二级高中教师无显著差异,中小学高级教师与中小学正高级职称的高中教师没有显著差异。

总之,未评职称的高中教师与中小学二级职称的高中教师除了在专业学识上有显著差异外($p = 0.042 < 0.05$),在专业核心素养总分及其他各项指标上均无显著差异;中小学高级职称高中教师与中小学正高级职称高中教师在职业情怀($p = 0.041 < 0.05$)、专业学识($p = 0.040 < 0.05$)、教学设计($p = 0.009 < 0.05$)上有显著差异外,其他指标均无显著差异;而中小学三级教师除在人格特质指标($p = 0.073 > 0.05$)上与未评职称高中教师无显著差异外,在其他各项指标上与其他各组教师均有显著差异。

8. 任教情况差异

(1) 任教课程差异

高中核心课程共 9 门,即语文、数学、英语、思想品德、历史、地理、物理、化学和生物。本次调查中语文教师 360 人、数学教师 378 人、英语教师 321 人、物理教师 142 人、化学教师 192 人、生物教师 103 人、历史教师 120 人、地理教师 111 人、思品教师 120 人,占总数的 88.4%。因此,本研究着重对以上 9 门课程的教师进行比较分析。通过单因素 ANOVA 检验,结果如表 4 - 16 所示。

表 4-16　任教不同课程教师在专业核心素养总分及各级指标上的均分统计

因变量	语文	数学	英语	物理	化学	生物	历史	地理	思品	f值	p值
总分	5.02	4.99	4.96	4.92	5.05	4.95	5.02	4.92	4.95	1.622	0.056
品格修为	5.07	5.10	5.02	4.94	5.12	4.95	5.01	4.96	4.97	1.980	0.011
职业情怀	5.24	5.29	5.22	5.11	5.34	5.11	5.16	5.16	5.16	2.159	0.005
人格特质	4.90	4.90	4.81	4.76	4.90	4.79	4.86	4.76	4.78	1.419	0.123
知识涵养	4.84	4.73	4.77	4.79	4.87	4.84	4.91	4.79	4.80	1.178	0.278
专业学识	4.86	4.78	4.82	4.84	4.90	4.83	4.95	4.75	4.89	1.258	0.216
通识基础	4.81	4.68	4.72	4.75	4.84	4.85	4.87	4.82	4.70	1.434	0.117
教学能力	5.17	5.16	5.12	5.04	5.18	5.06	5.16	5.01	5.10	2.142	0.005
教学设计	5.21	5.22	5.14	5.08	5.24	5.08	5.18	5.04	5.09	2.402	0.001
教学实施	5.14	5.10	5.09	5.01	5.18	5.05	5.14	4.98	5.10	1.834	0.022

由表 4-16 可知，在高中教师专业核心素养总分及人格特质、知识涵养、专业学识、通识基础几项指标上，各学科教师不具有显著差异，而品格修为、职业情怀、教学能力、教学设计、教学实施几项指标上，高中不同学科教师之间存在显著的差异。

（2）任教年级差异

本研究中任教高一年级教师 810 人，占 38.8%，任教高二年级的教师有 534 人，占总样本的 25.6%，任教高三年级的教师为 745 人，占 35.7%。通过单因素 ANOVA 检验，结果如表 4-17 所示。

表 4-17　不同年级教师在专业核心素养总分及一级指标上的均值统计

检验变量	高一年级 （N=810）	高二年级 （N=534）	高三年级 （N=745）	f值	p值
总分	4.94±0.64	4.98±0.62	5.06±0.64	7.531	0.001
品格修为	5.00±0.71	5.04±0.68	5.11±0.70	5.072	0.006
职业情怀	5.21±0.79	5.23±0.75	5.27±0.78	1.368	0.255
人格特质	4.79±0.76	4.85±0.74	4.95±0.75	8.931	0.000
知识涵养	4.76±0.72	4.78±0.72	4.88±0.72	6.070	0.002
专业学识	4.80±0.78	4.81±0.80	4.92±0.79	4.828	0.008
通识基础	4.72±0.74	4.75±0.71	4.84±0.72	6.249	0.002
教学能力	5.07±0.70	5.13±0.66	5.21±0.69	8.127	0.000

续表

检验变量	高一年级 （N=810）	高二年级 （N=534）	高三年级 （N=745）	f 值	p 值
教学设计	5.13±0.74	5.16±0.69	5.24±0.72	5.197	0.006
教学实施	5.02±0.70	5.10±0.69	5.18±0.70	10.722	0.000

由表4-17可知，高中不同年级教师在职业情怀上（p=0.255>0.5）不具有显著差异，而在教师专业核心素养总分及其他一、二级指标上均有显著差异。

表4-18 不同年级教师专业核心素养在各级指标上的多重比较

因变量	任教主要年级（I）	任教主要年级（J）	平均值差值（I-J）	显著性
总分	高一年级	高二年级	-0.04035	0.256
	高一年级	高三年级	-0.12413*	0.000
	高二年级	高三年级	-0.08378*	0.021
品格修为	高一年级	高二年级	-0.03980	0.307
	高一年级	高三年级	-0.11208*	0.002
	高二年级	高三年级	-0.07228	0.068
知识涵养	高一年级	高二年级	-0.02332	0.561
	高一年级	高三年级	-0.12203*	0.001
	高二年级	高三年级	-0.09871*	0.016
教学能力	高一年级	高二年级	-0.06011	0.116
	高一年级	高三年级	-0.14004*	0.000
	高二年级	高三年级	-0.07993*	0.040
职业情怀	高一年级	高二年级	-0.02059	0.635
	高一年级	高三年级	-0.06446	0.103
	高二年级	高三年级	-0.04387	0.320
人格特质	高一年级	高二年级	-0.05901	0.158
	高一年级	高三年级	-0.15969*	0.000
	高二年级	高三年级	-0.10068*	0.018
专业学识	高一年级	高二年级	-0.01071	0.808
	高一年级	高三年级	-0.11624*	0.004
	高二年级	高三年级	-0.10552*	0.019

续表

因变量	任教主要年级（I）	任教主要年级（J）	平均值差值（I－J）	显著性
通识基础	高一年级	高二年级	－0.03593	0.375
		高三年级	－0.12783 *	0.001
	高二年级	高三年级	－0.09190 *	0.026
教学设计	高一年级	高二年级	－0.03746	0.349
		高三年级	－0.11598 *	0.001
	高二年级	高三年级	－0.07852	0.054
教学实施	高一年级	高二年级	－0.08277 *	0.034
		高三年级	－0.16410 *	0.000
	高二年级	高三年级	－0.08133 *	0.040

由表4－18可知，高三年级教师除在职业情怀外的其他各项指标上均显著高于高一年级教师，高三年级教师在品格修为、职业情怀、教学设计外的其他各项指标均显著高于高二年级教师，而高一年级教师仅在教学实施指标上显著低于高二年级教师，在其他指标上无明显差异。

（3）周课时量差异

我们将高中教师周课时量情况分成四组，每周课时量为10节及以下教师占21.6%，11—15节课的教师占63.9%，16—20节课的教师占12.3%，21节课及以上的教师占2.2%。为探索高中教师专业核心素养总分及各指标在不同周课时量上是否有显著差异，对其进行单因素方差分析，结果见表4－19。

表4－19　不同课时量教师专业核心素养在各级指标上的多重比较

因变量	10节及以下	11—15节	16—20节	21节及以上	f值	p值
总分	4.95±0.68	5.01±0.63	5.00±0.60	4.88±0.70	1.528	0.205
品格修为	5.01±0.75	5.06±0.69	5.08±0.63	4.85±0.84	2.063	0.103
职业情怀	5.19±0.82	5.24±0.77	5.33±0.68	5.01±1.04	2.808	0.038
人格特质	4.82±0.80	4.89±0.74	4.83±0.73	4.69±0.79	1.775	0.150
知识涵养	4.76±0.73	4.82±0.72	4.80±0.73	4.77±0.67	0.831	0.477
专业学识	4.82±0.78	4.86±0.79	4.79±0.81	4.84±0.78	0.788	0.500
通识基础	4.71±0.76	4.79±0.72	4.80±0.73	4.71±0.66	1.488	0.216
教学能力	5.08±0.76	5.16±0.67	5.15±0.63	5.05±0.83	1.575	0.193

续表

因变量	10 节及以下	11—15 节	16—20 节	21 节及以上	f 值	p 值
教学设计	5.12 ± 0.79	5.19 ± 0.70	5.20 ± 0.66	5.11 ± 0.89	1.554	0.199
教学实施	5.05 ± 0.77	5.12 ± 0.68	5.10 ± 0.65	4.99 ± 0.87	1.482	0.0217

由表 4 - 19 可知，周课时量不同的教师在职业情怀上存在显著差异。进一步对其进行事后多重检验，结果见表 4 - 20。

表 4 - 20　不同课时量教师专业核心素养在一、二级指标上的多重比较

因变量	周课时量（I）	周课时量（J）	平均值差值（I - J）	显著性
专业核心素养	10 节及以下	11—15 节	-0.06244	0.073
		16—20 节	-0.05617	0.261
		21 节及以上	0.06259	0.531
	11—15 节	16—20 节	0.00627	0.886
		21 节及以上	0.12502	0.197
	16—20 节	21 节及以上	0.11875	0.251
品格修为	10 节及以下	11—15 节	-0.05503	0.148
		16—20 节	-0.07027	0.199
		21 节及以上	0.15823	0.148
	11—15 节	16—20 节	-0.01524	0.749
		21 节及以上	0.21326 *	0.044
	16—20 节	21 节及以上	0.22850 *	0.043
知识涵养	10 节及以下	11—15 节	-0.05980	0.127
		16—20 节	-0.03270	0.561
		21 节及以上	-0.00809	0.943
	11—15 节	16—20 节	0.02710	0.581
		21 节及以上	0.05171	0.636
	16—20 节	21 节及以上	0.02461	0.833
教学能力	10 节及以下	11—15 节	-0.07373 *	0.049
		16—20 节	-0.06670	0.214
		21 节及以上	0.03449	0.748
	11—15 节	16—20 节	0.00703	0.881
		21 节及以上	0.10822	0.299
	16—20 节	21 节及以上	0.10119	0.362

续表

因变量	周课时量（I）	周课时量（J）	平均值差值（I-J）	显著性
职业情怀	10 节及以下	11—15 节	-0.04808	0.255
		16—20 节	-0.13092 *	0.031
		21 节及以上	0.17938	0.140
	11—15 节	16—20 节	-0.08284	0.118
		21 节及以上	0.22747	0.053
	16—20 节	21 节及以上	0.31030 *	0.014
人格特质	10 节及以下	11—15 节	-0.06198	0.130
		16—20 节	-0.00962	0.870
		21 节及以上	0.13708	0.243
	11—15 节	16—20 节	0.05236	0.306
		21 节及以上	0.19906	0.081
	16—20 节	21 节及以上	0.14670	0.227
专业学识	10 节及以下	11—15 节	-0.04473	0.300
		16—20 节	0.02661	0.668
		21 节及以上	-0.01968	0.874
	11—15 节	16—20 节	0.07134	0.187
		21 节及以上	0.02505	0.835
	16—20 节	21 节及以上	-0.04629	0.718
通识基础	10 节及以下	11—15 节	-0.07487	0.059
		16—20 节	-0.09201	0.106
		21 节及以上	0.00350	0.975
	11—15 节	16—20 节	-0.01713	0.730
		21 节及以上	0.07837	0.478
	16—20 节	21 节及以上	0.09551	0.417
教学设计	10 节及以下	11—15 节	-0.07861 *	0.045
		16—20 节	-0.08229	0.143
		21 节及以上	0.00504	0.964
	11—15 节	16—20 节	-0.00369	0.940
		21 节及以上	0.08365	0.443
	16—20 节	21 节及以上	0.08733	0.452

续表

因变量	周课时量（I）	周课时量（J）	平均值差值（I-J）	显著性
教学实施	10节及以下	11—15节	-0.06886	0.071
		16—20节	-0.05111	0.351
		21节及以上	0.06394	0.560
	11—15节	16—20节	0.01775	0.710
		21节及以上	0.13280	0.212
	16—20节	21节及以上	0.11506	0.310

由表4-20可知，在品格修为上，周课时量在11—15节及16—20节的教师显著高于周课时量为21节及以上的高中教师；在教学能力上，周课时量在10节及以下的教师要显著低于11—15节的教师。在二级指标的职业情怀上，周课时量在10节及以下的教师要显著低于16—20节的教师，16—20节的高中教师要显著高于周课时量为21节及以上的高中教师；在教学设计上，周课时量在10节及以下的教师要显著低于11—15节的教师。

9. 任班主任状况差异

在本研究中，担任班主任的高中教师837人，未担任班主任的高中教师为1252人。对是否担任班主任的高中教师的教师专业核心素养及各类一、二级标准进行独立样本T检验，结果见表4-21。

表4-21 任班主任情况不同的教师专业核心素养总分及一、二级指标均值统计

检验变量	担任班主任（N=837）	未担任班主任（N=1252）	f值	T值	p值
总分	5.03±0.63	4.97±0.64	0.795	2.189	0.029
品格修为	5.09±0.70	5.02±0.70	0.510	2.032	0.042
职业情怀	5.26±0.778	5.22±0.78	0.013	1.196	0.232
人格特质	4.91±0.75	4.83±0.75	0.053	2.548	0.011
知识涵养	4.84±0.71	4.78±0.72	0.862	1.782	0.075
专业学识	4.86±0.79	4.83±0.80	0.630	0.976	0.329
通识基础	4.82±0.72	4.74±0.73	0.754	2.464	0.014
教学能力	5.18±0.68	5.11±0.69	0.345	2.190	0.029
教学设计	5.22±0.71	5.14±0.72	0.470	2.697	0.007
教学实施	5.13±0.69	5.08±0.71	0.898	1.530	0.126

从表 4-21 中可知，担任班主任的教师在教师专业核心素养总分、品格修为、人格特质、通识基础、教学能力、教学设计上与不担任班主任的高中教师有明显差异，而在职业情怀、知识涵养、专业学识、教学实施上没有明显差异。对各项指标的得分情况进行分析，担任班主任的高中教师在各项指标上得分均值均高于未担任班主任的教师。

10. 获奖情况差异

（1）最高获奖情况差异

本研究中对高中教师获最高奖励的情况进行分析，未获奖励的高中教师有 396 人，最高获校级奖励的教师为 394 人，最高获县（区）级奖励的高中教师为 463 人，最高获市级奖励的高中教师有 489 人，最高获省级奖励的高中教师为 269 人，最高获国家级奖励的有 78 人。对高中教师获奖励最高情况与高中教师的教师专业核心素养及各类一、二级标准进行 ANOVA 检验进行分析，结果见表 4-22。

表 4-22 不同最高获奖的教师专业核心素养总分及一、二级指标均值统计

因变量	无	校级	县区级	市级	省级	国家级	f 值	p 值
总分	4.82	4.91	5.01	5.10	5.06	5.21	12.599	0.000
品格修为	4.91	4.96	5.06	5.15	5.13	5.25	8.889	0.000
职业情怀	5.10	5.17	5.25	5.32	5.32	5.43	5.849	0.000
人格特质	4.72	4.75	4.87	4.98	4.95	5.06	9.443	0.000
知识涵养	4.63	4.72	4.84	4.93	4.88	5.00	11.238	0.000
专业学识	4.63	4.74	4.88	4.98	4.94	5.02	11.714	0.000
通识基础	4.62	4.69	4.79	4.89	4.81	4.98	8.607	0.000
教学能力	4.96	5.07	5.16	5.24	5.21	5.40	11.551	0.000
教学设计	5.02	5.13	5.20	5.25	5.23	5.44	7.690	0.000
教学实施	4.89	5.01	5.11	5.23	5.18	5.35	14.899	0.000

从表 4-22 中可知，获得最高奖励不同的高中教师在教师专业核心素养总分、品格修为、职业情怀、人格特质、知识涵养、专业学识、通识基础、教学能力、教学设计、教学实施所有指标上都有明显差异。为进一步了解在各项指标上各组教师两两之间具有的差异性，对其进行 LSD 多重比较，结果见表 4-23。

表 4-23　获不同最高奖的教师专业核心素养总分的差异比较

因变量	获奖情况（I）	获奖情况（J）	平均值差值（I-J）	显著性
总分	无	校级	-0.08516	0.058
		县（区）级	-0.18686*	0.000
		市级	-0.27898*	0.000
		省级	-0.23972*	0.000
		国家级	-0.38364*	0.000
	校级	县（区）级	-0.10170*	0.019
		市级	-0.19382*	0.000
		省级	-0.15456*	0.002
		国家级	-0.29848*	0.000
	县（区）级	市级	-0.09212*	0.024
		省级	-0.05287	0.275
		国家级	-0.19679*	0.011
	市级	省级	0.03925	0.413
		国家级	-0.10467	0.174
	省级	国家级	-0.14392	0.076

由表 4-23 可知，在教师专业核心素养总分上，没有任何获奖的教师与获校级奖励的教师之间没有显著差异，获县（区）级奖励的教师与获市级奖励及国家级奖励的教师之间有显著的差异。为进一步了解五组教师的差异情况，对总分及一级指标进行多重比较分析，结果见表 4-24。

表 4-24　不同获奖教师专业核心素养总分及一级指标上的差异比较

因变量	获奖情况（I）	获奖情况（J）	平均值差值（I-J）	显著性
总分	无	1 种	-0.12956*	0.001
		2 种	-0.18758*	0.000
		3 种	-0.38795*	0.000
		4 种	-0.27890*	0.000
		5 种	-0.41440*	0.000
	1 种	2 种	-0.05802	0.129
		3 种	-0.25839*	0.000
		4 种	-0.14935*	0.010

续表

因变量	获奖情况（I）	获奖情况（J）	平均值差值（I-J）	显著性
总分	1 种	5 种	-0.28484*	0.007
	2 种	3 种	-0.20037*	0.000
		4 种	-0.09133	0.142
		5 种	-0.22682*	0.036
	3 种	4 种	0.10904	0.093
		5 种	-0.02645	0.809
	4 种	5 种	-0.13549	0.245
品格修为	无	1 种	-0.10010*	0.018
		2 种	-0.15664*	0.001
		3 种	-0.34935*	0.000
		4 种	-0.25522*	0.000
		5 种	-0.34977*	0.003
	1 种	2 种	-0.05654	0.179
		3 种	-0.24925*	0.000
		4 种	-0.15512*	0.015
		5 种	-0.24967*	0.032
	2 种	3 种	-0.19271*	0.000
		4 种	-0.09858	0.150
		5 种	-0.19313	0.104
	3 种	4 种	0.09413	0.188
		5 种	-0.00042	0.997
	4 种	5 种	-0.09455	0.461
知识涵养	无	1 种	-0.13720*	0.002
		2 种	-0.20557*	0.000
		3 种	-0.43353*	0.000
		4 种	-0.26723*	0.000
		5 种	-0.46247*	0.000
	1 种	2 种	-0.06836	0.112
		3 种	-0.29633*	0.000
		4 种	-0.13002*	0.047
		5 种	-0.32526*	0.006

续表

因变量	获奖情况（I）	获奖情况（J）	平均值差值（I－J）	显著性
知识涵养	2 种	3 种	－0.22797*	0.000
		4 种	－0.06166	0.379
		5 种	－0.25690*	0.035
	3 种	4 种	0.16631*	0.023
		5 种	－0.02893	0.815
	4 种	5 种	－0.19524	0.137
教学能力	无	1 种	－0.15409*	0.000
		2 种	－0.20214*	0.000
		3 种	－0.38008*	0.000
		4 种	－0.31869*	0.000
		5 种	－0.43302*	0.000
	1 种	2 种	－0.04805	0.243
		3 种	－0.22598*	0.000
		4 种	－0.16459*	0.009
		5 种	－0.27893*	0.014
	2 种	3 种	－0.17794*	0.001
		4 种	－0.11654	0.082
		5 种	－0.23088*	0.047
	3 种	4 种	0.06139	0.380
		5 种	－0.05294	0.654
	4 种	5 种	－0.11433	0.363

由表 4－24 可知，从高中教师专业核心素养总分及 3 个一级指标来看，没有获过任何奖励的高中教师在各指标上都显著低于其他组教师，仅获过 1 种奖励的高中教师在各项指标上都显著低于获过 3 种、4 种、5 种不同奖项的高中教师，而获过 1 种奖项与 2 种不同奖项的教师没有显著差异；获过 2 种不同奖项的高中教师在各指标上都显著低于获得过 3 种不同奖项的教师；获 4 种或 5 种不同奖项的教师在各指标上均没有显著差异。

第二节　高中教师专业核心素养的影响因素

一　教研活动

（一）教研活动开展情况

对高中教师所在学校教研组织建设及开展情况进行分析，在 2089 位教师中有 32 位教师所在学校没有教研组织，11 位教师所在学校有教研组织却从未开展教研活动，128 位教师所在学校很少开展教研活动，463 位教师所在学校有时会开展教研活动，1455 位教师所在学校经常开展教研活动，占比 69.65%。为了解高中教师所在学校教研活动开展情况对总分及一、二级指标的影响，对其进行单因素方差分析，结果见表 4-25。

表 4-25　教师所在学校教研组织及开展教研活动情况的统计

因变量	没有教研组织 （N=32）	从未组织 （N=11）	很少组织 （N=128）	有时组织 （N=463）	经常组织 （N=1455）	f 值	p 值
总分	4.44±0.91	4.30±0.43	4.55±0.66	4.74±0.58	5.13±0.60	65.837	0.000
品格修为	4.41±1.09	4.47±0.57	4.59±0.73	4.80±0.68	5.19±0.64	55.430	0.000
职业情怀	4.65±1.47	4.60±1.00	4.84±0.90	4.99±0.75	5.37±0.71	40.041	0.000
人格特质	4.16±0.80	4.34±0.51	4.35±0.70	4.62±0.73	5.00±0.70	52.448	0.000
知识涵养	4.33±0.79	4.13±0.42	4.36±0.72	4.56±0.64	4.94±0.70	47.913	0.000
专业学识	4.34±0.86	4.25±0.59	4.36±0.82	4.57±0.72	4.99±0.77	45.714	0.000
通识基础	4.32±0.82	4.01±0.46	4.36±0.70	4.55±0.66	4.89±0.71	39.569	0.000
教学能力	4.62±1.17	4.30±0.62	4.70±0.76	4.88±0.64	5.28±0.63	58.191	0.000
教学设计	4.76±1.39	4.34±0.65	4.74±0.83	4.94±0.67	5.30±0.66	45.501	0.000
教学实施	4.47±1.02	4.26±0.65	4.67±0.73	4.82±0.66	5.25±0.65	64.536	0.000

由表 4-25 可知，学校是否组织教研组织、教研组织开展活动的频率与高中教师专业核心素养总分以及一、二级指标的 p 值均小于 0.001，即学校是否成立教研组织、教研组织开展活动的频率对教师专业核心素养会产生显著的影响。为进一步分析，进行事后多重比较，结果如表 4-26 所示。

表 4 – 26　教师所在学校教研组织及开展教研活动情况的多重比较

因变量	(I) 2. 您所在教研组会开展教研活动吗?	(J) 2. 您所在教研组会开展教研活动吗?	平均值差值 (I – J)	显著性
总分	没有教研组织	从未组织	0.14341	0.496
		很少组织	– 0.10156	0.394
		有时组织	– 0.30007*	0.007
		经常组织	– 0.68424*	0.000
	从未组织	很少组织	– 0.24497	0.196
		有时组织	– 0.44349*	0.016
		经常组织	– 0.82765*	0.000
	很少组织	有时组织	– 0.19851*	0.001
		经常组织	– 0.58268*	0.000
	有时组织	经常组织	– 0.38417*	0.000
品格修为	没有教研组织	从未组织	– 0.06345	0.785
		很少组织	– 0.18663	0.156
		有时组织	– 0.39841*	0.001
		经常组织	– 0.77951*	0.000
	从未组织	很少组织	– 0.12318	0.556
		有时组织	– 0.33496	0.099
		经常组织	– 0.71606*	0.000
	很少组织	有时组织	– 0.21177*	0.001
		经常组织	– 0.59288*	0.000
	有时组织	经常组织	– 0.38110*	0.000
知识涵养	没有教研组织	从未组织	0.19855	0.410
		很少组织	– 0.02908	0.831
		有时组织	– 0.23313	0.065
		经常组织	– 0.61004*	0.000
	从未组织	很少组织	– 0.22763	0.294
		有时组织	– 0.43168*	0.040
		经常组织	– 0.80859*	0.000
	很少组织	有时组织	– 0.20405*	0.003
		经常组织	– 0.58096*	0.000
	有时组织	经常组织	– 0.37691*	0.000

续表

因变量	(I) 2. 您所在教研组会开展教研活动吗？	(J) 2. 您所在教研组会开展教研活动吗？	平均值差值（I－J）	显著性
教学能力	没有教研组织	从未组织	0.31410	0.169
		很少组织	－0.08740	0.498
		有时组织	－0.26476*	0.027
		经常组织	－0.66054*	0.000
	从未组织	很少组织	－0.40150	0.050
		有时组织	－0.57886*	0.004
		经常组织	－0.97464*	0.000
	很少组织	有时组织	－0.17736*	0.007
		经常组织	－0.57314*	0.000
	有时组织	经常组织	－0.39578*	0.000

注：*表示平均值差值的显著性水平为 0.05。

由表 4-26 可知，对五种开展教研活动不同情况的教师的专业素养总分及一级指标进行分析，经常开展教研活动的学校的高中教师的核心素养水平、品格修为水平、知识涵养水平、教学能力水平显著高于其他各组教师；学校有时开展教研活动的高中教师其在教学能力上与很少开展教研活动学校的教师的水平不具有显著差异，但在总分及品格修为、知识涵养上均有着显著的差异；没有教研组织的学校、从未组织过教研活动的学校及很少组织教研活动的学校的教师在教师专业核心素养及一级指标上两两之间均没有显著差异，表明教研活动的开展频次很大程度上影响着高中教师的专业核心素养。

（二）教研活动参与情况

在本研究中，43 位教师因学校没有建立教研组织或者从未参加过教研活动而对本题不做回答，因此参与本题调查的教师共计 2046 人，其中参加教研活动较多的高中教师有 378 人，经常参加教研活动的教师 1496 人，即大多数高中教师都会积极参与教研活动。通过对其进行单因素 ANOVA 检验，结果如表 4-27 所示。

表 4-27　　教师参加教研活动情况的统计

因变量	从不参加 (N=2)	参加较少 (N=170)	参加较多 (N=378)	经常参加 (N=1496)	f 值	p 值
总分	4.78±0.23	4.55±0.61	4.76±0.59	5.12±0.60	62.660	0.000
品格修为	5.14±0.04	4.59±0.74	4.85±0.65	5.17±0.65	50.517	0.000
职业情怀	6.00±0.00	4.80±0.86	5.04±0.75	5.35±0.72	37.197	0.000
人格特质	4.28±0.08	4.38±0.72	4.65±0.69	4.99±0.73	47.646	0.000
知识涵养	3.86±0.27	4.39±0.64	4.55±0.68	4.94±0.70	48.331	0.000
专业学识	3.61±0.24	4.45±0.73	4.57±0.77	4.97±0.77	40.802	0.000
通识基础	4.11±0.31	4.34±0.64	4.54±0.68	4.90±0.71	45.772	0.000
教学能力	5.41±0.40	4.68±0.66	4.91±0.65	5.26±0.64	56.027	0.000
教学设计	5.63±0.53	4.72±0.71	4.97±0.71	5.29±0.68	43.927	0.000
教学实施	5.19±0.27	4.64±0.66	4.84±0.65	5.24±0.66	61.924	0.000

由表 4-27 可知，高中教师参加教研活动的频率与高中教师专业核心素养总分以及一、二级指标的 p 值均小于 0.001，即高中教师是否积极参加学校的教研活动对其自身专业核心素养水平会产生显著的影响。

（三）对教研活动的评价

在本研究中，参与本题调查的教师有 2044 人，其中认为参加教研活动没有效果的高中教师 41 人，认为效果较小的 508 人，认为效果较大的 920 人，认为效果显著的教师为 575 人，即大多数的高中教师都对教研活动对自身的发展做出了积极的评价。通过单因素 ANOVA 检验，结果见表 4-28 所示。

表 4-28　　教师对教研活动评价情况的统计

因变量	没有效果 (N=41)	效果较小 (N=508)	效果较大 (N=920)	效果显著 (N=575)	f 值	p 值
总分	4.51±0.86	4.67±0.61	4.99±0.55	5.36±0.55	116.421	0.000
品格修为	4.40±0.90	4.68±0.71	5.08±0.58	5.41±0.59	110.412	0.000
职业情怀	4.43±1.14	4.84±0.80	5.28±0.65	5.61±0.62	98.082	0.000
人格特质	4.36±0.83	4.52±0.73	4.88±0.65	5.21±0.73	82.293	0.000
知识涵养	4.49±0.81	4.49±0.64	4.79±0.65	5.17±0.71	79.299	0.000
专业学识	4.55±0.84	4.53±0.72	4.85±0.73	5.18±0.79	59.674	0.000
通识基础	4.43±0.84	4.46±0.64	4.74±0.66	5.16±0.71	83.271	0.000

续表

因变量	没有效果 （N=41）	效果较小 （N=508）	效果较大 （N=920）	效果显著 （N=575）	f值	p值
教学能力	4.68±1.02	4.85±0.68	5.11±0.60	5.52±0.56	94.445	0.000
教学设计	4.64±1.11	4.87±0.71	5.14±0.63	5.57±0.57	92.040	0.000
教学实施	4.71±0.96	4.82±0.69	5.07±0.63	5.47±0.60	83.857	0.000

由表4-28可知，对教研活动评价不同的高中教师，在教师专业核心素养总分及各一、二级指标上存在显著差异（p值均小于0.001）。从均值可知，认为教研活动对自身影响效果显著的高中教师，其教师专业核心素养总分以及一、二级指标均显著高于其他各组教师，而认为效果较大的教师在各项指标得分上高于认为效果较小的教师。这表明，教研活动开展水平、教师参加教研活动时的投入程度等都会对教师专业核心素养水平产生影响。事后多重比较的结果如表4-29所示。

表4-29　　　　　教师对教研活动评价情况的多重比较

因变量	（I）4.您对教研活动的评价	（J）4.您对教研活动的评价	平均值差值（I-J）	显著性
总分	没有效果	效果较小	-0.15267	0.104
		效果较大	-0.47633*	0.000
		效果显著	-0.84713*	0.000
	效果较小	效果较大	-0.32366*	0.000
		效果显著	-0.69446*	0.000
	效果较大	效果显著	-0.37081*	0.000
品格修为	没有效果	效果较小	-0.28620*	0.006
		效果较大	-0.68767*	0.000
		效果显著	-1.01680*	0.000
	效果较小	效果较大	-0.40147*	0.000
		效果显著	-0.73060*	0.000
	效果较大	效果显著	-0.32913*	0.000
知识涵养	没有效果	效果较小	-0.00472	0.966
		效果较大	-0.30534*	0.004
		效果显著	-0.68050*	0.000

续表

因变量	(I) 4. 您对教研活动的评价	(J) 4. 您对教研活动的评价	平均值差值（I−J）	显著性
知识涵养	效果较小	效果较大	−0.30063*	0.000
		效果显著	−0.67579*	0.000
	效果较大	效果显著	−0.37516*	0.000
教学能力	没有效果	效果较小	−0.16889	0.101
		效果较大	−0.43092*	0.000
		效果显著	−0.84371*	0.000
	效果较小	效果较大	−0.26203*	0.000
		效果显著	−0.67482*	0.000
	效果较大	效果显著	−0.41280*	0.000
职业情怀	没有效果	效果较小	−0.41045*	0.000
		效果较大	−0.84949*	0.000
		效果显著	−1.17683*	0.000
	效果较小	效果较大	−0.43904*	0.000
		效果显著	−0.76638*	0.000
	效果较大	效果显著	−0.32734*	0.000
人格特质	没有效果	效果较小	−0.16196	0.154
		效果较大	−0.52585*	0.000
		效果显著	−0.85677*	0.000
	效果较小	效果较大	−0.36389*	0.000
		效果显著	−0.69481*	0.000
	效果较大	效果显著	−0.33092*	0.000
专业学识	没有效果	效果较小	0.02411	0.843
		效果较大	−0.29636*	0.014
		效果显著	−0.63228*	0.000
	效果较小	效果较大	−0.32047*	0.000
		效果显著	−0.65639*	0.000
	效果较大	效果显著	−0.33592*	0.000
通识基础	没有效果	效果较小	−0.03354	0.760
		效果较大	−0.31433*	0.004
		效果显著	−0.72872*	0.000

续表

因变量	(I) 4. 您对教研活动的评价	(J) 4. 您对教研活动的评价	平均值差值(I-J)	显著性
通识基础	效果较小	效果较大	-0.28079*	0.000
		效果显著	-0.69518*	0.000
	效果较大	效果显著	-0.41440*	0.000
教学设计	没有效果	效果较小	-0.22983*	0.033
		效果较大	-0.50364*	0.000
		效果显著	-0.93454*	0.000
	效果较小	效果较大	-0.27381*	0.000
		效果显著	-0.70470*	0.000
	效果较大	效果显著	-0.43090*	0.000
教学实施	没有效果	效果较小	-0.10794	0.308
		效果较大	-0.35819*	0.001
		效果显著	-0.75289*	0.000
	效果较小	效果较大	-0.25024*	0.000
		效果显著	-0.64495*	0.000
	效果较大	效果显著	-0.39470*	0.000

注：*表示平均值差值的显著性水平为0.05。

由表4-29可知，对教研活动评价不同的教师的专业素养总分及一、二级指标进行分析，认为教研活动没有效果与认为教研活动效果较小的高中教师在教师专业核心素养、品格修为水平、知识涵养水平、教学能力水平及各二级指标上均没有显著的差异；在教师专业核心素养总分及各一、二级指标上，认为教研活动效果显著的教师与其他各组教师均有显著差异；认为教研效果较大的教师与其他各组教师除专业学识指标外均有显著差异，而在专业学识上，认为教研效果较大的教师与认为教研活动没有效果的教师没有显著差异。这表明，高中教师对教研活动的评价影响教师专业核心素养发展水平，教研活动的开展水平、教师的主动性参与水平等会对教师专业核心素养有影响；在专业学识上，教师对教研活动的评价没有显著影响。

二 教师培训

对教师培训中的 5 道题目进行逐一分析,进一步了解教师培训的开展频次、参与度、开展效果、教师培训需求等方面对高中教师专业核心素养的影响。前 3 题是对校内教师培训开展、参加、评价的分析,后 2 题是对教师参加校外培训情况的分析。

(一) 教师培训开展情况

对教师培训开展情况进行分析,其中学校从未开展教师培训的教师 34 人,开展教师培训较少的 611 人,认为开展较多的教师 695 人,认为经常开展培训的 749 人,多数的学校开展教师培训情况较好。通过单因素 ANOVA 检验进行分析,结果见表 4-30。

表 4-30　　　　　教师所在学校教师培训开展情况的统计

因变量	从未开展 (N=34)	开展较少 (N=611)	开展较多 (N=695)	经常开展 (N=749)	f 值	p 值
总分	4.31±0.79	4.75±0.61	4.92±0.58	5.29±0.58	113.643	0.000
品格修为	4.27±0.94	4.77±0.69	5.02±0.64	5.33±0.62	99.299	0.000
职业情怀	4.45±1.28	4.96±0.78	5.22±0.72	5.51±0.68	76.962	0.000
人格特质	4.09±0.76	4.59±0.72	4.82±0.69	5.15±0.71	86.311	0.000
知识涵养	4.15±0.66	4.59±0.66	4.71±0.67	5.10±0.71	81.721	0.000
专业学识	4.22±0.85	4.64±0.75	4.75±0.74	5.12±0.79	57.777	0.000
通识基础	4.09±0.63	4.54±0.66	4.67±0.68	5.08±0.71	90.948	0.000
教学能力	4.54±1.02	4.91±0.66	5.04±0.65	5.45±0.61	98.594	0.000
教学设计	4.62±1.16	4.93±0.69	5.09±0.67	5.48±0.64	88.405	0.000
教学实施	4.46±0.98	4.88±0.67	4.99±0.66	5.41±0.63	95.465	0.000

从表 4-30 可知,学校开展教师培训的频次不同,高中教师的专业核心素养及各一、二级指标均有着显著的差异,对各组教师在总分及一级指标上的情况进行 LSD 分析,结果如表 4-31 所示。

表 4-31　　　　教师所在学校教师培训开展情况的多重比较

因变量	(I) 5. 您所在学校是否开展了教师培训？	(J) 5. 您所在学校是否开展了教师培训？	平均值差值（I-J）	显著性
总分	从未开展	开展较少	-0.43851*	0.000
		开展较多	-0.60758*	0.000
		经常开展	-0.97473*	0.000
	开展较少	开展较多	-0.16907*	0.000
		经常开展	-0.53622*	0.000
	开展较多	经常开展	-0.36715*	0.000
品格修为	从未开展	开展较少	-0.50481*	0.000
		开展较多	-0.75285*	0.000
		经常开展	-1.06410*	0.000
	开展较少	开展较多	-0.24805*	0.000
		经常开展	-0.55929*	0.000
	开展较多	经常开展	-0.31124*	0.000
知识涵养	从未开展	开展较少	-0.43742*	0.000
		开展较多	-0.55880*	0.000
		经常开展	-0.94750*	0.000
	开展较少	开展较多	-0.12137*	0.001
		经常开展	-0.51008*	0.000
	开展较多	经常开展	-0.38871*	0.000
教学能力	从未开展	开展较少	-0.36514*	0.001
		开展较多	-0.49904*	0.000
		经常开展	-0.90482*	0.000
	开展较少	开展较多	-0.13389*	0.000
		经常开展	-0.53968*	0.000
	开展较多	经常开展	-0.40578*	0.000

注：*表示平均值差值的显著性水平为 0.05。

从表 4-31 可知，教师培训的开展对高中教师专业核心素养有着显著的影响，开展教师培训越多的学校，教师的专业核心素养水平也越高。

（二）教师培训参与情况

对于教师培训开展情况进行分析，34 位教师学校从未开展教师培训，因此教师参与培训的情况调查中共 2055 位教师参与，其中从不参加教师培训的高中教师10位，参加次数较少的教师358位，参加次数较多的教师648位，经常参加教师培训的高中教师为1039人。经过单因素方差分析，结果见表4-32所示。

表4-32 教师参与教师培训情况的统计

因变量	从不参加(N=10)	参加较少(N=358)	参加较多(N=648)	经常参加(N=1039)	f值	p值
总分	4.16±0.98	4.68±0.64	4.86±0.57	5.21±0.58	85.623	0.000
品格修为	4.03±1.26	4.71±0.72	4.96±0.64	5.26±0.63	71.821	0.000
职业情怀	4.22±1.85	4.90±0.81	5.16±0.73	5.44±0.68	53.399	0.000
人格特质	3.83±0.76	4.52±0.75	4.75±0.67	5.08±0.72	65.224	0.000
知识涵养	4.03±0.57	4.53±0.70	4.64±0.65	5.04±0.69	64.939	0.000
专业学识	4.04±0.60	4.55±0.79	4.68±0.73	5.07±0.76	53.536	0.000
通识基础	4.01±0.64	4.51±0.70	4.60±0.66	5.00±0.70	62.324	0.000
教学能力	4.47±1.43	4.82±0.68	4.99±0.64	5.37±0.61	73.442	0.000
教学设计	4.50±1.63	4.84±0.72	5.04±0.67	5.40±0.63	65.878	0.000
教学实施	4.44±1.25	4.80±0.70	4.93±0.65	5.33±0.63	71.083	0.000

从表4-32可知，教师参与培训的频次对于教师专业核心素养、教师品格修为、职业情怀、人格特质均有着显著的影响，且教师参加培训的频次越高其专业核心素养水平越高。对于教师参与培训情况进行多重事后检验，进一步了解总分及一级指标上各组教师之间的情况，结果见表4-33。

表4-33 教师参与教师培训情况的多重比较

因变量	(I) 6.您会参加学校的教师培训吗？	(J) 6.您会参加学校的教师培训吗？	平均值差值(I-J)	显著性
总分	从不参加	参加较少	-0.51714*	0.007
		参加较多	-0.69391*	0.000
		经常参加	-1.05133*	0.000
	参加较少	参加较多	-0.17677*	0.000
		经常参加	-0.53420*	0.000
	参加较多	经常参加	-0.35742*	0.000

续表

因变量	(I) 6. 您会参加学校的教师培训吗？	(J) 6. 您会参加学校的教师培训吗？	平均值差值（I-J）	显著性
品格修为	从不参加	参加较少	-0.68032*	0.001
		参加较多	-0.93004*	0.000
		经常参加	-1.23139*	0.000
	参加较少	参加较多	-0.24972*	0.000
		经常参加	-0.55107*	0.000
	参加较多	经常参加	-0.30135*	0.000
知识涵养	从不参加	参加较少	-0.50047*	0.022
		参加较多	-0.61428*	0.005
		经常参加	-1.00735*	0.000
	参加较少	参加较多	-0.11382*	0.011
		经常参加	-0.50689*	0.000
	参加较多	经常参加	-0.39307*	0.000
教学能力	从不参加	参加较少	-0.35230	0.088
		参加较多	-0.51784*	0.012
		经常参加	-0.89825*	0.000
	参加较少	参加较多	-0.16554*	0.000
		经常参加	-0.54595*	0.000
	参加较多	经常参加	-0.38041*	0.000

注：*表示平均值差值的显著性水平为0.05。

经过事后多重检验可知，在各项指标上，参加培训较多的教师与其他各教师都有显著的差异；在教师专业核心素养上，从不参加培训的高中教师与参加培训较少的教师不具有显著差异；在品格修为上，四组参加培训频次不同的教师两两之间均有显著差异，表明教师参加培训的次数对其的品格修为有显著的影响，且参加次数越多其品格修为水平越高；在知识涵养水平上，从不参加培训的教师与参加较少及参加较多的教师没有显著差异，参加培训较少的教师与参加较多的教师没有显著的差异；在教学能力上，从不参加培训的教师与参加较少及参加较多的教师没有显著的差异。

(三) 对教师培训的评价

在本题中，共2045位教师参与调查，其中认为从教师培训中没有收获的教师26位，认为收获较小的教师528位，认为收获较大的教师889位，认为收获很大的教师602位，绝大多数的教师均认为从教师培训中取得了较大的收获。进一步通过ANOVA检验进行分析，结果见表4-34。

表4-34　　　　　　教师对参与培训的评价情况统计

因变量	没有收获 (N=26)	收获较小 (N=528)	收获较大 (N=889)	收获很大 (N=602)	f值	p值
总分	4.54±0.88	4.68±0.62	4.96±0.54	5.39±0.52	135.378	0.000
品格修为	4.44±0.95	4.69±0.71	5.05±0.59	5.45±0.54	133.770	0.000
职业情怀	4.47±1.22	4.85±0.80	5.25±0.66	5.65±0.57	115.579	0.000
人格特质	4.40±0.81	4.52±0.74	4.85±0.65	5.25±0.68	100.499	0.000
知识涵养	4.48±0.80	4.51±0.66	4.77±0.64	5.19±0.70	88.521	0.000
专业学识	4.56±0.80	4.54±0.75	4.82±0.72	5.20±0.79	64.759	0.000
通识基础	4.41±0.86	4.48±0.67	4.71±0.65	5.18±0.69	95.297	0.000
教学能力	4.72±1.05	4.85±0.69	5.08±0.60	5.54±0.54	105.984	0.000
教学设计	4.66±1.18	4.86±0.71	5.12±0.62	5.60±0.55	107.857	0.000
教学实施	4.78±0.94	4.83±0.71	5.04±0.62	5.48±0.58	89.242	0.000

由表4-34中可知，高中教师对教师培训的评价不同，教师专业核心素养水平及各一、二级指标均有显著差异，进一步对总分及一级指标进行LSD检验，结果如表4-35所示。

表4-35　　　　　　教师对参与培训的评价情况多重比较

因变量	(I) 7. 您对学校教师培训的评价是	(J) 7. 您对学校教师培训的评价是	平均值差值 (I-J)	显著性
总分	没有收获	收获较小	-0.13594	0.236
		收获较大	-0.42104*	0.000
		收获很大	-0.84908*	0.000
	收获较小	收获较大	-0.28509*	0.000
		收获很大	-0.71314*	0.000
	收获较大	收获很大	-0.42805*	0.000

续表

因变量	(I) 7. 您对学校教师培训的评价是	(J) 7. 您对学校教师培训的评价是	平均值差值（I-J）	显著性
品格修为	没有收获	收获较小	-0.25023*	0.046
		收获较大	-0.61366*	0.000
		收获很大	-1.01888*	0.000
品格修为	收获较小	收获较大	-0.36342*	0.000
		收获很大	-0.76865*	0.000
	收获较大	收获很大	-0.40522*	0.000
知识涵养	没有收获	收获较小	-0.03077	0.818
		收获较大	-0.28400*	0.032
		收获很大	-0.70499*	0.000
	收获较小	收获较大	-0.25323*	0.000
		收获很大	-0.67421*	0.000
	收获较大	收获很大	-0.42099*	0.000
教学能力	没有收获	收获较小	-0.12567	0.319
		收获较大	-0.35850*	0.004
		收获很大	-0.82017*	0.000
	收获较小	收获较大	-0.23283*	0.000
		收获很大	-0.69449*	0.000
	收获较大	收获很大	-0.46167*	0.000

注：*表示平均值差值的显著性水平为0.05。

由表4-35可知，在教师专业核心素养总分、品格修为、教学能力指标上，认为从教师培训中没有收获的高中教师与认为收获较小的教师没有显著差异，而其他各组教师之间两两均有显著差异，且认为自身从教师培训中收获越多的教师，其自身专业核心素养水平、品格修为、教学能力也就越高；而在知识涵养指标上，认为没有收获的教师与收获较小、收获较大的教师没有显著差异。

（四）参加校外最高级别培训情况

对于教师参加的校外培训的最高级别情况进行分析，309位教师参加过国家级培训，525位教师最高参加过省级培训，最高参加过市级以上培训的教师仅占39.92%，532位教师最高参加过市级培训，723位教师最高参加过县（区）级培训，最高参加过县（区）级培训的教师占 34.61%，由此可知，参加过市级以上培训的教师较少。为了解教师参加的最高培训对教师专业核心素养的影响，对其进行单因素 ANOVA 检验，结果见表 4-36。

表 4-36　　　　　教师参加校外培训的最高级别情况统计

因变量	国家级 （N=309）	省级 （N=525）	市级 （N=532）	县（区）级 （N=723）	F 值	P 值
总分	5.13±0.60	5.04±0.62	4.96±0.66	4.92±0.65	9.248	0.000
品格修为	5.16±0.67	5.09±0.68	5.04±0.71	4.98±0.72	5.717	0.001
职业情怀	5.35±0.76	5.27±0.76	5.24±0.76	5.17±0.80	4.424	0.004
人格特质	4.97±0.73	4.91±0.75	4.85±0.77	4.79±0.74	5.268	0.001
知识涵养	4.94±0.72	4.86±0.71	4.77±0.73	4.74±0.72	7.168	0.000
专业学识	4.97±0.77	4.90±0.78	4.81±0.79	4.77±0.81	5.481	0.001
通识基础	4.91±0.73	4.83±0.72	4.73±0.74	4.71±0.71	7.580	0.000
教学能力	5.31±0.63	5.19±0.64	5.08±0.72	5.06±0.71	11.443	0.000
教学设计	5.36±0.65	5.23±0.66	5.11±0.75	5.11±0.74	11.498	0.000
教学实施	5.25±0.66	5.16±0.67	5.05±0.72	5.02±0.71	10.068	0.000

通过检验可知，最高参加校外培训级别不同的教师在教师专业核心素养及一、二级指标上均有显著差异。参加校外培训的级别对教师专业核心素养有影响。对此再进行多重事后检验，结果如表 4-37 所示。

表 4-37　　　　　教师参加校外培训的最高级别情况多重比较

因变量	（I）20. 参加最高培训情况	（J）20. 参加最高培训情况	平均值差值 （I-J）	显著性
总分	国家级	省级	0.08596	0.060
		市级	0.16810*	0.000
		县（区）级	0.20696*	0.000
	省级	市级	0.08215*	0.036
		县（区）级	0.12100*	0.001
	市级	县（区）级	0.03885	0.285

续表

因变量	(I) 20. 参加最高培训情况	(J) 20. 参加最高培训情况	平均值差值 (I-J)	显著性
品格修为	国家级	省级	0.06938	0.166
		市级	0.11588*	0.020
		县（区）级	0.18178*	0.000
	省级	市级	0.04650	0.279
		县（区）级	0.11240*	0.005
	市级	县（区）级	0.06590	0.098
知识涵养	国家级	省级	0.07957	0.122
		市级	0.17172*	0.001
		县（区）级	0.20057*	0.000
	省级	市级	0.09215*	0.037
		县（区）级	0.12100*	0.003
	市级	县（区）级	0.02885	0.481
教学能力	国家级	省级	0.11179*	0.022
		市级	0.22279*	0.000
		县（区）级	0.24246*	0.000
	省级	市级	0.11100*	0.008
		县（区）级	0.13067*	0.001
	市级	县（区）级	0.01968	0.614

注：*表示平均值差值的显著性水平为0.05。

由表4-37可知，最高参加过国家级培训的高中教师与参加过市级或县（区）级的教师，在教师专业核心素养水平、知识涵养水平及教学能力上均有显著差异，参加过国家级、省级的教师要显著高于仅参加过县（区）级培训的高中教师；而在品格修为上，参加过国家级培训的教师要比仅参加过县（区）级的教师水平更高，其他各组之间没有显著差异。这表明，参加校外培训层次对教师专业核心素养有影响，国家级的优质教师培训更有助于提升教师的专业核心素养。

三 文献阅读

对教师阅读影响因素下除教师教学满意度之外的10道题目进行逐一分析，了解教师掌握教育学、心理学、学科教学、信息技术等知识情况对教师专业核心素养的影响。

（一）教育类文献阅读情况

对高中教师教育类文献阅读情况进行统计，从不阅读及阅读极少的教师分别为 29 人和 766 人，阅读较多和经常阅读的分别为 791 人和 503 人，占比 61.94%。通过单因素 ANOVA 检验分析，结果如表 4-38 所示。

表 4-38　　　　　　　　教师阅读教育类文献情况的统计

因变量	从不阅读 （N=29）	阅读较少 （N=766）	阅读较多 （N=791）	经常阅读 （N=503）	f 值	p 值
总分	3.91±0.76	4.68±0.56	5.07±0.56	5.41±0.56	210.083	0.000
品格修为	3.92±0.94	4.74±0.65	5.15±0.62	5.43±0.60	158.234	0.000
职业情怀	4.03±1.35	4.96±0.76	5.32±0.69	5.60±0.66	111.722	0.000
人格特质	3.80±0.61	4.53±0.68	4.98±0.66	5.25±0.73	147.531	0.000
知识涵养	3.88±0.53	4.49±0.60	4.87±0.65	5.25±0.72	156.388	0.000
专业学识	3.87±0.55	4.55±0.69	4.90±0.74	5.25±0.81	107.358	0.000
通识基础	3.89±0.60	4.43±0.61	4.83±0.66	5.24±0.70	176.952	0.000
教学能力	3.94±1.08	4.84±0.63	5.19±0.59	5.58±0.57	188.671	0.000
教学设计	4.01±1.15	4.86±0.67	5.23±0.62	5.63±0.59	179.379	0.000
教学实施	3.88±1.04	4.81±0.64	5.16±0.62	5.52±0.60	168.478	0.000

从表 4-38 可知，阅读教育类文献频率不同的高中教师，其专业核心素养总分及各一、二级指标均有显著差异，表明教师阅读教育类文献的频率影响教师专业核心素养的发展。对总分及一级指标进行多重事后检验，结果如表 4-39 所示。

表 4-39　　　　　　　　教师阅读教育类文献情况的事后多重比较

因变量	(I) 9. 您平时阅读教育教学类书刊吗？	(J) 9. 您平时阅读教育教学类书刊吗？	平均值差值 （I-J）	显著性
总分	从不阅读	阅读较少	-0.77076*	0.000
		阅读较多	-1.15131*	0.000
		经常阅读	-1.49636*	0.000
	阅读较少	阅读较多	-0.38056*	0.000
		经常阅读	-0.72560*	0.000
	阅读较多	经常阅读	-0.34505*	0.000

续表

因变量	(I) 9. 您平时阅读教育教学类书刊吗？	(J) 9. 您平时阅读教育教学类书刊吗？	平均值差值 (I-J)	显著性
品格修为	从不阅读	阅读较少	-0.82103*	0.000
		阅读较多	-1.22971*	0.000
		经常阅读	-1.50767*	0.000
	阅读较少	阅读较多	-0.40868*	0.000
		经常阅读	-0.68664*	0.000
	阅读较多	经常阅读	-0.27797*	0.000
知识涵养	从不阅读	阅读较少	-0.61297*	0.000
		阅读较多	-0.98449*	0.000
		经常阅读	-1.36386*	0.000
	阅读较少	阅读较多	-0.37151*	0.000
		经常阅读	-0.75089*	0.000
	阅读较多	经常阅读	-0.37937*	0.000
教学能力	从不阅读	阅读较少	-0.89171*	0.000
		阅读较多	-1.25080*	0.000
		经常阅读	-1.63270*	0.000
	阅读较少	阅读较多	-0.35910*	0.000
		经常阅读	-0.74099*	0.000
	阅读较多	经常阅读	-0.38190*	0.000

注：*表示平均值差值的显著性水平为0.05。

由表4-39可知，阅读教育类文献频率不同的教师在教师专业核心素养总分及一级指标上两两之间均有显著的差异。这表明，阅读教育类文献频次对教师专业核心素养水平、品格修为、知识涵养、教学能力均有影响，阅读教育类文献越多的教师在专业核心素养总分水平也越高，品格修为、知识涵养和教学能力上的表现也越好。

（二）心理类文献阅读情况

对高中教师阅读心理类文献情况进行统计，从不阅读的教师为70人，阅读较少的教师有1013人，占总人数的48.49%，阅读较多的教师有596人，经常阅读的教师为410人。可见，近一半的高中教师阅读心理类文献较少。通过单因素方差分析进一步分析，结果见表4-40所示。

表 4-40　　　　　　　　教师阅读心理类文献情况的统计

因变量	从不阅读 (N=70)	阅读较少 (N=1013)	阅读较多 (N=596)	经常阅读 (N=410)	f 值	p 值
总分	4.30±0.66	4.82±0.57	5.09±0.59	5.39±0.61	128.941	0.000
品格修为	4.37±0.76	4.89±0.66	5.16±0.65	5.41±0.65	89.786	0.000
职业情怀	4.64±1.01	5.09±0.74	5.32±0.72	5.58±0.74	59.155	0.000
人格特质	4.11±0.63	4.69±0.69	4.99±0.70	5.23±0.77	91.232	0.000
知识涵养	4.05±0.52	4.62±0.62	4.92±0.68	5.23±0.78	115.518	0.000
专业学识	4.02±0.60	4.68±0.70	4.96±0.76	5.21±0.88	81.526	0.000
通识基础	4.09±0.58	4.56±0.63	4.88±0.68	5.24±0.75	130.610	0.000
教学能力	4.50±0.91	4.97±0.63	5.20±0.63	5.56±0.63	107.344	0.000
教学设计	4.57±0.97	5.00±0.66	5.24±0.66	5.63±0.66	105.367	0.000
教学实施	4.44±0.90	4.94±0.64	5.17±0.65	5.49±0.65	94.369	0.000

从表 4-40 可知，阅读心理类文献频率不同的高中教师，其专业核心素养总分及各一、二级指标均有显著差异。这表明教师心理学类文献阅读的频率影响教师专业核心素养的发展。对总分及一级指标进行多重事后检验，结果如表 4-41 所示。

表 4-41　　　　　教师阅读心理类文献情况的事后多重比较

因变量	(I) 10.您平时阅读心理学方面的文献吗？	(J) 10.您平时阅读心理学方面的文献吗？	平均值差值（I-J）	显著性
总分	从不阅读	阅读较少	-0.51883*	0.000
		阅读较多	-0.78652*	0.000
		经常阅读	-1.08858*	0.000
	阅读较少	阅读较多	-0.26768*	0.000
		经常阅读	-0.56975*	0.000
	阅读较多	经常阅读	-0.30206*	0.000
品格修为	从不阅读	阅读较少	-0.51560*	0.000
		阅读较多	-0.78358*	0.000
		经常阅读	-1.03254*	0.000
	阅读较少	阅读较多	-0.26798*	0.000
		经常阅读	-0.51694*	0.000
	阅读较多	经常阅读	-0.24896*	0.000

续表

因变量	(I) 10. 您平时阅读心理学方面的文献吗？	(J) 10. 您平时阅读心理学方面的文献吗？	平均值差值（I-J）	显著性
知识涵养	从不阅读	阅读较少	-0.56748*	0.000
		阅读较多	-0.86573*	0.000
		经常阅读	-1.17302*	0.000
知识涵养	阅读较少	阅读较多	-0.29824*	0.000
		经常阅读	-0.60553*	0.000
	阅读较多	经常阅读	-0.30729*	0.000
教学能力	从不阅读	阅读较少	-0.46774*	0.000
		阅读较多	-0.70071*	0.000
		经常阅读	-1.05664*	0.000
	阅读较少	阅读较多	-0.23297*	0.000
		经常阅读	-0.58890*	0.000
	阅读较多	经常阅读	-0.35593*	0.000

注：*表示平均值差值的显著性水平为0.05。

由表4-41可知，阅读心理类文献频率不同的教师在教师专业核心素养总分及一级指标上两两之间均有显著的差异。这表明，心理学文献阅读频次对教师专业核心素养水平、品格修为、知识涵养、教学能力均有影响，阅读越多的教师在专业核心素养总分水平也越高，品格修为、知识涵养和教学能力上的表现也越好。

（三）教师阅读学科类文献情况

对高中教师阅读学科类文献情况进行统计，从不阅读学科类文献的教师有18人，阅读较少的教师有654人，占总人数的31.31%，阅读学科类文献较多的教师有868人，占比41.55%，经常阅读的教师为549人，占26.28%。通过单因素方差分析，结果见表4-42。

表4-42 教师阅读学科类文献情况的统计

因变量	从不阅读（N=18）	阅读较少（N=654）	阅读较多（N=868）	经常阅读（N=549）	f值	p值
总分	3.55±0.79	4.66±0.58	5.03±0.55	5.39±0.55	208.199	0.000
品格修为	3.62±1.01	4.72±0.68	5.11±0.61	5.40±0.60	147.678	0.000
职业情怀	3.67±1.48	4.92±0.79	5.30±0.68	5.56±0.66	108.225	0.000

续表

因变量	从不阅读 (N=18)	阅读较少 (N=654)	阅读较多 (N=868)	经常阅读 (N=549)	f值	p值
人格特质	3.56±0.64	4.51±0.70	4.91±0.66	5.24±0.72	133.576	0.000
知识涵养	3.55±0.42	4.47±0.61	4.82±0.65	5.22±0.72	155.777	0.000
专业学识	3.62±0.43	4.53±0.70	4.87±0.73	5.22±0.81	101.367	0.000
通识基础	3.48±0.48	4.41±0.61	4.78±0.65	5.23±0.69	185.017	0.000
教学能力	3.48±1.12	4.80±0.64	5.16±0.59	5.56±0.57	198.443	0.000
教学设计	3.45±1.20	4.83±0.69	5.20±0.61	5.61±0.59	193.465	0.000
教学实施	3.50±1.09	4.77±0.65	5.13±0.62	5.50±0.60	172.130	0.000

从表4-42可知，阅读学科类文献频率不同的高中教师，其专业核心素养总分及各一、二级指标均有显著差异。可见，教师学科类文献阅读的频率影响教师专业核心素养的发展。为进一步了解教师阅读学科类文献频率对总分及3项一级指标的影响情况，进行多重事后检验，结果见表4-43。

表4-43　　　　　教师阅读学科类文献情况的事后多重比较

因变量	(I) 11. 除所教学科教材和教参外您还阅读相关文献吗？	(J) 除所教学科教材和教参外您还阅读相关文献吗？	平均值差值 (I-J)	显著性
总分	从不阅读	阅读较少	-1.10882*	0.000
		阅读较多	-1.47644*	0.000
		经常阅读	-1.83750*	0.000
	阅读较少	阅读较多	-0.36763*	0.000
		经常阅读	-0.72868*	0.000
	阅读较多	经常阅读	-0.36106*	0.000
品格修为	从不阅读	阅读较少	-1.10069*	0.000
		阅读较多	-1.48896*	0.000
		经常阅读	-1.78344*	0.000
	阅读较少	阅读较多	-0.38827*	0.000
		经常阅读	-0.68275*	0.000
	阅读较多	经常阅读	-0.29448*	0.000
知识涵养	从不阅读	阅读较少	-0.92304*	0.000
		阅读较多	-1.27859*	0.000
		经常阅读	-1.67663*	0.000

续表

因变量	(I) 11. 除所教学科教材和教参外您还阅读相关文献吗？	(J) 除所教学科教材和教参外您还阅读相关文献吗？	平均值差值 (I-J)	显著性
知识涵养	阅读较少	阅读较多	-0.35555*	0.000
		经常阅读	-0.75360*	0.000
	阅读较多	经常阅读	-0.39805*	0.000
教学能力	从不阅读	阅读较少	-1.32696*	0.000
		阅读较多	-1.68495*	0.000
		经常阅读	-2.07929*	0.000
	阅读较少	阅读较多	-0.35799*	0.000
		经常阅读	-0.75233*	0.000
	阅读较多	经常阅读	-0.39434*	0.000

注：*表示平均值差值的显著性水平为0.05。

由表4-43可知，阅读学科类文献频率不同的教师在教师专业核心素养总分及一级指标上两两之间均有显著的差异。这表明，学科类文献阅读频次对教师专业核心素养水平、品格修为、知识涵养、教学能力均有影响，阅读学科类文献越多的教师专业核心素养水平也越高，品格修为、知识涵养和教学能力上的表现也越好。

（四）科学类文献阅读情况

为了解高中教师科学类文献阅读情况对教师专业核心素养的影响，对高中教师阅读科学类文献情况进行统计，从不阅读的教师有56人，阅读较多的教师有592人，经常阅读的教师有408人，阅读较多与经常阅读科学类文献的教师共占47.87%，阅读较少的教师为1033人，占49.45%。可见，对于科学类文献近一半的教师阅读较少，高于阅读较多及经常阅读的教师之和。对以上数据进行单因素ANOVA检验，检验结果见表4-44。

表4-44　　　　　教师阅读科学类文献情况的统计

因变量	从不阅读 (N=56)	阅读较少 (N=1033)	阅读较多 (N=592)	经常阅读 (N=408)	f值	p值
总分	4.26±0.68	4.82±0.57	5.08±0.60	5.39±0.61	124.712	0.000
品格修为	4.33±0.82	4.90±0.66	5.13±0.67	5.40±0.65	80.110	0.000
职业情怀	4.56±1.07	5.10±0.74	5.30±0.75	5.58±0.72	55.517	0.000
人格特质	4.09±0.69	4.70±0.69	4.96±0.71	5.23±0.78	78.154	0.000

续表

因变量	从不阅读 （N = 56）	阅读较少 （N = 1033）	阅读较多 （N = 592）	经常阅读 （N = 408）	f 值	p 值
知识涵养	4.03 ± 0.54	4.62 ± 0.62	4.92 ± 0.67	5.23 ± 0.79	110.573	0.000
专业学识	4.13 ± 0.69	4.70 ± 0.71	4.93 ± 0.76	5.8 ± 0.90	57.417	0.000
通识基础	3.94 ± 0.52	4.54 ± 0.62	4.90 ± 0.66	5.28 ± 0.74	160.870	0.000
教学能力	4.44 ± 0.91	4.96 ± 0.64	5.21 ± 0.63	5.57 ± 0.61	114.377	0.000
教学设计	4.52 ± 1.01	4.99 ± 0.67	5.25 ± 0.66	5.64 ± 0.62	113.177	0.000
教学实施	4.37 ± 0.91	4.93 ± 0.65	5.17 ± 0.65	5.50 ± 0.63	99.598	0.000

从表 4 - 44 均值可知，从不阅读科学类文献的高中教师，其专业核心素养水平及各一、二级指标均低于其他三组教师，经常阅读的教师得分均高于其他三组教师。从 p 值来看，各项指标的 p 值均为 0.000 < 0.001，即阅读科学类文献频率不同的高中教师，其专业核心素养总分及各一、二级指标均有显著差异。可见，教师阅读科学类文献的频率影响教师专业核心素养。为进一步了解教师阅读科学类文献频率对总分及 3 项一级指标的影响情况，进行多重事后检验，结果如表 4 - 45 所示。

表 4 - 45　　　　教师阅读科学类文献情况的事后多重比较

因变量	(I) 12. 您平时阅读科学类文献吗？	(J) 12. 您平时阅读科学类文献吗？	平均值差值 （I - J）	显著性
总分	从不阅读	阅读较少	-0.56098*	0.000
		阅读较多	-0.82080*	0.000
		经常阅读	-1.13142*	0.000
	阅读较少	阅读较多	-0.25982*	0.000
		经常阅读	-0.57044*	0.000
	阅读较多	经常阅读	-0.31062*	0.000
品格修为	从不阅读	阅读较少	-0.57466*	0.000
		阅读较多	-0.80113*	0.000
		经常阅读	-1.07359*	0.000
	阅读较少	阅读较多	-0.22647*	0.000
		经常阅读	-0.49893*	0.000
	阅读较多	经常阅读	-0.27246*	0.000

续表

因变量	(I) 12. 您平时阅读科学类文献吗?	(J) 12. 您平时阅读科学类文献吗?	平均值差值 (I - J)	显著性
知识涵养	从不阅读	阅读较少	-0.58499*	0.000
		阅读较多	-0.88363*	0.000
		经常阅读	-1.19172*	0.000
知识涵养	阅读较少	阅读较多	-0.29864*	0.000
		经常阅读	-0.60673*	0.000
	阅读较多	经常阅读	-0.30809*	0.000
教学能力	从不阅读	阅读较少	-0.51859*	0.000
		阅读较多	-0.77225*	0.000
		经常阅读	-1.12865*	0.000
	阅读较少	阅读较多	-0.25366*	0.000
		经常阅读	-0.61007*	0.000
	阅读较多	经常阅读	-0.35641*	0.000

注：*表示平均值差值的显著性水平为0.05。

由表4-45可知，阅读科学类文献情况不同的教师在教师专业核心素养总分及一级指标上两两之间均有着显著的差异。这表明，教师阅读科学类文献情况对教师专业核心素养水平、品格修为、知识涵养、教学能力均有着影响，且从平均值差值看，阅读科学类文献越多的高中教师，其专业核心素养水平也越高，品格修为、知识涵养和教学能力上的表现也越好。

（五）人文类文献阅读情况

为了解高中教师阅读人文类文献情况对教师专业核心素养的影响，对高中教师阅读人文类文献情况进行统计。通过单因素ANOVA检验进行分析，检验结果如表4-46所示。

表4-46　　　　　教师阅读人文类文献情况的统计

因变量	从不阅读 (N=41)	阅读较少 (N=891)	阅读较多 (N=710)	经常阅读 (N=447)	f值	p值
总分	4.34±0.73	4.82±0.59	5.01±0.59	5.38±0.61	103.313	0.000
品格修为	4.49±0.81	4.90±0.69	5.07±0.64	5.38±0.67	60.852	0.000

续表

因变量	从不阅读 （N=41）	阅读较少 （N=891）	阅读较多 （N=710）	经常阅读 （N=447）	f 值	p 值
职业情怀	4.76±1.05	5.10±0.78	5.25±0.71	5.55±0.74	40.827	0.000
人格特质	4.23±0.71	4.70±0.72	4.89±0.68	5.21±0.79	61.465	0.000
知识涵养	4.08±0.59	4.61±0.63	4.83±0.68	5.22±0.76	96.536	0.000
专业学识	4.14±0.67	4.69±0.72	4.86±0.76	5.18±0.86	52.940	0.000
通识基础	4.01±0.65	4.53±0.63	4.81±0.68	5.26±0.73	134.482	0.000
教学能力	4.47±1.02	4.96±0.65	5.15±0.62	5.55±0.61	97.850	0.000
教学设计	4.53±1.02	4.99±0.69	5.18±0.65	5.61±0.64	97.191	0.000
教学实施	4.40±1.06	4.93±0.67	5.12±0.64	5.48±0.64	85.063	0.000

从表 4-46 可知，教师专业核心素养总分及各一、二级指标的 P 值均为 0.000 < 0.001，即在专业核心素养总分及一、二级指标上，阅读人文类文献频率不同的四组高中教师有显著差异。教师阅读人文类文献的频率影响教师专业核心素养，教师经常阅读人文类文献有助于教师专业核心素养的发展。为进一步比较阅读人文类文献频率不同的高中教师之间的差异，进行多重事后检验，结果如表 4-47 所示。

表 4-47　　　教师阅读人文类文献情况的事后多重比较

因变量	(I) 13. 您平时阅读人文社科类文献吗？	(J) 13. 您平时阅读人文社科类文献吗？	平均值差值 (I-J)	显著性
总分	从不阅读	阅读较少	-0.47615*	0.000
		阅读较多	-0.66857*	0.000
		经常阅读	-1.03446*	0.000
	阅读较少	阅读较多	-0.19242*	0.000
		经常阅读	-0.55831*	0.000
	阅读较多	经常阅读	-0.36589*	0.000
品格修为	从不阅读	阅读较少	-0.40148*	0.000
		阅读较多	-0.57123*	0.000
		经常阅读	-0.88461*	0.000
	阅读较少	阅读较多	-0.16975*	0.000
		经常阅读	-0.48314*	0.000
	阅读较多	经常阅读	-0.31339*	0.000

续表

因变量	(I) 13. 您平时阅读人文社科类文献吗?	(J) 13. 您平时阅读人文社科类文献吗?	平均值差值（I－J）	显著性
职业情怀	从不阅读	阅读较少	－0.33771*	0.005
		阅读较多	－0.48720*	0.000
		经常阅读	－0.78855*	0.000
	阅读较少	阅读较多	－0.14949*	0.000
		经常阅读	－0.45083*	0.000
歇业情怀	阅读较多	经常阅读	－0.30134*	0.000
人格特质	从不阅读	阅读较少	－0.46525*	0.000
		阅读较多	－0.65525*	0.000
		经常阅读	－0.98068*	0.000
	阅读较少	阅读较多	－0.19000*	0.000
		经常阅读	－0.51544*	0.000
	阅读较多	经常阅读	－0.32543*	0.000
知识涵养	从不阅读	阅读较少	－0.53779*	0.000
		阅读较多	－0.75597*	0.000
		经常阅读	－1.14485*	0.000
	阅读较少	阅读较多	－0.21818*	0.000
		经常阅读	－0.60706*	0.000
	阅读较多	经常阅读	－0.38888*	0.000
专业学识	从不阅读	阅读较少	－0.55427*	0.000
		阅读较多	－0.71954*	0.000
		经常阅读	－1.04648*	0.000
	阅读较少	阅读较多	－0.16527*	0.000
		经常阅读	－0.49221*	0.000
	阅读较多	经常阅读	－0.32694*	0.000
通识基础	从不阅读	阅读较少	－0.52130*	0.000
		阅读较多	－0.79240*	0.000
		经常阅读	－1.24322*	0.000
	阅读较少	阅读较多	－0.27109*	0.000
		经常阅读	－0.72192*	0.000
	阅读较多	经常阅读	－0.45083*	0.000

续表

因变量	(I) 13. 您平时阅读人文社科类文献吗?	(J) 13. 您平时阅读人文社科类文献吗?	平均值差值(I-J)	显著性
教学能力	从不阅读	阅读较少	-0.49082*	0.000
		阅读较多	-0.67975*	0.000
		经常阅读	-1.07884*	0.000
	阅读较少	阅读较多	-0.18893*	0.000
		经常阅读	-0.58802*	0.000
	阅读较多	经常阅读	-0.39909*	0.000
教学设计	从不阅读	阅读较少	-0.45885*	0.000
		阅读较多	-0.64486*	0.000
		经常阅读	-1.07969*	0.000
	阅读较少	阅读较多	-0.18601*	0.000
		经常阅读	-0.62084*	0.000
	阅读较多	经常阅读	-0.43483*	0.000
教学实施	从不阅读	阅读较少	-0.52279*	0.000
		阅读较多	-0.71464*	0.000
		经常阅读	-1.07799*	0.000
	阅读较少	阅读较多	-0.19185*	0.000
		经常阅读	-0.55520*	0.000
	阅读较多	经常阅读	-0.36335*	0.000

注：*表示平均值差值的显著性水平为0.05。

由表4-47可知，阅读人文类文献频率不同的高中教师在专业核心素养总分及一级指标上两两之间均有显著的差异。教师人文类文献阅读情况对教师专业核心素养水平、品格修为、知识涵养、教学能力均有影响。从平均值差值看，阅读人文类文献越多的高中教师其专业核心素养水平也越高，品格修为、知识涵养和教学能力上的表现也越好。而从二级指标来看，从不阅读人文类文献的教师与阅读较少的教师在职业情怀上没有显著差异。

（六）信息技术类文献关注情况

对高中教师信息技术水平进行分析，从不关注信息技术类文献的教师有17人，关注较少的有735人，关注较多的有853人，经常关注的教师有484人，关注较多与经常关注的教师共占64%。可见，64%的教师积极关注信息技术方面的知识。通过单因素ANOVA检验进一步进行分析，检验结果如表4-48所示。

表4-48　　　　　　教师关注信息技术类文献情况的统计

因变量	从不关注 (N=17)	关注较少 (N=735)	关注较多 (N=853)	经常关注 (N=484)	f值	p值
总分	3.77±0.90	4.69±0.58	5.05±0.55	5.39±0.58	170.810	0.000
品格修为	3.67±1.11	4.77±0.68	5.12±0.61	5.40±0.63	124.495	0.000
职业情怀	3.61±1.63	4.99±0.78	5.30±0.68	5.56±0.70	88.851	0.000
人格特质	3.73±0.65	4.54±0.70	4.94±0.66	5.24±0.75	119.157	0.000
知识涵养	3.81±0.57	4.48±0.62	4.87±0.64	5.23±0.75	139.466	0.000
专业学识	3.83±0.60	4.55±0.71	4.91±0.73	5.20±0.84	85.065	0.000
通识基础	3.78±0.66	4.42±0.62	4.82±0.63	5.26±0.72	177.293	0.000
教学能力	3.85±1.27	4.85±0.64	5.18±0.60	5.55±0.61	147.942	0.000
教学设计	3.98±1.57	4.88±0.68	5.21±0.62	5.62±0.63	143.840	0.000
教学实施	3.71±1.12	4.82±0.65	5.15±0.63	5.48±0.63	130.844	0.000

从表4-48均值可知，从不关注信息技术类文献的高中教师，其专业核心素养水平及各一、二级指标均值均低于4分，低于其他三组教师；经常关注的教师得分均高于其他三组教师。从p值来看，各项指标的p值均为0.000<0.001，即关注信息技术类文献频率不同的高中教师，其专业核心素养总分及各一、二级指标均有显著差异。可见，教师对现代信息技术方面知识关注的情况影响教师专业核心素养。为进一步确定影响情况，进行多重事后检验，结果如表4-49所示。

表4-49　　　　　　教师关注信息技术知识情况的事后多重比较

因变量	(I) 14. 您平时关注现代信息技术方面的知识吗？	(J) 14. 您平时关注现代信息技术方面的知识吗？	平均值差值 (I-J)	显著性
总分	从不关注	关注较少	-0.92259*	0.000
		关注较多	-1.27982*	0.000
		经常关注	-1.61412*	0.000
	关注较少	关注较多	-0.35723*	0.000
		经常关注	-0.69152*	0.000
	关注较多	经常关注	-0.33430*	0.000

续表

因变量	(I) 14. 您平时关注现代信息技术方面的知识吗？	(J) 14. 您平时关注现代信息技术方面的知识吗？	平均值差值 (I-J)	显著性
品格修为	从不关注	关注较少	-1.09635*	0.000
		关注较多	-1.45108*	0.000
		经常关注	-1.73101*	0.000
品格修为	关注较少	关注较多	-0.35472*	0.000
		经常关注	-0.63465*	0.000
	关注较多	经常关注	-0.27993*	0.000
知识涵养	从不关注	关注较少	-0.67747*	0.000
		关注较多	-1.06066*	0.000
		经常关注	-1.41790*	0.000
	关注较少	关注较多	-0.38320*	0.000
		经常关注	-0.74044*	0.000
	关注较多	经常关注	-0.35724*	0.000
教学能力	从不关注	关注较少	-1.00288*	0.000
		关注较多	-1.33371*	0.000
		经常关注	-1.70335*	0.000
	关注较少	关注较多	-0.33082*	0.000
		经常关注	-0.70047*	0.000
	关注较多	经常关注	-0.36965*	0.000

注：*表示平均值差值的显著性水平为0.05。

由表4-49可知，从不关注、关注较少、关注较多、经常关注现代信息技术方面知识的教师在教师专业核心素养总分及一级指标上两两之间均有显著的差异。这表明，教师关注信息技术方面知识的情况对教师专业核心素养水平、品格修为、知识涵养、教学能力均有影响。且从平均值差值看，越积极关注信息技术方面知识的高中教师，其专业核心素养水平也越高，品格修为、知识涵养和教学能力上的表现也越好。

（七）藏书情况

调查结果显示，除教材和教学参考书以外，高中教师藏书量10本及以下的教师为258人，藏书量在11—50本的有743人，藏书量在51—100本的有561人，藏书量101本及以上的教师为527位，藏书量大于500

本的教师占总数的 52.08%，表明一半以上的高中教师都有阅读的良好习惯，除教材及参考书外，在其他方面也广泛阅读。对高中教师藏书量对教师专业核心素养的影响情况进行单因素 ANOVA 检验，结果见表 4-50。

表 4-50　　　　　　　　教师藏书量情况的统计

因变量	10 本及以下 (N=258)	11—50 本 (N=743)	51—100 本 (N=561)	101 本及以上 (N=527)	f 值	p 值
总分	4.67 ± 0.67	4.91 ± 0.61	5.05 ± 0.59	5.20 ± 0.64	48.850	0.000
品格修为	4.74 ± 0.75	4.98 ± 0.68	5.12 ± 0.64	5.23 ± 0.69	34.167	0.000
职业情怀	4.96 ± 0.92	5.19 ± 0.75	5.30 ± 0.69	5.38 ± 0.78	20.087	0.000
人格特质	4.53 ± 0.71	4.76 ± 0.73	4.93 ± 0.70	5.08 ± 0.77	39.217	0.000
知识涵养	4.49 ± 0.70	4.73 ± 0.66	4.83 ± 0.70	5.05 ± 0.75	41.201	0.000
专业学识	4.53 ± 0.76	4.80 ± 0.74	4.85 ± 0.79	5.06 ± 0.83	28.297	0.000
通识基础	4.45 ± 0.71	4.67 ± .68	4.81 ± 0.68	5.03 ± 0.76	48.397	0.000
教学能力	4.80 ± 0.75	5.05 ± .67	5.21 ± 0.62	5.35 ± 0.67	46.786	0.000
教学设计	4.86 ± 0.81	5.09 ± .70	5.25 ± 0.63	5.38 ± 0.71	38.107	0.000
教学实施	4.75 ± 0.73	5.01 ± .68	5.16 ± 0.65	5.33 ± 0.67	49.873	0.000

从表 4-50 可知，教师专业核心素养总分及各一、二级指标的 p 值均为 0.000 < 0.001，即藏书量不同的高中教师在专业核心素养和品格修为等指标上有显著差异。可见，高中教师藏书量影响教师专业核心素养，教师藏书量越多越有助于教师专业核心素养的发展。为进一步比较藏书量不同的高中教师之间的差异，进行多重事后检验，结果如表 4-51 所示。

表 4-51　　　　　　　教师藏书量情况的事后多重比较

因变量	(I) 15. 除教材和教学参考书以外，您有多少藏书？	(J) 15. 除教材和教学参考书以外，您有多少藏书？	平均值差值 (I-J)	显著性
总分	10 本及以下	11—50 本	-0.23844*	0.000
		51—100 本	-0.37086*	0.000
		101 本及以上	-0.53026*	0.000
	11—50 本	51—100 本	-0.13242*	0.000
		101 本及以上	-0.29182*	0.000
	51—100 本	101 本及以上	-0.15940*	0.000

续表

因变量	(I) 15. 除教材和教学参考书以外，您有多少藏书？	(J) 15. 除教材和教学参考书以外，您有多少藏书？	平均值差值 (I-J)	显著性
品格修为	10 本及以下	11—50 本	-0.23041*	0.000
		51—100 本	-0.37283*	0.000
		101 本及以上	-0.48583*	0.000
	11—50 本	51—100 本	-0.14242*	0.000
		101 本及以上	-0.25542*	0.000
品格修为	51—100 本	101 本及以上	-0.11300*	0.007
职业情怀	10 本及以下	11—50 本	-0.22964*	0.000
		51—100 本	-0.34580*	0.000
		101 本及以上	-0.42408*	0.000
	11—50 本	51—100 本	-0.11616*	0.007
		101 本及以上	-0.19443*	0.000
	51—100 本	101 本及以上	-0.07827	0.093
人格特质	10 本及以下	11—50 本	-0.23118*	0.000
		51—100 本	-0.39986*	0.000
		101 本及以上	-0.54758*	0.000
	11—50 本	51—100 本	-0.16868*	0.000
		101 本及以上	-0.31640*	0.000
	51—100 本	101 本及以上	-0.14772*	0.001
知识涵养	10 本及以下	11—50 本	-0.24043*	0.000
		51—100 本	-0.34007*	0.000
		101 本及以上	-0.55587*	0.000
	11—50 本	51—100 本	-0.09964*	0.011
		101 本及以上	-0.31544*	0.000
	51—100 本	101 本及以上	-0.21580*	0.000
专业学识	10 本及以下	11—50 本	-0.26569*	0.000
		51—100 本	-0.32059*	0.000
		101 本及以上	-0.52806*	0.000
	11—50 本	51—100 本	-0.05490	0.207
		101 本及以上	-0.26237*	0.000
	51—100 本	101 本及以上	-0.20748*	0.000

续表

因变量	(I) 15. 除教材和教学参考书以外,您有多少藏书?	(J) 15. 除教材和教学参考书以外,您有多少藏书?	平均值差值(I-J)	显著性
通识基础	10 本及以下	11—50 本	-0.21516*	0.000
	10 本及以下	51—100 本	-0.35955*	0.000
	10 本及以下	101 本及以上	-0.58367*	0.000
	11—50 本	51—100 本	-0.14439*	0.000
	11—50 本	101 本及以上	-0.36851*	0.000
	51—100 本	101 本及以上	-0.22412*	0.000
教学能力	10 本及以下	11—50 本	-0.24523*	0.000
	10 本及以下	51—100 本	-0.40328*	0.000
	10 本及以下	101 本及以上	-0.55143*	0.000
	11—50 本	51—100 本	-0.15804*	0.000
	11—50 本	101 本及以上	-0.30620*	0.000
	51—100 本	101 本及以上	-0.14815*	0.000
教学设计	10 本及以下	11—50 本	-0.22670*	0.000
	10 本及以下	51—100 本	-0.38771*	0.000
	10 本及以下	101 本及以上	-0.51808*	0.000
	11—50 本	51—100 本	-0.16101*	0.000
	11—50 本	101 本及以上	-0.29138*	0.000
	51—100 本	101 本及以上	-0.13037*	0.002
教学实施	10 本及以下	11—50 本	-0.26376*	0.000
	10 本及以下	51—100 本	-0.41884*	0.000
	10 本及以下	101 本及以上	-0.58478*	0.000
	11—50 本	51—100 本	-0.15508*	0.000
	11—50 本	101 本及以上	-0.32102*	0.000
	51—100 本	101 本及以上	-0.16594*	0.000

注：*表示平均值差值的显著性水平为 0.05。

由表 4-51 可知,在高中教师专业核心素养、人格特质、通识基础、教学能力、教学设计、教学实施水平上,藏书量不同的教师两两之间均有显著差异,即教师藏书量不同对教师专业核心素养水平、教学能力均有影响。而在品格修为、职业情怀、知识涵养、专业学识上则不然,藏书量为 51—100 本与藏书量为 101 本及以上的高中教师在品格修为（p =

0.007＞0.05）指标上不具有显著性；藏书量11—50本的教师与51—100本的教师在职业情怀（p=0.007＞0.05）、知识涵养（p=0.011＞0.05）、专业学识（p=0.207＞0.05）指标上不具有显著性；藏书量为51—100本的教师与藏书量101本及以上的教师不具有显著性（p=0.093＞0.05）。这表明，教师的藏书量对教师专业核心素养水平有影响，但对品格修为、职业情怀、知识涵养、专业学识指标的影响仍需进一步研究。

（八）报刊订阅情况

对高中教师订阅报刊情况进行分析，没有订阅的教师有814人，占38.97%，订了1种的有512人，订了2种的有448人，订了3种及以上的教师有315人。可见，近一半的教师没有订阅报刊。为了解教师订阅报刊情况对其专业核心素养的影响，进行单因素ANOVA检验，检验结果见表4-52。

表4-52　　　　　　　　教师订阅报刊情况的统计

因变量	没有订阅 （N=814）	订了1种 （N=512）	订了2种 （N=448）	订了3种及以上（N=315）	f值	p值
总分	4.81±0.65	4.94±0.61	5.16±0.58	5.31±0.57	65.050	0.000
品格修为	4.85±0.72	5.03±0.67	5.23±0.63	5.35±0.61	55.870	0.000
职业情怀	5.06±0.80	5.20±0.76	5.39±0.71	5.54±0.70	38.503	0.000
人格特质	4.64±0.75	4.85±0.70	5.06±0.70	5.17±0.73	55.643	0.000
知识涵养	4.65±0.69	4.73±0.68	4.97±0.71	5.11±0.75	43.065	0.000
专业学识	4.71±0.76	4.76±0.76	5.00±0.79	5.10±0.82	27.129	0.000
通识基础	4.59±0.69	4.69±0.69	4.94±0.71	5.12±0.74	53.530	0.000
教学能力	4.94±0.72	5.10±0.65	5.31±0.58	5.47±0.59	64.287	0.000
教学设计	4.96±0.76	5.13±0.68	5.36±0.60	5.54±0.62	66.203	0.000
教学实施	4.91±0.73	5.06±0.68	5.27±0.62	5.41±0.61	53.855	0.000

从表4-52可知，教师专业核心素养总分及各一、二级指标的p值均为0.000＜0.001，即订阅报刊数量不同的高中教师在专业核心素养水平、品格修为水平等一、二级指标方面有显著差异。可见，高中教师订阅报刊的数量影响教师专业核心素养水平。为进一步比较订阅报刊数量不同的高中教师在专业核心素养水平及一、二级指标之间的差异，进行多重事后检验，结果见表4-53。

表 4-53　　　　　　　　　　教师订阅报刊情况的事后多重比较

因变量	(I) 16. 您订阅报纸和杂志的情况是	(J) 16. 您订阅报纸和杂志的情况是	平均值差值（I-J）	显著性
总分	没有订阅	订了 1 种	-0.13640*	0.000
		订了 2 种	-0.35657*	0.000
		订了 3 种及以上	-0.49801*	0.000
总分	订了 1 种	订了 2 种	-0.22016*	0.000
		订了 3 种及以上	-0.36160*	0.000
	订了 2 种	订了 3 种及以上	-0.14144*	0.002
品格修为	没有订阅	订了 1 种	-0.17860*	0.000
		订了 2 种	-0.37765*	0.000
		订了 3 种及以上	-0.50449*	0.000
	订了 1 种	订了 2 种	-0.19905*	0.000
		订了 3 种及以上	-0.32589*	0.000
	订了 2 种	订了 3 种及以上	-0.12684*	0.011
知识涵养	没有订阅	订了 1 种	-0.07227	0.067
		订了 2 种	-0.31624*	0.000
		订了 3 种及以上	-0.45594*	0.000
	订了 1 种	订了 2 种	-0.24397*	0.000
		订了 3 种及以上	-0.38367*	0.000
	订了 2 种	订了 3 种及以上	-0.13970*	0.007
教学能力	没有订阅	订了 1 种	-0.16108*	0.000
		订了 2 种	-0.37821*	0.000
		订了 3 种及以上	-0.53804*	0.000
	订了 1 种	订了 2 种	-0.21713*	0.000
		订了 3 种及以上	-0.37696*	0.000
	订了 2 种	订了 3 种及以上	-0.15983*	0.001

注：*表示平均值差值的显著性水平为 0.05。

由表 4-53 可知，订阅报刊数量不同的高中教师在专业核心素养水平上有显著差异（$p = 0.000 < 0.001$）。且从均值差可知，教师报刊的订阅量影响教师专业核心素养发展水平，订阅量越大的教师其专业核心素养水平也越高。进一步对 3 项一级指标进行分析，订阅了 2 种报刊的高中教师与订了 3 种及以上的教师在品格修为方面（$p = 0.011 > 0.005$）、知识涵养方面（p=0.007>0.005）没有显著差异；没有订阅报刊的高中教师与订阅了1种的高中教师在知识涵养（p=0.067>0.005）上没有显著区别。这表明，订阅报刊的数量影响高中教师专业核心素养水平，订阅量越大的教师其专业核心素养水平也越高，教学能力方面的表现也越好。

四　教学借鉴

（一）教学观摩

对高中教师进行教学观摩的情况进行统计，从未观摩过其他教师上课的高中教师20人，观摩较少的教师639人，较多的937人，经常观摩的教师有493位，一半以上的教师积极进行教学观摩，积极向其他教师学习。对其进一步进行检验，结果见表4-54。

表4-54　　　　　　教师教学观摩情况的统计

因变量	从未观摩 （N=20）	观摩较少 （N=639）	观摩较多 （N=937）	经常观摩 （N=493）	f值	p值
总分	3.90±0.81	4.70±0.62	5.03±0.56	5.35±0.56	136.857	0.000
品格修为	3.82±0.96	4.74±0.71	5.11±0.62	5.38±0.60	117.355	0.000
职业情怀	3.82±1.31	4.96±0.83	5.29±0.70	5.55±0.64	86.098	0.000
人格特质	3.82±0.78	4.53±0.72	4.93±0.68	5.22±0.72	108.723	0.000
知识涵养	3.91±0.63	4.53±0.65	4.82±0.67	5.17±0.73	95.786	0.000
专业学识	3.91±0.63	4.58±0.73	4.86±0.75	5.18±0.80	69.034	0.000
通识基础	3.91±0.70	4.48±0.65	4.78±0.67	5.16±0.74	104.689	0.000
教学能力	3.98±1.15	4.85±0.71	5.16±0.61	5.51±0.55	120.600	0.000
教学设计	4.10±1.30	4.88±0.75	5.20±0.63	5.55±0.57	111.586	0.000
教学实施	3.86±1.08	4.83±0.71	5.12±0.63	5.46±0.58	112.370	0.000

从表4-54可知，教师专业核心素养总分及各一、二级指标的p值均为0.000<0.001，即教学观摩频率不同的高中教师在专业核心素养水平及各一、二级指标方面均有显著差异。可见，高中教师教学观摩的频率影响教师专业核心素养水平。通过多重事后检验对总分及一级指标进行分析，结果见表4-55。

表 4-55 教师教学观摩情况的事后多重比较

因变量	(I) 18. 您平时会主动观摩其他教师的教学吗?	(J) 18. 您平时会主动观摩其他教师的教学吗?	平均值差值 (I-J)	显著性
总分	从未观摩	观摩较少	-0.80248*	0.000
		观摩较多	-1.12535*	0.000
总分		从未观摩 经常观摩	-1.44691*	0.000
	观摩较少	观摩较多	-0.32287*	0.000
		经常观摩	-0.64443*	0.000
	观摩较多	经常观摩	-0.32156*	0.000
品格修为	从未观摩	观摩较少	-0.92477*	0.000
		观摩较多	-1.28852*	0.000
		经常观摩	-1.56347*	0.000
	观摩较少	观摩较多	-0.36375*	0.000
		经常观摩	-0.63870*	0.000
	观摩较多	经常观摩	-0.27495*	0.000
知识涵养	从未观摩	观摩较少	-0.61828*	0.000
		观摩较多	-0.91262*	0.000
		经常观摩	-1.26096*	0.000
	观摩较少	观摩较多	-0.29434*	0.000
		经常观摩	-0.64269*	0.000
	观摩较多	经常观摩	-0.34835*	0.000
教学能力	从未观摩	观摩较少	-0.87213*	0.000
		观摩较多	-1.18110*	0.000
		经常观摩	-1.52496*	0.000
	观摩较少	观摩较多	-0.30897*	0.000
		经常观摩	-0.65283*	0.000
	观摩较多	经常观摩	-0.34386*	0.000

注：*表示平均值差值的显著性水平为0.05。

由表 4-55 可知，教学观摩频率不同的高中教师在专业核心素养水平上有显著差异（p=0.000<0.001）。且从均值差可知，教学观摩频率越高的教师其专业核心素养水平也越高，品格修为、知识涵养、教学能力方面的表现也越好。

（二）教学请教

对高中教师教学请教情况进行统计，从未向其他教师请教过的高中教师 12 人，较少请教的教师 491 人，较多的 945 人，占 45.24%，经常请教的有 641 位，占 30.68%，75.92% 的教师积极向其他教师寻求帮助，向其他教师学习。为了解高中教师教学请教对教师专业核心素养的影响，通过单因素 ANOVA 检验，对其进一步进行检验分析，结果如表 4-56 所示。

表 4-56　　　　　　　　教师教学请教情况的统计

因变量	从未请教 （N=12）	较少请教 （N=491）	请教较多 （N=945）	经常请教 （N=641）	f 值	p 值
总分	3.92±1.24	4.75±0.67	4.95±0.58	5.26±0.59	82.640	0.000
品格修为	3.92±1.40	4.79±0.75	5.03±0.64	5.30±0.62	66.740	0.000
职业情怀	3.84±1.80	4.97±0.83	5.23±0.73	5.48±0.67	57.346	0.000
人格特质	4.00±1.07	4.61±0.78	4.83±0.69	5.12±0.72	54.046	0.000
知识涵养	3.97±0.90	4.60±0.70	4.74±0.67	5.08±0.71	57.787	0.000
专业学识	4.03±0.94	4.66±0.78	4.78±0.76	5.09±0.78	37.705	0.000
通识基础	3.92±0.94	4.54±0.71	4.70±0.67	5.08±0.71	69.443	0.000
教学能力	3.84±1.57	4.88±0.73	5.10±0.62	5.42±0.61	82.441	0.000
教学设计	3.88±1.74	4.90±0.76	5.14±0.64	5.46±0.64	80.615	0.000
教学实施	3.81±1.47	4.86±0.74	5.05±0.64	5.37±0.63	73.075	0.000

从表 4-56 可知，教学请教频率不同的教师在专业核心素养总分及各一、二级指标的 p 值均为 0.000 < 0.001，即教学请教情况不同的高中教师在专业核心素养水平及各一、二级指标方面均有显著差异。可见，高中教师教学请教的频率影响教师专业核心素养水平。通过多重事后检验对总分及一级指标进行分析，结果见表 4-57。

表 4-57　　　　　　　教师教学请教情况的事后多重比较

因变量	（I）19. 您向同事请教过教学问题吗？	（J）19. 您向同事请教过教学问题吗？	平均值差值（I-J）	显著性
总分	从未请教	较少请教	-0.83654*	0.000
		请教较多	-1.03382*	0.000
		经常请教	-1.34697*	0.000

续表

因变量	（I）19. 您向同事请教过教学问题吗？	（J）19. 您向同事请教过教学问题吗？	平均值差值（I-J）	显著性
总分	较少请教	请教较多	-0.19727*	0.000
		经常请教	-0.51042*	0.000
	请教较多	经常请教	-0.31315*	0.000
品格修为	从未请教	较少请教	-0.86712*	0.000
		请教较多	-1.10716*	0.000
		经常请教	-1.37954*	0.000
	较少请教	请教较多	-0.24004*	0.000
		经常请教	-0.51242*	0.000
	请教较多	经常请教	-0.27238*	0.000
知识涵养	从未请教	较少请教	-0.62814*	0.002
		请教较多	-0.76505*	0.000
		经常请教	-1.11202*	0.000
	较少请教	请教较多	-0.13691*	0.000
		经常请教	-0.48388*	0.000
	请教较多	经常请教	-0.34697*	0.000
教学能力	从未请教	较少请教	-1.03660*	0.000
		请教较多	-1.25367*	0.000
		经常请教	-1.57464*	0.000
	较少请教	请教较多	-0.21707*	0.000
		经常请教	-0.53804*	0.000
	请教较多	经常请教	-0.32097*	0.000

注：*表示平均值差值的显著性水平为 0.05。

由表 4-57 可知，教学请教频率不同的高中教师在专业核心素养水平上有显著差异（$p = 0.000 < 0.001$）。且从均值差可知，教学请教次数越多的教师其专业核心素养水平也越高，品格修为、知识涵养、教学能力方面的表现也越好。这表明，教师教学请教的频率影响教师专业核心素养发展水平。

五 科学研究

通过相关分析，高中教师科研水平对教师专业核心素养水平有一定的影响，通过教师成果发表情况及承担课题情况进一步对影响情况进行详细分析。

(一)承担课题情况

对高中教师承担课题情况进行统计发现,46.29%的教师没有承担过任何课题,对高中教师承担课题情况与专业核心素养各类指标进行单因素 ANOVA 检验,检验结果见表 4-58。

表 4-58　　　　　教师承担课题最高级别情况的统计

因变量	未承担课题	校级课题	县(区)级课题	市级课题	省级课题	国家级课题	f 值	p 值
总分	4.89	5.08	5.03	5.04	5.08	5.22	10.924	0.000
品格修为	4.95	5.19	5.05	5.10	5.11	5.28	9.970	0.000
职业情怀	5.14	5.38	5.23	5.29	5.30	5.46	7.736	0.000
人格特质	4.76	5.00	4.87	4.92	4.92	5.10	8.967	0.000
知识涵养	4.72	4.84	4.84	4.86	4.89	5.00	5.980	0.000
专业学识	4.77	4.86	4.83	4.90	4.93	5.04	4.320	0.001
通识基础	4.67	4.83	4.85	4.83	4.86	4.95	7.006	0.000
教学能力	5.02	5.24	5.21	5.15	5.25	5.42	13.269	0.000
教学设计	5.06	5.29	5.28	5.19	5.27	5.47	12.714	0.000
教学实施	4.99	5.18	5.14	5.11	5.24	5.37	12.431	0.000

从表 4-58 可知,最高承担课题级别不同的高中教师在专业核心素养总分及各一、二级指标的 p 值均为 $0.000 < 0.001$,即承担课题状况不同的高中教师在专业核心素养水平及各一、二级指标方面均有显著差异。可见,高中教师承担课题情况影响教师专业核心素养水平。通过多重事后检验对总分进行分析,结果见表 4-59。

表 4-59　　　　　教师承担课题最高级别情况的事后多重比较

因变量	(I) 22. 承担最高课题情况	(J) 22. 承担最高课题情况	平均值差值(I-J)	显著性
总分	未承担课题	校级课题	-0.19186*	0.000
		县(区)级课题	-0.13561*	0.015
		市级课题	-0.14476*	0.001
		省级课题	-0.18584*	0.000
		国家级课题	-0.33167*	0.000

续表

因变量	(I) 22. 承担最高课题情况	(J) 22. 承担最高课题情况	平均值差值 (I−J)	显著性
总分	校级课题	县（区）级课题	0.05625	0.403
		市级课题	0.04711	0.403
		省级课题	0.00602	0.913
		国家级课题	−0.13981*	0.044
	县（区）级课题	市级课题	−0.00914	0.886
		省级课题	−0.05022	0.423
		国家级课题	−0.19606*	0.010
	市级课题	省级课题	−0.04108	0.419
		国家级课题	−0.18691*	0.005
	省级课题	国家级课题	−0.14583*	0.025

注：*表示平均值差值的显著性水平为0.05。

由表4−59可知，未承担过课题的高中教师与承担过校级、市级、省级、国家级课题的教师在教师专业核心素养水平上有显著的差异，而其他教师两两之间均没有显著差异。这表明高中教师承担课题对教师专业核心素养有影响，即使是仅承担过校级课题的教师也与未承担过课题的教师有显著的差异，但并不是承担课题级别越高，教师专业核心素养水平越高。

（二）成果发表情况

对成果发表情况不同的教师的各项指标均值进行计算可知，637位高中教师没有发表任何成果，892位高中教师有1—2篇（部）成果，363位教师有3—4篇（部）成果，成果达5篇（部）及以上的教师有197人。通过ANOVA检验进行分析，结果如表4−60所示。

表4−60　　　　　　　教师成果发表情况的统计

因变量	没有发表 (N=637)	1—2篇（部） (N=892)	3—4篇（部） (N=363)	5篇（部）及以上 (N=197)	f值	p值
总分	4.84±0.68	4.98±0.62	5.17±0.58	5.21±0.56	30.255	0.000
品格修为	4.93±0.75	5.03±0.69	5.20±0.63	5.27±0.59	18.445	0.000
职业情怀	5.13±0.85	5.21±0.77	5.35±0.69	5.47±0.66	12.776	0.000
人格特质	4.73±0.78	4.84±0.74	5.04±0.71	5.06±0.71	19.053	0.000
知识涵养	4.66±0.73	4.79±0.70	5.00±0.69	4.99±0.74	22.975	0.000

续表

因变量	没有发表 （N=637）	1—2篇（部） （N=892）	3—4篇（部） （N=363）	5篇（部）及 以上（N=197）	f 值	p 值
专业学识	4.68±0.80	4.84±0.77	5.04±0.76	5.02±0.83	19.938	0.000
通识基础	4.63±0.74	4.75±0.71	4.96±0.69	4.96±0.74	21.378	0.000
教学能力	4.96±0.74	5.13±0.66	5.34±0.61	5.41±0.58	37.039	0.000
教学设计	5.01±0.79	5.16±0.69	5.36±0.63	5.44±0.62	29.918	0.000
教学实施	4.90±0.73	5.09±0.68	5.31±0.63	5.37±0.61	39.900	0.000

从表4-60可知，成果发表量不同的高中教师在专业核心素养总分及各一、二级指标的 p 值均为 0.000 < 0.001，即成果发表情况不同的高中教师在专业核心素养水平及各一、二级指标方面均有显著差异。可见，高中教师成果发表情况影响教师专业核心素养水平。通过多重事后检验对总分及一、二级指标进行分析，结果见表4-61。

表4-61　　　　　　教师成果发表情况的事后多重比较

因变量	(I) 23. 到目前为止，您发表（含出版）的研究成果的情况是	(J) 23. 到目前为止，您发表（含出版）的研究成果的情况是	平均值差值（I-J）	显著性
总分	没有发表	1—2篇（部）	-0.13193*	0.000
		3—4篇（部）	-0.32782*	0.000
		5篇（部）及以上	-0.37010*	0.000
	1—2篇（部）	3—4篇（部）	-0.19589*	0.000
		5篇（部）及以上	-0.23817*	0.000
	3—4篇（部）	5篇（部）及以上	-0.04228	0.446
品格修为	没有发表	1—2篇（部）	-0.09551*	0.008
		3—4篇（部）	-0.26460*	0.000
		5篇（部）及以上	-0.33566*	0.000
	1—2篇（部）	3—4篇（部）	-0.16909*	0.000
		5篇（部）及以上	-0.24015*	0.000
	3—4篇（部）	5篇（部）及以上	-0.07106	0.246
职业情怀	没有发表	1—2篇（部）	-0.07882*	0.049
		3—4篇（部）	-0.21372*	0.000
		5篇（部）及以上	-0.34003*	0.000

续表

因变量	(I) 23. 到目前为止，您发表（含出版）的研究成果的情况是	(J) 23. 到目前为止，您发表（含出版）的研究成果的情况是	平均值差值（I-J）	显著性
职业情怀	1—2 篇（部）	3—4 篇（部）	-0.13490*	0.005
	1—2 篇（部）	5 篇（部）及以上	-0.26121*	0.000
	3—4 篇（部）	5 篇（部）及以上	-0.12631	0.064
人格特质	没有发表	1—2 篇（部）	-0.11219*	0.004
	没有发表	3—4 篇（部）	-0.31548*	0.000
	没有发表	5 篇（部）及以上	-0.33129*	0.000
	1—2 篇（部）	3—4 篇（部）	-0.20329*	0.000
	1—2 篇（部）	5 篇（部）及以上	-0.21910*	0.000
	3—4 篇（部）	5 篇（部）及以上	-0.01580	0.810
知识涵养	没有发表	1—2 篇（部）	-0.13292*	0.000
	没有发表	3—4 篇（部）	-0.34287*	0.000
	没有发表	5 篇（部）及以上	-0.33296*	0.000
	1—2 篇（部）	3—4 篇（部）	-0.20994*	0.000
	1—2 篇（部）	5 篇（部）及以上	-0.20003*	0.000
	3—4 篇（部）	5 篇（部）及以上	0.00991	0.875
专业学识	没有发表	1—2 篇（部）	-0.15186*	0.000
	没有发表	3—4 篇（部）	-0.35686*	0.000
	没有发表	5 篇（部）及以上	-0.33697*	0.000
	1—2 篇（部）	3—4 篇（部）	-0.20500*	0.000
	1—2 篇（部）	5 篇（部）及以上	-0.18511*	0.003
	3—4 篇（部）	5 篇（部）及以上	0.01989	0.774
通识基础	没有发表	1—2 篇（部）	-0.11398*	0.002
	没有发表	3—4 篇（部）	-0.32887*	0.000
	没有发表	5 篇（部）及以上	-0.32894*	0.000
	1—2 篇（部）	3—4 篇（部）	-0.21489*	0.000
	1—2 篇（部）	5 篇（部）及以上	-0.21496*	0.000
	3—4 篇（部）	5 篇（部）及以上	-0.00007	0.999
教学能力	没有发表	1—2 篇（部）	-0.17179*	0.000
	没有发表	3—4 篇（部）	-0.38201*	0.000
	没有发表	5 篇（部）及以上	-0.45064*	0.000

续表

因变量	(I) 23. 到目前为止，您发表（含出版）的研究成果的情况是	(J) 23. 到目前为止，您发表（含出版）的研究成果的情况是	平均值差值（I－J）	显著性
教学能力	1—2篇（部）	3—4篇（部）	－0.21022*	0.000
	1—2篇（部）	5篇（部）及以上	－0.27885*	0.000
	3—4篇（部）	5篇（部）及以上	－0.06863	0.247
教学设计	没有发表	1—2篇（部）	－0.15207*	0.000
	没有发表	3—4篇（部）	－0.35304*	0.000
	没有发表	5篇（部）及以上	－0.43367*	0.000
	1—2篇（部）	3—4篇（部）	－0.20096*	0.000
	1—2篇（部）	5篇（部）及以上	－0.28160*	0.000
	3—4篇（部）	5篇（部）及以上	－0.08063	0.196
教学实施	没有发表	1—2篇（部）	－0.19150*	0.000
	没有发表	3—4篇（部）	－0.41098*	0.000
	没有发表	5篇（部）及以上	－0.46760*	0.000
	1—2篇（部）	3—4篇（部）	－0.21948*	0.000
	1—2篇（部）	5篇（部）及以上	－0.27610*	0.000
	3—4篇（部）	5篇（部）及以上	－0.05662	0.349

注：*表示平均值差值的显著性水平为0.05。

通过事后多重检验，对总分及所有一、二级指标进行两两检验，由表4-61可知，成果发表达3—4篇（部）的高中教师与成果发表达5篇（部）及以上的高中教师在总分及一、二级各级指标上的差异均不显著（p值均大于0.005），说明教师成果发表对教师专业发展有一定的影响，但并不是成果越丰硕教师专业核心素养水平越高。此外，在职业情怀指标上没有任何成果发表的教师与有1—2篇（部）成果的教师没有显著差异（$p=0.049>0.005$），发表1—2篇（部）成果的教师与3—4篇（部）的教师没有显著差异（$p=0.005$）。

六 教学压力

对高中教师的教学压力情况进行调查，认为自身没有压力的教师有135人，认为自身压力较小的教师846人，占总样本的40.50%，感到自身压力较大的教师945人，占45.24%，感到压力很大的教师163人，可知感到自身压力较大和很大的教师占总数的 53.04%，一半以上的教师在教学中感受到了较大的压力。对此进行单因素方差分析，结果见表 4-62。

表 4-62　　　　　　　　　教师教学压力情况的统计

因变量	没有压力 (N=135)	压力较小 (N=846)	压力较大 (N=945)	压力很大 (N=163)	f 值	p 值
总分	5.23±0.74	5.05±0.61	4.90±0.61	5.04±0.75	15.298	0.000
品格修为	5.26±0.74	5.13±0.67	4.95±0.68	5.05±0.83	13.658	0.000
职业情怀	5.36±0.82	5.29±0.73	5.17±0.77	5.25±0.97	4.969	0.002
人格特质	5.15±0.80	4.96±0.72	4.73±0.72	4.85±0.88	21.132	0.000
知识涵养	5.07±0.83	4.84±0.70	4.73±0.69	4.84±0.82	10.444	0.000
专业学识	5.12±0.85	4.89±0.77	4.76±0.77	4.83±0.93	9.852	0.000
通识基础	5.01±0.88	4.80±0.72	4.70±0.68	4.86±0.81	9.474	0.000
教学能力	5.37±0.80	5.19±0.64	5.04±0.67	5.25±0.83	15.800	0.000
教学设计	5.40±0.83	5.21±0.67	5.08±0.70	5.34±0.88	13.188	0.000
教学实施	5.35±0.82	5.17±0.65	4.99±0.68	5.16±0.84	17.622	0.000

从表 4-62 可知，感到教师心理压力不同的高中教师在专业核心素养总分及各一、二级指标的 p 值均小于 0.005，即教师感到压力的程度影响教师专业核心素养水平。通过多重事后检验对总分进行分析，结果见表 4-63。

表 4-63　　　　　　　　　教师教学压力情况的事后多重比较

因变量	(I) 17. 您在教学方面的压力如何？	(J) 17. 您在教学方面的压力如何？	平均值差值 (I-J)	显著性
总分	没有压力	压力较小	0.17709*	0.003
		压力较大	0.32548*	0.000
		压力很大	0.18704*	0.011
	压力较小	压力较大	0.14839*	0.000
		压力很大	0.00995	0.854
	压力较大	压力很大	-0.13844*	0.010

注：*表示平均值差值的显著性水平为 0.05。

由表 4-63 中平均值差值可知，感到没有压力的高中教师在教师专业核心素养水平上显著高于感到压力较小及压力较大的高中教师，感到压力较小的教师其专业核心素养水平也显著高于感到压力较大的教师。这表明，教师感到没有压力以及压力较小更有益于教师专业核心素养发展。

第三节 结论与建议

上文对本次调查的江西省高中教师的教师专业核心素养的数据进行了分析，探究了对高中教师专业核心素养产生影响的因素。本节将在此基础上对高中教师专业核心素养的现状及影响因素进行总结并提出相应的对策建议。

一 基本结论

（一）高中教师专业核心素养整体处于良好水平

本次调查的江西省高中教师专业核心素养总分均值为 5.0 分。按照问卷量表中的等级水平，表明高中教师专业核心素养整体处于良好水平。

从 3 个一级指标看，得分由高到低分别是教学能力（5.14）、品格修为（5.05）和知识涵养（4.81）。在 3 个一级指标中，品格修为和教学能力处于良好水平，知识涵养接近良好，这表明本次调查的江西省高中教师在教学能力、品格修为表现较好，在知识涵养方面则有待提高。

从 6 个二级指标看，得分由高到低为：职业情怀（5.24）、教学设计（5.18）、教学实施（5.10）、人格特质（4.86）、专业学识（4.84）和通识基础（4.77）。即本次调查的江西省高中教师在职业情怀、教学设计与教学实施 3 项指标上达到良好水平，在人格特质、专业学识、通识基础上接近良好水平。

从 18 个三级指标来看，平均分由高到低的顺序为：关爱学生（5.42）、内容安排（5.26）、教学评价（5.24）、语言表达（5.19）和专业认同（5.19）、方法选择（5.15）、创新精神（5.14）、目标设定（5.11）和教育情感（5.11）、信息素养（5.10）、协同合作（5.09）、学科底蕴（4.93）、课堂组织（4.90）、心理知识（4.84）、教育理论（4.76）、人文积淀（4.69）、科学知识（4.52）和自我调控（4.35）。从三级指标得分可知，在 18 个指标中，得分高于 5 分的指标有 11 个，低于 5 分的有 7 个，得分最高的为关爱学生，得分最低的为自我调控。

（二）不同的高中教师专业核心素养表现存在差异

1. 地区差异

本次调查的江西省高中教师专业核心素养整体水平和品格修为、教学能力、职业情怀、教学设计、教学实施的水平与教师所处地区没有显著差异，而知识涵养、通识基础、专业学识、人格特质水平则有显著的地区差异。

在高中教师专业核心素养整体水平上，不同地区教师得分情况为抚州（5.11）、鹰潭（5.05）、景德镇（5.04）、南昌（5.03）、上饶（4.98）、萍乡（4.98）、宜春（4.97）、吉安（4.97）、九江（4.94）、赣州（4.93）、新余（4.91），抚州市高中教师在整体水平上得分最高。在知识涵养指标上，吉安市教师知识涵养得分为4.58分，低于其他各市，得分最高的为抚州市的高中教师（$M=4.99$），这表明江西省高中教师知识涵养水平存在地区差异。

2. 学校类型差异

调查结果表明，农村学校和城市学校的高中教师在专业核心素养总体水平、品格修为、知识涵养、教学能力等一、二级指标水平上均没有显著差异。而除职业情怀外，高中教师专业核心素养总分以及一、二级指标因学校类型不同（公办或民办学校）有显著差异；公办学校教师除职业情怀外各项指标水平均高于民办学校高中教师；在专业学识上，两种学校类型的高中教师得分有很明显的差异。

3. 性别差异

从性别看，高中教师仅在专业学识上存在显著差异，在专业核心素养总分、知识涵养等其他一、二级指标上均无显著差异。在专业学识上，女教师（4.89）显著高于男教师（4.79）。

4. 年龄差异

对教师年龄差异进行分析，在专业核心素养总体水平上，除41—50岁教师与51岁及以上教师没有显著差异外，30岁及以下教师、31—40岁教师、41—50岁、51岁及以上之间两两均存在显著差异。在职业情怀上，31—40岁、41—50岁、51岁及以上教师之间均没有显著性差异。在知识涵养上，31—40 岁与 41—50 岁两组教师没有显著性差异。在教学能力上，31—40 岁教师与 51 岁及以上教师没有显著性差异。但整体而言，不同年龄阶段的教师其专业核心素养总体水平存在差异，随着年龄的增长不断提高，在 40 岁之后趋于稳定。

5. 教龄差异

研究发现，本次调查的江西省高中教师教龄为 21—30 年与教龄为 31 年及以上在教师专业核心素养及一、二级指标上均无显著性差异；教龄为 11—20 年、21—30 年、31 年及以上的教师，除专业学识上 11—20 年与 31 年及以上教师有显著差异外，其余各项指标两两教龄组教师之间均无显著差异；而 10 年及以下的高中教师在教师专业核心素养总分和一、二级指标上都与其他组别的教师有显著差异。这表明，高中教师专业核心素养随着教龄的增长不断提高，在教龄超过 10 年之后趋于成熟。

6. 编制差异

不同编制状况的高中教师在专业核心素养总体水平、品格修为、知识涵养、教学能力 3 个一级指标上均有显著差异，而在二级指标职业情怀上无显著差异，在其他二级指标上均有显著差异。有编制的高中教师较尚未获得编制的高中教师在以上指标上表现更好。

7. 最高学历差异

研究发现，最高学历水平不同的高中教师在专业核心素养总体水平及一、二级指标上均存在显著差异。本科学历、大专学历、硕士学历高中教师在各项指标上的得分水平较均衡，博士及其他学历的教师在职业情怀及教学设计上均分较高，表现较好。

8. 第一学历差异

调查表明，高中教师专业核心素养各项指标中第一学历为师范专业的教师与非师范专业的教师仅在专业学识方面存在显著差异，即第一学历为师范专业的高中教师的专业学识显著高于非师范专业的高中教师，而在专业核心素养整体水平及其他一、二级指标均无显著差异。

9. 职称差异

研究发现，不同职称的高中教师其专业核心素养总分和品格修为、职业情怀、人格特质、知识涵养、专业学识、通识基础、教学能力、教学设计、教学实施均存在显著差异。而中学三级教师与其他各组教师之间在知识涵养上均有显著差异，均低于其他各组。未评职称的教师与中学二级职称的教师除在专业学识上有显著差异外，在专业核心素养总分及其他各项指标上均没有显著差异；中学高级职称教师与中学正高级职称教师在职业情怀、专业学识、教学设计上有显著差异外，在其他指标上均无显著差异；而中学三级教师除在人格特质上与未评职称高中教师无显著差异外，在其他各项指标上与其他各组教师均有显著差异。结果表明，未评职称的教师与中学二级教师在专业核心素养水平上较为一致，中学三级职称是教师发展的分水岭，评上中学三级职称教师之后其专业核心素养发展水平趋于平稳。

10. 任教课程差异

研究发现，在高中教师专业核心素养总分和人格特质、知识涵养、专业学识、通识基础几项指标上，各学科教师不具有显著差异，而在品格修为、职业情怀、教学能力、教学设计、教学实施几项指标上，不同学科教师之间存在显著差异。在品格修为上，数学教师得分显著高于物理教师，化学教师得分显著高于物理教师及生物教师，物理教师及生物教师的品格修为有待加强。在教学能力上，语文教师、数学教师、化学教师水平显著高于地理教师。在职业情怀上，数学教师水平显著高于物理教师、生物教师，化学教师的职业情怀显著高于物理教师、生物教师、历史教师和思品教师；在教学设计上，地理教师水平显著低于高中语文教师、数学教师和化学教师，物理教师水平显著低于数学教师、化学教师，地理教师和物理教师在教学设计上有较多提升空间；在教学实施上，语文教师显著高于高中地理教师。

11. 任教年级差异

研究发现，高中不同年级教师专业核心素养整体水平及一、二级指标（除职业情怀外）上均有显著差异。高三年级教师除职业情怀外，其他各项指标均显著高于高一年级教师，高三年级教师在整体水平、知识涵养、教学能力、人格特质、专业学识、通识基础、教学实施上均显著高于高二年级教师，而高一年级教师仅在教学实施指标上显著低于高二年级教师，在其他指标上无明显差异。这表明，高三年级教师在各项指标上表现都较好，高一和高二年级教师在某些方面有待提高。

12. 周课时量差异

调查表明，周课时量在11—15节及16—20节的教师品格修为水平显著高于周课时量为21节及以上的高中教师；周课时量在10节及以下的教师在教学能力上要显著低于11—15节的教师；周课时量在16—20节的高中教师职业情怀上显著高于周课时量为10节及以下、21节及以上的高中教师；周课时量在10节及以下的教师教学设计上显著低于11—15节的教师。

13. 任班主任情况差异

研究发现，担任班主任的教师在教师专业核心素养整体水平和品格修为、人格特质、通识基础、教学能力、教学设计上与不担任班主任的高中教师有明显差异，而在职业情怀、知识涵养、专业学识、教学实施上没有明显差异。担任班主任的高中教师在专业核心素养整体水平和品格修为、人格特质、通识基础、教学能力、教学设计上均显著高于未担任班主任的教师。

14. 获奖情况差异

调查表明，获得最高奖励不同的高中教师在教师专业核心素养总分和品格修为、职业情怀、人格特质、知识涵养、专业学识、通识基础、教学能力、教学设计、教学实施等指标上都有明显差异。没有任何获奖的教师及获得校级奖励的教师在教师专业核心素养总分上显著低于其他各组教师，获得县（区）级奖励的教师与获得市级奖励及国家级奖励的教师之间有显著的差异。从高中教师专业核心素养总分及3个一级指标来看，没有获得过任何奖励的高中教师在各指标上都显著低于其他组教师，仅获得过一种奖励的高中教师在各项指标上都显著低于获得过3种、4种、5种不同奖项的高中教师，而获得过1种奖项与2种不同奖项的教师没有显著差异；获得过2种不同奖项的高中教师在各指标上都显著低于获得过3种不同奖项的教师；获得4种或5种不同奖项的教师在各指标上均没有显著差异。

（三）多种因素影响高中教师的专业核心素养

从教研活动看，经常开展教研活动的学校其高中教师的核心素养及品格修为、知识涵养、教学能力显著高于其他各组教师；教研活动的开展频次很大程度上影响高中教师的专业核心素养。高中教师是否积极参加学校的教研活动对其专业核心素养水平会产生显著的影响。高中教师对教研活动的评价影响教师专业核心素养发展水平，教研活动的开展水平、教师的主动性参与水平等会对教师专业核心素养产生影响。

从教师培训看，教师培训的开展对高中教师专业核心素养有显著影响，开展教师培训越多的学校，其教师的专业核心素养水平也越高。高中教师是否积极参加培训对高中教师专业核心素养发展也有影响，参加培训较多的教师优于参加培训较少的教师；在教师专业核心素养上，从不参加培训的高中教师与参加培训较少的教师不具有显著差异，而与参加较多和经常参加培训的教师有显著差异。

从教师阅读看，教师各类书刊阅读的频率影响其专业核心素养的发展，相关书刊阅读越多的教师在专业核心素养总分水平也越高，品格修为、知识涵养和教学能力的表现也越好。教师现代信息技术方面知识的掌握情况对教师专业核心素养水平和品格修为、知识涵养、教学能力均有影响，越积极关注信息技术方面知识的教师其专业核心素养和品格修为、知识涵养和教学能力的表现也越好。教师藏书量和报刊订阅量越多，其专业核心素养水平也越高。

从教学借鉴看，教学观摩频率越高的教师其专业核心素养水平也越高。教学请教次数越多的教师其专业核心素养水平也越高。

从科学研究看，教师投入教学研究并有产出对教师专业发展有一定的影响，但并不是成果越丰硕教师专业核心素养水平越高，产出达3—4篇（部）的与成果产出达5篇（部）及以上的高中教师无显著差异。从课题承担情况看，高中教师积极进行相关研究并承担课题对教师专业发展有影响，即使是仅承担过校级课题的教师也与未承担过课题的教师有显著的差异，但并不是承担课题级别越高教师专业核心素养水平也越高。

从教学压力看，感到没有压力的教师在教师专业核心素养水平上显著高于感到有压力的教师，感到压力较小的教师其核心素养水平显著高于感到压力较大的教师。

二 主要建议

(一) 积极开展教研活动

教研组是教师从事教学和科研活动重要的常规组织，也是能有效促进教师专业成长的学习共同体。研究发现，学校建设良好的教研组织、开展符合教师发展需要的形式多样的教研活动，对高中教师专业核心素养水平的发展具有积极的促进作用。学校组织教研活动，首先要重视教师的需求。现在的教研组织存在教研组的行政化、教研职能不全面、教研活动形式化、教研成果功利性等问题，影响教师的发展。① 因此，我们应以教师自身需求为主，开展符合教师需要的教研活动，只有这样的教研活动才能使得更多的教师积极参与其中，才能促进教师学习反思，才能促进教师专业核心素养水平的提高。其次要关注教师的差异。研究发现，高中教师专业核心素养在性别、编制、年龄、教龄、职称、任教年级、是否担任班主任等方面都体现出差异，因此开展教研活动应关注教师之间的这些差异，依据教师的差异有针对性地开展教研活动。最后要渗透职业情怀。研究发现，教研活动对教师的职业情怀具有重要影响。因此，在开展教研活动时应积极渗透职业情怀的相关内容，有效促进教师职业情怀的发展。

(二) 提高教师培训实效

教师培训有利于提高教师的专业发展水平，是提升教师整体素质的重要途径。本研究发现，学校积极开展教师培训、教师培训频率越高、教师对培训评价越高，高中教师的专业核心素养水平也越高。为了提高教师培训的实效，在教师培训中应以教师需求为出发点，这样才能增强培训的针对性，才能使教师积极主动地参与其中。同时，在教师的培训中，应丰富培训的方式和方法，采用线上线下结合、理论与实践结合等多种形式。对教师参加校外培训的情况进行分析发现，积极主动寻求更高层次的校外培训的高中教师，其专业核心素养水平更高。因此，教育

---

① 陈家刚：《从教研组走向合作型教研组织——从教师专业共同体得到的借鉴》，《辽宁教育研究》2007年第2期。

行政部门要开展更多更高水准的培训,学校应为教师参加高层次的教师培训提供更多的支持与帮助。

(三) 提高教师科研水平

教师科研能力的发展是教师个人发展的必由之路,是推动学校内涵式发展的不竭动力,是提升教学质量的重要方式。① 研究发现,承担了科研课题和发表了研究成果的高中教师,其专业核心素养水平表现更好。因此,应提高高中教师的科研意识与科研能力,通过提升科研水平促进教师专业核心素养的发展。首先可以考虑建立科研师徒制。研究发现,教师年龄、教龄对教师科研情况与教师专业核心素养影响起正向调节作用,即高中教师年龄越大、教龄越长,其科研成果对教师专业核心素养的影响越大。因此,可以发挥"师徒制"的重要作用,建立"科研师徒制",新手教师可以通过年龄较大、教龄较长的教师的指导和帮助来提升自己的科研能力。其次,鼓励教师申报和承担各级各类课题。对于申报和承担了课题的教师,学校应出台鼓励措施,计算一定的工作量并给予相应的奖励。最后,学校也可以自行设立课题。为了促进教师专业核心素养的提高,学校也可以考虑自行设立校级课题,包括科研课题和教学改革课题。这样可以有更多的教师参与到科学研究和教学改革研究中来。

(四) 减轻教师教学压力

研究发现,高中教师感觉自身压力越小,其专业核心素养发展水平越好。因此,应采取有力措施减轻教师的教学压力。除了关注一般高中教师的教学压力以外,还要重点关注以下几类高中教师的压力。一是城市教师的压力。王晓宁研究发现,城市教师因面临更多的职业竞争、更迅猛直接的知识与教育的更新、受社会开放和多元化的影响更快速直接、接受到的监督与要求更多、来自家校社的支持缺乏等,他们有着更重的工作与生活中的压力。② 因此,教育行政部门和学校应有针对性地关心和疏导城市教师面临的各种压力。二是女性教师的压力。温星提出,"大多女性教师面临学校、家庭、社会等比男性教师更多方面的影响,使得自

---

① 彭丽:《论高校青年教师科研的重要性》,《现代经济信息》2017 年第 8 期。
② 王晓宁:《城市中学教师压力问题分析》,《法制与社会》2010 年第 10 期。

己的身心状况出现了问题，同时为他们带来了职业倦怠及师生、同事、家庭之间的矛盾，应关注女教师压力情况。"① 因此，社会各界应关注女性教师的教学压力情况，为她们创设和谐友爱的工作环境，让她们能在轻松愉悦的氛围里得到发展。同时，女教师也应学会自我调适，学会化解生活和工作中的压力。三是关注未评职称教师的压力。研究发现，大多数未评职称的高中教师均为"新手教师"。有不少研究发现，大部分"新手教师"都会感到有较大的压力。因此，学校与社会要给予初任教师以支持与关怀，通过"老带新"制度、提供更多有意义的教研活动、教师培训等方式促进未评职高中教师的顺利成长和发展。

---

① 温星：《女性教师的压力及应对策略》，《山西经济管理干部学院学报》2007年第2期。

第五章 乡村教师专业核心素养研究

本章主要阐述和分析我们抽样调查江西省乡村教师专业核心素养的情况。内容主要包括调查设计、调查实施、调查对象和调查结果，并在此基础上就提升乡村教师的专业核心素养提出若干对策建议。

第一节 乡村教师专业核心素养的调查与分析

一 调查设计

（一）调查目的

本调查是为了掌握江西省乡村教师专业核心素养的现状，分析影响乡村教师专业核心素养的因素并探讨提升乡村教师专业核心素养的策略。

（二）调查工具

本调查采用的工具是我们在构建中小学教师专业核心素养模型基础上研制的《中小学教师专业核心素养调查问卷》。该问卷的具体内容见附录。

二 调查对象

本研究调查的对象为江西省的乡村教师，调查范围覆盖全省11个设区市、90个县（区）及其下属的乡（镇）和村，有效调查对象为2217人，其中乡村小学教师为1463人，占此次调查样本总人数的66%；乡村初中教师为754人，占此次调查样本总人数的34%。具体情况见表5-1。

表 5-1　　　　　　　　　调查对象的基本情况统计

分类		人数	百分比（%）
1. 地域分布	抚州	65	2.9
	赣州	130	5.9
	吉安	325	14.7
	景德镇	62	2.8
	九江	65	2.9
	南昌	52	2.3
	萍乡	105	4.7
	上饶	435	19.6
	新余	56	2.5
	宜春	666	30.0
	鹰潭	256	11.5
2. 学校类型	公办学校	2095	94.5
	民办学校	122	5.5
3. 性别	男	761	34
	女	1456	66
4. 年龄	30 岁及以下	974	43.9
	31—40 岁	587	26.5
	41—50 岁	421	19.0
	51 岁及以上	235	10.6
5. 教龄	10 年以下	1269	57.2
	11—20 年	301	13.6
	21—30 年	429	19.4
	31 年及以上	218	9.8
6. 是否国家编制	是	1957	88
	否	260	12
7. 学历水平	高中（或中专）	61	2.8
	大专	684	30.9
	本科	1455	65.6
	硕士	10	0.4
8. 学历性质	师范类	1776	80.1
	非师范类	441	19.9

续表

分类		人数	百分比（%）
9. 职称	没评职称（小学）	317	14.3
	小教三级	82	3.7
	小教二级	519	23.4
	小教一级	453	20.4
	小教高级	85	3.8
	小教正高级	7	0.3
	没评职称（初中）	89	4.0
	中教三级	13	0.6
	中教二级	254	11.5
	中教一级	244	11.0
	中教高级	147	6.6
	中教正高级	7	0.3
10. 任教课程	语文	912	41.1
	数学	772	34.8
	英语	236	10.6
	物理	75	3.4
	化学	31	1.4
	生物	19	0.9
	历史	14	0.6
	地理	13	0.6
	思品	40	1.8
	音乐	18	0.8
	美术	16	0.7
	体育	36	1.6
	科学	9	0.4
	信息技术	5	0.2
	劳动技术	2	0.1
	心理健康	2	0.1
	综合实践活动	1	0.0
	其他	16	0.7

续表

分类		人数	百分比（%）
11. 任教年级	一年级	203	9.2
	二年级	220	9.9
	三年级	241	10.9
	四年级	239	10.8
	五年级	293	13.2
	六年级	267	12.0
	七年级	222	10.0
	八年级	216	9.7
	九年级	316	14.3
12. 周课时量	10 节及以下	249	11.2
	11—15 节	1131	51
	16—20 节	606	27.3
	21 节及以上	231	10.4
13. 是否班主任	是	1308	59
	否	909	41
14 受表彰情况	无表彰	462	20.8
	校级表彰	1134	51.2
	县（区）级表彰	1249	56.3
	市级表彰	428	19.3
	省级表彰	139	6.3
	国家级表彰	33	1.5
15. 受最高表彰情况	无表彰	459	20.7
	校级表彰	407	18.4
	县（区）级表彰	875	39.5
	市级表彰	327	14.7
	省级表彰	116	5.2
	国家级表彰	33	1.5

三 调查实施

本研究的调查通过"问卷星"平台对江西省乡村教师发放电子问卷的方式进行，调查时间为 2020 年 7—12 月。

四 调查结果

(一) 乡村教师专业核心素养总体处于良好水平

此次调查的乡村教师专业核心素养的一级指标、二级指标和三级指标平均分统计情况见表 5-2。本次调查的江西省乡村教师专业核心素养的 3 个一级指标得分如下：品格修为 5.04 分、知识涵养 4.79 分、教学能力 5.16 分，总平均分 5.0 分。由此可知，乡村教师教学胜任力处于良好水平，其中教学能力表现较好，但知识涵养表现偏弱。

表 5-2　　　　教师各类指标得分情况的统计

一级指标	得分	二级指标	得分	三级指标	得分
品格修为	5.04	职业情怀	5.22	教育情感	5.09
				专业认同	5.18
				关爱学生	5.39
		人格特质	4.86	自我调节	4.17
				协同合作	5.24
				创新精神	5.17
知识涵养	4.79	专业学识	4.82	教育理论	4.68
				心理知识	4.93
				学科底蕴	4.86
		通知基础	4.76	科学知识	4.46
				人文积淀	4.68
				信息素养	5.13
教学能力	5.16	教学设计	5.22	目标设定	5.19
				内容安排	5.26
				方法选择	5.20
		教学实施	5.10	语言表达	5.18
				课堂组织	4.87
				教学评价	5.28

从二级指标看，有 3 个二级指标平均分超过 5.0 分，分别是职业情怀、教学设计和教学实施，说明乡村教师在这 3 个二级指标上表现较好。另有 3 个二级指标平均分在 5.0 分以下，分别是人格特质、专业学识和通

识基础。说明乡村教师的这些指标表现较弱。

从三级指标看,有11个三级指标平均分超过了5.0分,分别是教育情感、专业认同、关爱学生、协同合作、创新精神、信息素养、目标设定、内容安排、方法选择、语言表达和教学评价;有7个三级指标平均分在5.0分以下,分别是自我调节、教育理论、心理知识、学科底蕴、科学知识、人文积淀、课堂组织,其中得分最低的是自我调节(4.17)。

(二)乡村教师专业核心素养的差异分析

1. 地域分布差异

我们将调查对象按地区的不同分成11个组,得到不同地区乡村教师所得分数,如表5-3所示。由表中数据可知,乡村教师专业核心素养总分平均分得分最高的是鹰潭市,为5.13分;得分最低的是赣州市,为4.73分;得分从高到低依次为:鹰潭市、宜春市、九江市、新余市、上饶市、萍乡市、吉安市、景德镇市、南昌市、抚州市、赣州市。

表5-3 不同地区教师专业核心素养总分及各一级指标的得分统计

地区	总分	品格修为	知识涵养	教学能力
抚州市	4.80	4.81	4.66	4.95
赣州市	4.73	4.73	4.52	4.96
吉安市	4.87	4.91	4.68	5.05
景德镇市	4.87	4.95	4.64	5.03
九江市	5.06	5.15	4.84	5.19
南昌市	4.85	5.01	4.56	5.00
萍乡市	4.88	4.89	4.58	5.20
上饶市	4.99	5.03	4.78	5.17
新余市	5.05	5.05	4.89	5.23
宜春市	5.10	5.16	4.90	5.24
鹰潭市	5.13	5.19	4.96	5.27

以地区为自变量,以专业核心素养总分及各一、二级指标得分为因变量进行单因素方差分析。如表5-4所示。由表中数据可知,专业核心素养总分和一级指标、二级指标的p值都为0.000,小于0.001,可以看出乡村教师在专业核心素养总分及各一、二级指标得分上与地区呈现显

著性差异。

表 5-4　　　　　　　　不同地区教师得分差异分析

一级指标	二级指标	显著性检验	
		f 值	p 值
总分		8.624	0.000
品格修为		9.207	0.000
	职业情怀	6.332	0.000
	人格特质	9.435	0.000
知识涵养		7.987	0.000
	专业学识	7.761	0.000
	通识基础	7.127	0.000
教学能力		5.514	0.000
	教学设计	4.279	0.000
	教学实施	6.301	0.000

2. 所在学校类型差异

以不同类型（公、私）乡村学校为自变量，以乡村教师专业核心素养总分及各一、二级指标得分为因变量，进行独立样本 T 检验，得到结果如表 5-5 所示。从表中数据可知，专业核心素养总分 T = -2.304，p = 0.021 < 0.05，说明乡村教师专业核心素养总分与乡村学校公私类型之间存在显著性相关，且私立乡村学校教师的专业核心素养总分要高于公立乡村学校教师。在一级指标中，品格修为 T = -2.848，p = 0.004 < 0.05；教学能力 T = -2.001，p = 0.046 < 0.05，因此在一级指标中的品格修为和教学能力与乡村学校公私类型存在显著性相关，而知识涵养与乡村学校公私类型无显著性相关（p = 0.135 > 0.05）。在二级指标中，只有职业情怀、人格特质和教学实施与乡村学校公私类型有显著性相关，因为这三个指标的 p 值都小于 0.05。

表 5-5　　　　　　　　不同类型学校教师得分差异分析

	公办学校（N = 2095）		民办学校（N = 122）		T 值	p 值
	M	SD	M	SD		
总分	4.98	0.62	5.12	0.64	-2.304	0.021

续表

	公办学校（N=2095）		民办学校（N=122）		T值	p值
	M	SD	M	SD		
品格修为	5.03	0.68	5.21	0.66	-2.848	0.004
知识涵养	4.78	0.72	4.89	0.77	-1.496	0.135
教学能力	5.16	0.65	5.28	0.65	-2.001	0.046
职业情怀	5.21	0.74	5.37	0.69	-2.377	0.018
人格特质	4.85	0.74	5.05	0.74	-2.834	0.005
专业学识	4.82	0.79	4.90	0.81	-1.149	0.251
通识基础	4.77	0.75	4.87	0.82	-1.292	0.198
教学设计	5.22	0.67	5.32	0.67	-1.680	0.093
教学实施	5.10	0.67	5.23	0.68	-2.189	0.029

3. 性别差异

如表5-6所示，依据性别的不同对乡村教师专业核心素养做独立样本T检验。由表中数据可知，乡村教师专业核心素养总分T=1.993，p=0.046<0.05，说明乡村教师专业核心素养总分在性别上存在显著性差异；且从均值来看，乡村男教师专业核心素养总分平均分高于乡村女教师。在一级指标中，品格修为T=1.973，p=0.049；知识涵养T=2.041，p=0.041，表明乡村教师品格修为与知识涵养在性别上存在显著性差异；从均值看，乡村男教师的品格修为、知识涵养和教学能力平均分得分都要比乡村女教师更高。在二级指标中，只有人格特质和通识基础在性别上有显著性相关，其余二级指标无显著性相关；从均值看，乡村男教师在所有二级指标上平均分得分都要比乡村女教师更高。

表5-6 不同性别教师专业核心素养总分及各级指标得分的差异分析

	男（N=761）		女（N=1456）		T值	p值
	M	SD	M	SD		
总分	5.03	0.64	4.97	0.61	1.993	0.046
品格修为	5.08	0.70	5.02	0.67	1.973	0.049
知识涵养	4.83	0.76	4.77	0.70	2.041	0.041
教学能力	5.19	0.65	5.15	0.65	1.310	0.190
职业情怀	5.24	0.78	5.21	0.72	1.050	0.294

续表

	男（N=761）		女（N=1456）		T值	p值
	M	SD	M	SD		
人格特质	4.92	0.76	4.83	0.73	2.528	0.012
专业学识	4.85	0.82	4.81	0.77	0.954	0.340
通识基础	4.82	0.78	4.75	0.74	2.066	0.039
教学设计	5.25	0.67	5.21	0.67	1.510	0.131
教学实施	5.12	0.67	5.09	0.66	1.022	0.307

4. 年龄与教龄差异

（1）年龄差异

本次调查研究中，把乡村教师年龄分为四个阶段，分别是30岁及以下、31—40岁、41—50岁和51岁及以上。根据乡村教师年龄的不同对其专业核心素养及各一级指标进行单因素方差分析，如表5-7所示。从中可知，乡村教师专业核心素养总分及各一级指标的p值都为0.000，均小于0.001，这表明乡村教师专业核心素养总分及各一级指标在年龄上呈现显著性差异。从均值来看，发现在同一指标内，乡村教师的得分随年龄的增加而增加，得分最高的是51岁及以上年龄段的乡村教师，得分最低的是30岁及以下年龄段的乡村教师。

表5-7 不同年龄段教师专业核心素养总分及各一级指标得分的差异分析

	年龄段	人数	平均分	显著性检验	
				f值	p值
总分	30岁及以下	974	4.86	31.111	0.000
	31—40岁	587	5.03		
	41—50岁	421	5.14		
	51岁及以上	235	5.17		
品格修为	30岁及以下	974	4.90	29.991	0.000
	31—40岁	587	5.10		
	41—50岁	421	5.18		
	51岁及以上	235	5.24		
知识涵养	30岁及以下	974	4.67	21.194	0.000
	31—40岁	587	4.81		

续表

	年龄段	人数	平均分	显著性检验	
				f 值	p 值
知识涵养	41—50 岁	421	4.94	21.194	0.000
	51 岁及以上	235	4.96		
教学能力	30 岁及以下	974	5.03	27.891	0.000
	31—40 岁	587	5.21		
	41—50 岁	421	5.31		
	51 岁及以上	235	5.32		

同时以年龄为自变量，以各二级指标得分为因变量，对乡村教师做单因素方差分析，如表 5-8 所示。从表中数据可知，6 个二级指标 p 值均为 0.000，小于 0.05，表明乡村教师所有二级指标均存在显著的年龄差异。从均值看，通识基础与教学实施 2 个指标在 41—50 岁年龄段的均值最高，而职业情怀、人格特质、专业学识和教学设计 4 个指标在 51 岁及以上年龄段的均值最高。

表 5-8　　　　　　　不同年龄段教师二级指标得分差异分析

指标	年龄段	人数	平均分	显著性检验	
				f 值	p 值
职业情怀	30 岁及以下	974	5.08	22.017	0.000
	31—40 岁	587	5.30		
	41—50 岁	421	5.33		
	51 岁及以上	235	5.38		
人格特质	30 岁及以下	974	4.71	28.876	0.000
	31—40 岁	587	4.90		
	41—50 岁	421	5.03		
	51 岁及以上	235	5.09		
专业学识	30 岁及以下	974	4.69	22.561	0.000
	31—40 岁	587	4.85		
	41—50 岁	421	4.99		
	51 岁及以上	235	5.04		

续表

指标	年龄段	人数	平均分	显著性检验	
				f 值	p 值
通识基础	30 岁及以下	974	4.66	15.273	0.000
	31—40 岁	587	4.80		
	41—50 岁	421	4.92		
	51 岁及以上	235	4.90		
教学设计	30 岁及以下	974	5.10	20.341	0.000
	31—40 岁	587	5.28		
	41—50 岁	421	5.35		
	51 岁及以上	235	5.36		
教学实施	30 岁及以下	974	4.96	32.658	0.000
	31—40 岁	587	5.15		
	41—50 岁	421	5.28		
	51 岁及以上	235	5.27		

以乡村教师专业核心素养总分及各一、二级指标得分为因变量，以不同的年龄段为自变量进行事后多重比较（LSD）分析。对不同年龄段的乡村教师进行分组，年龄段在 30 岁及以下的为第一组，年龄段在 31—40 岁的为第二组，年龄段在 41—50 岁的为第三组，年龄段在 51 岁及以上的为第四组，具体情况见表 5-9。

在专业核心素养总分及各一级指标中，组间对比 1—2、1—3、1—4、2—3、2—4 的 p 值均小于 0.05，这表明它们之间存在显著性差异，也就是说在 30 岁及以下与 31—40 岁、30 岁及以下与 41—50 岁、30 岁及以下与 51 岁及以上、31—40 岁与 41—50 岁、31—40 岁与 51 岁及以上的两两比较当中，乡村教师专业核心素养总分均值、品格修为得分均值、知识涵养得分均值和教学能力得分均值上都存在显著性差异。

在二级指标的人格特质、专业学识和教学实施中，组间对比 1—2、1—3、1—4、2—3、2—4 的 p 值均小于 0.05，说明它们之间存在显著性差异，也就是说 30 岁及以下与 31—40 岁、30 岁及以下与 41—50 岁、30 岁及以下与 51 岁及以上、31—40 岁与 41—50 岁、31—40 岁与 51 岁及以上的两两比较当中，乡村教师人格特质得分均值、专业学识得分均值和教学实施得分均值上都存在显著性差异。在职业情怀和教学设计上，组间对比 1—2、1—3、1—4 的 p 值均小于 0.05，说明它们之间存在显著性差异，也就是说在 30 岁及以下与 31—40 岁、30 岁及以下与 41—50 岁、30 岁及以下与 51 岁及以上的两两比较当中，乡村教师职业情怀得分均值和教学设计得分均值上存在显著性差异。在通识基础方面上，组间对比 1—2、1—3、1—4、2—3 的 p 值均小于 0.05，说明它们之间存在显著性差异，也就是说在 30 岁及以下与 31—40 岁、30 岁及以下与 41—50 岁、30 岁及以下与 51 岁及以上和 31—40 岁与 41—50 岁的两两比较当中，乡村教师通识基础得分均值上存在显著性差异。

表 5-9　　不同年龄教师专业核心素养总分及各一、二级指标的多重比较

变量	年龄组	平均值差异（I-J）	标准误	显著性	95% 置信区间	
					下限	上限
总分	1—2	-0.17683*	0.03204	0.000	-0.2397	-0.114
	1—3	-0.28272*	0.03576	0.000	-0.3528	-0.2126
	1—4	-0.30913*	0.04456	0.000	-0.3965	-0.2217
	2—3	-0.10589*	0.03916	0.007	-0.1827	-0.0291
	2—4	-0.13229*	0.04733	0.005	-0.2251	-0.0395
	3—4	-0.0264	0.04992	0.597	-0.1243	0.0715
品格修为	1—2	-0.20161*	0.03482	0.000	-0.2699	-0.1333
	1—3	-0.28718*	0.03887	0.000	-0.3634	-0.211
	1—4	-0.34158*	0.04843	0.000	-0.4365	-0.2466
	2—3	-0.08556*	0.04256	0.044	-0.169	-0.0021
	2—4	-0.13996*	0.05144	0.007	-0.2408	-0.0391
	3—4	-0.0544	0.05426	0.316	-0.1608	0.052
知识涵养	1—2	-0.14753*	0.03719	0.000	-0.2205	-0.0746
	1—3	-0.27751*	0.04152	0.000	-0.3589	-0.1961
	1—4	-0.29653*	0.05173	0.000	-0.398	-0.1951
	2—3	-0.12998*	0.04546	0.004	-0.2191	-0.0408
	2—4	-0.14900*	0.05495	0.007	-0.2568	-0.0412
	3—4	-0.01902	0.05796	0.743	-0.1327	0.0946

续表

变量	年龄组	平均值差异（I-J）	标准误	显著性	95%置信区间	
					下限	上限
教学能力	1—2	-0.18192*	0.03318	0.000	-0.247	-0.1169
	1—3	-0.28357*	0.03704	0.000	-0.3562	-0.2109
	1—4	-0.28679*	0.04615	0.000	-0.3773	-0.1963
	2—3	-0.10166*	0.04055	0.012	-0.1812	-0.0221
	2—4	-0.10487*	0.04902	0.032	-0.201	-0.0088
	3—4	-0.00322	0.0517	0.95	-0.1046	0.0982
职业情怀	1—2	-0.21900*	0.03815	0.000	-0.2938	-0.1442
	1—3	-0.26099*	0.04258	0.000	-0.3445	-0.1775
	1—4	-0.30356*	0.05306	0.000	-0.4076	-0.1995
	2—3	-0.04199	0.04663	0.368	-0.1334	0.0494
	2—4	-0.08457	0.05636	0.134	-0.1951	0.0259
	3—4	-0.04257	0.05945	0.474	-0.1592	0.074
人格特质	1—2	-0.18423*	0.03817	0.000	-0.2591	-0.1094
	1—3	-0.31337*	0.0426	0.000	-0.3969	-0.2298
	1—4	-0.37959*	0.05309	0.000	-0.4837	-0.2755
	2—3	-0.12913*	0.04665	0.006	-0.2206	-0.0377
	2—4	-0.19536*	0.05639	0.001	-0.3059	-0.0848
	3—4	-0.06622	0.05948	0.266	-0.1829	0.0504
专业学识	1—2	-0.15743*	0.04057	0.000	-0.237	-0.0779
	1—3	-0.30216*	0.04528	0.000	-0.391	-0.2134
	1—4	-0.35123*	0.05642	0.000	-0.4619	-0.2406
	2—3	-0.14473*	0.04958	0.004	-0.242	-0.0475
	2—4	-0.19380*	0.05993	0.001	-0.3113	-0.0763
	3—4	-0.04906	0.06322	0.438	-0.173	0.0749
通识基础	1—2	-0.13744*	0.03893	0.000	-0.2138	-0.0611
	1—3	-0.26164*	0.04346	0.000	-0.3469	-0.1764
	1—4	-0.23250*	0.05415	0.000	-0.3387	-0.1263
	2—3	-0.12420*	0.04758	0.009	-0.2175	-0.0309
	2—4	-0.09506	0.05751	0.098	-0.2078	0.0177
	3—4	0.02914	0.06067	0.631	-0.0898	0.1481

续表

变量	年龄组	平均值差异(I−J)	标准误	显著性	95% 置信区间	
					下限	上限
教学设计	1—2	−0.17378*	0.03459	0.000	−0.2416	−0.106
	1—3	−0.24473*	0.03861	0.000	−0.3204	−0.169
	1—4	−0.25780*	0.04811	0.000	−0.3521	−0.1635
	2—3	−0.07094	0.04227	0.093	−0.1538	0.012
	2—4	−0.08402	0.0511	0.100	−0.1842	0.0162
	3—4	−0.01308	0.0539	0.808	−0.1188	0.0926
教学实施	1—2	−0.19005*	0.03412	0.000	−0.257	−0.1231
	1—3	−0.32242*	0.03809	0.000	−0.3971	−0.2477
	1—4	−0.31577*	0.04746	0.000	−0.4088	−0.2227
	2—3	−0.13237*	0.0417	0.002	−0.2142	−0.0506
	2—4	−0.12572*	0.05041	0.013	−0.2246	−0.0269
	3—4	0.00665	0.05317	0.901	−0.0976	0.1109

（2）教龄差异

在调查中，我们将乡村教师的教龄分为了四个阶段，分别是：10 年及以下、11—20 年、21—30 年与 31 年及以上，依照教龄的不同对乡村教师专业核心素养总分及各一级指标做单因素方差分析，经检验都符合方差齐性的性质，因此可以做单因素方差分析，如表 5 - 10 所示。

表 5 - 10　不同教龄段教师专业核心素养总分及各一级指标差异分析

	教龄段	人数	平均分	显著性检验	
				f 值	p 值
总分	10 年及以下	1269	4.89	26.162	0.000
	11—20 年	301	5.06		
	21—30 年	429	5.14		
	31 年及以上	218	5.16		
品格修为	10 年及以下	1269	4.93	25.229	0.000
	11—20 年	301	5.16		
	21—30 年	429	5.17		
	31 年及以上	218	5.23		

续表

	教龄段	人数	平均分	显著性检验	
				f 值	p 值
知识涵养	10 年及以下	1269	4.70	17.945	0.000
	11—20 年	301	4.81		
	21—30 年	429	4.95		
	31 年及以上	218	4.96		
教学能力	10 年及以下	1269	5.06	24.925	0.000
	11—20 年	301	5.24		
	21—30 年	429	5.33		
	31 年及以上	218	5.30		

由表中数据可知，专业核心素养总分及各一级指标的 p 值都为 0.000，均小于 0.001，这就表明乡村教师专业核心素养总分及各一级指标在教龄上呈现显著性差异。从均值来看，发现专业核心素养总分、品格修为与知识涵养 2 个一级指标中，乡村教师的得分随教龄的增加而增加，得分最高的是教龄在 31 年及以上的乡村教师，得分最低的是教龄在 10 年及以下的乡村教师。在教学能力上，得分最高的是教龄在 21—30 年的乡村教师，得分最低的是教龄在 10 年及以下的乡村教师。

同时以教龄为自变量，以各二级指标得分为因变量，对乡村教师做单因素方差分析，发现只有职业情怀、人格特质、通识基础和教学实施符合方差齐性特质，得到表 5 - 11。从表中数据可知，4 个二级指标 p 值均为 0.000，小于 0.05，表明乡村教师在职业情怀、人格特质、通识基础和教学实施上均存在显著的教龄差异。

表 5 -11　　　　　　不同教龄段教师二级指标得分差异分析

指标	教龄段	人数	平均分	显著性检验	
				f 值	p 值
职业情怀	10 年及以下	1269	5.12	18.643	0.000
	11—20 年	301	5.37		
	21—30 年	429	5.33		
	31 年及以上	218	5.37		

续表

指标	教龄段	人数	平均分	显著性检验	
				f值	p值
人格特质	10 年及以下	1269	4.75	24.646	0.000
	11—20 年	301	4.94		
	21—30 年	429	5.02		
	31 年及以上	218	5.10		
通识基础	10 年及以下	1269	4.70	12.597	0.000
	11—20 年	301	4.79		
	21—30 年	429	4.93		
	31 年及以上	218	4.90		
教学实施	10 年及以下	1269	4.99	29.545	0.000
	11—20 年	301	5.17		
	21—30 年	429	5.30		
	31 年及以上	218	5.26		

由于专业学识和教学设计不满足方差齐性的性质，不能直接进行单因素方差分析，所以对这两个指标采用 Welch 法检验，如表 5-12 所示。由表中数据可知，专业学识与教学设计的 p 值均为 0.000，小于 0.05，说明乡村教师专业学识与教学设计得分均值存在显著的教龄差异。在专业学识方面，得分均值最高的是教龄在 31 年及以上的乡村教师，得分最低的是教龄在 10 年及以下的乡村教师；在教学设计上，得分均值最高的是教龄在 21—30 年的乡村教师，得分均值最低的是教龄在 10 年及以下的乡村教师。

表 5-12　不同教龄段教师专业学识与教学设计得分差异比较的 Welch 法检验

指标	教龄段	人数	平均分	Welch 值	p 值
专业学识	10 年及以下	1269	4.72	20.919	0.000
	11—20 年	301	4.84		
	21—30 年	429	5.00		
	31 年及以上	218	5.04		
教学设计	10 年及以下	1269	5.13	18.671	0.000
	11—20 年	301	5.31		

续表

指标	教龄段	人数	平均分	Welch 值	p 值
教学设计	21—30 年	429	5.36	18.671	0.000
	31 年及以上	218	5.34		

为了更进一步了解各个教龄段之间的具体情况，以教龄为自变量，以乡村教师专业核心素养总分及各一、二级指标得分为因变量，进行事后多重比较。由于方差齐性的不同，分别做了 LSD 和 Tamhane T2 两种事后多重比较。为了方便统计，将教龄为 10 年及以下的分为第 1 组，教龄在 11—20 年的为第 2 组，教龄在 21—30 年的为第 3 组，教龄在 31 年及以上的为第 4 组。

表 5-13　不同教龄教师专业核心素养总分及各一、二级指标的多重比较

因变量	教龄组	平均值差异（I-J）	标准误	显著性	95% 置信区间	
					下限	上限
总分	1—2	-0.16903*	0.03943	0.000	-0.2464	-0.0917
	1—3	-0.24944*	0.03435	0.000	-0.3168	-0.1821
	1—4	-0.26597*	0.0451	0.000	-0.3544	-0.1775
	2—3	-0.08041	0.04625	0.082	-0.1711	0.0103
	2—4	-0.09694	0.0547	0.077	-0.2042	0.0103
	3—4	-0.01653	0.05116	0.747	-0.1169	0.0838
品格修为	1—2	-0.22291*	0.04285	0.000	-0.3069	-0.1389
	1—3	-0.23682*	0.03733	0.000	-0.31	-0.1636
	1—4	-0.29879*	0.04901	0.000	-0.3949	-0.2027
	2—3	-0.01391	0.05026	0.782	-0.1125	0.0846
	2—4	-0.07588	0.05945	0.202	-0.1925	0.0407
	3—4	-0.06197	0.0556	0.265	-0.171	0.0471
知识涵养	1—2	-0.10680*	0.04573	0.020	-0.1965	-0.0171
	1—3	-0.24745*	0.03984	0.000	-0.3256	-0.1693
	1—4	-0.26139*	0.0523	0.000	-0.3639	-0.1588
	2—3	-0.14065*	0.05363	0.009	-0.2458	-0.0355
	2—4	-0.15459*	0.06344	0.015	-0.279	-0.0302
	3—4	-0.01393	0.05933	0.814	-0.1303	0.1024

续表

因变量	教龄组	平均值差异（I-J）	标准误	显著性	95%置信区间 下限	95%置信区间 上限
教学能力	1—2	-0.17843*	0.04079	0.000	-0.2584	-0.0984
	1—3	-0.26586*	0.03553	0.000	-0.3355	-0.1962
	1—4	-0.23420*	0.04664	0.000	-0.3257	-0.1427
	2—3	-0.08744	0.04783	0.068	-0.1812	0.0064
	2—4	-0.05577	0.05658	0.324	-0.1667	0.0552
	3—4	0.03167	0.05292	0.550	-0.0721	0.1354
职业情怀	1—2	-0.25310*	0.04691	0.000	-0.3451	-0.1611
	1—3	-0.20890*	0.04086	0.000	-0.289	-0.1288
	1—4	-0.25308*	0.05364	0.000	-0.3583	-0.1479
	2—3	0.0442	0.05501	0.422	-0.0637	0.1521
	2—4	0.00002	0.06507	1.000	-0.1276	0.1276
	3—4	-0.04417	0.06086	0.468	-0.1635	0.0752
人格特质	1—2	-0.19271*	0.04696	0.000	-0.2848	-0.1006
	1—3	-0.26473*	0.04091	0.000	-0.345	-0.1845
	1—4	-0.34450*	0.0537	0.000	-0.4498	-0.2392
	2—3	-0.07202	0.05507	0.191	-0.18	0.036
	2—4	-0.15179*	0.06514	0.020	-0.2795	-0.024
	3—4	-0.07977	0.06092	0.191	-0.1992	0.0397
通识基础	1—2	-0.09193	0.04785	0.055	-0.1858	0.0019
	1—3	-0.23034*	0.04168	0.000	-0.3121	-0.1486
	1—4	-0.20141*	0.05472	0.000	-0.3087	-0.0941
	2—3	-0.13841*	0.05612	0.014	-0.2485	-0.0284
	2—4	-0.10947	0.06638	0.099	-0.2396	0.0207
	3—4	0.02894	0.06208	0.641	-0.0928	0.1507
教学实施	1—2	-0.17754*	0.04195	0.000	-0.2598	-0.0953
	1—3	-0.30311*	0.03654	0.000	-0.3748	-0.2314
	1—4	-0.26479*	0.04797	0.000	-0.3589	-0.1707
	2—3	-0.12557*	0.0492	0.011	-0.222	-0.0291
	2—4	-0.08725	0.05819	0.134	-0.2014	0.0269
	3—4	0.03832	0.05442	0.481	-0.0684	0.145

注：*表示平均值差值的显著性水平为0.05。

如表 5-13 所示，在专业核心素养总分上，组间对比 1—2、1—3、1—4，发现三者的 p 值为 0.000，小于 0.05，说明它们之间存在显著性差异，这也就是说教龄在 10 年及以下与 11—20 年、10 年及以下与 21—30 年、10 年及以下与 31 年及以上的两两比较中，乡村教师专业核心素养总分均值存在显著的教龄差异。

在一级指标中的品格修为和教学能力上，组间对比 1—2、1—3、1—4，发现三者的 p 值为 0.000，小于 0.05，说明它们之间存在显著性差异，这也就是说教龄在 10 年及以下与 11—20 年、10 年及以下与 21—30 年、10 年及以下与 31 年及以上的两两比较中，乡村教师品格修为与教学能力得分均值存在显著的教龄差异。在知识涵养上，组间对比 1—2、1—3、1—4、2—3、2—4，发现它们的 p 值为 0.000，小于 0.05，说明它们之间存在显著性差异，这也就是说教龄在 10 年及以下与 11—20 年、10 年及以下与 21—30 年、10 年及以下与 31 年及以上、11—20 年与 21—30 年、11—20 年与 31 年及以上的两两比较当中，乡村教师知识涵养得分均值存在显著的教龄差异。

在二级指标中的职业情怀上，组间对比 1—2、1—3、1—4，发现三者的 p 值为 0.000，小于 0.05，说明它们之间存在显著性差异，这也就是说教龄在 10 年及以下与 11—20 年、10 年及以下与 21—30 年、10 年及以下与 31 年及以上的两两比较中，乡村教师职业情怀得分均值存在显著的教龄差异；在人格特质上，组间对比 1—2、1—3、1—4、2—4，发现它们的 p 值为 0.000，小于 0.05，说明它们之间存在显著性差异，这也就是说教龄在 10 年及以下与 11—20 年、10 年及以下与 21—30 年、10 年及以下与 31 年及以上、11—20 年与 31 年及以上的两两比较中，乡村教师人格特质得分均值存在显著的教龄差异；在通识基础上，组间对比 1—3、1—4、2—3，发现它们的 p 值为 0.000，小于 0.05，说明它们之间存在显著性差异，这也就是说教龄在 10 年及以下与 21—30 年、10 年及以下与 31 年及以上、11—20 年与 21—30 年的两两比较中，乡村教师通识基础得分均值存在显著的教龄差异；在教学实施上，组间对比 1—2、1—3、1—4、2—3，发现它们的 p 值为 0.000，小于 0.05，说明它们之间存在显著性差异，这也就是说教龄在 10 年及以下与 11—20 年、10 年及以下与 21—30

年、10 年及以下与 31 年及以上、11—20 年与 21—30 年的两两比较中，乡村教师教学实施得分均值存在显著的教龄差异。

表 5-14 不同教龄教师专业学识与教学设计的多重比较

变量	教龄组	平均值差值（I-J）	标准误	显著性	95% 置信区间	
					下限	上限
专业学识	1—2	-0.11365	0.05101	0.148	-0.2484	0.0212
	1—3	-0.27711*	0.04292	0.000	-0.3903	-0.1639
	1—4	-0.31379*	0.05345	0.000	-0.4553	-0.1723
	2—3	-0.16346*	0.05887	0.033	-0.3188	-0.0081
	2—4	-0.20014*	0.06694	0.017	-0.377	-0.0233
	3—4	-0.03668	0.061	0.991	-0.1979	0.1245
教学设计	1—2	-0.17931*	0.0417	0.000	-0.2895	-0.0691
	1—3	-0.22862*	0.03545	0.000	-0.3221	-0.1351
	1—4	-0.20360*	0.04609	0.000	-0.3256	-0.0816
	2—3	-0.0493	0.04737	0.881	-0.1743	0.0757
	2—4	-0.02429	0.05578	0.999	-0.1717	0.1231
	3—4	0.02501	0.05127	0.997	-0.1105	0.1605

注：*表示平均值差值的显著性水平为 0.05。

由于二级指标中的专业学识与教学设计不符合方差齐性的同质性检验，因此以教龄为自变量、以二者得分均值为因变量，对这两个指标进行 Tamhane T2 多重事后检验，结果如表 5-14 所示。从表中数据可知，在专业学识上，组间对比 1—3、1—4、2—3、2—4，它们的 p 值都小于 0.05，说明它们之间存在显著性差异，这也就是说教龄在 10 年及以下与 21—30 年、10 年及以下与 31 年及以上、11—20 年与 21—30 年、11—20 年与 31 年及以上的两两比较中，乡村教师专业学识得分均值存在显著的教龄差异；在教学设计上，组间对比 1—2、1—3、1—4，发现三者的 p 值为 0.000，小于 0.05，说明它们之间存在显著性差异，这也就是说教龄在 10 年及以下与 11—20 年、10 年及以下与 21—30 年、10 年及以下与 31 年及以上的两两比较中，乡村教师教学设计得分均值存在显著的教龄差异。

5. 编制差异

以编制为自变量，以乡村教师专业核心素养总分及各一、二级指标得分均值为因变量，进行独立样本 T 检验，得到表 5-15。由表中数据可知，从专业核心素养总分及各一、二级指标得分均值来看，获得国家教师编制的乡村教师都比未获得国家教师编制的乡村教师更高。专业核心素养总分 T=1.514、p=0.13，表明乡村教师专业核心素养总分与编制无显著差异。在一级指标中，只有教学能力 T=2.054、p=0.041<0.05，说明乡村教师教学能力存在显著的编制差异。在二级指标中，仅有教学实施 T=2.199、p=0.029<0.05，表明乡村教师在教学实施方面存在显著的编制差异；其余的二级指标 p 值均大于 0.05，与编制无显著性相关。

表 5-15 不同编制教师专业核心素养总分与一、二级指标差异分析

	有编制（N=1957）		无编制（N=260）		T 值	p 值
	M	SD	M	SD		
总分	5.00	0.62	4.94	0.66	1.514	0.130
品格修为	5.04	0.68	5.01	0.70	0.734	0.463
知识涵养	4.80	0.72	4.73	0.75	1.329	0.184
教学能力	5.17	0.64	5.08	0.71	2.054	0.041
职业情怀	5.22	0.74	5.22	0.75	-0.043	0.966
人格特质	4.87	0.74	4.80	0.76	1.383	0.167
专业学识	4.83	0.78	4.75	0.81	1.628	0.104
通识基础	4.78	0.75	4.73	0.79	1.106	0.269
教学设计	5.23	0.66	5.15	0.73	1.801	0.073
教学实施	5.12	0.66	5.01	0.72	2.199	0.029

6. 学历差异

（1）不同学历层次差异

以学历为自变量，以乡村教师专业核心素养总分及各一、二级指标（除职业情怀和教学设计外）得分为因变量，进行单因素方差分析，如表 5-16 所示。从表中数据可知，乡村教师专业核心素养总分均值在学历上无显著性差异（p>0.05）。在一级指标中，只有品格修为的 p=0.018<0.05，表明乡村教师品格修为与学历层次存在显著性差异；在二级指标中，仅有专业学识的 p=0.042<0.05，说明乡村教师专业学识在学历上存在显著性差异；其余的一、二级指标与学历均无显著性差异。从均值

来看，在专业核心素养总分、人格特质与专业学识上，大专学历的乡村教师平均分得分最高；在知识涵养、教学能力、通识基础与教学实施上，硕士学历的乡村教师平均分得分最高。

表5-16 不同学历层次教师专业核心素养总分及各一、二级指标得分差异分析

	学历层次	人数	平均值	标准差	显著性检验	
					f值	p值
总分	高中（或中专）	61	4.97	0.68	1.949	0.100
	大专	684	5.05	0.64		
	本科	1455	4.97	0.62		
	硕士	10	4.97	0.68		
	其他	7	4.86	0.51		
品格修为	高中（或中专）	61	5.12	0.70	2.991	0.018
	大专	684	5.10	0.69		
	本科	1455	5.01	0.67		
	硕士	10	4.71	0.86		
	其他	7	5.19	0.58		
知识涵养	高中（或中专）	61	4.65	0.80	2.278	0.059
	大专	684	4.84	0.73		
	本科	1455	4.77	0.71		
	硕士	10	4.89	0.84		
	其他	7	4.33	0.64		
教学能力	高中（或中专）	61	5.15	0.74	1.988	0.094
	大专	684	5.22	0.67		
	本科	1455	5.14	0.63		
	硕士	10	5.34	0.79		
	其他	7	5.09	0.69		
人格特质	高中（或中专）	61	4.91	0.74	1.176	0.320
	大专	684	4.91	0.77		
	本科	1455	4.84	0.73		
	硕士	10	4.88	0.65		
	其他	7	4.89	0.71		

续表

	学历层次	人数	平均值	标准差	显著性检验	
					f值	p值
专业学识	高中（或中专）	61	4.68	0.86	2.475	0.042
	大专	684	4.87	0.79		
	本科	1455	4.81	0.78		
	硕士	10	4.81	0.81		
	其他	7	4.17	0.76		
通识基础	高中（或中专）	61	4.60	0.84	1.894	0.109
	大专	684	4.82	0.76		
	本科	1455	4.76	0.74		
	硕士	10	4.95	0.93		
	其他	7	4.48	0.64		
教学实施	高中（或中专）	61	5.10	0.76	1.921	0.104
	大专	684	5.16	0.68		
	本科	1455	5.08	0.65		
	硕士	10	5.29	0.64		
	其他	7	5.16	0.62		

由于二级指标中的职业情怀与教学设计不满足方差齐性的性质，不能进行单因素方差分析，因此采用 Welch 法对职业情怀与教学设计进行检验，如表 5-17 所示。从表中数据可知，职业情怀 $p=0.017<0.05$，因此乡村教师的职业情怀与学历存在显著性差异；教学设计 $p=0.193>0.05$，表明乡村教师在教学设计上不存在显著的学历差异。

表 5-17　不同学历层次教师职业情怀与教学设计的 Welch 法检验

指标	学历水平	人数	平均值	标准差	Welch 值	p值
职业情怀	高中（或中专）	61	5.32	0.80	3.611	0.017
	大专	684	5.29	0.74		
	本科	1455	5.18	0.73		
	硕士	10	4.54	1.40		
	其他	7	5.49	0.58		

续表

指标	学历水平	人数	平均值	标准差	Welch 值	p 值
教学设计	高中（或中专）	61	5.20	0.78	1.640	0.193
	大专	684	5.28	0.69		
	本科	1455	5.20	0.65		
	硕士	10	5.39	0.99		
	其他	7	5.02	0.81		

为更进一步了解乡村教师在品格修为、专业学识和职业情怀上的差异，我们以学历为自变量，以乡村教师品格修为、专业学识和职业情怀得分为因变量，进行事后检验。因方差齐性的不同，分别进行两种事后检验，分别是 LSD 和 Tamhane T2 事后检验。在研究中，我们将学历为"高中（或中专）"表示为"1"、"大专"表示为"2"、"本科"表示为"3"、"硕士"表示为"4"、"其他"表示为"5"。

如表 5-18 所示，对不同学历的乡村教师在品格修为与专业学识上的得分进行 LSD 事后比较。从表中数据可以发现，在品格修为上，组间对比 2—3，p 值小于 0.05，说明它们之间存在显著性差异，即是大专学历的乡村教师与本科学历的乡村教师在品格修为上存在显著性差异，且大专学历的乡村教师要优于本科学历的乡村教师。在专业学识上，组间对比 2—5、3—5，两组的 p 值都小于 0.05，说明它们之间存在显著性差异，即是大专学历的乡村教师与其他学历的乡村教师、本科学历的乡村教师与其他学历的乡村教师在专业学识上存在显著性差异。

表 5-18　不同学历层次教师在品格修为与专业学识上的事后多重比较

因变量	学历	平均值差值（I-J）	标准误	显著性	95% 置信区间	
					下限	上限
品格修为	1—2	0.01604	0.09061	0.859	-0.1616	0.1937
	1—3	0.10752	0.08862	0.225	-0.0663	0.2813
	1—4	0.40638	0.23134	0.079	-0.0473	0.86
	1—5	-0.07299	0.27059	0.787	-0.6036	0.4577
	2—3	0.09148 *	0.03144	0.004	0.0298	0.1531

续表

因变量	学历	平均值差值（I-J）	标准误	显著性	95%置信区间	
					下限	上限
品格修为	2—4	0.39033	0.21599	0.071	-0.0332	0.8139
	2—5	-0.08903	0.2576	0.730	-0.5942	0.4161
	3—4	0.29885	0.21516	0.165	-0.1231	0.7208
	3—5	-0.18051	0.2569	0.482	-0.6843	0.3233
	4—5	-0.47937	0.33416	0.152	-1.1347	0.1759
专业学识	1—2	-0.18874	0.1051	0.073	-0.3948	0.0174
	1—3	-0.12459	0.1028	0.226	-0.3262	0.077
	1—4	-0.12623	0.26834	0.638	-0.6525	0.4
	1—5	0.51028	0.31388	0.104	-0.1053	1.1258
	2—3	0.06415	0.03646	0.079	-0.0074	0.1357
	2—4	0.06251	0.25054	0.803	-0.4288	0.5538
	2—5	0.69902*	0.29881	0.019	0.113	1.285
	3—4	-0.00164	0.24958	0.995	-0.4911	0.4878
	3—5	0.63487*	0.298	0.033	0.0505	1.2193
	4—5	0.63651	0.38762	0.101	-0.1236	1.3966

注：*表示平均值差值的显著性水平为0.05。

由于职业情怀的方差不齐，因此采用Tamhane T2事后检验，如表5-19所示。由表中数据可知，在职业情怀上，组间对比2—3，p值小于0.05，说明两者之间存在显著性差异，即是大专学历的乡村教师与本科学历的乡村教师在职业情怀上存在显著性差异，且大专学历的乡村教师优于本科学历的乡村教师。

表5-19　　　　　不同学历层次教师职业情怀的事后比较

变量	学历对比	平均值差值（I-J）	标准误	显著性	95%置信区间	
					下限	上限
职业情怀	1—2	0.03118	0.10587	1.000	-0.2749	0.3373
	1—3	0.14164	0.10385	0.858	-0.1594	0.4427
	1—4	0.77978	0.45374	0.710	-0.8398	2.3994
	1—5	-0.16784	0.24073	0.999	-1.0562	0.7205
	2—3	0.11046*	0.03402	0.012	0.0151	0.2059

续表

变量	学历对比	平均值差值（I-J）	标准误	显著性	95%置信区间	
					下限	上限
职业情怀	2—4	0.7486	0.443	0.737	-0.8755	2.3727
	2—5	-0.19902	0.21983	0.994	-1.1286	0.7306
	3—4	0.63814	0.44252	0.868	-0.9862	2.2625
	3—5	-0.30947	0.21887	0.901	-1.2427	0.6238
	4—5	-0.94762	0.49294	0.552	-2.6099	0.7146

注：*表示平均值差值的显著性水平为0.05。

（2）不同第一学历性质差异

对第一学历是否为师范生的乡村教师专业核心素养进行独立样本T检验，如表5-20所示。从表中数据可知，乡村教师专业核心素养总分与第一学历性质无显著性差异（$p=0.717>0.05$）；在二级指标中，仅有专业学识 $T=2.252$、$p=0.024<0.05$，说明乡村教师在专业学识上与第一学历性质存在显著性相关。从均值来看，第一学历是师范生的乡村教师在专业核心素养总分得分上要高于非师范生的乡村教师；在一级指标中，第一学历为师范生的乡村教师在知识涵养和教学能力方面要优于非师范生的乡村教师，而在品格修为方面则是非师范生更好些；在二级指标中，第一学历为师范生的乡村教师在专业学识、教学设计与教学实施方面要优于非师范生的乡村教师，而在职业情怀、人格特质与通识基础上，第一学历是非师范生的乡村教师得分要高于师范生的乡村教师。

表5-20　　　　　不同第一学历教师各项指标差异分析

	师范类		非师范类		T值	p值
	M	SD	M	SD		
总分	4.99	0.62	4.98	0.64	0.362	0.717
品格修为	5.03	0.68	5.08	0.67	-1.456	0.146
知识涵养	4.80	0.72	4.76	0.72	0.836	0.403
教学能力	5.17	0.64	5.11	0.67	1.810	0.070
职业情怀	5.21	0.75	5.27	0.70	-1.574	0.116
人格特质	4.85	0.74	4.90	0.75	-1.092	0.275
专业学识	4.84	0.79	4.75	0.78	2.252	0.024

续表

	师范类		非师范类		T值	p值
	M	SD	M	SD		
通识基础	4.77	0.75	4.80	0.75	−0.764	0.445
教学设计	5.23	0.66	5.17	0.70	1.843	0.065
教学实施	5.11	0.66	5.06	0.69	1.656	0.098

7. 职称差异

在职称方面，本研究主要采用单因素方差分析法比较没评职称（小学）、小教三级、小教二级、小教一级、小教高级与小教正高级和没评职称（初中）、中教三级、中教二级、中教一级、中教高级与中教正高级的乡村教师在专业核心素养水平上的差异，经检验符合方差齐性性质，可以进行单因素方差分析，得到表5-21。

表5-21　不同职称教师专业核心素养总分与一级指标差异分析

	职称等级	人数	平均分	显著性检验	
				f值	p值
总分	没评职称（小学）	317	4.91	7.883	0.000
	小教三级	82	4.78		
	小教二级	519	4.92		
	小教一级	453	5.11		
	小教高级	85	5.02		
	小教正高级	7	5.01		
	没评职称（初中）	89	5.00		
	中教三级	13	4.63		
	中教二级	254	4.84		
	中教一级	244	5.11		
	中教高级	147	5.21		
	中教正高级	7	5.13		
品格修为	没评职称（小学）	317	4.97	6.837	0.000
	小教三级	82	4.87		
	小教二级	519	4.96		
	小教一级	453	5.16		

续表

	职称等级	人数	平均分	显著性检验	
				f 值	p 值
品格修为	小教高级	85	5.10	6.837	0.000
	小教正高级	7	5.07		
	没评职称（初中）	89	5.04		
	中教三级	13	4.72		
	中教二级	254	4.88		
	中教一级	244	5.16		
	中教高级	147	5.27		
	中教正高级	7	5.26		
知识涵养	没评职称（小学）	317	4.74	6.012	0.000
	小教三级	82	4.50		
	小教二级	519	4.72		
	小教一级	453	4.89		
	小教高级	85	4.74		
	小教正高级	7	4.73		
	没评职称（初中）	89	4.85		
	中教三级	13	4.41		
	中教二级	254	4.68		
	中教一级	244	4.92		
	中教高级	147	5.03		
	中教正高级	7	4.82		
教学能力	没评职称（小学）	317	5.05	8.090	0.000
	小教三级	82	4.99		
	小教二级	519	5.11		
	小教一级	453	5.31		
	小教高级	85	5.23		
	小教正高级	7	5.27		
	没评职称（初中）	89	5.11		
	中教三级	13	4.76		
	中教二级	254	4.99		
	中教一级	244	5.28		

续表

	职称等级	人数	平均分	显著性检验	
				f 值	p 值
教学能力	中教高级	147	5.33	8.090	0.000
	中教正高级	7	5.32		

如表 5-21 数据可知，专业核心素养总分 f = 7.883，p = 0.000 < 0.05，说明乡村教师专业核心素养水平在职称上呈现显著性相关。在一级指标中，品格修为 f = 6.837，p = 0.000 < 0.05；知识涵养 f = 6.012，p = 0.000 < 0.05；教学能力 f = 8.090，p = 0.000 < 0.05，这表明乡村教师的职称等级显著影响乡村教师在一级指标上的表现。

为了更进一步了解不同职称的乡村教师在专业核心素养水平及各一级指标上的差异，进行了 LSD 事后多重比较分析。如表 5-22 所示，通过组间对比发现，职称为小教三级与小教二级、小教二级与小教一级、小教三级与小教高级、小教一级与没评职称（小学）的乡村教师专业核心素养总分对比显著，p 值小于 0.05，存在显著性差异。中教三级与没评职称（初中）、中教三级与中教一级、中教三级与中教高级、中教二级与没评职称（初中）、中教二级与中教一级、中教二级与中教高级、中教高级与没评职称（初中）的乡村教师专业核心素养总分对比显著，p 值小于 0.05，存在显著性差异。其他职称之间的乡村教师的专业核心素养总分无显著性差异。

表 5-22　　　不同职称教师在专业核心素养总分上的多重比较

职称（I）	职称（J）	平均值差值（I-J）	标准误	显著性	95% 置信区间	
					下限	上限
小教三级	没评职称（小学）	-0.13442	0.0762	0.078	-0.2839	0.015
	小教二级	-0.14455*	0.07309	0.048	-0.2879	-0.0012
	小教一级	-0.33661*	0.07381	0.000	-0.4814	-0.1919
	小教高级	-0.23862*	0.0952	0.012	-0.4253	-0.0519
	小教正高级	-0.23606	0.24219	0.330	-0.711	0.2389
小教二级	没评职称（小学）	0.01013	0.04384	0.817	-0.0759	0.0961
	小教三级	0.14455*	0.07309	0.048	0.0012	0.2879
	小教一级	-0.19206*	0.03955	0.000	-0.2696	-0.1145

续表

职称（I）	职称（J）	平均值差值（I-J）	标准误	显著性	95%置信区间	
					下限	上限
小教二级	小教高级	-0.09406	0.07197	0.191	-0.2352	0.0471
	小教正高级	-0.09151	0.23403	0.696	-0.5505	0.3674
小教一级	没评职称（小学）	0.20218*	0.04504	0.000	0.1139	0.2905
	小教三级	0.33661*	0.07381	0.000	0.1919	0.4814
	小教二级	0.19206*	0.03955	0.000	0.1145	0.2696
	小教高级	0.09799	0.0727	0.178	-0.0446	0.2406
	小教正高级	0.10054	0.23426	0.668	-0.3588	0.5599
小教高级	没评职称（小学）	0.10419	0.07513	0.166	-0.0431	0.2515
	小教三级	0.23862*	0.0952	0.012	0.0519	0.4253
	小教二级	0.09406	0.07197	0.191	-0.0471	0.2352
	小教一级	-0.09799	0.0727	0.178	-0.2406	0.0446
	小教正高级	0.00255	0.24185	0.992	-0.4717	0.4768
小教正高级	没评职称（小学）	0.10164	0.23502	0.665	-0.3592	0.5625
	小教三级	0.23606	0.24219	0.330	-0.2389	0.711
	小教二级	0.09151	0.23403	0.696	-0.3674	0.5505
	小教一级	-0.10054	0.23426	0.668	-0.5599	0.3588
	小教高级	-0.00255	0.24185	0.992	-0.4768	0.4717
中教三级	没评职称（初中）	-0.37188*	0.18262	0.042	-0.73	-0.0138
	中教二级	-0.21867	0.1749	0.211	-0.5617	0.1243
	中教一级	-0.48704*	0.17507	0.005	-0.8304	-0.1437
	中教高级	-0.57965*	0.17797	0.001	-0.9287	-0.2306
	中教正高级	-0.50063	0.28834	0.083	-1.0661	0.0648
中教二级	没评职称（初中）	-0.15321*	0.07576	0.043	-0.3018	-0.0046
	中教三级	0.21867	0.1749	0.211	-0.1243	0.5617
	中教一级	-0.26837*	0.05513	0.000	-0.3765	-0.1603
	中教高级	-0.36098*	0.06374	0.000	-0.486	-0.236
	中教正高级	-0.28196	0.23565	0.232	-0.7441	0.1802
中教一级	没评职称（初中）	0.11516	0.07616	0.131	-0.0342	0.2645
	中教三级	0.48704*	0.17507	0.005	0.1437	0.8304
	中教二级	0.26837*	0.05513	0.000	0.1603	0.3765

续表

职称（I）	职称（J）	平均值差值（I-J）	标准误	显著性	95%置信区间	
					下限	上限
中教一级	中教高级	-0.09261	0.06422	0.149	-0.2185	0.0333
	中教正高级	-0.01359	0.23578	0.954	-0.476	0.4488
中教高级	没评职称（初中）	0.20777*	0.08261	0.012	0.0458	0.3698
	中教三级	0.57965*	0.17797	0.001	0.2306	0.9287
	中教二级	0.36098*	0.06374	0.000	0.236	0.486
	中教一级	0.09261	0.06422	0.149	-0.0333	0.2185
	中教正高级	0.07902	0.23794	0.740	-0.3876	0.5456
中教正高级	没评职称（初中）	0.12875	0.24144	0.594	-0.3447	0.6022
	中教三级	0.50063	0.28834	0.083	-0.0648	1.0661
	中教二级	0.28196	0.23565	0.232	-0.1802	0.7441
	中教一级	0.01359	0.23578	0.954	-0.4488	0.476
	中教高级	-0.07902	0.23794	0.740	-0.5456	0.3876

注：*表示平均值差值的显著性水平为0.05。

如表5-23所示，通过组间对比发现，职称为小教三级与小教一级、小教三级与小教高级、小教二级与小教一级、小教一级与没评职称（小学）的乡村教师之间在品格修为上的得分对比显著，p值小于0.05，表明存在显著性差异。中教三级与中教一级、中教三级与中教高级、中教二级与中教一级、中教二级与中教高级、中教高级与没评职称（初中）的乡村教师在品格修为上的得分对比显著，p值小于0.05，表明存在显著性差异。其余职称的乡村教师在品格修为上无显著性差异。

表5-23　　　　　　不同职称教师在品格修为上的多重比较

职称（I）	职称（J）	均值差（I-J）	标准误	显著性	95%置信区间	
					下限	上限
小教三级	没评职称（小学）	-0.0925	0.08297	0.265	-0.2552	0.0702
	小教二级	-0.0838	0.07958	0.292	-0.2399	0.0723
	小教一级	-0.29073*	0.08037	0.000	-0.4483	-0.1331
	小教高级	-0.22802*	0.10366	0.028	-0.4313	-0.0248
	小教正高级	-0.1988	0.26369	0.451	-0.7159	0.3183

续表

职称（I）	职称（J）	均值差(I-J)	标准误	显著性	95%置信区间 下限	95%置信区间 上限
小教二级	没评职称（小学）	-0.00869	0.04774	0.856	-0.1023	0.0849
	小教三级	0.0838	0.07958	0.292	-0.0723	0.2399
	小教一级	-0.20692*	0.04306	0.000	-0.2914	-0.1225
	小教高级	-0.14422	0.07836	0.066	-0.2979	0.0094
	小教正高级	-0.115	0.25481	0.652	-0.6147	0.3847
小教一级	没评职称（小学）	0.19823*	0.04904	0.000	0.1021	0.2944
	小教三级	0.29073*	0.08037	0.000	0.1331	0.4483
	小教二级	0.20692*	0.04306	0.000	0.1225	0.2914
	小教高级	0.0627	0.07916	0.428	-0.0925	0.2179
	小教正高级	0.09193	0.25506	0.719	-0.4082	0.5921
小教高级	没评职称（小学）	0.13553	0.0818	0.098	-0.0249	0.2959
	小教三级	0.22802*	0.10366	0.028	0.0248	0.4313
	小教二级	0.14422	0.07836	0.066	-0.0094	0.2979
	小教一级	-0.0627	0.07916	0.428	-0.2179	0.0925
	小教正高级	0.02923	0.26332	0.912	-0.4872	0.5456
小教正高级	没评职称（小学）	0.1063	0.25589	0.678	-0.3955	0.6081
	小教三级	0.1988	0.26369	0.451	-0.3183	0.7159
	小教二级	0.115	0.25481	0.652	-0.3847	0.6147
	小教一级	-0.09193	0.25506	0.719	-0.5921	0.4082
	小教高级	-0.02923	0.26332	0.912	-0.5456	0.4872
中教三级	没评职称（初中）	-0.32147	0.19883	0.106	-0.7114	0.0684
	中教二级	-0.16164	0.19042	0.396	-0.5351	0.2118
	中教一级	-0.43716*	0.19061	0.022	-0.811	-0.0634
	中教高级	-0.54346*	0.19377	0.005	-0.9235	-0.1635
	中教正高级	-0.53968	0.31394	0.086	-1.1553	0.076
中教二级	没评职称（初中）	-0.15984	0.08249	0.053	-0.3216	0.0019
	中教三级	0.16164	0.19042	0.396	-0.2118	0.5351
	中教一级	-0.27552*	0.06003	0.000	-0.3932	-0.1578
	中教高级	-0.38183*	0.0694	0.000	-0.5179	-0.2457
	中教正高级	-0.37805	0.25657	0.141	-0.8812	0.1251

续表

职称（I）	职称（J）	均值差(I-J)	标准误	显著性	95%置信区间	
					下限	上限
中教一级	没评职称（初中）	0.11569	0.08293	0.163	-0.0469	0.2783
	中教三级	0.43716*	0.19061	0.022	0.0634	0.811
	中教二级	0.27552*	0.06003	0.000	0.1578	0.3932
	中教高级	-0.1063	0.06992	0.129	-0.2434	0.0308
	中教正高级	-0.10252	0.25671	0.69	-0.6059	0.4009
中教高级	没评职称（初中）	0.22199*	0.08994	0.014	0.0456	0.3984
	中教三级	0.54346*	0.19377	0.005	0.1635	0.9235
	中教二级	0.38183*	0.0694	0.000	0.2457	0.5179
	中教一级	0.1063	0.06992	0.129	-0.0308	0.2434
	中教正高级	0.00378	0.25906	0.988	-0.5043	0.5118
中教正高级	没评职称（初中）	0.21821	0.26287	0.407	-0.2973	0.7337
	中教三级	0.53968	0.31394	0.086	-0.076	1.1553
	中教二级	0.37805	0.25657	0.141	-0.1251	0.8812
	中教一级	0.10252	0.25671	0.690	-0.4009	0.6059
	中教高级	-0.00378	0.25906	0.988	-0.5118	0.5043

注：*表示平均值差值的显著性水平为0.05。

如表5-24所示，通过组间对比发现，职称为小教三级与没评职称（小学）、小教三级与小教二级、小教三级与小教一级、小教三级与小教高级、小教二级与小教一级、小教一级与没评职称（小学）的乡村教师在知识涵养得分对比显著，p值小于0.05，存在显著性差异。职称为中教三级与没评职称（初中）、中教三级与中教一级、中教三级与中教高级、中教二级与没评职称（初中）、中教二级与中教一级、中教二级与中教高级的乡村教师在知识涵养得分对比显著，p值小于0.05，存在显著性差异。其余职称的乡村教师在知识涵养得分上无显著性差异。

表5-24　　　　不同职称教师在知识涵养上的多重比较

职称（I）	职称（J）	均值差(I-J)	标准误	显著性	95%置信区间	
					下限	上限
小教三级	没评职称（小学）	-0.23858*	0.08829	0.007	-0.4117	-0.0654
	小教二级	-0.22090*	0.08469	0.009	-0.387	-0.0548

续表

职称（I）	职称（J）	均值差（I-J）	标准误	显著性	95%置信区间	
					下限	上限
小教三级	小教一级	-0.39338*	0.08553	0.000	-0.5611	-0.2257
	小教高级	-0.24652*	0.11031	0.026	-0.4629	-0.0302
	小教正高级	-0.23355	0.28062	0.405	-0.7839	0.3168
小教二级	没评职称（小学）	-0.01768	0.0508	0.728	-0.1173	0.0819
	小教三级	0.22090*	0.08469	0.009	0.0548	0.387
	小教一级	-0.17248*	0.04582	0.000	-0.2623	-0.0826
	小教高级	-0.02562	0.08339	0.759	-0.1892	0.1379
	小教正高级	-0.01265	0.27117	0.963	-0.5444	0.5191
小教一级	没评职称（小学）	0.15480*	0.05219	0.003	0.0525	0.2571
	小教三级	0.39338*	0.08553	0.000	0.2257	0.5611
	小教二级	0.17248*	0.04582	0.000	0.0826	0.2623
	小教高级	0.14686	0.08424	0.081	-0.0183	0.3121
	小教正高级	0.15983	0.27144	0.556	-0.3725	0.6921
小教高级	没评职称（小学）	0.00795	0.08705	0.927	-0.1628	0.1787
	小教三级	0.24652*	0.11031	0.026	0.0302	0.4629
	小教二级	0.02562	0.08339	0.759	-0.1379	0.1892
	小教一级	-0.14686	0.08424	0.081	-0.3121	0.0183
	小教正高级	0.01298	0.28023	0.963	-0.5366	0.5625
小教正高级	没评职称（小学）	-0.00503	0.27232	0.985	-0.5391	0.529
	小教三级	0.23355	0.28062	0.405	-0.3168	0.7839
	小教二级	0.01265	0.27117	0.963	-0.5191	0.5444
	小教一级	-0.15983	0.27144	0.556	-0.6921	0.3725
	小教高级	-0.01298	0.28023	0.963	-0.5625	0.5366
中教三级	没评职称（初中）	-0.44545*	0.2116	0.035	-0.8604	-0.0305
	中教二级	-0.27096	0.20265	0.181	-0.6684	0.1264
	中教一级	-0.51182*	0.20285	0.012	-0.9096	-0.114
	中教高级	-0.62614*	0.20621	0.002	-1.0305	-0.2217
	中教正高级	-0.41148	0.3341	0.218	-1.0667	0.2437
中教二级	没评职称（初中）	-0.17449*	0.08779	0.047	-0.3466	-0.0023
	中教三级	0.27096	0.20265	0.181	-0.1264	0.6684

续表

职称（I）	职称（J）	均值差（I-J）	标准误	显著性	95%置信区间	
					下限	上限
中教二级	中教一级	-0.24086*	0.06388	0.000	-0.3661	-0.1156
	中教高级	-0.35518*	0.07386	0.000	-0.5000	-0.2103
	中教正高级	-0.14051	0.27305	0.607	-0.676	0.3949
中教一级	没评职称（初中）	0.06637	0.08825	0.452	-0.1067	0.2394
	中教三级	0.51182*	0.20285	0.012	0.114	0.9096
	中教二级	0.24086*	0.06388	0.000	0.1156	0.3661
	中教高级	-0.11432	0.07441	0.125	-0.2602	0.0316
	中教正高级	0.10034	0.2732	0.713	-0.4354	0.6361
中教高级	没评职称（初中）	0.18069	0.09572	0.059	-0.007	0.3684
	中教三级	0.62614*	0.20621	0.002	0.2217	1.0305
	中教二级	0.35518*	0.07386	0.000	0.2103	0.5
	中教一级	0.11432	0.07441	0.125	-0.0316	0.2602
	中教正高级	0.21466	0.2757	0.436	-0.326	0.7553
中教正高级	没评职称（初中）	-0.03398	0.27975	0.903	-0.5826	0.5146
	中教三级	0.41148	0.3341	0.218	-0.2437	1.0667
	中教二级	0.14051	0.27305	0.607	-0.3949	0.676
	中教一级	-0.10034	0.2732	0.713	-0.6361	0.4354
	中教高级	-0.21466	0.2757	0.436	-0.7553	0.326

注：*表示平均值差值的显著性水平为0.05。

如表5-25所示，通过组间对比发现，职称为小教三级与小教一级、小教三级与小教高级、小教二级与小教一级、小教一级与没评职称（小学）、小教高级与没评职称（小学）的乡村教师在教学能力得分上对比显著，p值小于0.05，存在显著性差异。职称为中教三级与中教一级、中教三级与中教高级、中教二级与中教一级、中教二级与中教高级、中教一级与没评职称（初中）、中教高级与没评职称（初中）的乡村教师在教学能力得分上对比显著，p值小于0.05，存在显著性差异。而其余职称的乡村教师在教学能力上无显著性差异。

表 5-25　　　　　　　不同职称教师在教学能力上的多重比较

职称（I）	职称（J）	均值差（I-J）	标准误	显著性	95% 置信区间	
					下限	上限
小教三级	没评职称（小学）	-0.06442	0.07871	0.413	-0.2188	0.0899
	小教二级	-0.127	0.0755	0.093	-0.2751	0.0211
	小教一级	-0.32435*	0.07625	0.000	-0.4739	-0.1748
	小教高级	-0.24163*	0.09834	0.014	-0.4345	-0.0488
	小教正高级	-0.28081	0.25018	0.262	-0.7714	0.2098
小教二级	没评职称（小学）	0.06258	0.04529	0.167	-0.0262	0.1514
	小教三级	0.127	0.0755	0.093	-0.0211	0.2751
	小教一级	-0.19735*	0.04085	0.000	-0.2775	-0.1172
	小教高级	-0.11464	0.07434	0.123	-0.2604	0.0312
	小教正高级	-0.15382	0.24175	0.525	-0.6279	0.3203
小教一级	没评职称（小学）	0.25994*	0.04652	0.000	0.1687	0.3512
	小教三级	0.32435*	0.07625	0.000	0.1748	0.4739
	小教二级	0.19735*	0.04085	0.000	0.1172	0.2775
	小教高级	0.08272	0.0751	0.271	-0.0646	0.23
	小教正高级	0.04354	0.24198	0.857	-0.431	0.5181
小教高级	没评职称（小学）	0.17722*	0.0776	0.022	0.025	0.3294
	小教三级	0.24163*	0.09834	0.014	0.0488	0.4345
	小教二级	0.11464	0.07434	0.123	-0.0312	0.2604
	小教一级	-0.08272	0.0751	0.271	-0.23	0.0646
	小教正高级	-0.03918	0.24983	0.875	-0.5291	0.4507
小教正高级	没评职称（小学）	0.2164	0.24277	0.373	-0.2597	0.6925
	小教三级	0.28081	0.25018	0.262	-0.2098	0.7714
	小教二级	0.15382	0.24175	0.525	-0.3203	0.6279
	小教一级	-0.04354	0.24198	0.857	-0.5181	0.431
	小教高级	0.03918	0.24983	0.875	-0.4507	0.5291
中教三级	没评职称（初中）	-0.34583	0.18864	0.067	-0.7158	0.0241
	中教二级	-0.22401	0.18067	0.215	-0.5783	0.1303
	中教一级	-0.51529*	0.18085	0.004	-0.8699	-0.1606
	中教高级	-0.56806*	0.18384	0.002	-0.9286	-0.2075
	中教正高级	-0.55701	0.29785	0.062	-1.1411	0.0271

续表

职称（I）	职称（J）	均值差（I-J）	标准误	显著性	95%置信区间	
					下限	上限
中教二级	没评职称（初中）	-0.12182	0.07826	0.120	-0.2753	0.0317
	中教三级	0.22401	0.18067	0.215	-0.1303	0.5783
	中教一级	-0.29128*	0.05695	0.000	-0.403	-0.1796
	中教高级	-0.34405*	0.06584	0.000	-0.4732	-0.2149
	中教正高级	-0.33299	0.24342	0.171	-0.8104	0.1444
中教一级	没评职称（初中）	0.16946*	0.07868	0.031	0.0152	0.3237
	中教三级	0.51529*	0.18085	0.004	0.1606	0.8699
	中教二级	0.29128*	0.05695	0.000	0.1796	0.403
	中教高级	-0.05277	0.06633	0.426	-0.1829	0.0773
	中教正高级	-0.04172	0.24356	0.864	-0.5193	0.4359
中教高级	没评职称（初中）	0.22223*	0.08533	0.009	0.0549	0.3896
	中教三级	0.56806*	0.18384	0.002	0.2075	0.9286
	中教二级	0.34405*	0.06584	0.000	0.2149	0.4732
	中教一级	0.05277	0.06633	0.426	-0.0773	0.1829
	中教正高级	0.01105	0.24579	0.964	-0.4709	0.4931
中教正高级	没评职称（初中）	0.21118	0.2494	0.397	-0.2779	0.7003
	中教三级	0.55701	0.29785	0.062	-0.0271	1.1411
	中教二级	0.33299	0.24342	0.171	-0.1444	0.8104
	中教一级	0.04172	0.24356	0.864	-0.4359	0.5193
	中教高级	-0.01105	0.24579	0.964	-0.4931	0.4709

注：*表示平均值差值的显著性水平为0.05。

8. 任教情况的差异

（1）任教主要课程的差异

本次研究所调查的乡村教师任教课程共有17门，分别是语文、数学、英语、物理、化学、生物、历史、地理、思品、音乐、美术、体育、科学、信息技术、劳动技术、心理健康、综合实践活动。从调查数据来看，本次调查对象任教语文、数学、英语的人数占了大部分，达到总调查人数的86.6%。因此，本次研究主要对担任这三门课程的乡村教师进行分析。通过对任教不同课程的乡村教师的专业核心素养总分及各一、二级指标上的得分进行单因素方差分析，经检验均符合方差齐性的性质，所以得到表5-26。

表 5-26　不同学科教师专业核心素养总分及一、二级指标得分差异分析

因变量	任教课程	人数	平均分	显著性检验	
				f 值	p 值
总分	语文	912	4.97	2.118	0.121
	数学	772	5.03		
	英语	236	4.98		
品格修为	语文	912	5.01	2.210	0.110
	数学	772	5.08		
	英语	236	5.04		
知识涵养	语文	912	4.77	1.711	0.181
	数学	772	4.83		
	英语	236	4.78		
教学能力	语文	912	5.15	1.714	0.180
	数学	772	5.20		
	英语	236	5.13		
职业情怀	语文	912	5.19	1.369	0.255
	数学	772	5.25		
	英语	236	5.24		
人格特质	语文	912	4.84	2.641	0.072
	数学	772	4.92		
	英语	236	4.84		
专业学识	语文	912	4.80	1.747	0.175
	数学	772	4.87		
	英语	236	4.84		
通识基础	语文	912	4.76	1.688	0.185
	数学	772	4.81		
	英语	236	4.73		
教学设计	语文	912	5.22	1.225	0.294
	数学	772	5.26		
	英语	236	5.19		
教学实施	语文	912	5.09	2.036	0.131
	数学	772	5.14		
	英语	236	5.06		

从表中数据可知，乡村教师专业核心素养总分及一、二级指标得分与任教课程均无显著性相关，其 p 值均大于 0.05。从均值来看，在各个指标内，得分最高的是任教数学课程的乡村教师。

（2）任教年级差异

以年级为自变量，以乡村教师专业核心素养总分及各一级指标得分为因变量进行单因素方差分析（经检验均符合方差齐性的性质），得到表 5-27。由表中数据可知，专业核心素养总分 $f=4.818$，$p=0.000<0.05$，说明乡村教师专业核心素养总分与任教年级存在显著性差异。在一级指标中，品格修为 $f=3.729$，$p=0.000<0.05$；知识涵养 $f=4.976$，$p=0.000<0.05$；教学能力 $f=4.092$，$p=0.000<0.05$，表明乡村教师各一级指标上的得分存在显著的年级差异。从均值来看，在乡村小学中，任教五年级的乡村教师专业核心素养总分及各一级指标得分平均分最高；在乡村初中学校中，任教九年级的乡村教师专业核心素养总分及各一级指标得分平均分最高，任教七年级的乡村教师专业核心素养总分及各一级指标得分平均分最低。

表 5-27 任教不同年级教师专业核心素养及各一级指标得分差异分析

变量	年级	人数	平均分	显著性检验	
				f 值	p 值
总分	一年级	203	4.96	4.818	0.000
	二年级	220	4.96		
	三年级	241	4.97		
	四年级	239	4.94		
	五年级	293	5.02		
	六年级	267	4.99		
	七年级	222	4.90		
	八年级	216	4.92		
	九年级	316	5.17		
品格修为	一年级	203	4.98	3.729	0.000
	二年级	220	5.04		
	三年级	241	5.01		

续表

变量	年级	人数	平均分	显著性检验	
				f 值	p 值
品格修为	四年级	239	5.02	3.729	0.000
	五年级	293	5.05		
	六年级	267	5.04		
	七年级	222	4.95		
	八年级	216	4.97		
	九年级	316	5.22		
知识涵养	一年级	203	4.74	4.976	0.000
	二年级	220	4.73		
	三年级	241	4.79		
	四年级	239	4.70		
	五年级	293	4.82		
	六年级	267	4.78		
	七年级	222	4.72		
	八年级	216	4.73		
	九年级	316	5.01		
教学能力	一年级	203	5.12	4.092	0.000
	二年级	220	5.08		
	三年级	241	5.06		
	四年级	239	5.05		
	五年级	293	5.15		
	六年级	267	5.11		
	七年级	222	5.00		
	八年级	216	5.03		
	九年级	316	5.25		

为更进一步了解各个年级之间的具体差异，我们对乡村教师专业核心素养及各一级指标进行事后多重比较分析（LSD）。如表 5-28 所示，比较不同年级的乡村教师在专业核心素养总分上的差异。通过组间对比发现，任教七年级与九年级、八年级与九年级的乡村教师专业核心素养总分存在显著的年级差异，其 p 值均小于 0.05；而其余的年级之间无显著

性差异。

表 5-28　任教不同年级教师在专业核心素养上的多重比较

年级（I）	年级（J）	平均值差值(I-J)	标准误	显著性	95%置信区间	
					下限	上限
一年级	二年级	-0.00686	0.06046	0.910	-0.1254	0.1117
	三年级	-0.01212	0.05918	0.838	-0.1282	0.1039
	四年级	0.01284	0.05929	0.829	-0.1034	0.1291
	五年级	-0.06508	0.05673	0.251	-0.1763	0.0462
	六年级	-0.03736	0.05785	0.518	-0.1508	0.0761
二年级	三年级	-0.00527	0.05793	0.928	-0.1189	0.1083
	四年级	0.01970	0.05804	0.734	-0.0941	0.1335
	五年级	-0.05822	0.05542	0.294	-0.1669	0.0505
	六年级	-0.03050	0.05656	0.590	-0.1414	0.0804
三年级	四年级	0.02496	0.05671	0.660	-0.0862	0.1362
	五年级	-0.05295	0.05402	0.327	-0.1589	0.053
	六年级	-0.02524	0.0552	0.648	-0.1335	0.083
四年级	五年级	-0.07792	0.05415	0.150	-0.1841	0.0283
	六年级	-0.0502	0.05532	0.364	-0.1587	0.0583
五年级	六年级	0.02772	0.05256	0.598	-0.0754	0.1308
七年级	八年级	-0.01749	0.05937	0.768	-0.1339	0.0989
	九年级	-0.27398*	0.0544	0.000	-0.3807	-0.1673
八年级	九年级	-0.25649*	0.05484	0.000	-0.364	-0.1489

注：*表示平均值差值的显著性水平为 0.05。

如表 5-29 所示，比较不同年级的乡村教师在品格修为上的差异。通过组间对比发现，任教七年级与九年级、八年级与九年级的乡村教师在品格修为得分上对比显著，其 p 值均小于 0.05，因此存在显著性差异；而其余的年级之间无显著性差异。

表 5-29　任教不同年级教师在品格修为上的多重比较

年级（I）	年级（J）	平均值差值（I-J）	标准误	显著性	95%置信区间	
					下限	上限
一年级	二年级	-0.06312	0.06579	0.337	-0.1921	0.0659

续表

年级（I）	年级（J）	平均值差值（I-J）	标准误	显著性	95%置信区间	
					下限	上限
一年级	三年级	-0.03142	0.0644	0.626	-0.1577	0.0949
	四年级	-0.04012	0.06452	0.534	-0.1666	0.0864
	五年级	-0.07081	0.06173	0.251	-0.1919	0.0502
	六年级	-0.05834	0.06295	0.354	-0.1818	0.0651
二年级	三年级	0.0317	0.06303	0.615	-0.0919	0.1553
	四年级	0.023	0.06316	0.716	-0.1009	0.1469
	五年级	-0.0077	0.0603	0.898	-0.126	0.1106
	六年级	0.00478	0.06155	0.938	-0.1159	0.1255
三年级	四年级	-0.0087	0.06171	0.888	-0.1297	0.1123
	五年级	-0.0394	0.05878	0.503	-0.1547	0.0759
	六年级	-0.02692	0.06006	0.654	-0.1447	0.0909
四年级	五年级	-0.0307	0.05892	0.602	-0.1462	0.0848
	六年级	-0.01822	0.06019	0.762	-0.1363	0.0998
五年级	六年级	0.01247	0.05719	0.827	-0.0997	0.1246
七年级	八年级	-0.02123	0.0646	0.742	-0.1479	0.1055
	九年级	-0.26609*	0.0592	0.000	-0.3822	-0.15
八年级	九年级	-0.24486*	0.05968	0.000	-0.3619	-0.1278

注：*表示平均值差值的显著性水平为0.05。

如表5-30所示，比较不同年级的乡村教师在知识涵养上的差异。通过组间对比发现，任教七年级与九年级、八年级与九年级的乡村教师在知识涵养得分上对比显著，其p值均小于0.05，因此存在显著性差异；而其余的年级之间无显著性差异。

表5-30　　　　任教不同年级教师在知识涵养上的多重比较

年级（I）	年级（J）	均值差（I-J）	标准误	显著性	95%置信区间	
					下限	上限
一年级	二年级	0.01164	0.06972	0.867	-0.1251	0.1484
	三年级	-0.04808	0.06824	0.481	-0.1819	0.0857
	四年级	0.03529	0.06837	0.606	-0.0988	0.1694

续表

年级（I）	年级（J）	均值差(I-J)	标准误	显著性	95%置信区间	
					下限	上限
一年级	五年级	-0.08532	0.06542	0.192	-0.2136	0.043
	六年级	-0.04115	0.06671	0.537	-0.172	0.0897
二年级	三年级	-0.05973	0.0668	0.371	-0.1907	0.0713
	四年级	0.02365	0.06693	0.724	-0.1076	0.1549
	五年级	-0.09696	0.06391	0.129	-0.2223	0.0284
	六年级	-0.05279	0.06523	0.418	-0.1807	0.0751
三年级	四年级	0.08337	0.06539	0.202	-0.0449	0.2116
	五年级	-0.03723	0.0623	0.55	-0.1594	0.0849
	六年级	0.00693	0.06365	0.913	-0.1179	0.1318
四年级	五年级	-0.12061	0.06244	0.054	-0.243	0.0018
	六年级	-0.07644	0.06379	0.231	-0.2015	0.0487
五年级	六年级	0.04417	0.06061	0.466	-0.0747	0.163
七年级	八年级	-0.01446	0.06846	0.833	-0.1487	0.1198
	九年级	-0.29172*	0.06273	0.000	-0.4147	-0.1687
八年级	九年级	-0.27726*	0.06324	0.000	-0.4013	-0.1532

注：*表示平均值差值的显著性水平为0.05。

如表5-31所示，比较不同年级的乡村教师在教学能力上的差异。通过组间对比发现，任教七年级与九年级、八年级与九年级的乡村教师在教学能力得分上对比显著，其p值均小于0.05，因此存在显著性差异；而其余的年级之间无显著性差异。

表5-31　　　任教不同年级教师在教学能力上的多重比较

年级（I）	年级（J）	平均值差值(I-J)	标准误	显著性	95%置信区间	
					下限	上限
一年级	二年级	0.03562	0.06256	0.569	-0.0871	0.1583
	三年级	0.05004	0.06124	0.414	-0.0701	0.1701
	四年级	0.04717	0.06136	0.442	-0.0732	0.1675
	五年级	-0.03585	0.0587	0.541	-0.151	0.0793
	六年级	-0.00949	0.05986	0.874	-0.1269	0.1079

续表

年级（I）	年级（J）	平均值差值（I-J）	标准误	显著性	95%置信区间	
					下限	上限
二年级	三年级	0.01441	0.05994	0.81	-0.1031	0.132
	四年级	0.01154	0.06006	0.848	-0.1062	0.1293
	五年级	-0.07147	0.05735	0.213	-0.1839	0.041
	六年级	-0.04512	0.05853	0.441	-0.1599	0.0697
三年级	四年级	-0.00287	0.05868	0.961	-0.118	0.1122
	五年级	-0.08589	0.0559	0.125	-0.1955	0.0237
	六年级	-0.05953	0.05712	0.297	-0.1715	0.0525
四年级	五年级	-0.08302	0.05603	0.139	-0.1929	0.0269
	六年级	-0.05666	0.05724	0.322	-0.1689	0.0556
五年级	六年级	0.02636	0.05439	0.628	-0.0803	0.133
七年级	八年级	-0.01668	0.06144	0.786	-0.1372	0.1038
	九年级	-0.26289*	0.0563	0.000	-0.3733	-0.1525
八年级	九年级	-0.24621*	0.05675	0.000	-0.3575	-0.1349

注：*表示平均值差值的显著性水平为0.05。

（3）周课时量差异

根据周课时量的不同，以乡村教师专业核心素养总分及各一、二级指标得分为因变量进行单因素方差分析，经检验均符合方差齐性的性质，得到表5-32。如表中数据可知，专业核心素养总分 $f=3.727$、$p=0.02<0.05$，说明乡村教师专业核心素养总分与周课时量存在显著性差异。在一级指标中，品格修为 $f=3.143$、$p=0.024<0.05$，知识涵养 $f=5.220$、$p=0.001<0.05$，说明乡村教师在品格修为得分与知识涵养得分上存在显著的周课时量差异；教学能力 $f=1.412$、$p=0.237>0.05$，表明乡村教师在教学能力上与周课时量无显著性差异。在二级指标中，职业情怀 $f=2.963$、$p=0.031<0.05$，人格特质 $f=2.979$、$p=0.03<0.05$，专业学识 $f=3.767$、$p=0.01<0.05$，通识基础 $f=6.450$、$p=0.000<0.05$，说明乡村教师在职业情怀、人格特质、专业学识与通识基础得分上存在显著的周课时量差异；而在教学设计与教学实施上无显著性差异（p值大于0.05）。

表 5-32　不同周课时量教师专业核心素养总分及各级指标得分差异分析

	周课时量	人数	平均分	标准差	显著性检验	
					f 值	p 值
总分	10 节及以下	249	4.96	0.65	3.727	0.020
	11—15 节	1131	5.02	0.62		
	16—20 节	606	5.00	0.62		
	21 节及以上	231	4.88	0.64		
品格修为	10 节及以下	249	5.07	0.68	3.143	0.024
	11—15 节	1131	5.06	0.67		
	16—20 节	606	5.04	0.67		
	21 节及以上	231	4.91	0.71		
知识涵养	10 节及以下	249	4.69	0.74	5.220	0.001
	11—15 节	1131	4.83	0.72		
	16—20 节	606	4.80	0.71		
	21 节及以上	231	4.66	0.70		
教学能力	10 节及以下	249	5.13	0.68	1.412	0.237
	11—15 节	1131	5.18	0.64		
	16—20 节	606	5.17	0.64		
	21 节及以上	231	5.09	0.67		
职业情怀	10 节及以下	249	5.29	0.78	2.963	0.031
	11—15 节	1131	5.23	0.73		
	16—20 节	606	5.20	0.73		
	21 节及以上	231	5.10	0.78		
人格特质	10 节及以下	249	4.85	0.73	2.979	0.030
	11—15 节	1131	4.89	0.75		
	16—20 节	606	4.87	0.73		
	21 节及以上	231	4.73	0.75		
专业学识	10 节及以下	249	4.73	0.81	3.767	0.010
	11—15 节	1131	4.86	0.79		
	16—20 节	606	4.83	0.77		
	21 节及以上	231	4.71	0.79		
通识基础	10 节及以下	249	4.65	0.76	6.450	0.000
	11—15 节	1131	4.82	0.75		

续表

	周课时量	人数	平均分	标准差	显著性检验	
					f 值	p 值
通识基础	16—20 节	606	4.79	0.75	6.450	0.000
	21 节及以上	231	4.63	0.75		
教学设计	10 节及以下	249	5.21	0.69	1.318	0.267
	11—15 节	1131	5.24	0.66		
	16—20 节	606	5.23	0.66		
	21 节及以上	231	5.14	0.72		
教学实施	10 节及以下	249	5.06	0.71	1.418	0.236
	11—15 节	1131	5.12	0.66		
	16—20 节	606	5.12	0.66		
	21 节及以上	231	5.04	0.67		

从均值来看，在专业核心素养总分与各一、二级指标得分上，得分最高的是周课时量在11—15节的乡村教师，得分最低的是周课时量在21节及以上的乡村教师。周课时量在15节及以下时，乡村教师专业核心素养总分及各一、二级指标得分随着周课时量的增加而增加；周课时量在16节及以上时，乡村教师专业核心素养总分及各一、二级指标得分随着周课时量的增加而降低。

为了更近一步了解不同周课时量之间的差异，以周课时量为自变量，以乡村教师专业核心素养总分及各一、二级指标得分为因变量，进行事后多重比较分析（LSD）。为了统计的方便，我们把周课时量在"10节及以下"分为第1组，"11—15节"分为第2组，"16—20节"分为第3组，"21节及以上"分为第4组。

表 5-33 不同周课时量教师专业核心素养总分及各一、二级指标多重比较

因变量	周课时量组	平均值差值（I-J）	标准误	显著性	95%置信区间	
					下限	上限
总分	1—2	-0.05816	0.04372	0.184	-0.1439	0.0276
	1—3	-0.0401	0.04701	0.394	-0.1323	0.0521
	1—4	0.07731	0.05705	0.176	-0.0346	0.1892
	2—3	0.01806	0.03144	0.566	-0.0436	0.0797

续表

因变量	周课时量组	平均值差值（I-J）	标准误	显著性	95%置信区间	
					下限	上限
总分	2—4	0.13547*	0.04509	0.003	0.047	0.2239
	3—4	0.11741*	0.04829	0.015	0.0227	0.2121
品格修为	1—2	0.0106	0.04748	0.823	-0.0825	0.1037
	1—3	0.03167	0.05106	0.535	-0.0685	0.1318
	1—4	0.15635*	0.06196	0.012	0.0348	0.2779
	2—3	0.02107	0.03415	0.537	-0.0459	0.088
	2—4	0.14574*	0.04898	0.003	0.0497	0.2418
	3—4	0.12467*	0.05245	0.018	0.0218	0.2275
知识涵养	1—2	-0.13937*	0.05036	0.006	-0.2381	-0.0406
	1—3	-0.11279*	0.05415	0.037	-0.219	-0.0066
	1—4	0.02767	0.06572	0.674	-0.1012	0.1565
	2—3	0.02659	0.03622	0.463	-0.0444	0.0976
	2—4	0.16704*	0.05194	0.001	0.0652	0.2689
	3—4	0.14046*	0.05563	0.012	0.0314	0.2495
职业情怀	1—2	0.05535	0.05176	0.285	-0.0461	0.1568
	1—3	0.08598	0.05566	0.123	-0.0232	0.1951
	1—4	0.18856*	0.06754	0.005	0.0561	0.321
	2—3	0.03063	0.03722	0.411	-0.0424	0.1036
	2—4	0.13321*	0.05339	0.013	0.0285	0.2379
	3—4	0.10258	0.05717	0.073	-0.0095	0.2147
人格特质	1—2	-0.03414	0.05202	0.512	-0.1362	0.0679
	1—3	-0.02263	0.05594	0.686	-0.1323	0.0871
	1—4	0.12413	0.06788	0.068	-0.009	0.2573
	2—3	0.01151	0.03741	0.758	-0.0619	0.0849
	2—4	0.15828*	0.05365	0.003	0.0531	0.2635
	3—4	0.14676*	0.05746	0.011	0.0341	0.2594
专业学识	1—2	-0.13738*	0.05503	0.013	-0.2453	-0.0295
	1—3	-0.10758	0.05918	0.069	-0.2236	0.0085
	1—4	0.01176	0.07181	0.870	-0.1291	0.1526
	2—3	0.0298	0.03958	0.451	-0.0478	0.1074

续表

因变量	周课时量组	平均值差值(I-J)	标准误	显著性	95%置信区间	
					下限	上限
专业学识	2—4	0.14915*	0.05676	0.009	0.0378	0.2605
	3—4	0.11935*	0.06079	0.050	0.0001	0.2386
通识基础	1—2	-0.16424*	0.05246	0.002	-0.2671	-0.0614
	1—3	-0.13952*	0.05641	0.013	-0.2502	-0.0289
	1—4	0.02475	0.06846	0.718	-0.1095	0.159
	2—3	0.02471	0.03773	0.513	-0.0493	0.0987
	2—4	0.18898*	0.05411	0.000	0.0829	0.2951
	3—4	0.16427*	0.05795	0.005	0.0506	0.2779

注：*表示平均值差值的显著性水平为0.05。

如表 5-33 所示，在专业核心素养总分上，通过组间对比发现，2—4 与 3—4 的 p 值均小于 0.05，表明这两组组间存在显著性差异，也即是周课时量为 11—15 节与 21 节及以上、16—20 节与 21 节及以上的两两比较当中，乡村教师专业核心素养总分得分上存在显著性差异。

在一级指标中，在品格修为上，通过组间对比发现，1—4、2—4 与 3—4 的 p 值均小于 0.05，表明这三组组间存在显著性差异，也即是周课时量为 10 节及以下与 21 节及以上、11—15 节与 21 节及以上、16—20 节与 21 节及以上的两两比较当中，乡村教师在品格修为得分上存在显著性差异；在知识涵养上，通过组间对比发现，1—2、1—3、2—4 与 3—4 的 p 值均小于 0.05，表明这四组的组间存在显著性差异，也即是 10 节及以下与 11—15 节、10 节及以下与 16—20 节、11—15 节与 21 节及以上、16—20 节与 21 节及以上的两两比较当中，乡村教师在知识涵养上的得分存在显著性差异。

在二级指标中，在职业情怀上，通过组间对比发现，1—4 与 2—4 的 p 值均小于 0.05，表明这两组组间存在显著性差异，也即是周课时量为 10 节及以下与 21 节及以上、11—15 节与 21 节及以上的两两比较中，乡村教师职业情怀得分存在显著性差异。在人格特质上，通过组间对比发现，2—4 与 3—4 的 p 值小于 0.05，表明这两组组间存在显著性差异，也即是周课时量为 11—15 节与 21 节及以上、16—20 节与 21 节及以上的两两比较中，乡村教师人格特质得分存在显著性差异。在专业学识上，通过组间对比发现，1—2、2—4、3—4 的 p 值均小于 0.05，表明这三组组间存在显著性差异，也即是周课时量在 10 节及以下与 11—15 节、11—15 节与 21 节及以上、16—20 节与 21 节及以上的两两比较中，乡村教师专业学识得分存在显著性差异。在通识基础上，通过组间对比发现，1—2、1—3、2—4、3—4 的 p 值均小于 0.05，表明这四组组间存在显著性差异，也即是周课时量在 10 节及以下与 11—15 节、10 节及以下与 16—20 节、11—15 节与 21 节及以上、16—20 节与 21 节及以上的两两比较中，乡村教师通识基础得分存在显著性差异。

（4）任班主任状况差异

根据乡村教师是否担任班主任状况的不同，以其专业核心素养总分及各一、二级指标得分为因变量进行独立样本 T 检验，得到表 5-34。由表中数据可知，专业核心素养总分 T = 2.214、p = 0.027 < 0.05，说明乡村教师专业核心素养总分与担任班主任状况存在显著性差异；在一级指标中，品格修为 T = 2.006、p = 0.045 < 0.05，教学能力 T = 2.817、p = 0.005 < 0.05，说明乡村教师品格修为、教学能力得分与担任班主任状况存在显著性差异；在二级指标中，人格特质 T = 2.321、p = 0.02 < 0.05，教学设计 T = 3.141、p = 0.002 < 0.05，教学实施 T = 2.304、p = 0.021 < 0.05，表明乡村教师在人格特质、教学实施和教学设计得分与担任班主任状况存在显著性差异。从均值来看，担任了班主任的乡村教师在专业核心素养总分及各一、二级指标得分均高于未担任班主任的乡村教师。

表 5-34　　是否担任班主任的教师专业核心素养总分及各一、二级指标得分差异分析

	担任班主任（1308）		未担任班主任（909）		T 值	p 值
	M	SD	M	SD		
总分	5.02	0.63	4.96	0.62	2.214	0.027
品格修为	5.06	0.67	5.01	0.69	2.006	0.045
知识涵养	4.81	0.73	4.76	0.71	1.414	0.157
教学能力	5.19	0.64	5.12	0.65	2.817	0.005
职业情怀	5.24	0.72	5.19	0.77	1.347	0.178
人格特质	4.89	0.75	4.82	0.74	2.321	0.02

续表

	担任班主任（1308）		未担任班主任（909）		T值	p值
	M	SD	M	SD		
专业学识	4.84	0.79	4.80	0.78	1.266	0.206
通识基础	4.79	0.76	4.75	0.74	1.502	0.133
教学设计	5.26	0.67	5.17	0.67	3.141	0.002
教学实施	5.13	0.67	5.06	0.67	2.304	0.021

9. 获表彰情况差异

根据乡村教师获表彰情况的不同，对乡村教师专业核心素养总分及各一级指标得分进行单因素方差分析，经检验只有一级指标中的知识涵养符合方差齐性的性质，得到表 5-35。从表中数据可知，知识涵养 f = 8.217、p = 0.000 < 0.05，表明乡村教师知识涵养上的得分与获表彰情况存在显著性影响。从均值来看，得分最高的是获国家级表彰的乡村教师，为 4.95 分；得分最低的是没有获过任何表彰的乡村教师，只有 4.64 分。

表 5-35　　　不同表彰情况的教师在知识涵养得分上的差异分析

因变量	获表彰情况	人数	平均值	标准差	显著性检验	
					f值	p值
知识涵养	无	459	4.64	0.74	8.217	0.000
	校级	407	4.73	0.71		
	县（区）级	875	4.83	0.72		
	市级	327	4.92	0.69		
	省级	116	4.91	0.72		
	国家级	33	4.95	0.64		

由于专业核心素养总分、品格修为和教学能力不符合方差齐性的性质，因此采用 Welch 法进行检验，得到表 5-36。从表中数据可知，专业核心素养总分、品格修为与教学能力的 p 值均为 0.000，小于 0.05，说明乡村教师专业核心素养总分、品格修为与教学能力得分在表彰情况上存在显著性差异。从均值来看，在专业核心素养总分、品格修为和教学能力上，获市级表彰的乡村教师得分是最高的，得分最低的是没有获任何表彰的乡村教师。

表 5－36　　不同表彰情况教师专业核心素养总分、品格修为和
教学能力得分 Welch 法检验

	获得表彰情况	人数	平均值	标准差	Welch 值	p 值
总分	无	459	4.82	0.65	13.362	0.000
	校级	407	4.95	0.62		
	县（区）级	875	5.03	0.62		
	市级	327	5.14	0.58		
	省级	116	5.12	0.59		
	国家级	33	5.12	0.48		
品格修为	无	459	4.86	0.70	12.395	0.000
	校级	407	5.00	0.68		
	县（区）级	875	5.07	0.67		
	市级	327	5.20	0.63		
	省级	116	5.16	0.62		
	国家级	33	5.20	0.48		
教学能力	无	459	4.96	0.68	14.693	0.000
	校级	407	5.14	0.66		
	县（区）级	875	5.20	0.64		
	市级	327	5.31	0.56		
	省级	116	5.33	0.58		
	国家级	33	5.23	0.49		

为了进一步了解获得不同表彰情况之间的差异，对乡村教师知识涵养进行 LSD 事后多重比较，对乡村教师专业核心素养总分、品格修为和教学能力进行 Tamhane T2 事后多重比较。为了统计的方便，本研究将"1"表示为"无任何表彰"、"2"表示为"获校级表彰"、"3"表示为"获县（区）级表彰"、"4"表示为"获市级表彰"、"5"表示为"获省级表彰"、"6"表示为"获国家级表彰"。

如表 5－37 所示，在知识涵养上，通过组间对比发现，1—3、1—4、1—5、1—6、2—3、2—4、2—5 的 p 值均小于 0.05，表明在以上的两两比较中存在显著性差异。

表 5 – 37　　　　　不同表彰情况的教师在知识涵养上的多重比较

获表彰情况	平均值差值（I – J）	标准误	p 值	95% 置信区间	
				下限	上限
1—2	– 0.08681	0.04873	0.075	– 0.1824	0.0087
1—3	– 0.19005*	0.04125	0.000	– 0.2709	– 0.1092
1—4	– 0.27649*	0.05179	0.000	– 0.3781	– 0.1749
1—5	– 0.26669*	0.07437	0.000	– 0.4125	– 0.1208
1—6	– 0.31294*	0.12898	0.015	– 0.5659	– 0.06
2—3	– 0.10324*	0.04294	0.016	– 0.1874	– 0.019
2—4	– 0.18969*	0.05315	0.000	– 0.2939	– 0.0855
2—5	– 0.17988*	0.07532	0.017	– 0.3276	– 0.0322
2—6	– 0.22614	0.12953	0.081	– 0.4802	0.0279
3—4	– 0.08644	0.04639	0.063	– 0.1774	0.0045
3—5	– 0.07664	0.07072	0.279	– 0.2153	0.062
3—6	– 0.12289	0.12691	0.333	– 0.3718	0.126
4—5	0.0098	0.07734	0.899	– 0.1419	0.1615
4—6	– 0.03645	0.13072	0.780	– 0.2928	0.2199
5—6	– 0.04625	0.1412	0.743	– 0.3231	0.2306

注：*表示平均值差值的显著性水平为 0.05。

因专业核心素养总分、品格修为和教学能力的方差不齐，因此对这三者采用 Tamhane T2 事后多重比较，得到表 5 – 38。从表中数据可知，在专业核心素养总分上，通过组间对比发现，1—2、1—3、1—4、1—5、1—6、2—4 的 p 值均小于 0.05，表明它们之间存在显著性差异。在品格修为上，通过组间对比发现，1—2、1—3、1—4、1—5、1—6、2—4、3—4 的 p 值均小于 0.05，表明它们之间存在显著性差异。在教学能力上，通过组间对比发现，1—2、1—3、1—4、1—5、2—4、2—5、3—4 的 p 值均小于 0.05，表明它们之间存在显著性差异。

表 5 – 38　不同表彰情况教师专业核心素养总分和品格修为、教学能力的多重比较

变量	获表彰情况	平均值差值（I – J）	标准误	p 值	95% 置信区间	
					下限	上限
总分	1—2	– 0.13335*	0.04321	0.031	– 0.2602	– 0.0065
	1—3	– 0.21158*	0.03687	0.000	– 0.3198	– 0.1033

续表

变量	获表彰情况	平均值差值（I-J）	标准误	p值	95%置信区间	
					下限	上限
总分	1—4	-0.32223*	0.04395	0.000	-0.4513	-0.1932
	1—5	-0.30753*	0.06249	0.000	-0.4928	-0.1223
	1—6	-0.30781*	0.08845	0.018	-0.5827	-0.0329
	2—3	-0.07823	0.03725	0.423	-0.1876	0.0312
	2—4	-0.18888*	0.04426	0.000	-0.3189	-0.0589
	2—5	-0.17418	0.06272	0.087	-0.3601	0.0117
	2—6	-0.17446	0.0886	0.577	-0.4497	0.1008
	3—4	-0.11065	0.0381	0.056	-0.2226	0.0013
	3—5	-0.09595	0.05853	0.805	-0.2701	0.0782
	3—6	-0.09624	0.08569	0.991	-0.3648	0.1723
	4—5	0.0147	0.06323	1.000	-0.1727	0.2021
	4—6	0.01442	0.08897	1.000	-0.2617	0.2906
	5—6	-0.00028	0.09944	1.000	-0.303	0.3024
品格修为	1—2	-0.14461*	0.04712	0.033	-0.283	-0.0063
	1—3	-0.21578*	0.03997	0.000	-0.3331	-0.0984
	1—4	-0.34369*	0.04791	0.000	-0.4844	-0.203
	1—5	-0.29883*	0.06632	0.000	-0.4954	-0.1023
	1—6	-0.33799*	0.09051	0.008	-0.6188	-0.0572
	2—3	-0.07117	0.04078	0.720	-0.1909	0.0486
	2—4	-0.19907*	0.04859	0.001	-0.3418	-0.0563
	2—5	-0.15422	0.06682	0.284	-0.3522	0.0438
	2—6	-0.19338	0.09087	0.450	-0.475	0.0883
	3—4	-0.12791*	0.0417	0.033	-0.2505	-0.0054
	3—5	-0.08305	0.06198	0.951	-0.2674	0.1013
	3—6	-0.12221	0.08738	0.939	-0.3957	0.1513
	4—5	0.04486	0.06738	1.000	-0.1547	0.2445
	4—6	0.0057	0.09129	1.000	-0.2769	0.2883
	5—6	-0.03916	0.10216	1.000	-0.3497	0.2714
教学能力	1—2	-0.17303*	0.04579	0.003	-0.3075	-0.0386
	1—3	-0.23106*	0.03844	0.000	-0.3439	-0.1182

续表

变量	获表彰情况	平均值差值（I−J）	标准误	p 值	95% 置信区间	
					下限	上限
教学能力	1—4	−0.34954*	0.04458	0.000	−0.4805	−0.2186
	1—5	−0.36326*	0.06279	0.000	−0.5493	−0.1772
	1—6	−0.26809	0.09031	0.072	−0.5485	0.0123
	2—3	−0.05803	0.0393	0.896	−0.1734	0.0574
	2—4	−0.17651*	0.04532	0.002	−0.3096	−0.0434
	2—5	−0.19023*	0.06332	0.044	−0.3778	−0.0027
	2—6	−0.09506	0.09068	0.995	−0.3764	0.1863
	3—4	−0.11848*	0.03787	0.027	−0.2298	−0.0072
	3—5	−0.1322	0.05823	0.312	−0.3054	0.041
	3—6	−0.03703	0.0872	1.000	−0.3102	0.2362
	4—5	−0.01371	0.06245	1.000	−0.1988	0.1714
	4—6	0.08146	0.09007	0.999	−0.1984	0.3613
	5—6	0.09517	0.10035	0.998	−0.2106	0.401

注：*表示平均值差值的显著性水平为0.05。

第二节　乡村教师专业核心素养的影响因素

　　上一节阐述的是江西省乡村教师专业核心素养的发展现状，并从不同角度分析了乡村教师专业核心素养的差异。本节主要是对影响乡村教师专业核心素养的因素进行系统的分析与探讨，主要围绕教研活动、教师培训、文献阅读、教学借鉴、科学研究和教学压力六个方面探讨对乡村教师教学胜任力的影响。

一　教研活动
（一）教研组织建立及开展活动情况

　　调查显示，2086位乡村教师所在乡村学校设立了教研组织，82位乡村教师所在乡村学校未设立教研组织。其中，817位乡村教师所在乡村学校有教研组织但只偶尔开展活动；1187位乡村教师所在乡村学校有教研组织且经常开展活动；131 位乡村教师所在乡村学校有教研组织但从未开展活动。以乡村教师所在学校教研活动情况为自变量，以专业核心素养总分及各一级指标得分为因变量做单因素方差分析。如表 5－39 所示，乡村教师专业核心素养总分及各一级指标得分与其所在学校教研组织情况呈显著性差异（$p = 0.000 < 0.05$）。

表 5－39　　不同教研活动情况的教师专业核心素养总分及各一级指标得分差异分析

因变量	教研组织情况	个案数	平均值	显著性检验 f 值	显著性检验 p 值
总分	没有建立教研组织	82	4.45	128.904	0.000
	有，但从未开展活动	131	4.56		
	有，只偶尔开展活动	817	4.81		
	有，且经常开展活动	1187	5.20		
品格修为	没有建立教研组织	82	4.50	107.345	0.000
	有，但从未开展活动	131	4.64		
	有，只偶尔开展活动	817	4.85		
	有，且经常开展活动	1187	5.25		
知识涵养	没有建立教研组织	82	4.12	112.987	0.000
	有，但从未开展活动	131	4.32		
	有，只偶尔开展活动	817	4.61		
	有，且经常开展活动	1187	5.02		
教学能力	没有建立教研组织	82	4.75	93.995	0.000
	有，但从未开展活动	131	4.75		
	有，只偶尔开展活动	817	4.99		
	有，且经常开展活动	1187	5.35		

为更好地了解乡村学校教研活动情况对乡村教师专业核心素养总分及各一级指标得分的影响，我们进行事后多重比较分析。为了分析的方便，我们把"1"表示为"没有建立教研组织"、"2"表示为"有教研组织但从未开展活动"、"3"表示为"有教研组织只偶尔开展活动"、"4"表示为"有教研组织且经常开展活动"。

如表 5－40 所示，通过组间对比 1—3、1—4、2—3、2—4、3—4 的乡

村教师的专业核心素养总分,发现它们的 p 值均为 0.000,小于 0.001,说明它们之间存在显著性差异。其中没有建立教研组织的乡村教师对比有教研组织且经常开展活动的乡村教师其平均值差值为 -0.75556,差异非常明显,且差值为负值,表明有教研组织且经常开展活动的乡村教师专业核心素养总分得分远远高于没有建立教研组织的乡村教师。乡村教师专业核心素养总分得分由高到低的顺序依次为有教研组织且经常开展活动、有教研组织只偶尔开展活动、有教研组织从未开展活动、没有建立教研组织。

表 5-40 不同教研活动情况的教师在专业核心素养总分上的多重比较

因变量	教研组织情况对比	平均值差值 (I-J)	标准误	显著性	95% 置信区间	
					下限	上限
总分	1—2	-0.11392	0.08132	0.161	-0.2734	0.0455
	1—3	-0.36109*	0.06689	0.000	-0.4923	-0.2299
	1—4	-0.75556*	0.06594	0.000	-0.8849	-0.6263
	2—3	-0.24717*	0.05435	0.000	-0.3538	-0.1406
	2—4	-0.64164*	0.05317	0.000	-0.7459	-0.5374
	3—4	-0.39447*	0.02625	0.000	-0.4459	-0.343

注:*表示平均值差值的显著性水平为 0.001。

如表 5-41 所示,通过组间对比 1—3、1—4、2—3、2—4、3—4 的乡村教师品格修为,发现它们的 p 值均为 0.000,小于 0.001,说明它们之间存在显著性差异。其中没有建立教研组织的乡村教师对比有教研组织且经常开展活动的乡村教师其平均值差值为 -0.75267,差异非常明显,且差值为负值,表明有教研组织且经常开展活动的乡村教师品格修为得分远远高于没有建立教研组织的乡村教师。乡村教师品格修为得分由高到低的顺序依次为有教研组织且经常开展活动、有教研组织只偶尔开展活动、有教研组织从未开展活动、没有建立教研组织。

表 5-41 不同教研活动情况的教师在品格修为上的多重比较

因变量	教研组织情况对比	平均值差值 (I-J)	标准误	显著性	95% 置信区间	
					下限	上限
品格修为	1—2	-0.1358	0.08943	0.129	-0.3112	0.0396
	1—3	-0.34551*	0.07357	0.000	-0.4898	-0.2012

续表

因变量	教研组织情况对比	平均值差值（I-J）	标准误	显著性	95%置信区间	
					下限	上限
品格修为	1—4	-0.75267*	0.07252	0.000	-0.8949	-0.6105
	2—3	-0.20972*	0.05977	0.000	-0.3269	-0.0925
	2—4	-0.61688*	0.05847	0.000	-0.7315	-0.5022
	3—4	-0.40716*	0.02887	0.000	-0.4638	-0.3505

注：*表示平均值差值的显著性水平为0.001。

如表5-42所示，通过组间对比1—2、1—3、1—4、2—3、2—4、3—4的乡村教师知识涵养，发现它们的p值均小于0.05，说明它们之间存在显著性差异。其中没有建立教研组织的乡村教师对比有教研组织且经常开展活动的乡村教师其平均值差值为-0.89109，差异非常明显，且差值为负值，表明有教研组织且经常开展活动的乡村教师知识涵养得分远远高于没有建立教研组织的乡村教师。乡村教师知识涵养得分由高到低的顺序依次为有教研组织且经常开展活动、有教研组织只偶尔开展活动、有教研组织从未开展活动、没有建立教研组织。

表5-42　不同教研活动情况的教师在知识涵养上的多重比较

因变量	教研组织情况对比	平均值差值（I-J）	标准误	显著性	95%置信区间	
					下限	上限
知识涵养	1—2	-0.19493*	0.09467	0.040	-0.3806	-0.0093
	1—3	-0.48210*	0.07788	0.000	-0.6348	-0.3294
	1—4	-0.89109*	0.07677	0.000	-1.0416	-0.7405
	2—3	-0.28716*	0.06327	0.000	-0.4112	-0.1631
	2—4	-0.69616*	0.0619	0.000	-0.8175	-0.5748
	3—4	-0.40899*	0.03056	0.000	-0.4689	-0.3491

注：*表示平均值差值的显著性水平为0.05。

如表5-43所示，通过组间对比1—3、1—4、2—3、2—4、3—4的乡村教师教学能力，发现它们的p值均小于0.05，说明它们之间存在显著性差异。其中没有建立教研组织的乡村教师对比有教研组织且经常开展活动的乡村教师其平均值差值为-0.60636，差异非常明显，且差值为负值，表明有教研组织且经常开展活动的乡村教师教学能力得分远远高于没有建立教研组织的乡村教师。乡村教师教学能力得分由高到低的顺序依次为有教研组织且经常开展活动、有教研组织只偶尔开展活动、有教研组织从未开展活动、没有建立教研组织。

表 5-43　　不同教研活动情况的教师在教学能力上的多重比较

因变量	教研组织情况对比	平均值差值（I-J）	标准误	显著性	95% 置信区间	
					下限	上限
教学能力	1—2	0.00182	0.08579	0.983	-0.1664	0.17
	1—3	-0.24250*	0.07057	0.001	-0.3809	-0.1041
	1—4	-0.60636*	0.06956	0.000	-0.7428	-0.4699
教学能力	2—3	-0.24431*	0.05734	0.000	-0.3568	-0.1319
	2—4	-0.60817*	0.05609	0.000	-0.7182	-0.4982
	3—4	-0.36386*	0.02769	0.000	-0.4182	-0.3096

注：*表示平均值差值的显著性水平为0.05。

在二级指标中，职业情怀 $f=72.013$，$p=0.000<0.001$；人格特质 $f=105.854$，$p=0.000<0.001$；专业学识 $f=108.875$，$p=0.000<0.001$；通识基础 $f=91.166$，$p=0.000<0.001$；教学设计 $f=77.912$，$p=0.000<0.001$；教学实施 $f=97.495$，$p=0.000<0.001$。乡村教师所在学校教研组织情况与在其所有二级指标得分上均存在显著性差异。

（二）教研活动参与情况

调查显示，参加较多和经常参加教研活动的乡村教师共有1585人，占本次调查对象总人数的62.5%；参加较少的乡村教师有477人，占21.5%；只有7名乡村教师从未参加过教研活动，占0.3%；有148名乡村教师所在学校从未组织教研活动所以不知道，占6.7%。由此可见，在本次调查中，大多数乡村教师都参加了教研活动，在此仅对所在教研组织有组织活动的乡村教师的参与程度进行对比分析。以教研活动参与情况为自变量，以乡村教师专业核心素养总分及各一级指标得分为因变量做单因素分析，如表5-44所示。从表中数据可知，专业核心素养总分及各一级指标得分的p值均为0.000<0.001，说明乡村教师专业核心素养总分及各一级指标得分与教研活动参与情况有显著性影响。从均值来看，参与教研活动频率越高的乡村教师，其专业核心素养总分及各一级

指标得分也越高；专业核心素养总分及各一级指标得分由高到低依次为：经常参加、参加较多、参加较少、从未参加。由此可以推断，参与教研活动有助于提升乡村教师专业核心素养水平。

表5-44　不同教研活动参与情况教师专业核心素养总分及各一级指标得分差异分析

因变量	教研活动参与情况	人数	平均值	显著性检验	
				f 值	p 值
总分	从未参加	7	3.96	103.184	0.000
	参加较少	477	4.71		
	参加较多	538	4.92		
	经常参加	1047	5.22		
品格修为	从未参加	7	4.05	78.898	0.000
	参加较少	477	4.75		
	参加较多	538	5.01		
	经常参加	1047	5.26		
知识涵养	从未参加	7	3.59	91.907	0.000
	参加较少	477	4.49		
	参加较多	538	4.71		
	经常参加	1047	5.05		
教学能力	从未参加	7	4.29	82.369	0.000
	参加较少	477	4.92		
	参加较多	538	5.07		
	经常参加	1047	5.39		

为更好地了解教师参与教研活动情况的不同，我们以教研活动参与情况为自变量，以乡村教师专业核心素养总分及各一级指标得分为因变量进行事后多重比较分析。为了研究的方便，我们把"从不参加"标记为"1"、"参加较少"标记为"2"、"参加较多"标记为"3"、"经常参加"标记为"4"。

如表5-45所示，通过组间对比1—2、1—3、1—4、2—3、2—4、3—4的乡村教师的专业核心素养总分，发现它们的 p 值均小于0.05，说明它们之间存在显著性差异。其中从未参加教研活动的乡村教师对比经常参加教研活动的乡村教师其平均值差值为 -1.26207，差异非常明显，且差值为负值，表明经常参加教研活动的乡村教师专业核心素养总分得分远远高于从未参加教研活动的乡村教师；其余的组别对比也均存在显著性差异。乡村教师专业核心素养总分得分由高到低的顺序依次为经常参加教研活动、参加较多教研活动、参加较少教研活动、从未参加教研活动。

表 5-45　不同教研活动参与情况的教师在专业核心素养总分上的多重比较

因变量	参与教研活动情况对比	均值差（I-J）	标准误	显著性	95%置信区间	
					下限	上限
总分	1—2	-0.75153*	0.21784	0.001	-1.1787	-0.3243
	1—3	-0.96032*	0.21767	0.000	-1.3872	-0.5335
	1—4	-1.26207*	0.21698	0.000	-1.6876	-0.8365
	2—3	-0.20879*	0.03598	0.000	-0.2794	-0.1382
	2—4	-0.51054*	0.03161	0.000	-0.5725	-0.4485
	3—4	-0.30174*	0.03035	0.000	-0.3613	-0.2422

注：*表示平均值差值的显著性水平为 0.05。

如表 5-46 所示，通过组间对比 1—2、1—3、1—4、2—3、2—4、3—4 的乡村教师品格修为，发现它们的 p 值均小于 0.05，说明它们之间存在显著性差异。其中从未参加教研活动的乡村教师对比经常参加教研活动的乡村教师其平均值差值为 -1.20883，差异非常明显，且差值为负值，表明经常参加教研活动的乡村教师品格修为得分远远高于从未参加教研活动的乡村教师；其余的组别对比也均存在显著性差异。乡村教师品格修为得分由高到低的顺序依次为经常参加教研活动、参加较多教研活动、参加较少教研活动、从未参加教研活动。

表 5-46　不同教研活动参与情况的教师在品格修为上的多重比较

因变量	参与教研活动情况对比	均值差（I-J）	标准误	显著性	95%置信区间	
					下限	上限
品格修为	1—2	-0.70244*	0.24083	0.004	-1.1747	-0.2301
	1—3	-0.95889*	0.24064	0.000	-1.4308	-0.487
	1—4	-1.20883*	0.23988	0.000	-1.6793	-0.7384

续表

因变量	参与教研活动情况对比	均值差（I-J）	标准误	显著性	95%置信区间	
					下限	上限
品格修为	2—3	-0.25645*	0.03978	0.000	-0.3345	-0.1784
	2—4	-0.50639*	0.03494	0.000	-0.5749	-0.4379
	3—4	-0.24994*	0.03355	0.000	-0.3157	-0.1841

注：*表示平均值差值的显著性水平为0.05。

如表5-47所示，通过组间对比1—2、1—3、1—4、2—3、2—4、3—4的乡村教师品格修为，发现它们的p值均小于0.05，说明它们之间存在显著性差异。其中从未参加教研活动的乡村教师对比经常参加教研活动的乡村教师其平均值差值为-1.45934，差异非常明显，且差值为负值，表明经常参加教研活动的乡村教师知识涵养得分远远高于从未参加教研活动的乡村教师；其余的组别对比也均存在显著性差异。知识涵养得分由高到低的顺序依次为经常参加教研活动的乡村教师、参加较多教研活动的乡村教师、参加较少教研活动的乡村教师、从未参加教研活动的乡村教师。

表5-47　不同教研活动参与情况的教师在知识涵养上的多重比较

因变量	参与教研活动情况对比	均值差（I-J）	标准误	显著性	95%置信区间	
					下限	上限
知识涵养	1—2	-0.90047*	0.25497	0.000	-1.4005	-0.4004
	1—3	-1.12160*	0.25476	0.000	-1.6212	-0.622
	1—4	-1.45934*	0.25396	0.000	-1.9574	-0.9613
	2—3	-0.22113*	0.04212	0.000	-0.3037	-0.1385
	2—4	-0.55887*	0.03699	0.000	-0.6314	-0.4863
	3—4	-0.33774*	0.03552	0.000	-0.4074	-0.2681

注：*表示平均值差值的显著性水平为0.05。

如表5-48所示，通过组间对比1—2、1—3、1—4、2—3、2—4、3—4的乡村教师教学能力，发现它们的p值均小于0.05，说明它们之间存在显著性差异。其中从未参加教研活动的乡村教师对比经常参加教研活动的乡村教师其平均值差值为-1.10003，差异非常明显，且差值为负值，表明经常参加教研活动的乡村教师教学能力得分远远高于从未参加教研活动的乡村教师；其余的组别对比也均存在显著性差异。乡村教师教学能力得分由高到低的顺序依次为经常参加教研活动、参加较多教研活动、参加较少教研活动、从未参加教研活动。

表 5-48　不同教研活动参与情况的乡村教师在教学能力上的多重比较

因变量	参与教研活动情况对比	均值差（I－J）	标准误	显著性	95% 置信区间	
					下限	上限
教学能力	1—2	-0.63921*	0.22667	0.005	-1.0837	-0.1947
	1—3	-0.78050*	0.22648	0.001	-1.2247	-0.3363
	1—4	-1.10003*	0.22577	0.000	-1.5428	-0.6573
	2—3	-0.14130*	0.03744	0.000	-0.2147	-0.0679
	2—4	-0.46082*	0.03289	0.000	-0.5253	-0.3963
	3—4	-0.31953*	0.03158	0.000	-0.3815	-0.2576

注：* 表示平均值差值的显著性水平为 0.05。

在二级指标中，职业情怀 $f=53.693$，$p=0.000<0.001$；人格特质 $f=77.706$，$p=0.000<0.001$；专业学识 $f=84.692$，$p=0.000<0.001$；通识基础 $f=76.238$，$p=0.000<0.001$；教学设计 $f=69.309$，$p=0.000<0.001$；教学实施 $f=83.772$，$p=0.000<0.001$。乡村教师参与教研活动情况影响其在所有二级指标上的得分。

（三）教研活动评价状况

调查显示，有 1486 位乡村教师认为教研活动效果较大或效果显著，占比 67%；有 551 位乡村教师认为教研活动效果较小，占比 24.9；仅有 26 位乡村教师认为教研活动没有效果，占比 1.2%。在此仅对有教研活动评价情况的乡村教师进行对比分析。

以乡村教师对教研活动评价情况为因子，以其专业核心素养总分及各一级指标得分为因变量进行单因素分析，如表 5-49 所示。从中可知，专业核心素养总分及各一级指标得分的 p 值均为 $0.000<0.001$，说明乡村教师专业核心素养总分及各一级指标得分与其对教研活动评价效果有显著性影响。从均值来看，认为教研活动效果越好的乡村教师，其专业核心素养总分及各一级指标得分也越高；专业核心素养总分及各一级指标得分由高到低依次为：效果显著、效果较大、效果较小、没有效果。

表 5-49　教研活动评价不同的教师专业核心素养总分及各一级指标得分差异分析

因变量	教研活动评价情况	人数	平均值	显著性检验	
				f 值	p 值
总分	没有效果	26	4.51	190.637	0.000
	效果较小	551	4.66		
	效果较大	911	5.02		
	效果显著	575	5.41		
品格修为	没有效果	26	4.49	187.815	0.000
	效果较小	551	4.66		
	效果较大	911	5.09		
	效果显著	575	5.47		
知识涵养	没有效果	26	4.33	142.309	0.000
	效果较小	551	4.44		
	效果较大	911	4.83		
	效果显著	575	5.22		
教学能力	没有效果	26	4.75	128.836	0.000
	效果较小	551	4.90		
	效果较大	911	5.17		
	效果显著	575	5.55		

为进一步了解不同教研活动评价情况的差异，对乡村教师专业核心素养总分及各一级指标得分做事后多重比较分析。为了研究的方便，我们把"1"表示为"没有效果"、"2"表示为"效果较小"、"3"表示为"效果较大"、"4"表示为"效果显著"。

表 5-50　教研活动评价情况不同的教师专业核心素养总分及各一级指标的多重比较

因变量	教研活动评价情况对比	均值差（I-J）	标准误	显著性	95% 置信区间	
					下限	上限
总分	1—2	-0.14491	0.10844	0.182	-0.3576	0.0678
	1—3	-0.51120*	0.10747	0.000	-0.722	-0.3004
	1—4	-0.89860*	0.10834	0.000	-1.1111	-0.6861
	2—3	-0.36629*	0.02916	0.000	-0.4235	-0.3091

续表

因变量	教研活动评价情况对比	均值差(I-J)	标准误	显著性	95% 置信区间	
					下限	上限
总分	2—4	-0.75369*	0.03221	0.000	-0.8169	-0.6905
	3—4	-0.38740*	0.02878	0.000	-0.4438	-0.331
品格修为	1—2	-0.17154	0.11834	0.147	-0.4036	0.0605
	1—3	-0.60808*	0.11728	0.000	-0.8381	-0.3781
	1—4	-0.98578*	0.11822	0.000	-1.2176	-0.7539
	2—3	-0.43654*	0.03182	0.000	-0.4989	-0.3741
	2—4	-0.81424*	0.03515	0.000	-0.8832	-0.7453
	3—4	-0.37770*	0.03141	0.000	-0.4393	-0.3161
知识涵养	1—2	-0.11468	0.12974	0.377	-0.3691	0.1398
	1—3	-0.49702*	0.12858	0.000	-0.7492	-0.2449
	1—4	-0.89587*	0.12962	0.000	-1.1501	-0.6417
	2—3	-0.38234*	0.03489	0.000	-0.4508	-0.3139
	2—4	-0.78119*	0.03854	0.000	-0.8568	-0.7056
	3—4	-0.39885*	0.03443	0.000	-0.4664	-0.3313
教学能力	1—2	-0.14896	0.1155	0.197	-0.3755	0.0775
	1—3	-0.41816*	0.11446	0.000	-0.6426	-0.1937
	1—4	-0.80360*	0.11539	0.000	-1.0299	-0.5773
	2—3	-0.26920*	0.03106	0.000	-0.3301	-0.2083
	2—4	-0.65464*	0.03431	0.000	-0.7219	-0.5874
	3—4	-0.38544*	0.03065	0.000	-0.4456	-0.3253

注：*表示平均值差值的显著性水平为 0.05。

从表 5-50 可知，通过组间对比发现 1—3、1—4、2—3、2—4、3—4 的乡村教师专业核心素养总分，它们的 p 值均为 0.000 < 0.001，表明它们存在显著性差异，即是在认为教研活动评价情况为没有效果与效果加大、没有效果与效果显著、效果较小与效果较大、效果较小与效果显著、效果较大与效果显著的两两比较当中乡村教师的专业核心素养总分存在显著性差异。且从平均值差异来看，认为教研活动没有效果的乡村教师与认为教研活动效果显著的乡村教师的差值为 -0.89860，差值为负值，说明后者的专业核心素养总分得分要高于前者。乡村教师专业核心素养总分得分由高到低依次为效果显著 > 效果较大 > 效果较小 > 没有效果。

乡村教师专业核心素养的各一级指标也符合以上规律。

在二级指标中，职业情怀 f = 152.099，p = 0.000 < 0.001；人格特质 f = 148.903，p = 0.000 < 0.001；专业学识 f = 114.726，p = 0.000 < 0.001；通识基础 f = 123.836，p = 0.000 < 0.001；教学设计 f = 119.881，p = 0.000 < 0.001；教学实施 f = 117.659，p = 0.000 < 0.001。乡村教师对教研活动评价情况影响其在所有二级指标上的得分。

（四）教研情况与专业核心素养的相关性分析

为了解教研组织及其各个维度对专业核心素养总分的影响程度情况，对教研组织及其各维度与专业核心素养总分做皮尔逊积差相关分析，如表5-51所示。由表中数据可知，整体的教研情况与专业核心素养总分的相关系数为0.358，为中度相关，说明了教研情况可能会影响乡村教师专业核心素养水平，且 p < 0.001，表明两者间的显著性非常强。教研情况内的各维度之间的相关系数在0.630—0.883，相关度也较高。

表5-51　　　教研活动与专业核心素养总分的相关系数分析

	建立教研组织及其活动开展情况	参与教研活动情况	教研活动评价情况	教研情况（整体）	专业核心素养总分
建立教研组织及其活动开展情况	1				
参与教研活动情况	0.649**	1			
教研活动评价情况	0.630**	0.883**	1		
教研情况（整体）	0.730**	0.962**	0.950**	1	
专业核心素养总分	0.375**	0.323**	0.378**	0.358**	1

注：**表示在0.01级别（双尾），相关性显著。

二　教师培训

（一）教师培训开展情况

调查显示，乡村教师所在学校从未开展教师培训的有85人，占本次调查对象总人数的3.8%；乡村教师所在学校开展教师培训较少的有802人，占36.2%；乡村教师所在学校开展教师培训较多的有656人，占29.6%；乡村教师所在学校经常开展教师培训的有674人，占30.4%。

以乡村教师所在学校开展教师培训情况为自变量，以乡村教师专业核心素养总分及各一级指标得分为因变量做单因素分析,如表 5-52 所示。从表中数据可知,乡村教师专业核心素养总分及各一级指标得分与其所在学校开展教师培训情况存在显著性影响（p 值均为 0.000 < 0.001）。从均值来看,在专业核心素养总分上,所在学校经常开展教师培训的乡村教师得分最高（M = 5.37）,所在学校从未开展教师培训的乡村教师得分最低（M = 4.44）,得分第二的是所在学校开展教师培训较多的乡村教师,得分第三的是所在学校开展教师培训较少的乡村教师；各一级指标得分也符合以上规律。由此可以说明乡村教师所在学校开展教师培训频率越高,其专业核心素养水平越高。

表 5-52　　　　教师所在学校开展教师培训情况的差异分析

因变量	教研活动评价情况	平均值	显著性检验	
			f 值	p 值
总分	从未开展	4.44	193.493	0.000
	开展较少	4.73		
	开展较多	5.00		
	经常开展	5.37		
品格修为	从未开展	4.49	163.623	0.000
	开展较少	4.76		
	开展较多	5.07		
	经常开展	5.42		
知识涵养	从未开展	4.23	156.971	0.000
	开展较少	4.51		
	开展较多	4.79		
	经常开展	5.20		
教学能力	从未开展	4.61	145.923	0.000
	开展较少	4.94		
	开展较多	5.14		
	经常开展	5.52		

为进一步了解乡村教师所在学校开展教师培训情况的差异,对乡村教师专业核心素养及各一级指标得分进行事后多重比较分析。为了研究方便,我们把"1"表示为"从未开展"、"2"表示为"开展较少"、"3"

表示为"开展较多"、"4"表示为"经常开展"。

表 5-53　教师培训开展情况不同的教师专业核心素养总分及各一级指标的多重比较

因变量	教师培训开展情况对比	均值差（I-J）	标准误	显著性	95%置信区间 下限	95%置信区间 上限
总分	1—2	-0.28924*	0.06355	0.000	-0.4139	-0.1646
	1—3	-0.55804*	0.06422	0.000	-0.684	-0.4321
	1—4	-0.93499*	0.06412	0.000	-1.0607	-0.8092
	2—3	-0.26880*	0.02933	0.000	-0.3263	-0.2113
	2—4	-0.64574*	0.02911	0.000	-0.7028	-0.5887
	3—4	-0.37695*	0.03055	0.000	-0.4369	-0.317
品格修为	1—2	-0.27155*	0.07015	0.000	-0.4091	-0.134
	1—3	-0.58588*	0.07089	0.000	-0.7249	-0.4469
	1—4	-0.92924*	0.07078	0.000	-1.068	-0.7904
	2—3	-0.31433*	0.03237	0.000	-0.3778	-0.2508
	2—4	-0.65769*	0.03213	0.000	-0.7207	-0.5947
	3—4	-0.34336*	0.03373	0.000	-0.4095	-0.2772
知识涵养	1—2	-0.27290*	0.07478	0.000	-0.4195	-0.1263
	1—3	-0.55876*	0.07557	0.000	-0.707	-0.4106
	1—4	-0.96334*	0.07546	0.000	-1.1113	-0.8154
	2—3	-0.28586*	0.03451	0.000	-0.3535	-0.2182
	2—4	-0.69044*	0.03426	0.000	-0.7576	-0.6233
	3—4	-0.40458*	0.03596	0.000	-0.4751	-0.3341
教学能力	1—2	-0.32753*	0.06742	0.000	-0.4597	-0.1953
	1—3	-0.52591*	0.06813	0.000	-0.6595	-0.3923
	1—4	-0.90956*	0.06803	0.000	-1.043	-0.7762
	2—3	-0.19838*	0.03111	0.000	-0.2594	-0.1374
	2—4	-0.58204*	0.03088	0.000	-0.6426	-0.5215
	3—4	-0.38366*	0.03242	0.000	-0.4472	-0.3201

注：*表示平均值差值的显著性水平为0.05。

由表 5-53 数据可知，通过组间对比发现 1—2、1—3、1—4、2—3、2—4、3—4 的乡村教师专业核心素养总分，它们的 p 值均为 0.000 < 0.001，表明它们存在显著性差异，即是乡村学校开展教师培训情况为从

未开展与开展较少、从未开展与开展较多、从未开展与经常开展、开展较少与开展较多、开展较少与经常开展、开展较多与经常开展的两两比较中，乡村教师的专业核心素养总分得分存在显著性差异。且从平均值差值来看，乡村学校从未开展教师培训的乡村教师与经常开展教师培训的乡村教师的差值在所有组别中是最大的，差值为 -0.93499，为负值，说明后者的专业核心素养总分得分要高于前者。乡村教师专业核心素养总分得分由高到低依次为经常开展＞开展较多＞开展较少＞从未开展。乡村教师专业核心素养的各一级指标也符合以上规律。

在二级指标中，职业情怀 $f=124.921$，$p=0.000<0.001$；人格特质 $f=140.941$，$p=0.000<0.001$；专业学识 $f=127.395$，$p=0.000<0.001$；通识基础 $f=139.945$，$p=0.000<0.001$；教学设计 $f=135.689$，$p=0.000<0.001$；教学实施 $f=133.576$，$p=0.000<0.001$。乡村教师所在学校开展教师培训情况影响其在所有二级指标上的得分。

（二）教师参加培训情况

对乡村教师所在学校开展教师培训的频率进行统计得知，乡村教师从不参加教师培训的有 7 人，占本次调查对象总人数的 0.3%；乡村教师参加教师培训较少的有 592 人，占 26.7%；乡村教师参加教师培训较多的有 655 人，占 29.5%；乡村教师经常参加教师培训的有 878 人，占 39.6%。参加较多和经常参加教师培训的共有 1533 人，占 69.1%，可以看出大多数乡村教师都参加过教师培训，且参加次数较多。

以乡村教师参加教师培训频率为自变量，以乡村教师专业核心素养总分及各一级指标得分为因变量做单因素分析，如表 5-54 所示。由表中数据可知，乡村教师专业核心素养总分及各一级指标得分与其参加教师培训情况存在显著性影响（p 值均为 $0.000<0.001$）。从均值来看，在专业核心素养总分上，经常参加教师培训乡村教师得分最高（5.29），从不参加教师培训的乡村教师得分最低（4.62），得分第二的是参加教师培训较多的乡村教师，得分第三的是参加教师培训较少的乡村教师；各一级指标得分也符合以上规律。可以看出乡村教师参加教师培训次数越多，其专业核心素养水平越高。

表 5-54　教师培训参与情况不同的教师专业核心素养总分及各一级指标得分差异分析

因变量	教师培训参加情况	平均值	显著性检验	
			f 值	p 值
总分	从不参加	4.62	142.202	0.000
	参加较少	4.69		
	参加较多	4.93		
	经常参加	5.29		
品格修为	从不参加	4.87	120.794	0.000
	参加较少	4.72		
	参加较多	5.01		
	经常参加	5.34		
知识涵养	从不参加	4.13	115.590	0.000
	参加较少	4.47		
	参加较多	4.74		
	经常参加	5.11		
教学能力	从不参加	4.88	109.660	0.000
	参加较少	4.92		
	参加较多	5.07		
	经常参加	5.45		

为进一步了解教师培训参与情况的差异，对乡村教师专业核心素养及各一级指标得分进行事后多重比较分析。为了研究方便，我们把"1"表示为"从不参加"、"2"表示为"参加较少"、"3"表示为"参加较多"、"4"表示为"经常参加"。

如表5-55所示，通过组间对比发现1—4、2—3、2—4、3—4的乡村教师专业核心素养总分的p值均小于0.05，说明它们之间存在显著性差异，即是参与教师培训情况为从不参加与经常参加、参加较少与参加较多、参加较少与经常参加、参加较多与经常参加的乡村教师在以上的两两比较中存在显著性差异。从平均值差值来看，从不参加教师培训的乡村教师对比经常参加教师培训的乡村教师平均值差值是最大的，差值为-0.67717，为负值，说明后者的专业核心素养总分得分要大于前者。

专业核心素养总分得分由高到低依次为经常参加教师培训的乡村教师 > 参加教师培训较多的乡村教师 > 参加教师培训较少的乡村教师 > 从未参加教师培训的乡村教师。一级指标中的品格修为与教学能力也符合上述规律。

表 5-55 教师培训参与情况不同的教师专业核心素养总分及各一级指标多重比较

因变量	参加教师培训情况对比	均值差（I-J）	标准误	显著性	95%置信区间 下限	95%置信区间 上限
总分	1—2	-0.07705	0.21362	0.718	-0.496	0.3419
	1—3	-0.31823	0.2135	0.136	-0.7369	0.1005
	1—4	-0.67717*	0.21322	0.002	-1.0953	-0.259
总分	2—3	-0.24118*	0.03186	0.000	-0.3037	-0.1787
	2—4	-0.60012*	0.02988	0.000	-0.6587	-0.5415
	3—4	-0.35894*	0.02901	0.000	-0.4158	-0.302
品格修为	1—2	0.15596	0.23533	0.508	-0.3055	0.6175
	1—3	-0.13589	0.2352	0.563	-0.5971	0.3254
	1—4	-0.46380*	0.23488	0.048	-0.9244	-0.0032
	2—3	-0.29185*	0.0351	0.000	-0.3607	-0.223
	2—4	-0.61975*	0.03292	0.000	-0.6843	-0.5552
	3—4	-0.32791*	0.03196	0.000	-0.3906	-0.2652
知识涵养	1—2	-0.34299	0.25203	0.174	-0.8372	0.1513
	1—3	-0.60855*	0.25189	0.016	-1.1025	-0.1146
	1—4	-0.97925*	0.25155	0.000	-1.4726	-0.4859
	2—3	-0.26557*	0.03759	0.000	-0.3393	-0.1918
	2—4	-0.63627*	0.03525	0.000	-0.7054	-0.5671
	3—4	-0.37070*	0.03423	0.000	-0.4378	-0.3036
教学能力	1—2	-0.04001	0.22478	0.859	-0.4808	0.4008
	1—3	-0.19676	0.22465	0.381	-0.6373	0.2438
	1—4	-0.57738*	0.22435	0.010	-1.0173	-0.1374
	2—3	-0.15674*	0.03353	0.000	-0.2225	-0.091
	2—4	-0.53736*	0.03144	0.000	-0.599	-0.4757
	3—4	-0.38062*	0.03052	0.000	-0.4405	-0.3208

注：*表示平均值差值的显著性水平为 0.05。

通过组间对比发现 1—3、1—4、2—3、2—4、3—4 的乡村教师知识涵养的 p 值均小于 0.05，说明它们之间存在显著性差异，即是参与教师培训情况为从不参加与经常参加、参加较少与参加较多、参加较少与经常参加、参加较多与经常参加的乡村教师在以上的两两比较当中存在显著性差异。从平均值差值来看，从不参加教师培训的乡村教师对比经常参加教师培训的乡村教师平均值差值是最大的，差值为 -0.97925，为负值，说明后者的专业核心素养总分得分要大于前者。知识涵养得分由高到低依次为经常参加教师培训的乡村教师＞参加教师培训较多的乡村教师＞参加教师培训较少的乡村教师＞从未参加教师培训的乡村教师。

在二级指标中，职业情怀 $f=91.555$，$p=0.000<0.001$；人格特质 $f=105.880$，$p=0.000<0.001$；专业学识 $f=88.791$，$p=0.000<0.001$；通识基础 $f=111.175$，$p=0.000<0.001$；教学设计 $f=94.833$，$p=0.000<0.001$；教学实施 $f=108.520$，$p=0.000<0.001$。乡村教师所在学校开展教师培训情况影响其在所有二级指标上的得分。

（三）教师培训评价情况

对乡村教师所在学校开展教师培训的频率进行统计后得知，认为教师培训没有收获的乡村教师有 19 人，占本次调查对象总人数的 0.9%；认为教师培训收获很小的乡村教师有 542 人，占 24.4%；认为教师培训收获较大的乡村教师有 950 人，占 42.9%；认为教师培训收获很大的乡村教师有 615 人，占 27.7%。还有 91 位乡村教师所在学校并未开展教师培训所以不知道。

以乡村教师对教师培训评价情况的不同为自变量，以其专业核心素养总分及各一级指标得分为因变量进行单因素分析，如表 5-56 所示。由表中数据可知，乡村教师专业核心素养总分及各一级指标得分与其评价教师培训情况存在显著性影响（p 值均为 $0.000<0.001$）。从均值来看，在专业核心素养总分上，认为教师培训收获很大的乡村教师得分最高（$M=5.45$），认为教师培训没有收获的乡村教师得分最低（$M=4.59$），得分第二的是认为教师培训收获较多的乡村教师，得分第三的是认为教师培训收获较小的乡村教师；各一级指标得分也符合以上规律。

表 5-56　不同教师培训评价情况的教师专业核心素养总分及
各一级指标得分差异分析

因变量	教师培训评价情况	平均值	显著性检验	
			f 值	p 值
总分	没有收获	4.59	240.383	0.000
	收获较小	4.62		
	收获较大	4.97		
	收获很大	5.45		
品格修为	没有收获	4.44	217.787	0.000
	收获较小	4.64		
	收获较大	5.04		
	收获很大	5.50		
知识涵养	没有收获	4.41	181.317	0.000
	收获较小	4.46		
	收获较大	4.76		
	收获很大	5.27		
教学能力	没有收获	4.85	173.168	0.000
	收获较小	4.91		
	收获较大	5.12		
	收获很大	5.59		

为进一步了解教师培训评价情况的差异，对乡村教师专业核心素养及各一级指标得分进行事后多重比较分析（LSD）。为了研究方便，我们把"1"表示为"没有收获"、"2"表示为"收获较小"、"3"表示为"收获较大"、"4"表示为"收获很大"。

如表 5-57 所示，通过组间对比发现 1—3、1—4、2—3、2—4、3—4 的乡村教师专业核心素养总分的 p 值均小于 0.05，说明它们之间存在显著性差异，即是教师培训评价情况为没有收获与收获较大、没有收获与收获很大、收获较小与收获较大、收获较小与收获很大、收获较大与收获很大的乡村教师在以上的两两比较中存在显著性差异。从平均值差值来看，认为教师培训没有收获的乡村教师对比认为教师培训收获很大的乡村教师平均值差值是最大的，差值为 -0.85672，为负值，说明后者的专业核心素养总分得分要大于前者。专业核心素养总分得分由高到低依次为认为教师培训效果很大的乡村教师>认为教师培训收获较大的乡村教师>认为教师培训收获较小的乡村教师>认为教师培训没有收获的乡村教师。一级指标中的品格修为与知识涵养也符合上述规律。

表 5-57　　不同教师培训评价情况的教师专业核心素养总分及各一级指标多重比较

因变量	教师培训评价情况对比	均值差（I-J）	标准误	显著性	95%置信区间	
					下限	上限
总分	1—2	-0.03242	0.12415	0.794	-0.2759	0.211
	1—3	-0.37435*	0.12324	0.002	-0.616	-0.1327
	1—4	-0.85672*	0.1239	0.000	-1.0997	-0.6137
	2—3	-0.34194*	0.02863	0.000	-0.3981	-0.2858
	2—4	-0.82430*	0.03134	0.000	-0.8858	-0.7628
	3—4	-0.48237*	0.02753	0.000	-0.5364	-0.4284
品格修为	1—2	-0.20106	0.13662	0.141	-0.469	0.0669
	1—3	-0.60029*	0.13562	0.000	-0.8663	-0.3343
	1—4	-1.06388*	0.13634	0.000	-1.3313	-0.7965
	2—3	-0.39923*	0.03151	0.000	-0.461	-0.3374
	2—4	-0.86281*	0.03449	0.000	-0.9304	-0.7952
	3—4	-0.46358*	0.03029	0.000	-0.523	-0.4042
知识涵养	1—2	0.05367	0.14883	0.718	-0.2382	0.3455
	1—3	-0.30281*	0.14775	0.041	-0.5926	-0.0131
	1—4	-0.80706*	0.14853	0.000	-1.0983	-0.5158
	2—3	-0.35648*	0.03433	0.000	-0.4238	-0.2892
	2—4	-0.86073*	0.03757	0.000	-0.9344	-0.7871
	3—4	-0.50425*	0.033	0.000	-0.569	-0.4395
教学能力	1—2	0.06046	0.13284	0.649	-0.2001	0.321
	1—3	-0.20066	0.13187	0.128	-0.4593	0.058
	1—4	-0.67953*	0.13257	0.000	-0.9395	-0.4195
	2—3	-0.26112*	0.03064	0.000	-0.3212	-0.201
	2—4	-0.73999*	0.03353	0.000	-0.8057	-0.6742
	3—4	-0.47887*	0.02946	0.000	-0.5366	-0.4211

注：*表示平均值差值的显著性水平为0.05。

通过组间对比发现 1—4、2—3、2—4、3—4 的乡村教师教学能力的 p 值均小于 0.05，说明它们之间存在显著性差异，即是教师培训评价情况为没有收获与收获很大、收获较小与收获较大、收获较小与收获很大、收获较大与收获很大的乡村教师在以上的两两比较中存在显著性差异。从平均值差值来看，认为教师培训收获较小的乡村教师对比认为教师培训收获很大的乡村教师平均值差值是最大的，差值为 -0.73999，为负值，说明后者的专业核心素养总分得分要大于前者。教学能力得分由高到低依次为认为教师培训效果很大的乡村教师 > 认为教师培训收获较大的乡村教师 > 认为教师培训收获较小的乡村教师 > 认为教师培训没有收获的乡村教师。

在二级指标中，职业情怀 $f = 184.197$，$p = 0.000 < 0.001$；人格特质 $f = 164.536$，$p = 0.000 < 0.001$；专业学识 $f = 136.822$，$p = 0.000 < 0.001$；通识基础 $f = 167.959$，$p = 0.000 < 0.001$；教学设计 $f = 155.325$，$p = 0.000 < 0.001$；教学实施 $f = 163.024$，$p = 0.000 < 0.001$。乡村教师所在学校开展教师培训情况影响其在所有二级指标上的得分。

（四）教师培训与专业核心素养总分的相关性分析

为了解教师培训及其各个维度对专业核心素养总分的影响程度情况，对教师培训及其各维度与专业核心素养总分做皮尔逊积差相关分析，如表 5-58 所示。由表中数据可知，整体的教研情况与专业核心素养总分的相关系数为 0.441，为中度相关，说明了教师培训可能会影响乡村教师专业核心素养水平，且两者之间的相关性显著。教师培训内的各维度之间的相关系数在 0.647—0.855，相关度也较高。

表 5-58　教师培训及其各维度与专业核心素养总分的相关系数分析

	教师开展培训情况	教师培训参加情况	教师培训评价情况	教师培训（整体）	专业核心素养总分
教师培训开展情况	1				
教师培训参加情况	0.674**	1			
教师培训评价情况	0.647**	0.855**	1		
教师培训（整体）	0.813**	0.949**	0.941**	1	
专业核心素养总分	0.454**	0.368**	0.405**	0.441**	1

注：** 表示在 0.01 级别（双尾），相关性显著。

三 文献阅读

(一) 教育类文献阅读情况

通过对乡村教师阅读教育类文献的情况进行统计,结果显示:有 30 人从不阅读教育类文献,占比 2%;有 1003 人较少阅读教育类文献,占比 45%;有 689 人阅读较多教育类文献,占比 31%;有 495 人经常阅读教育类文献,占比 22%。

以乡村教师阅读教育类文献情况为自变量,以乡村教师专业核心素养总分及各一级指标得分为因变量做单因素分析,如表 5-59 所示。由表中数据可知,专业核心素养总分及各一级指标的 p 值均为 0.000,小于 0.001,说明乡村教师平时阅读教育类文献的频率影响其专业核心素养水平,同时影响其在各一级指标(品格修为、知识涵养、教学能力)上的表现。从均值来看,在专业核心素养总分上,经常阅读教育类文献的乡村教师得分最高($M=5.48$),从不阅读教育类文献的乡村教师得分最低($M=4.09$),得分第二的是阅读较多教育类文献的乡村教师,得分第三的是阅读较少教育类文献的乡村教师;各一级指标得分也符合以上规律。

表 5-59 教育类文献不同阅读情况教师指标得分差异分析

因变量	阅读情况	平均值	显著性检验	
			f 值	p 值
总分	从不阅读	4.09	338.204	0.000
	阅读较少	4.66		
	阅读较多	5.16		
	经常阅读	5.48		
品格修为	从不阅读	4.17	276.960	0.000
	阅读较少	4.70		
	阅读较多	5.23		
	经常阅读	5.52		
知识涵养	从不阅读	3.79	275.911	0.000
	阅读较少	4.44		
	阅读较多	4.96		
	经常阅读	5.32		

续表

因变量	阅读情况	平均值	显著性检验	
			f值	p值
教学能力	从不阅读	4.35	234.732	0.000
	阅读较少	4.87		
	阅读较多	5.30		
	经常阅读	5.62		

为进一步地了解阅读教育类文献频率对乡村教师专业核心素养总分及各一级指标得分的影响，对其进行事后多重比较分析。为了研究的方便，我们把"1"表示为"从不阅读"、"2"表示为"阅读较少"、"3"表示为"阅读较多"、"4"表示为"经常阅读"。

如表5-60所示，通过组间对比发现1—2、1—3、1—4、2—3、2—4、3—4的乡村教师专业核心素养总分的p值均小于0.001，说明它们之间存在显著性差异，即是阅读教育类文献频率为从不阅读与阅读较少、从不阅读与阅读较多、从不阅读与经常阅读、阅读较少与阅读较多、阅读较少与经常阅读、阅读较多与经常阅读的乡村教师在以上的两两比较中存在显著性差异。从平均值差值来看，从不阅读教育类文献的乡村教师对比经常阅读教育类文献的乡村教师平均值差值是最大的，差值为-1.38846，为负值，说明后者的专业核心素养总分得分要大于前者。乡村教师专业核心素养总分得分由高到低依次为经常阅读教育类文献＞阅读较多教育类文献＞阅读较少教育类文献＞从不阅读教育类文献。一级指标（品格修为、知识涵养和教学能力）特征也符合上述规律。

表5-60　不同教育类文献阅读频率教师专业核心素养总分及各一级指标多重比较

因变量	阅读频率对比	均值差（I-J）	标准误	显著性	95%置信区间	
					下限	上限
总分	1—2	-0.56607*	0.09603	0.000	-0.7544	-0.3778
	1—3	-1.06299*	0.09666	0.000	-1.2525	-0.8734
	1—4	-1.38846*	0.09745	0.000	-1.5796	-1.1974
	2—3	-0.49693*	0.02564	0.000	-0.5472	-0.4466

续表

因变量	阅读频率对比	均值差（I－J）	标准误	显著性	95%置信区间	
					下限	上限
总分	2—4	－0.82239*	0.02847	0.000	－0.8782	－0.7666
	3—4	－0.32547*	0.03054	0.000	－0.3854	－0.2656
品格修为	1—2	－0.53257*	0.10739	0.000	－0.7432	－0.322
	1—3	－1.06193*	0.1081	0.000	－1.2739	－0.8499
	1—4	－1.35589*	0.10898	0.000	－1.5696	－1.1422
	2—3	－0.52936*	0.02868	0.000	－0.5856	－0.4731
	2—4	－0.82332*	0.03184	0.000	－0.8858	－0.7609
	3—4	－0.29397*	0.03415	0.000	－0.3609	－0.227
知识涵养	1—2	－0.64407*	0.11412	0.000	－0.8679	－0.4203
	1—3	－1.17024*	0.11487	0.000	－1.3955	－0.945
	1—4	－1.52609*	0.11581	0.000	－1.7532	－1.299
	2—3	－0.52617*	0.03048	0.000	－0.5859	－0.4664
	2—4	－0.88202*	0.03383	0.000	－0.9484	－0.8157
	3—4	－0.35586*	0.03629	0.000	－0.427	－0.2847
教学能力	1—2	－0.51600*	0.10439	0.000	－0.7207	－0.3113
	1—3	－0.94354*	0.10508	0.000	－1.1496	－0.7375
	1—4	－1.27027*	0.10593	0.000	－1.478	－1.0625
	2—3	－0.42754*	0.02788	0.000	－0.4822	－0.3729
	2—4	－0.75427*	0.03095	0.000	－0.815	－0.6936
	3—4	－0.32672*	0.0332	0.000	－0.3918	－0.2616

注：*表示平均值差值的显著性水平为0.05。

在二级指标中，职业情怀 $f = 197.285$，$p = 0.000 < 0.001$；人格特质 $f = 242.177$，$p = 0.000 < 0.001$；专业学识 $f = 213.968$，$p = 0.000 < 0.001$；通识基础 $f = 228.975$，$p = 0.000 < 0.001$；教学设计 $f = 211.878$，$p = 0.000 < 0.001$；教学实施 $f = 218.077$，$p = 0.000 < 0.001$。乡村教师阅读教育类文献频率会影响其在所有二级指标上的得分。

（二）科学类文献阅读情况

通过对乡村教师阅读自然科学类书刊的情况进行统计，结果显示：有98人从不阅读科学类文献，占比4%；有1220人较少阅读科学类文献，占比55%；有547人阅读较多科学类文献，占比25%；有352人经常阅读科学类文献，占比16%。

以乡村教师阅读科学类文献情况为自变量，以乡村教师专业核心素养总分及各一级指标得分为因变量做单因素分析，如表5-61所示。由表中数据可知，专业核心素养总分及各一级指标的p值均为0.000，小于0.001，说明乡村教师平时阅读科学类文献的频率影响其专业核心素养水平水平，同时影响其在各一级指标（品格修为、知识涵养、教学能力）上的表现。从均值来看，在专业核心素养总分上，经常阅读科学类文献的乡村教师得分最高（M=5.53），从不阅读科学类文献的乡村教师得分最低（M=4.40），得分第二的是科学类文献阅读较多的乡村教师，得分第三的是科学类文献阅读较少的乡村教师；专业核心素养的各一级指标得分也符合以上规律。

表5-61　　科学类文献不同阅读情况教师指标得分差异分析

因变量	阅读情况	平均值	显著性检验	
			f值	p值
总分	从不阅读	4.40	214.475	0.000
	阅读较少	4.80		
	阅读较多	5.17		
	经常阅读	5.53		
品格修为	从不阅读	4.47	172.574	0.000
	阅读较少	4.85		
	阅读较多	5.24		
	经常阅读	5.56		
知识涵养	从不阅读	4.12	184.890	0.000
	阅读较少	4.59		
	阅读较多	4.99		
	经常阅读	5.36		
教学能力	从不阅读	4.63	155.670	0.000
	阅读较少	5.00		
	阅读较多	5.29		
	经常阅读	5.67		

为进一步了解阅读科学类文献频率对乡村教师专业核心素养总分及各

一级指标得分的影响,对其进行事后多重比较分析。为了研究的方便,我们把"1"表示为"从不阅读"、"2"表示为"阅读较少"、"3"表示为"阅读较多"、"4"表示为"经常阅读"。

如表 5-62 所示,通过组间对比发现 1—2、1—3、1—4、2—3、2—4、3—4 的乡村教师专业核心素养总分的 p 值均小于 0.001,说明它们之间存在显著性差异,即是阅读科学类文献频率为从不阅读与阅读较少、从不阅读与阅读较多、从不阅读与经常阅读、阅读较少与阅读较多、阅读较少与经常阅读、阅读较多与经常阅读的乡村教师在以上的两两比较中存在显著性差异。从平均值差值来看,从不阅读科学类文献的乡村教师对比经常阅读科学类文献的乡村教师平均值差值是最大的,差值为 -1.12920,为负值,说明后者的专业核心素养总分得分要大于前者。乡村教师专业核心素养总分得分由高到低依次为经常阅读科学类文献 > 阅读较多科学类文献 > 阅读较少科学类文献 > 从不阅读科学类文献。一级指标(品格修为、知识涵养和教学能力)特征也符合上述规律。

表 5-62　　不同科学类文献阅读频率教师专业核心素养总分及各一级指标多重比较

因变量	阅读频率对比	均值差(I-J)	标准误	显著性	95% 置信区间	
					下限	上限
总分	1—2	-0.40716*	0.05784	0.000	-0.5206	-0.2937
	1—3	-0.77178*	0.06043	0.000	-0.8903	-0.6533
	1—4	-1.12920*	0.06292	0.000	-1.2526	-1.0058
	2—3	-0.36462*	0.02835	0.000	-0.4202	-0.309
	2—4	-0.72204*	0.03333	0.000	-0.7874	-0.6567
	3—4	-0.35742*	0.03764	0.000	-0.4312	-0.2836
品格修为	1—2	-0.38163*	0.06425	0.000	-0.5076	-0.2556
	1—3	-0.77019*	0.06712	0.000	-0.9018	-0.6386
	1—4	-1.09453*	0.06989	0.000	-1.2316	-0.9575
品格修为	2—3	-0.38857*	0.03149	0.000	-0.4503	-0.3268
	2—4	-0.71290*	0.03702	0.000	-0.7855	-0.6403
	3—4	-0.32433*	0.04181	0.000	-0.4063	-0.2423

续表

因变量	阅读频率对比	均值差（I－J）	标准误	显著性	95% 置信区间	
					下限	上限
知识涵养	1—2	－0.47057*	0.06778	0.000	－0.6035	－0.3376
	1—3	－0.87569*	0.07081	0.000	－1.0146	－0.7368
	1—4	－1.24288*	0.07373	0.000	－1.3875	－1.0983
	2—3	－0.40512*	0.03322	0.000	－0.4703	－0.34
	2—4	－0.77232*	0.03906	0.000	－0.8489	－0.6957
	3—4	－0.36719*	0.04411	0.000	－0.4537	－0.2807
教学能力	1—2	－0.36456*	0.06172	0.000	－0.4856	－0.2435
	1—3	－0.65668*	0.06448	0.000	－0.7831	－0.5302
	1—4	－1.04033*	0.06714	0.000	－1.172	－0.9087
	2—3	－0.29212*	0.03025	0.000	－0.3514	－0.2328
	2—4	－0.67576*	0.03556	0.000	－0.7455	－0.606
	3—4	－0.38365*	0.04017	0.000	－0.4624	－0.3049

注：*表示平均值差值的显著性水平为0.05。

在二级指标中，职业情怀 $f = 131.384$，$p = 0.000 < 0.001$；人格特质 $f = 147.562$，$p = 0.000 < 0.001$；专业学识 $f = 116.526$，$p = 0.000 < 0.001$；通识基础 $f = 181.300$，$p = 0.000 < 0.001$；教学设计 $f = 152.082$，$p = 0.000 < 0.001$；教学实施 $f = 135.379$，$p = 0.000 < 0.001$。乡村教师阅读科学类文献频率会影响其在所有二级指标上的得分。

（三）阅读人文类文献情况

通过对乡村教师阅读人文类文献的情况进行统计，结果显示：有77人从不阅读人文类文献，占比3%；有1169人较少阅读人文类文献，占比53%；有618人阅读较多人文类文献，占比28%；有353人经常阅读人文类文献，占比16%。

以乡村教师阅读人文类文献情况为自变量，以乡村教师专业核心素养总分及各一级指标得分为因变量做单因素分析，如表5－63所示。由表中数据可知，专业核心素养总分及各一级指标的p值均为0.000，小于0.001，说明乡村教师平时阅读人文类文献的频率影响其专业核心素养水平，同时影响其在各一级指标（品格修为、知识涵养、教学能力）上的表现。从均值来看，在专业核心素养总分上，经常阅读人文类文献的乡村教师得分最高（M=5.51），从不阅读人文类文献的乡村教师得分最低（M=4.44），得分第二的是人文类文献阅读较多的乡村教师，得分第三的是人文类文献阅读较少的乡村教师；专业核心素养的各一级指标得分也符合以上规律。

表 5-63 人文类文献不同阅读情况教师指标得分差异分析

因变量	阅读情况	平均值	显著性检验	
			f 值	p 值
总分	从不阅读	4.44	185.316	0.000
	阅读较少	4.80		
	阅读较多	5.14		
	经常阅读	5.51		
品格修为	从不阅读	4.51	132.080	0.000
	阅读较少	4.86		
	阅读较多	5.17		
	经常阅读	5.53		
知识涵养	从不阅读	4.17	173.342	0.000
	阅读较少	4.56		
	阅读较多	4.98		
	经常阅读	5.34		
教学能力	从不阅读	4.68	142.541	0.000
	阅读较少	4.98		
	阅读较多	5.28		
	经常阅读	5.66		

为进一步地了解阅读人文类文献频率对乡村教师专业核心素养总分及各一级指标得分的影响，对其进行事后多重比较分析。为了研究的方便，我们把"1"表示为"从不阅读"、"2"表示为"阅读较少"、"3"表示为"阅读较多"、"4"表示为"经常阅读"。

如表5-64所示，通过组间对比发现1—2、1—3、1—4、2—3、2—4、3—4的乡村教师专业核心素养总分的p值均小于0.001，说明它们之间存在显著性差异，即是阅读人文类文献频率为从不阅读与阅读较少、从不阅读与阅读较多、从不阅读与经常阅读、阅读较少与阅读较多、阅读较少与经常阅读、阅读较多与经常阅读的乡村教师在以上的两两比较中存在显著性差异。从平均值差值来看,从不阅读人文类文献的乡村教师对比经常阅读人文类文献的乡村教师平均值差值是最大的,差值为-1.06109,为负值,说明后者的专业核心素养总分得分要大于前者。乡村教师专业核心素养总分得分由高到低依次为经常阅读人文类文献>阅读较多人文类文献>阅读较少人文类文献>从不阅读人文类文献。一级指标(品格修为、知识涵养和教学能力)也符合上述规律。

表5-64 不同人文类文献阅读频率教师专业核心素养总分及各一级指标多重比较

因变量	阅读频率对比	均值差(I-J)	标准误	显著性	95%置信区间	
					下限	上限
总分	1—2	-0.35130*	0.06583	0.000	-0.4804	-0.2222
	1—3	-0.69180*	0.06762	0.000	-0.8244	-0.5592
	1—4	-1.06109*	0.07038	0.000	-1.1991	-0.9231
	2—3	-0.34051*	0.02783	0.000	-0.3951	-0.2859
	2—4	-0.70979*	0.03398	0.000	-0.7764	-0.6432
	3—4	-0.36928*	0.03733	0.000	-0.4425	-0.2961
品格修为	1—2	-0.35168*	0.07365	0.000	-0.4961	-0.2072
	1—3	-0.66008*	0.07566	0.000	-0.8084	-0.5117
	1—4	-1.02370*	0.07874	0.000	-1.1781	-0.8693
	2—3	-0.30840*	0.03113	0.000	-0.3695	-0.2473
	2—4	-0.67202*	0.03802	0.000	-0.7466	-0.5975
	3—4	-0.36362*	0.04177	0.000	-0.4455	-0.2817
知识涵养	1—2	-0.39115*	0.07643	0.000	-0.541	-0.2413
	1—3	-0.80814*	0.07851	0.000	-0.9621	-0.6542
	1—4	-1.17002*	0.08171	0.000	-1.3303	-1.0098
	2—3	-0.41700*	0.03231	0.000	-0.4804	-0.3536
	2—4	-0.77887*	0.03945	0.000	-0.8562	-0.7015
	3—4	-0.36188*	0.04334	0.000	-0.4469	-0.2769
教学能力	1—2	-0.30603*	0.06967	0.000	-0.4427	-0.1694
	1—3	-0.59661*	0.07157	0.000	-0.737	-0.4563
	1—4	-0.98060*	0.07448	0.000	-1.1267	-0.8345

续表

因变量	阅读频率对比	均值差(I-J)	标准误	显著性	95%置信区间	
					下限	上限
教学能力	2—3	-0.29058*	0.02945	0.000	-0.3483	-0.2328
	2—4	-0.67457*	0.03596	0.000	-0.7451	-0.604
	3—4	-0.38399*	0.03951	0.000	-0.4615	-0.3065

注：*表示平均值差值的显著性水平为0.05。

在二级指标中，职业情怀 $f=97.944$，$p=0.000<0.001$；人格特质 $f=117.695$，$p=0.000<0.001$；专业学识 $f=101.793$，$p=0.000<0.001$；通识基础 $f=183.244$，$p=0.000<0.001$；教学设计 $f=136.148$，$p=0.000<0.001$；教学实施 $f=127.230$，$p=0.000<0.001$。乡村教师阅读人文类文献频率会影响其在所有二级指标上的得分。

（四）藏书量情况

经调查发现，乡村教师的藏书量对其专业核心素养水平也会有影响。以乡村教师藏书量为自变量，以其专业核心素养总分及各一级指标得分为因变量做单因素分析，如表5-65所示。由表中数据可知，乡村教师专业核心素养总分及各一级指标得分与藏书量呈显著性相关（p值均小于0.05），得分会随着其藏书量的增加而增加，得分最高的是藏书量在101本及以上的乡村教师。

表5-65　　不同藏书量的教师专业核心素养总分及各一级指标得分差异分析

因变量	藏书量	人数	平均值	显著性检验	
				f值	p值
总分	10本及以下	473	4.66	92.034	0.000
	11—50本	968	4.97		
	51—100本	492	5.16		
	101本及以上	284	5.31		
品格修为	10本及以下	473	4.74	60.017	0.000
	11—50本	968	5.03		
	51—100本	492	5.19		
	101本及以上	284	5.32		

续表

因变量	藏书量	人数	平均值	显著性检验	
				f 值	p 值
知识涵养	10 本及以下	473	4.41	92.064	0.000
	11—50 本	968	4.77		
	51—100 本	492	5.00		
	101 本及以上	284	5.15		
教学能力	10 本及以下	473	4.85	75.792	0.000
	11—50 本	968	5.14		
	51—100 本	492	5.32		
	101 本及以上	284	5.47		

为了解藏书量的不同对乡村教师专业核心素养的影响，对其进行事后多重比较分析。为了研究的方便，我们把"1"表示为"10 本及以下"、"2"表示为"11—50 本"、"3"表示为"51—100 本"、"4"表示为"101 本及以上"。

如表 5 – 66 所示，通过组间对比发现 1—2、1—3、1—4、2—3、2—4、3—4 的乡村教师专业核心素养总分的 p 值均小于 0.05，说明它们之间存在显著性差异，即是藏书量为 10 本及以下与 11—50 本、10 本及以下与 51—100 本、10 本及以下与 101 本及以上、11—50 本与 51—100 本、11—50 本与 101 本及以上、51—100 本与 101 本及以上的乡村教师在以上的两两比较中存在显著性差异。从平均值差值来看，藏书量为 10 本及以下的乡村教师对比藏书量为 101 本及以上的乡村教师平均值差值是最大的，差值为 -0.65146，为负值，说明后者的专业核心素养总分得分要大于前者。乡村教师专业核心素养总分得分由高到低依次为 101 本及以上 > 51—100 本 > 11—50 本 > 10 本及以下。各一级指标（品格修为、知识涵养和教学能力）特征也符合上述规律。

表 5 – 66　不同藏书量教师专业核心素养总分及各一级指标的多重比较

因变量	藏书量对比	均值差(I - J)	标准误	显著性	95% 置信区间	
					下限	上限
总分	1—2	-0.31589*	0.03311	0.000	-0.3808	-0.251

续表

因变量	藏书量对比	均值差（I－J）	标准误	显著性	95%置信区间	
					下限	上限
总分	1—3	－0.50544*	0.038	0.000	－0.58	－0.4309
	1—4	－0.65146*	0.0443	0.000	－0.7383	－0.5646
	2—3	－0.18955*	0.03268	0.000	－0.2536	－0.1255
	2—4	－0.33557*	0.03983	0.000	－0.4137	－0.2575
	3—4	－0.14602*	0.04398	0.001	－0.2323	－0.0598
品格修为	1—2	－0.29624*	0.03667	0.000	－0.3682	－0.2243
	1—3	－0.45273*	0.04209	0.000	－0.5353	－0.3702
	1—4	－0.58411*	0.04907	0.000	－0.6803	－0.4879
	2—3	－0.15649*	0.03619	0.000	－0.2275	－0.0855
	2—4	－0.28787*	0.04411	0.000	－0.3744	－0.2014
	3—4	－0.13138*	0.04871	0.007	－0.2269	－0.0358
知识涵养	1—2	－0.36112*	0.03819	0.000	－0.436	－0.2862
	1—3	－0.58921*	0.04384	0.000	－0.6752	－0.5032
	1—4	－0.74502*	0.0511	0.000	－0.8452	－0.6448
	2—3	－0.22809*	0.03769	0.000	－0.302	－0.1542
	2—4	－0.38390*	0.04594	0.000	－0.474	－0.2938
	3—4	－0.15581*	0.05073	0.002	－0.2553	－0.0563
教学能力	1—2	－0.28711*	0.03456	0.000	－0.3549	－0.2193
	1—3	－0.47049*	0.03967	0.000	－0.5483	－0.3927
	1—4	－0.62198*	0.04624	0.000	－0.7127	－0.5313
	2—3	－0.18338*	0.03411	0.000	－0.2503	－0.1165
	2—4	－0.33487*	0.04157	0.000	－0.4164	－0.2533
	3—4	－0.15149*	0.04591	0.001	－0.2415	－0.0615

注：*表示平均值差值的显著性水平为0.05。

在二级指标中，职业情怀 $f=40.027$，$p=0.000<0.001$；人格特质 $f=60.426$，$p=0.000<0.001$；专业学识 $f=74.671$，$p=0.000<0.001$；通识基础 $f=81.645$，$p=0.000<0.001$；教学设计 $f=69.592$，$p=0.000<0.001$；教学实施 $f=71.460$，$p=0.000<0.001$。乡村教师的藏书量会影响其在所有二级指标上的得分。

（五）订阅报刊情况

经调查发现，乡村教师订阅报刊情况会对其专业核心素养水平产生影响。以乡村教师订阅报刊情况为自变量，以其专业核心素养总分及各一级指标得分为因变量做单因素分析，如表 5-67 所示。由表中数据可知，乡村教师专业核心素养总分及各一级指标得分与其订阅报刊情况呈显著性相关（p 值均小于 0.05），且得分会随着订阅报刊的数量增加而上升，得分最高的是订了 3 种及以上报刊的乡村教师。

表 5-67　不同订阅报刊情况的教师专业核心素养总分及各一级指标得分差异分析

因变量	订阅报刊情况	人数	平均值	显著性检验	
				f 值	p 值
总分	没有订阅	989	4.80	92.034	0.000
	订了 1 种	583	4.96		
	订了 2 种	400	5.22		
	订了 3 种及以上	245	5.44		
品格修为	没有订阅	989	4.83	60.017	0.000
	订了 1 种	583	5.05		
	订了 2 种	400	5.28		
	订了 3 种及以上	245	5.49		
知识涵养	没有订阅	989	4.61	92.064	0.000
	订了 1 种	583	4.73		
	订了 2 种	400	5.03		
	订了 3 种及以上	245	5.26		
教学能力	没有订阅	989	4.99	75.792	0.000
	订了 1 种	583	5.13		
	订了 2 种	400	5.38		
	订了 3 种及以上	245	5.59		

为进一步了解订阅报刊的不同对乡村教师专业核心素养的影响，对其进行事后多重比较分析。为了研究的方便，我们把"1"表示为"没有订阅"、"2"表示为"订了 1 种"、"3"表示为"订了 2 种"、"4"表示为"订了 3 种及以上"。

如表 5-68 所示，通过组间对比发现 1—2、1—3、1—4、2—3、2—

4、3—4 的乡村教师专业核心素养总分的 p 值均小于 0.05，说明它们之间存在显著性差异，即是订阅报刊为没有订阅与订了 1 种、没有订阅与订了 2 种、没有订阅与订了 3 种及以上、订了 1 种与订了 2 种、订了 1 种与订了 3 种及以上、订了 2 种与订了 3 种及以上的乡村教师在以上的两两比较中存在显著性差异。从平均值差值来看，没有订阅报刊的乡村教师对比订了 3 种及以上报刊的乡村教师平均值差值是最大的，差值为 -0.63708，为负值，说明后者的专业核心素养总分得分要大于前者。乡村教师专业核心素养总分得分由高到低依次为订了 3 种及以上 > 订了 2 种 > 订了 1 种 > 没有订阅。各一级指标（品格修为、知识涵养和教学能力）特征也符合上述规律。

表 5-68　不同报刊订阅量的教师专业核心素养总分及各一级指标的多重比较

因变量	订阅对比	均值差 (I-J)	标准误	显著性	95% 置信区间	
					下限	上限
总分	1—2	-0.16140*	0.03061	0.000	-0.2214	-0.1014
	1—3	-0.41998*	0.03474	0.000	-0.4881	-0.3519
	1—4	-0.63708*	0.04184	0.000	-0.7191	-0.555
	2—3	-0.25858*	0.03806	0.000	-0.3332	-0.1839
	2—4	-0.47568*	0.04464	0.000	-0.5632	-0.3881
	3—4	-0.21710*	0.04756	0.000	-0.3104	-0.1238
品格修为	1—2	-0.21817*	0.03343	0.000	-0.2837	-0.1526
	1—3	-0.44904*	0.03793	0.000	-0.5234	-0.3747
	1—4	-0.65779*	0.04568	0.000	-0.7474	-0.5682
	2—3	-0.23088*	0.04156	0.000	-0.3124	-0.1494
	2—4	-0.43962*	0.04874	0.000	-0.5352	-0.344
	3—4	-0.20874*	0.05193	0.000	-0.3106	-0.1069
知识涵养	1—2	-0.11672*	0.03587	0.001	-0.1871	-0.0464
	1—3	-0.41589*	0.0407	0.000	-0.4957	-0.3361
	1—4	-0.64350*	0.04902	0.000	-0.7396	-0.5474
	2—3	-0.29917*	0.0446	0.000	-0.3866	-0.2117
	2—4	-0.52678*	0.0523	0.000	-0.6293	-0.4242
	3—4	-0.22761*	0.05573	0.000	-0.3369	-0.1183

因变量	订阅对比	均值差(I-J)	标准误	显著性	95%置信区间	
					下限	上限
教学能力	1—2	-0.14780*	0.03199	0.000	-0.2105	-0.0851
	1—3	-0.39188*	0.03631	0.000	-0.4631	-0.3207
	1—4	-0.60657*	0.04373	0.000	-0.6923	-0.5208
	2—3	-0.24408*	0.03978	0.000	-0.3221	-0.1661
	2—4	-0.45877*	0.04665	0.000	-0.5503	-0.3673
	3—4	-0.21469*	0.04971	0.000	-0.3122	-0.1172

注：*表示平均值差值的显著性水平为0.05。

在二级指标中，职业情怀 $f=75.559$，$p=0.000<0.001$；人格特质 $f=79.202$，$p=0.000<0.001$；专业学识 $f=52.837$，$p=0.000<0.001$；通识基础 $f=76.582$，$p=0.000<0.001$；教学设计 $f=80.576$，$p=0.000<0.001$；教学实施 $f=76.424$，$p=0.000<0.001$。乡村教师的报刊订阅量会影响其在所有二级指标上的得分。

（六）文献阅读与专业核心素养总分的相关性分析

为了解文献阅读及其各个维度对专业核心素养总分的影响程度情况，对文献阅读及其各维度与专业核心素养总分做皮尔逊积差相关分析，如表5-69所示。由表中数据可知，文献阅读与专业核心素养总分的相关系数为0.592，为中度相关，说明了文献阅读可能会影响乡村教师专业核心素养水平，且两者之间的相关性显著。文献阅读的各维度之间的相关系数在0.376—0.792之间，相关度也较高。

表5-69 文献阅读及其各维度与专业核心素养总分的皮尔逊相关系数分析

	教育类文献	科学类文献	人文类文献	藏书量	订阅报刊	知识储备（整体）	专业核心素养总分
教育类文献	1						
科学类文献	0.652**	1					
人文类文献	0.631**	0.792**	1				
藏书量	0.396**	0.375**	0.380**	1			
订阅报刊	0.437**	0.465**	0.441**	0.376**	1		
知识储备（整体）	0.821**	0.851**	0.829**	0.602**	0.671**	1	

续表

	教育类文献	科学类文献	人文类文献	藏书量	订阅报刊	知识储备（整体）	专业核心素养总分
专业核心素养总分	0.556**	0.474**	0.448**	0.326**	0.348**	0.592**	1

注：**表示在0.01级别（双尾），相关性显著。

四 教学借鉴

（一）教学观摩

教学观摩也是教学借鉴的重要方式，对乡村教师专业核心素养有着重要影响。以乡村教师教学观摩情况为自变量，以其专业核心素养总分及各一级指标得分为因变量做单因素方差分析，如表5-70所示。由表中数据可知，乡村教师专业核心素养总分及各一级指标得分与其教学观摩情况呈显著性相关（p值均小于0.001），且得分会随着其教学观摩频率增加而上升，得分最高的是经常教学观摩的乡村教师。

表5-70　　　不同教学观摩情况的教师专业核心素养总分及各一级指标得分差异分析

因变量	教学观摩情况	人数	平均值	显著性检验	
				f值	p值
总分	从未观摩	23	4.32	179.623	0.000
	观摩较少	830	4.70		
	观摩较多	866	5.05		
	经常观摩	498	5.41		
品格修为	从未观摩	23	4.34	157.079	0.000
	观摩较少	830	4.74		
	观摩较多	866	5.11		
	经常观摩	498	5.46		
知识涵养	从未观摩	23	4.09	132.280	0.000
	观摩较少	830	4.50		
	观摩较多	866	4.84		
	经常观摩	498	5.22		

续表

因变量	教学观摩情况	人数	平均值	显著性检验	
				f 值	p 值
教学能力	从未观摩	23	4.54	146.573	0.000
	观摩较少	830	4.89		
	观摩较多	866	5.21		
	经常观摩	498	5.56		

为进一步了解教学观摩频率不同对乡村教师专业核心素养的影响，对其进行事后多重比较分析。为了研究的方便，我们把"1"表示为"从未观摩"、"2"表示为"观摩较少"、"3"表示为"观摩较多"、"4"表示为"经常观摩"。

如表5-71所示，通过组间对比发现1—2、1—3、1—4、2—3、2—4、3—4的乡村教师专业核心素养总分的p值均小于0.05，说明它们之间存在显著性差异，即是教学观摩情况为从未观摩与观摩较少、从未观摩与观摩较多、从未观摩与经常观摩、观摩较少与观摩较多、观摩较少与经常观摩、观摩较多与经常观摩的乡村教师在以上的两两比较中存在显著性差异。从平均值差值来看，从未观摩的乡村教师对比经常观摩的乡村教师平均值差值是最大的，差值为-1.09231，为负值，说明后者的专业核心素养总分得分要大于前者。乡村教师专业核心素养总分得分由高到低依次为经常观摩＞观摩较多＞观摩较少＞从未观摩。各一级指标（品格修为、知识涵养和教学能力）特征也符合上述规律。

表5-71 不同教学观摩情况的教师专业核心素养总分及各一级指标多重比较

因变量	教学观摩频率对比	均值差（I-J）	标准误	显著性	95%置信区间	
					下限	上限
总分	1—2	-0.38504*	0.11865	0.001	-0.6177	-0.1524
	1—3	-0.73158*	0.11858	0.000	-0.9641	-0.499
	1—4	-1.09231*	0.11971	0.000	-1.3271	-0.8576
	2—3	-0.34654*	0.02726	0.000	-0.4	-0.2931
	2—4	-0.70728*	0.03181	0.000	-0.7697	-0.6449
	3—4	-0.36073*	0.03157	0.000	-0.4226	-0.2988

续表

因变量	教学观摩频率对比	均值差（I-J）	标准误	显著性	95%置信区间	
					下限	上限
品格修为	1—2	-0.39288*	0.13047	0.003	-0.6487	-0.137
	1—3	-0.76715*	0.13039	0.000	-1.0229	-0.5114
	1—4	-1.11573*	0.13164	0.000	-1.3739	-0.8576
	2—3	-0.37427*	0.02998	0.000	-0.4331	-0.3155
	2—4	-0.72285*	0.03498	0.000	-0.7915	-0.6542
	3—4	-0.34857*	0.03471	0.000	-0.4166	-0.2805
知识涵养	1—2	-0.41452*	0.14053	0.003	-0.6901	-0.1389
	1—3	-0.75042*	0.14045	0.000	-1.0258	-0.475
	1—4	-1.13515*	0.14179	0.000	-1.4132	-0.8571
	2—3	-0.33590*	0.03229	0.000	-0.3992	-0.2726
	2—4	-0.72064*	0.03768	0.000	-0.7945	-0.6467
	3—4	-0.38474*	0.03739	0.000	-0.4581	-0.3114
教学能力	1—2	-0.34304*	0.12489	0.006	-0.588	-0.0981
	1—3	-0.67036*	0.12482	0.000	-0.9151	-0.4256
	1—4	-1.01777*	0.12601	0.000	-1.2649	-0.7707
	2—3	-0.32732*	0.0287	0.000	-0.3836	-0.271
	2—4	-0.67472*	0.03349	0.000	-0.7404	-0.6091
	3—4	-0.34740*	0.03323	0.000	-0.4126	-0.2822

注：*表示平均值差值的显著性水平为0.05。

在二级指标中，职业情怀 $f=117.576$，$p=0.000<0.001$；人格特质 $f=138.386$，$p=0.000<0.001$；专业学识 $f=102.539$，$p=0.000<0.001$；通识基础 $f=123.270$，$p=0.000<0.001$；教学设计 $f=139.872$，$p=0.000<0.001$；教学实施 $f=130.726$，$p=0.000<0.001$。乡村教师教学观摩频率会影响其在所有二级指标上的得分。

（二）教学请教

以乡村教师教学请教情况为自变量，以其专业核心素养总分及各一级指标得分为因变量做单因素方差分析，如表5-72所示。由表中数据可知，乡村教师专业核心素养总分及各一级指标得分与其教学请教情况呈显著性相关（p值均小于0.001），且得分会随着其教学请教频率增加而上升，得分最高的是经常教学请教的乡村教师。

表 5-72　　不同教学请教情况的教师专业核心素养总分及
各一级指标得分差异分析

因变量	教学请教情况	人数	平均值	显著性检验	
				f 值	p 值
总分	从未请教	11	4.35	131.278	0.000
	较少请教	480	4.66		
	请教较多	957	4.92		
	经常请教	769	5.29		
品格修为	从未请教	11	4.38	110.865	0.000
	较少请教	480	4.69		
	请教较多	957	4.99		
	经常请教	769	5.33		
知识涵养	从未请教	11	4.16	97.614	0.000
	较少请教	480	4.48		
	请教较多	957	4.70		
	经常请教	769	5.11		
教学能力	从未请教	11	4.55	115.551	0.000
	较少请教	480	4.84		
	请教较多	957	5.09		
	经常请教	769	5.46		

为进一步了解教学请教频率不同对乡村教师专业核心素养的影响，对其进行事后多重比较分析。为了研究的方便，我们把"1"表示为"从未请教"、"2"表示为"较少请教"、"3"表示为"请教较多"、"4"表示为"经常请教"。

如表 5-73 所示，通过组间对比发现 1—3、1—4、2—3、2—4、3—4 的乡村教师专业核心素养总分的 p 值均小于 0.05，说明它们之间存在显著性差异，即是教学请教情况为从未请教与请教较多、从未请教与经常请教、较少请教与请教较多、较少请教与经常请教、请教较多与经常请教的乡村教师在以上的两两比较中存在显著性差异。从平均值差值来看，从未请教的乡村教师对比经常请教的乡村教师平均值差值是最大的，差

值为 -0.93849，为负值，说明后者的专业核心素养总分得分要大于前者。乡村教师专业核心素养总分得分由高到低依次为经常请教 > 请教较多 > 较少请教 > 从未请教。各一级指标（品格修为、知识涵养和教学能力）特征也符合上述规律。

表 5-73 不同教学请教情况的教师在专业核心素养总分及各一级指标上的多重比较

因变量	教学请教频率对比	均值差（I-J）	标准误	显著性	95% 置信区间	
					下限	上限
总分	1—2	-0.30881	0.17586	0.079	-0.6537	0.0361
	1—3	-0.56537*	0.17487	0.001	-0.9083	-0.2224
	1—4	-0.93849*	0.17512	0.000	-1.2819	-0.5951
	2—3	-0.25656*	0.03225	0.000	-0.3198	-0.1933
	2—4	-0.62969*	0.03355	0.000	-0.6955	-0.5639
	3—4	-0.37312*	0.02793	0.000	-0.4279	-0.3184
品格修为	1—2	-0.30274	0.19327	0.117	-0.6818	0.0763
	1—3	-0.60560*	0.19219	0.002	-0.9825	-0.2287
	1—4	-0.95015*	0.19246	0.000	-1.3276	-0.5727
	2—3	-0.30286*	0.03545	0.000	-0.3724	-0.2333
	2—4	-0.64741*	0.03687	0.000	-0.7197	-0.5751
	3—4	-0.34455*	0.03069	0.000	-0.4047	-0.2844
知识涵养	1—2	-0.32411	0.2069	0.117	-0.7298	0.0816
	1—3	-0.54284*	0.20574	0.008	-0.9463	-0.1394
	1—4	-0.94905*	0.20602	0.000	-1.3531	-0.545
	2—3	-0.21874*	0.03795	0.000	-0.2932	-0.1443
	2—4	-0.62495*	0.03947	0.000	-0.7023	-0.5476
	3—4	-0.40621*	0.03286	0.000	-0.4706	-0.3418
教学能力	1—2	-0.29843	0.18342	0.104	-0.6581	0.0613
	1—3	-0.54545*	0.18239	0.003	-0.9031	-0.1878
	1—4	-0.91350*	0.18264	0.000	-1.2717	-0.5553
	2—3	-0.24703*	0.03364	0.000	-0.313	-0.1811
	2—4	-0.61508*	0.03499	0.000	-0.6837	-0.5465
	3—4	-0.36805*	0.02913	0.000	-0.4252	-0.3109

注：* 表示平均值差值的显著性水平为 0.05。

在二级指标中，职业情怀 f = 79.899，p = 0.000 < 0.001；人格特质 f = 103.319，p = 0.000 < 0.001；专业学识 f = 74.134，p = 0.000 < 0.001；通识基础 f = 102.322，p = 0.000 < 0.001；教学设计 f = 105.198，p = 0.000 < 0.001；教学实施 f = 108.818，p = 0.000 < 0.001。乡村教师教学请教频率会影响其在所有二级指标上的得分。

（三）教学借鉴与专业核心素养总分的相关性分析

为了解教学借鉴及其各个维度对专业核心素养总分的影响程度情况，对教学借鉴及其各维度与专业核心素养总分做皮尔逊积差相关分析，如表 5-74 所示。由表中数据可知，整体的教学借鉴与专业核心素养总分的相关系数为 0.476，为中度相关，说明了教学借鉴可能会影响乡村教师专业核心素养水平，且两者之间的相关性显著。且教学观摩与教学请教之间的相关系数为 0.516，相关度也较高。

表 5-74　教师借鉴及各维度与专业核心素养总分的皮尔逊相关系数分析

	教学观摩	教学请教	教学借鉴	总分
教学观摩	1			
教学请教	0.516**	1		
教学借鉴	0.876**	0.866**	1	
总分	0.442**	0.386**	0.476**	1

注：**表示在 0.01 级别（双尾），相关性显著。

五　科学研究

（一）承担课题情况

以乡村教师最高承担课题级别情况为自变量，以其专业核心素养总分及各一级指标得分为因变量做单因素分析，如表 5-75 所示。由表中数据可知，乡村教师承担课题的最高级别影响其专业核心素养水平，同时影响其在各一级指标（品格修为、知识涵养和教学能力）上的表现。从均值来看，没有承担课题的乡村教师的专业核心素养总分得分最低，总体来说其专业核心素养总分得分随着承担课题级别提高而增加。该趋势可以说明，乡村教师承担的课题级别越高，越有利于促进其专业核心素养水平的发展，在各一级指标上的总体表现也更好。

表 5-75　承担不同级别课题教师专业核心素养总分及各一级指标得分差异分析

因变量	承担课题情况	人数	平均值	显著性检验	
				f 值	p 值
总分	没有承担	1353	4.90	18.305	0.000
	校级课题	336	5.17		
	县（区）级课题	211	5.07		
	市级课题	193	5.21		
	省级课题	101	5.00		
	国家级课题	23	5.24		
品格修为	没有承担	1353	4.94	16.789	0.000
	校级课题	336	5.23		
	县（区）级课题	211	5.13		
	市级课题	193	5.25		
	省级课题	101	5.05		
	国家级课题	23	5.35		
知识涵养	没有承担	1353	4.71	12.386	0.000
	校级课题	336	4.97		
	县（区）级课题	211	4.86		
	市级课题	193	5.02		
知识涵养	省级课题	101	4.73	12.386	0.000
	国家级课题	23	4.89		
教学能力	没有承担	1353	5.06	18.435	0.000
	校级课题	336	5.33		
	县（区）级课题	211	5.24		
	市级课题	193	5.38		
	省级课题	101	5.25		
	国家级课题	23	5.52		

为进一步了解承担课题最高级别的不同对乡村教师专业核心素养水平的影响，对其进行事后多重比较分析。为了研究的方便，我们把"1"表示为"没有承担"、"2"表示为"校级课题"、"3"表示为"县（区）级课题"、"4"表示为"市级课题"、"5"表示为"省级课题"、"6"表示为"国家级课题"。

如表 5-76 中数据可知，通过组间对比发现 1—2、1—3、1—4、1—6、2—5、3—4、4—5 的 p 值均小于 0.05，表明它们之间存在显著性差异。也就是说在专业核心素养总分上，没有承担课题的乡村教师与承担校级课题的乡村教师对比非常显著（$p = 0.000 < 0.001$），没有承担课题的乡村教师与承担县（区）级课题的乡村教师对比非常显著（$p = 0.000 < 0.001$），没有承担课题的乡村教师与承担市级课题的乡村教师对比非常显著（$p = 0.000 < 0.001$），没有承担课题的乡村教师与承担校级课题的乡村教师对比显著（$p = 0.008 < 0.05$），承担校级课题的乡村教师与承担省级课题的乡村教师对比显著（$p = 0.015 < 0.05$），承担县（区）级课题的乡村教师与承担市级课题的乡村教师对比显著（$p = 0.019 < 0.05$），承担市级课题的乡村教师与承担省级课题的乡村教师对比显著（$p = 0.005 < 0.05$）。总体来说，已承担课题的乡村教师其专业核心素养水平普遍高于未承担课题的乡村教师，承担课题级别越高的乡村教师其专业核心素养水平也越高。

表 5-76　承担不同级别课题教师在专业核心素养总分上的多重比较

因变量	课题对比	均值差（I-J）	标准误	显著性	95% 置信区间	
					下限	上限
总分	1—2	-0.27250*	0.0374	0.000	-0.3458	-0.1992
	1—3	-0.16832*	0.04542	0.000	-0.2574	-0.0793
	1—4	-0.31237*	0.04721	0.000	-0.405	-0.2198
	1—5	-0.10295	0.06329	0.104	-0.2271	0.0212
	1—6	-0.34307*	0.12903	0.008	-0.5961	-0.09
	2—3	0.10418	0.0539	0.053	-0.0015	0.2099
	2—4	-0.03987	0.05542	0.472	-0.1485	0.0688
	2—5	0.16955*	0.06963	0.015	0.033	0.3061
	2—6	-0.07057	0.13225	0.594	-0.3299	0.1888
	3—4	-0.14404*	0.06112	0.019	-0.2639	-0.0242
	3—5	0.06537	0.07425	0.379	-0.0802	0.211
	3—6	-0.17474	0.13474	0.195	-0.439	0.0895
	4—5	0.20942*	0.07536	0.005	0.0616	0.3572
	4—6	-0.0307	0.13536	0.821	-0.2961	0.2347

续表

因变量	课题对比	均值差(I-J)	标准误	显著性	95%置信区间	
					下限	上限
总分	5—6	-0.24012	0.14177	0.09	-0.5181	0.0379

注：*表示平均值差值的显著性水平为0.05。

（二）发表成果情况

以乡村教师发表成果的数量情况为自变量，以其专业核心素养总分及各一级指标得分为因变量做单因素方差分析，如表5-77所示。从结果显示，乡村教师发表成果的数量会影响其专业核心素养水平的高低，同时也会影响其一级指标（品格修为、知识涵养及教学能力）的表现。从均值来看，专业核心素养总分及各一级指标得分最高的是发表成果在5篇（部）及以上的乡村教师，得分最低的是没有发表成果的乡村教师；各项得分会随着其发表成果数量的增多而提高。

表5-77 不同发表成果情况教师专业核心素养总分及各一级指标得分差异分析

因变量	发表成果情况	人数	平均值	显著性检验	
				f值	p值
总分	没有发表	1208	4.89	29.380	0.000
	1—2篇（部）	767	5.07		
	3—4篇（部）	187	5.22		
	5篇（部）及以上	55	5.33		
品格修为	没有发表	1208	4.93	26.248	0.000
	1—2篇（部）	767	5.13		
	3—4篇（部）	187	5.28		
	5篇（部）及以上	55	5.33		
知识涵养	没有发表	1208	4.70	18.276	0.000
	1—2篇（部）	767	4.86		
	3—4篇（部）	187	5.00		
	5篇（部）及以上	55	5.14		
教学能力	没有发表	1208	5.06	31.480	0.000
	1—2篇（部）	767	5.24		
	3—4篇（部）	187	5.41		
	5篇（部）及以上	55	5.53		

为进一步了解不同发表成果情况对乡村教师专业核心素养的影响，对其进行事后多重比较分析。为了研究的方便，我们把"1"表示为"没有发表"、"2"表示为"1—2篇（部）"、"3"表示为"3—4篇（部）"、"4"表示为"5篇（部）及以上"。

表5–78　不同发表成果数量教师专业核心素养总分及各一级指标多重比较

因变量	发表成果数量对比	均值差（I–J）	标准误	显著性	95%置信区间	
					下限	上限
总分	1—2	−0.17922*	0.02834	0.000	−0.2348	−0.1236
	1—3	−0.33301*	0.04823	0.000	−0.4276	−0.2384
	1—4	−0.43472*	0.08463	0.000	−0.6007	−0.2688
	2—3	−0.15379*	0.05006	0.002	−0.252	−0.0556
	2—4	−0.25550*	0.08568	0.003	−0.4235	−0.0875
	3—4	−0.10171	0.09415	0.280	−0.2863	0.0829
品格修为	1—2	−0.19367*	0.03084	0.000	−0.2542	−0.1332
	1—3	−0.34962*	0.05249	0.000	−0.4526	−0.2467
	1—4	−0.39419*	0.0921	0.000	−0.5748	−0.2136
	2—3	−0.15595*	0.05448	0.004	−0.2628	−0.0491
	2—4	−0.20051*	0.09324	0.032	−0.3834	−0.0177
	3—4	−0.04456	0.10246	0.664	−0.2455	0.1564
知识涵养	1—2	−0.15558*	0.03293	0.000	−0.2202	−0.091
	1—3	−0.29720*	0.05604	0.000	−0.4071	−0.1873
	1—4	−0.44099*	0.09833	0.000	−0.6338	−0.2482
	2—3	−0.14162*	0.05816	0.015	−0.2557	−0.0276
	2—4	−0.28541*	0.09955	0.004	−0.4806	−0.0902
	3—4	−0.14379	0.1094	0.189	−0.3583	0.0707
教学能力	1—2	−0.18955*	0.02925	0.000	−0.2469	−0.1322
	1—3	−0.35461*	0.04978	0.000	−0.4522	−0.257
	1—4	−0.47326*	0.08734	0.000	−0.6445	−0.302
	2—3	−0.16506*	0.05166	0.001	−0.2664	−0.0637
	2—4	−0.28371*	0.08843	0.001	−0.4571	−0.1103
	3—4	−0.11865	0.09717	0.222	−0.3092	0.0719

注：*表示平均值差值的显著性水平为0.05。

在表 5-78 中，通过组间对比发现 1—2、1—3、1—4、2—3、2—4 的乡村教师专业核心素养总分 p 值小于 0.05，表示它们之间存在显著性差异。也就是说在没有发表成果的乡村教师与发表 1—2 篇（部）成果的乡村教师、没有发表成果的乡村教师与发表 3—4 篇（部）成果的乡村教师、没有发表成果的乡村教师与发表 5 篇（部）及以上成果的乡村教师、发表 1—2 篇（部）成果的乡村教师与发表 3—4 篇（部）成果的乡村教师、发表 1—2 篇（部）成果的乡村教师与发表 5 篇（部）及以上成果的乡村教师的两两对比中，存在显著性差异。从均值差来看，差值最大的是没有发表成果的乡村教师与发表 5 篇（部）及以上成果的乡村教师的对比，差值为负，说明后者得分要高于前者。专业核心素养总分得分由高到低依次为发表 5 篇（部）及以上成果的乡村教师＞发表 3—4 篇（部）成果的乡村教师＞发表 1—2 篇（部）成果的乡村教师＞没有发表成果的乡村教师。各一级指标（品格修为、知识涵养及教学能力）特征也符合上述规律。

在二级指标中，职业情怀 $f=22.722$，$p=0.000<0.001$；人格特质 $f=21.681$，$p=0.000<0.001$；专业学识 $f=14.126$，$p=0.000<0.001$；通识基础 $f=16.155$，$p=0.000<0.001$；教学设计 $f=29.172$，$p=0.000<0.001$；教学实施 $f=29.604$，$p=0.000<0.001$。乡村教师发表成果数量会影响其在所有二级指标上的得分。

（三）科研研究与专业核心素养总分的相关性分析

为了解科研研究各个维度对专业核心素养总分的影响程度情况，对乡村教师承担课题及发表成果情况与专业核心素养总分做皮尔逊积差相关分析，如表 5-79 所示。由表中数据可知，承担课题、发表成果与专业核心素养总分的相关系数分别为 0.144、0.195，相关度较低，说明教师科研情况可能会影响乡村教师专业核心素养水平，但影响程度较低，两两之间的相关性都是显著的。

表 5-79　承担课题及发表成果与专业核心素养总分的皮尔逊相关系数分析

	承担课题	发表成果	专业核心素养总分
承担课题	1		

续表

	承担课题	发表成果	专业核心素养总分
发表成果	0.381**	1	
专业核心素养总分	0.144**	0.195**	1

注：**表示在0.01级别（双尾），相关性显著。

六 教学压力

（一）教学压力对乡村教师专业核心素养的影响

经调查发现，教学压力也是影响乡村教师专业核心素养水平高低的重要因素。以乡村教师教学压力情况为自变量，以其专业核心素养总分及各一级指标得分为因变量进行单因素方差分析，如表5-80所示。由表中数据可知，教学压力的大小会影响乡村教师专业核心素养水平，同时也会影响到其在各一级指标上的表现。从均值来看，没有教学压力的乡村教师专业核心素养总分得分是最高的（M=5.29），教学压力很大的乡村教师专业核心素养总分得分是最低的（M=4.93），并可从中发现专业核心素养总分得分随着教学压力的增大而降低。各一级指标（品格修为、知识涵养及教学能力）特征也符合上述规律。由此可以看出，教学压力越低越有助于乡村教师专业核心素养水平的提高。

表5-80 不同教学压力教师专业核心素养总分及各一级指标得分差异分析

因变量	教学压力情况	人数	平均值	显著性检验	
				f值	p值
总分	没有压力	106	5.29	13.985	0.000
	压力较小	863	5.04		
	压力较大	1084	4.95		
	压力很大	164	4.93		
品格修为	没有压力	106	5.31	14.428	0.000
	压力较小	863	5.12		
	压力较大	1084	4.97		
	压力很大	164	4.94		
知识涵养	没有压力	106	5.12	11.763	0.000
	压力较小	863	4.84		

续表

因变量	教学压力情况	人数	平均值	显著性检验 f值	显著性检验 p值
知识涵养	压力较大	1084	4.73	11.763	0.000
	压力很大	164	4.70		
教学能力	没有压力	106	5.45	11.797	0.000
	压力较小	863	5.19		
	压力较大	1084	5.10		
	压力很大	164	5.24		

为进一步了解教学压力大小对乡村教师专业核心素养的影响，对其进行事后多重比较分析。为了研究的方便，我们把"1"表示为"没有压力"、"2"表示为"压力较小"、"3"表示为"压力较大"、"4"表示为"压力很大"。

如表5-81所示，组间对比1—2、1—3、1—4、2—3的专业核心素养总分p值均为0.000<0.001，说明它们之间存在显著性差异。也就是说没有压力的乡村教师与压力较小的乡村教师、没有压力的乡村教师与压力较大的乡村教师、没有压力的乡村教师与压力很大的乡村教师、压力较小的乡村教师与压力较大的乡村教师的两两比较中存在显著性差异。从平均值差异来看，没有压力的乡村教师对比压力很大的乡村教师的平均值差值最大，差值为0.3361>0，说明前者的专业核心素养总分得分比后者要高。从总体上看，压力较大的乡村教师与压力很大的乡村教师、压力较小的乡村教师对比压力很大的乡村教师对比专业核心素养水平无显著差异，但压力越小的乡村教师其专业核心素养水平越高。

表5-81 不同教学压力教师专业核心素养总分及各一级指标多重比较

因变量	教学压力对比	均值差（I-J）	标准误	显著性	95%置信区间 下限	95%置信区间 上限
总分	1—2	0.24332*	0.06382	0.000	0.1182	0.3685
	1—3	0.35793*	0.0631	0.000	0.2342	0.4817
	1—4	0.33611*	0.07728	0.000	0.1846	0.4876
	2—3	0.11462*	0.02829	0.000	0.0591	0.1701

续表

因变量	教学压力对比	均值差（I－J）	标准误	显著性	95％置信区间	
					下限	上限
总分	2—4	0.09279	0.05282	0.079	－0.0108	0.1964
	3—4	－0.02182	0.05195	0.675	－0.1237	0.0801
品格修为	1—2	0.19171*	0.06929	0.006	0.0558	0.3276
	1—3	0.33871*	0.06851	0.000	0.2044	0.4731
	1—4	0.36558*	0.0839	0.000	0.2011	0.5301
	2—3	0.14700*	0.03071	0.000	0.0868	0.2072
	2—4	0.17387*	0.05735	0.002	0.0614	0.2863
	3—4	0.02687	0.0564	0.634	－0.0837	0.1375
知识涵养	1—2	0.27924*	0.07372	0.000	0.1347	0.4238
	1—3	0.38380*	0.07289	0.000	0.2409	0.5267
	1—4	0.41618*	0.08927	0.000	0.2411	0.5912
	2—3	0.10456*	0.03268	0.001	0.0405	0.1686
	2—4	0.13694*	0.06102	0.025	0.0173	0.2566
	3—4	0.03238	0.06001	0.590	－0.0853	0.1501
教学能力	1—2	0.26095*	0.06605	0.000	0.1314	0.3905
	1—3	0.35045*	0.06531	0.000	0.2224	0.4785
	1—4	0.21288*	0.07998	0.008	0.056	0.3697
	2—3	0.08950*	0.02928	0.002	0.0321	0.1469
	2—4	－0.04808	0.05467	0.379	－0.1553	0.0591
	3—4	－0.13757*	0.05377	0.011	－0.243	－0.0321

注：*表示平均值差值的显著性水平为 0.05。

组间对比 1—2、1—3、1—4、2—3、2—4 的品格修为与知识涵养 p 值均小于 0.05，说明它们之间存在显著性差异。也就是说在没有压力的乡村教师与压力较小的乡村教师、没有压力的乡村教师与压力较大的乡村教师、没有压力的乡村教师与压力很大的乡村教师、压力较小的乡村教师与压力较大的乡村教师、压力较小的乡村教师与压力很大的乡村教师的两两比较中存在显著性差异。从平均值差异来看，没有压力的乡村教师对比压力较大的乡村教师的平均值差值最大，差值为正，说明前者教学能力得分比后者要高。总体上，压力较大的乡村教师与压力很大的乡村教师对比品格修为与知识涵养表现无显著差异，但压力越小的乡村教师其品格修为与知识涵养表现更好。

组间对比 1—2、1—3、1—4、2—3、3—4 的教学能力 p 值均小于 0.05，说明它们之间存在显著性差异。也就是说在没有压力的乡村教师与压力较小的乡村教师、没有压力的乡村教师与压力较大的乡村教师、没有压力的乡村教师与压力很大的乡村教师、压力较小的乡村教师与压力较大的乡村教师、压力较大的乡村教师与压力很大的乡村教师的两两比较中存在显著性差异。从平均值差异来看，没有压力的乡村教师对比压力很大的乡村教师的平均值差值最大，差值为正，说明前者得分比后者要高。总体上，压力较小的乡村教师与压力很大的乡村教师对比教学能力表现无显著差异，但压力越小的乡村教师其教学能力表现更好。

在二级指标中，职业情怀 f = 6.074，p = 0.000 < 0.001；人格特质 f = 20.447，p = 0.000 < 0.001；专业学识 f = 10.057，p = 0.000 < 0.001；通识基础 f = 9.938，p = 0.000 < 0.001；教学设计 f = 10.117，p = 0.000 < 0.001；教学实施 f = 12.496，p = 0.000 < 0.001。乡村教师教学压力大小会影响其在所有二级指标上的得分。

（二）教学压力与专业核心素养总分的相关性分析

为了解教学压力对专业核心素养总分的影响程度情况，对乡村教师教学压力与专业核心素养总分做皮尔逊积差相关分析，如表 5-82 所示。由表中数据可知，教学压力与专业核心素养总分的相关系数为 0.117，相关度较低，说明了教学压力可能会影响乡村教师专业核心素养水平，但影响程度较低。

表 5-82　　教学压力与专业核心素养总分皮尔逊相关系数分析

	教学压力	专业核心素养总分
教学压力	1	
专业核心素养总分	0.117**	1

注：** 表示在 0.01 级别（双尾），相关性显著。

第三节　结论与建议

前文对调查数据进行了系统的分析和处理，对当前乡村教师的专业核心素养水平已有一个基本的了解，同时对影响乡村教师专业核心素养水平的因素进行了相关性分析。本节主要是针对前文的数据分析进行总结，同时提出提高乡村教师专业核心素养水平的针对性建议。

一 基本结论

（一）乡村教师专业核心素养总体处于良好水平

调查数据显示，本次调查的江西省乡村教师专业核心素养总分平均分为5.0分，处于良好水平。各一级指标得分由高到低的顺序为教学能力（5.16）、品格修为（5.04）、知识涵养（4.79），教学能力和品格修为的得分都超过了5.0分，说明了乡村教师教学能力和品格修为表现较好；而在知识涵养方面表现得较为欠缺，说明乡村教师理论知识方面还有待加强。在6个二级指标中，有3个超过了5.0分，分别是职业情怀、教学设计、教学能力，说明乡村教师在这三方面表现得较好；而在人格特质、专业学识及通识基础上表现较差，其中通识基础得分是最低的，只有4.77分，说明了乡村教师的基础性知识还不够广博，需继续进一步学习与巩固。在18个三级指标中，有11个指标得分超过了5.0分，分别是教育情感、专业认同、关爱学生、协调合作、创新精神、信息素养、目标设定、内容安排、方法选择、语言表达与教学评价，得分最高的是关爱学生（5.39），说明乡村教师在关爱学生方面表现非常好；其余7个指标得分低于5.0分，分别是自我调节、教育理论、心理知识、学科底蕴、科学知识、人文积淀、课堂组织，乡村教师在这7个方面表现较弱，得分最低的是自我调节（4.17），说明乡村教师的自我调节能力亟待加强。

（二）不同的乡村教师专业核心素养水平存在差异

从地区来看，江西省11个设区市的乡村教师专业核心素养水平是有差异的。专业核心素养总分平均分得分由高到低依次为鹰潭市（5.13）、宜春市（5.10）、九江市（5.06）、新余市（5.05）、上饶市（4.99）、萍乡市（4.88）、吉安市（4.87）、景德镇市（4.87）、南昌市（4.85）、抚州市（4.80）、赣州市（4.73）。

从所在学校性质（公办、民办）来看，乡村教师专业核心素养总分与所在学校性质呈现显著性相关，乡村民办学校教师专业核心素养总分得分要高于乡村公办学校教师，前者比后者表现更好。

从性别来看，乡村教师专业核心素养总分在性别上呈现显著性相关，乡村男教师的专业核心素养总分要高于乡村女教师。在各一、二级指标中，乡村男教师的表现也比乡村女教师更好。

从年龄来看，乡村教师专业核心素养总分得分在年龄上呈现显著性相关。得分最高的是年龄在51岁及以上年龄段的乡村教师（5.17），得分最低的是年龄在30岁及以下年龄段的乡村教师（4.86），并从中可发现专业核心素养总分得分随着乡村教师的年龄增大而增加，年龄越大，得分越高。各一、二级指标特征也符合上述规律。

从教龄来看，专业核心素养总分得分与教龄呈现显著性相关，得分最高的是教龄为31年及以上的乡村教师（5.16），得分最低的是教龄为10年及以下的乡村教师（4.89），并呈现出了乡村教师教龄越长其专业核心素养总分得分越高的规律。在一级指标中的品格修为与知识涵养上也符合上述规律。而在一级指标中的教学能力方面，得分最高的是教龄为21—30年的乡村教师，得分最低的是10年以下教龄的乡村教师，呈现中间高两端低的规律。

从国家教师编制来看，获得国家教师编制的乡村教师在专业核心素养总分及各一、二级指标上都比未获得国家教师编制的乡村教师表现得更好。

从学历来看，在专业核心素养总分上，大专学历的乡村教师比本科及研究生学历的乡村教师得分都要高，这可能跟他们的年龄和教龄相对更长有关。在专业核心素养总分上，第一学历为师范生的乡村教师要优于第一学历为非师范生的乡村教师。

从职称来看，乡村教师专业核心素养总分与其职称呈现显著性相关。在乡村小学教师中，职称为小教高级的教师的专业核心素养总分得分最高，小教三级的教师专业核心素养总分得分最低。在乡村中学教师中，职称为中教高级的教师专业核心素养总分得分最高，中教三级的教师专业核心素养总分得分最低。

从任教学科来看，在专业核心素养总分及一级指标中的品格修为与知识涵养上，得分从高到低依次为数学教师、英语教师和语文教师。而在教学能力上，得分从高到低依次为数学教师、语文教师和英语教师。

从任教年级来看，乡村教师专业核心素养总分与任教年级呈现显著性差异。在专业核心素养总分上，得分最高的是任教九年级的教师（5.17），得分最低的是任教七年级的教师（4.90）。

从周课时量来看，专业核心素养得分最高的是周课时量为11—15节的教师（5.02），得分最低的是周课时量为21节及以上的教师（4.88）。在知识涵养与教学能力上，周课时量为11—15节的教师表现也是最好；而在教学能力方面，表现最好的是周课时量为10节及以下的教师。

从担任班主任状况来看，担任班主任的乡村教师其专业核心素养水平要高于未担任班主任的乡村教师。在各一级指标（品格修为、知识涵养及教学能力）上，担任班主任的乡村教师也比未担任班主任的乡村教师表现得更好。

从获表彰情况来看，受过表彰的乡村教师其专业核心素养优于未受过表彰的乡村教师，且受过表彰级别越高的乡村教师其专业核心素养水平越高。

（三）多种因素影响乡村教师的专业核心素养水平

经调查发现，影响乡村教师专业核心素养水平的因素主要有以下几个：

一是教研组织及其开展活动情况。乡村学校已建立教研组织的教师专业核心素养水平要高于乡村学校未建立教研组织的教师。其次，乡村学校开展教研活动频率越高的，其教师专业核心素养水平越高。

二是教师培训。乡村学校开展教师培训的次数越多，其教师专业核心素养水平越高。其次，乡村教师参加教师培训的频率也会对其专业核心素养产生影响，参加的频率越高，其专业核心素养水平越高。

三是知识储备。主要分为文献阅读、藏书量和订阅报纸和杂志三个方面。在文献阅读方面，阅读教育教学类文献、自然科学类文献和人文社科类文献的频率越高，其专业核心素养水平越高；在藏书量方面，教师的藏书量越多其专业核心素养水平越高；在订阅报纸和杂志方面，教师订阅报纸和杂志种类越多，其专业核心素养水平越高。

四是教学借鉴。主要包含教学观摩与教学请教两个方面。乡村教师教学观摩和教学请教的次数越多，其专业核心素养水平越高。

五是科研表现。主要分为承担课题及课题级别情况和发表成果情况。已承担课题的乡村教师专业核心素养水平要高于没有承担课题的乡村教师；承担课题级别越高的教师其专业核心素养水平越高。乡村教师发表成果的数量越多其专业核心素养水平越高。

六是教学压力。乡村教师的教学压力越小其专业核心素养水平越高。

二 主要建议

根据前文分析的乡村教师专业核心素养的现状、存在的主要问题及影响因素，这里就提高乡村教师专业核心素养水平提出几条建议。

（一）加强教研活动，讲究教研实效

在本次调查中，有82位乡村教师所在学校没有建立教研组织，有131位乡村教师所在学校有教研组织但从未开展活动，有817位乡村教师所在学校有教研组织只偶尔开展活动，三者共占本次调查人数的46.5%。由此可以看出乡村学校教研活动开展情况不够理想。同时在问及乡村教师对教研活动的评价时，有26人回答没有效果，551人回答效果较小，两者占本次调查人数的26.1%，也即超过四分之一的教师认为教研活动的效果较差。基于这种情况，学校应加强教研活动，并提高教研活动的效果。首先，学校应重视教研组织与平台的建设，这是开展教研活动、提升教研效果的必要举措。由学科带头人组建本学科的教研组，定期开展有针对性的教研活动，如集体备课与研讨、教学观摩与评价等。可以采取线上方式搭建教研平台，即利用当今网络信息技术的发达与便利，构建QQ群、微信群，采用腾讯会议等方式，教师之间开展异地教学研讨与交流。其次，构建"教师—教研组—专家"的教研共同体。教研共同体可以加强教师与教师、教师与专家之间的互动交流，有助于形成教师"乐于教学，勤于教研"的氛围，对有效开展教研活动、提升教研效果有重要的帮助。

（二）加大培训力度，提高培训效益

本次调查显示，有85位乡村教师所在学校从未开展教师培训，有802位乡村教师所在学校教师培训开展较少，两者共占本次调查人数的40%。由此可以看出，乡村教师的培训力度不够，还有部分乡村学校没有开展

或较少开展教师培训。同时在问及对学校教师培训的评价时，回答没有收获的乡村教师有19人，回答收获较小的乡村教师有542人，两者共占本次调查人数的25.3%。由此可以推断教师培训效果还有较大的提升空间。首先，采取"轮换培训"和"送教下乡"培训方式，加大教师培训的力度。教师参加培训要进行轮换制，最大限度让每位教师都有机会参加培训，实现教师培训的全覆盖。"送教下乡"要让名师与专家到乡村学校为教师进行培训，使乡村学校的所有教师尽可能参加培训。其次，开发设计以问题为导向的培训课程，依据培训教师的职称、学历、所教学段及学科等不同情况分类和分层设计培训内容，注重启发教师的思考，激发其培训的积极性，提升培训的效益。最后，完善教师培训评价体系，"以评促培"提高效益。对教师参加培训的评价要全面且多元，如教师在培训中的出勤状况及课堂表现、培训结束时的个人汇报、模拟上课、即兴演讲等。

（三）重视知识储备，完善知识结构

广泛阅读各类书刊是乡村教师充实知识储备和完善知识结构的重要方法。但调查显示，占43.9%的乡村教师从不阅读或较少阅读教材和教参之外的书刊，占59.4%的乡村教师从不阅读或较少阅读自然科学类书刊，占56.2%的乡村教师从不阅读或较少阅读人文社会科学类书刊。同时，在三级指标中，乡村教师的科学知识和人文积淀得分分别为4.46分和4.68分，都低于总体平均分。这表明大部分乡村教师对本专业以外的知识涉及较少，视野较窄，同时也表明其知识结构不够合理。改善乡村教师的知识状况可以考虑从以下方面着手：首先，乡村学校应增加藏书量，让教师"有书可读"。学校图书馆（室）要尽量多订阅教育教学、人文社科和自然科学等方面的书刊。其次，"专"与"博"相结合。"专"是指教师要多研读教育教学和所教学科的书刊，以便掌握新的教育教学理念，了解本学科的发展动态与趋势；"博"是指广泛涉猎自然科学和人文社科类的书刊，拓宽知识视野，提升自身的通识素养。最后，举办丰富多样的活动，让教师"喜欢阅读"。如举办各类知识展览、讲座和竞赛，定期举行读书分享会和报告会等，教师在交流互动中获取知识，享受阅读带来的乐趣，提高阅读的兴趣和动力。

（四）增强科研意识，提升科研素养

调查发现，乡村教师对科研不够重视，科研素质偏低。没有承担任何课题的乡村教师有1353人，占本次调查人数的61%；没有发表任何成果的乡村教师有1208人，占本次调查人数的54.5%。为了提升乡村教师的科研素养，首先要激发他们科研的内部动机，增强科研意识。学校要引导乡村教师从"疑"处着眼，重点思考和探讨日常教育教学过程中的问题，并养成勤于研究的良好习惯。其次要以"课题"为载体，投身教育教学研究。学校要鼓励教师发现和提炼教育教学中的问题，并努力将其转化为各级各类的研究课题，以"课题"为中介，进行学术研究，发表研究成果。

（五）积极创造条件，促进身心健康

自我调节是乡村教师专业核心素养的重要指标，身心素质是乡村教师工作的根本所在。调查发现，乡村教师的自我调节能力较差，身心素质亟待加强。调查结果显示，乡村教师的自我调节得分仅为4.17分，远远低于平均分5.0分，在所有三级指标中得分最低。同时在问及乡村教师最需要提高的素质时，有274人回答心理素质和277人回答身体素质，占本次调查人数的24.9%。由此可以看出，乡村教师的自我调节能力和身心素质都亟待提高。提高乡村教师的健康水平需要多管齐下，改善其工作环境是重点。工作环境是其进行教育教学的重要场所，关系到乡村教师的教学积极性和满意度，同时又影响其专业核心素养的发展。教育部门要保证乡村教师体育的投入，完善他们锻炼身体所需的场地和体育设施。学校可以通过各种方式宣传运动的益处，营造热爱运动的氛围；开展每周运动打卡活动，对运动次数多的教师给予适当的表扬和奖励；举办形式多样的教职工运动会，充分激发教师运动的热情。乡村教师自身要学会自我调节，增强心理素质，遇到问题与困惑时，要正确面对和积极对待，多与朋友同事等沟通交流，及时疏导消极情绪，妥善处理教学与生活中的压力。

附录　中小学教师专业核心素养调查问卷

尊敬的老师：

　　您好！

　　这是一份关于中学教师的调查问卷。问卷共分三部分，第一部分是有关您个人的基本信息，第二部分是教师行为自评项目，第三部分是工作情况的调查。问卷不用填写姓名，答案无对错之分，请您如实填答，不要有任何顾虑。请注意不要漏答。衷心感谢您的支持和帮助！

中小学教师专业核心素养研究课题组
2020 年 6 月

　　填写说明：请您在横线上填写内容或在符合您实际情况与想法的选项上画"√"（如无特殊说明均为单项选择）

第一部分

1. 贵校所在地是：_____市_____县（区）_____乡（镇）_____村

2. 贵校的性质是：①公办学校　②民办学校

3. 您的性别是：①男　②女

4. 您的年龄是：①30 岁及以下　②31—40 岁　③41—50 岁　④51 岁及以上

5. 您的教龄是：①10 年及以下　②11—20 年　③21—30 年　④31 年及以上

6. 您是否已获得国家教师编制：①是　②否

7. 您的学历是：①高中（或中专）　②大专　③本科　④硕士　⑤博士　⑥其他

8. 您的第一学历属于：①师范类　②非师范类

9. 您的职称是：①未评职称　②中小学三级　③中小学二级　④中小学一级　⑤中小学高级　⑥中小学正高级

10. 您任教的主要课程是：①语文　②数学　③英语　④物理　⑤化学　⑥生物　⑦历史　⑧地理　⑨思品　⑩音乐　⑪美术　⑫体育　⑬科学　⑭信息技术　⑮劳动技术　⑯心理健康　⑰综合实践活动　⑱其他

11. 您兼教的课程有：＿＿＿＿＿＿＿＿

12. 您任教的年级（可多选）：①一年级　②二年级　③三年级　④四年级　⑤五年级　⑥六年级　⑦七年级　⑧八年级　⑨九年级　⑩高一年级　⑪高二年级　⑫高三年级

13. 您平均每周授课：①10 节及以下　②11—15 节　③16—20 节　④21 节及以上

14. 您是否担任了班主任？　①是　②否

15. 您受过什么表彰？（可多选）①无　②校级　③县（区）级　④市级　⑤省级　⑥国家级

第二部分

说明：本部分是教师行为项目。左列是对教师行为的描述，右列为 1—6 个等级水平。请您参照左列的行为描述，对自己工作中的实际表现与它的符合程度做出评价，并在相应的数字上画"○"。各个数字代表的意思为：

1 表示"极不符合"，2 表示"较不符合"，3 表示"有点不符合"

4 表示"有点符合"，5 表示"比较符合"，6 表示"完全符合"

1	我喜欢教师职业，从未想过要放弃教师工作。	1 2 3 4 5 6
2	我在教学中始终充满热情、精神振奋。	1 2 3 4 5 6
3	我觉得教师职业能充分展示我的才华和实现自我价值。	1 2 3 4 5 6

续表

4	我喜欢现在所教的课程。	1	2	3	4	5	6
5	我对教好现在所教的课程充满信心。	1	2	3	4	5	6
6	我的学生对我教的课程很感兴趣。	1	2	3	4	5	6
7	我一视同仁地关心爱护所有的学生。	1	2	3	4	5	6
8	我充分信任学生,对学生总是积极期待和不断鼓励。	1	2	3	4	5	6
9	在我的职业生涯中从未对学生实施体罚或变相体罚。	1	2	3	4	5	6
10	我的自然科学知识很丰富。	1	2	3	4	5	6
11	我在工作中总是不断地学习新的知识和技能。	1	2	3	4	5	6
12	我在教学上从不固守常规,总是想办法改革和创新。	1	2	3	4	5	6
13	我不断尝试改进教学策略,让班上不同类型的学生都能学好。	1	2	3	4	5	6
14	我经常感到焦虑,老是抱怨或动不动就发怒。	1	2	3	4	5	6
15	我经常感到提不起精神,做什么事都没有兴趣。	1	2	3	4	5	6
16	当我面对新的环境或面临新的任务时,总是感到紧张不安。	1	2	3	4	5	6
17	我经常与学生家长进行有效的沟通交流。	1	2	3	4	5	6
18	我与学生的关系亲密融洽。	1	2	3	4	5	6
19	我在工作中乐于与别人开展合作。	1	2	3	4	5	6
20	我没有系统学习过教育理论。	1	2	3	4	5	6
21	我的教育理论知识很贫乏,对许多教育现象与问题无法理解。	1	2	3	4	5	6
22	我认为教育理论对自己的工作没有什么帮助。	1	2	3	4	5	6
23	我掌握了丰富的心理学知识。	1	2	3	4	5	6
24	我认为心理学对自己的工作很有帮助。	1	2	3	4	5	6
25	我对心理学的学习很感兴趣。	1	2	3	4	5	6
26	我对学科教学的理论知之甚少。	1	2	3	4	5	6
27	我对自己所教的学科的内容掌握得很扎实。	1	2	3	4	5	6
28	我了解自己所教学科的新进展和新动态。	1	2	3	4	5	6
29	我拥有丰富的人文社会科学知识。	1	2	3	4	5	6
30	我掌握了艺术欣赏与表现的基础知识。	1	2	3	4	5	6
31	我认为人文社会科学(含艺术)知识对自己的工作很有帮助。	1	2	3	4	5	6
32	我对自然科学方面的知识了解很少。	1	2	3	4	5	6
33	我认为自然科学知识对工作没有什么帮助。	1	2	3	4	5	6
34	我对自然科学知识的学习不感兴趣。	1	2	3	4	5	6
35	我认为教师的现代信息素养对提高教学质量作用很大。	1	2	3	4	5	6

续表

36	我能根据自身的需要有效地获取和恰当地处理各种信息。	1 2 3 4 5 6
37	我能熟练使用各种信息工具,特别是网络传播工具。	1 2 3 4 5 6
38	我认为设定合理的教学目标对于保证教学质量意义重大。	1 2 3 4 5 6
39	我对学生的学习情况了如指掌。	1 2 3 4 5 6
40	对于每节课应当帮助学生学会什么,我在课前都做到心中有数。	1 2 3 4 5 6
41	在备课时我会对教学的内容进行全面的思考和周密的安排。	1 2 3 4 5 6
42	我经常利用各种渠道收集信息和资料并合理地运用到教学中。	1 2 3 4 5 6
43	我认为科学安排教学内容对保证教学质量很重要。	1 2 3 4 5 6
44	为了提高教学效果,我在教学中会灵活采用多种教学方法。	1 2 3 4 5 6
45	我能针对学生的不同特点采取差异化的教学方式。	1 2 3 4 5 6
46	我在教学中语言表达总是清晰流畅、简明扼要。	1 2 3 4 5 6
47	我能充分发挥肢体语言和表情的教学功能。	1 2 3 4 5 6
48	每当面对教学中出现新情况和新问题,我总是感到束手无策。	1 2 3 4 5 6
49	我会根据学生的反应及时地调整自己的教学内容与进度。	1 2 3 4 5 6
50	我在教学中能有效地激励学生积极思考和发表见解。	1 2 3 4 5 6
51	我会全面评价学生的学业,而不只是看他们的考试成绩。	1 2 3 4 5 6
52	我会及时向学生反馈信息,使他们认识自己的进步和存在的问题。	1 2 3 4 5 6
53	我重视反思自己的教学效果,及时总结教学心得体会。	1 2 3 4 5 6

第三部分

1. 您所在学校的教研组织情况如何?

①没有建立教研组织　　　　②有教研组织但从未开展活动

③有教研组织只偶尔开展活动　④有教研组织且经常开展活动

2. (注:如没有教研组织就不答此题)您所在教研组会开展教研活动吗?

①从未组织　　②很少组织　　③有时组织　　④经常组织

3. (注:如从未组织就不答此题)您会参加教研组开展的教研活动吗?

①从不参加　　②参加较少　　③参加较多　　④经常参加

4. (注:如从未组织就不答此题)您对教研组的教研活动的评价是:

①没有效果　　②效果较小　　③效果较大　　④效果显著

5. 您所在学校对教师开展了培训吗？
①从未开展　　②开展较少　　③开展较多　　④经常开展
6. （注：如从未开展就不答此题）您会参加学校的教师培训吗？
①从不参加　　②参加较少　　③参加较多　　④经常参加
7. （注：如从未开展就不答此题）您对学校教师培训的评价是：
①没有收获　　②收获较小　　③收获较大　　④收获很大
8. 您对自己的教学效果与质量满意吗？
①很不满意　　②不太满意　　③比较满意　　④非常满意
9. 您平时阅读教育教学类书刊吗？
①从不阅读　　②阅读较少　　③阅读较多　　④经常阅读
10. 您平时阅读心理学方面的书刊吗？
①从不阅读　　②阅读较少　　③阅读较多　　④经常阅读
11. 对于您所教的学科除教材和教参外还阅读相关的书刊吗？
①从不阅读　　②阅读较少　　③阅读较多　　④经常阅读
12. 您平时阅读自然科学类书刊吗？
①从不阅读　　②阅读较少　　③阅读较多　　④经常阅读
13. 您平时阅读人文社会科学（含艺术）类书刊吗？
①从不阅读　　②阅读较少　　③阅读较多　　④经常阅读
14. 您平时关注现代信息技术方面的知识吗？
①从不关注　　②关注较少　　③关注较多　　④经常关注
15. 除教材和教学参考书以外，您有多少藏书？
①10 本及以下　　②11—50 本　　③51—100 本　　④101 本及以上
16. 您订阅报纸和杂志的情况是：
①没有订阅　　②订了 1 种　　③订了 2 种　　④订了 3 种及以上
17. 您在教学方面的压力如何？
①没有压力　　②压力较小　　③压力较大　　④压力很大
18. 您平时会主动观摩其他教师的教学吗？
①从未观摩　　②观摩较少　　③观摩较多　　④经常观摩
19. 您向同事请教过教学问题吗？
①从未请教　　②较少请教　　③请教较多　　④经常请教

20. 您近年来参加了哪些级别的校外在职培训？（可多选）

①县（区）级培训　　②市级培训　　③省级培训　　④国家级培训

21. 您最愿意参加哪个级别的校外在职培训？

①县（区）级培训　　②市级培训　　③省级培训　　④国家级培训

22. 您承担了什么级别的研究课题？（注：本题可以多选）

①没有承担课题　　②校级课题　　③县（区）级课题

④市级课题　　⑤省级课题　　⑥国家级课题

23. 到目前为止，您发表（含出版）的研究成果的情况是：

①没有发表　　②1—2篇（部）　　③3—4篇（部）　　④5篇（部）及以上

24. 您认为自己哪个方面的素质最需要提高？

①教育理论　　②教学能力　　③专业知识　　④通识基础

⑤职业精神　　⑥心理素质　　⑦身体素质　　⑧其他：_____

后　记

　　本书是我主持的江西省教育科学规划重点课题"城乡义务教育一体化视域下乡村教师专业核心素养测评与提升路径研究"和中国教育学会教育科研重点课题"城乡教育一体化视域下乡村教师专业核心素养研究"的成果。

　　本书在构建中小学教师专业核心素养模型的基础上，研制了中小学教师专业核心素养调查问卷，运用该问卷对江西省的小学教师、初中教师、高中教师和乡村教师进行调查研究。在研究中，我们将理论研究与实证分析相结合、定性研究与定量研究相结合，在深入调研的基础上系统地分析了该省小学教师、初中教师、高中教师和乡村教师专业核心素养的现状、存在的问题及其影响因素，并在此基础上提出了提升该省上述教师专业核心素养的对策建议。

　　本书是课题研究的成果，本人在研究中主要负责课题研究的组织策划、中小学教师专业核心素养模型的构建、调查问卷的编制及书稿的修改与完善。各章的具体执笔者如下：刘流（第一章）、胡强梅（第二章）、刘流（第三章）、乔宇超（第四章）、刘小龙（第五章）。

　　本书的部分内容曾在《课程·教材·教法》和《教师发展研究》发表，特此致谢！

　　书中存在的不足和问题，敬请读者批评指正！

何齐宗于凯美怡和寓所
2022 年 3 月